实用体育统计学

Sports Statistics

赵书祥　编著

北京体育大学出版社

责任编辑 佟 晖
责任校对 未 茗
设计制作 佟 晖 李 鹤

图书在版编目（CIP）数据

实用体育统计学 / 赵书祥编著. -- 北京 : 北京体育大学出版社, 2019.1（2025.3重印）
ISBN 978-7-5644-2278-3

Ⅰ. ①实… Ⅱ. ①赵… Ⅲ. ①体育统计—高等学校—教材 Ⅳ. ①G80-32

中国版本图书馆CIP数据核字(2019)第027804号

实用体育统计学
SHIYONG TIYU TONGJIXUE
赵书祥 编著

出版发行：北京体育大学出版社
地　　址：北京市海淀区农大南路1号院2号楼4层办公B-421
邮　　编：100084
网　　址：http：//cbs.bsu.edu.cn
发 行 部：010-62989320
邮 购 部：北京体育大学出版社读者服务部 010-62989432
印　　刷：三河市龙大印装有限公司
开　　本：787mm×1092mm　1/16
成品尺寸：185mm×260mm
印　　张：22
字　　数：542千字
版　　次：2019年9月第1版
印　　次：2025年3月第3次印刷
定　　价：60.00元

前　言

17世纪以来建立的数理统计学是现代统计学的理论基础，随着计算机的普及，统计学被广泛地应用到社会、经济、政治、文化、教育及体育等各个领域，成了一门通用的方法论科学。但统计学不是数学的一个分支，它是用数学模型作为基本工具分析并解释数据产生原因的一门科学，是一门“收集和分析带随机性数据的科学和艺术”。随着体育事业的迅速发展，统计学已经成为体育科学研究的必备工具，大数据时代统计思维有助于我们对体育领域的海量数据进行加工、理解和学习，洞察出数据背后隐藏的信息及因果关系。

《实用体育统计学》的所有实例全部用SPSS软件中文版进行处理，便于学生学习。SPSS是社会科学统计软件包，它具有统计功能齐全、操作简便，适合于体育类学生与体育科研工作者在实际工作中使用。

本教材从参数到非参数统计学，涵盖了初等统计学体系的主要内容。其特色是从应用的角度，以数据的收集、整理、描述、推断为主线，结合大量体育社会科学、运动人体科学及运动训练中的实例，强调基本概念、基本思想和基本方法，便于教，利于学。注重培养和提高学生根据实际问题选择正确的统计方法、对SPSS软件的计算结果给出合理统计解释的能力。本书以应用为主，理论结合实践，在叙述上力求简明、直观、系统、通俗易懂，是一本适合于我国体育类学生使用的教材，同时也是体育科研工作者、普通高等院校理、工、医、农、经、管各专业本科的应用参考书。

本人从事体育统计教学三十多年，强烈地感受到在教学中如果过多地讲授统计理论，会使学生感觉内容枯燥、耗费太多时间而在实际应用中还是无所适从。体育类高校学生专业包括运动人体科学、体育教育、运动训练、民族传统体育、体育人文社会学、体育管理学、应用心理学等专业，各个专业学生的数理基础不同，对统计知识的需求也不一致，但每个专业都编一套统计教材是不现实的。本教材从统计概念及与各个专业有关的实例来满足各个专业学生的需要。

在本书的编写过程中，参阅了许多统计学相关的书籍与教材，引用了其中一些材料并吸收了各书的经验，在此一并表示衷心的感谢。

编著者

2018年6月

目录 CONTENTS

第一章 绪论

本章提要

统计历史介绍：统计的产生与发展，记述学派、政治算术学派、数理统计学派、社会统计学派、体育统计学。
体育统计学基本概念：总体和样本、随机样本、统计误差、统计量与参数。
体育统计学的内容：描述统计学、推断统计学、统计设计。

第一节 统计学历史介绍

一、统计的产生与发展

统计学是适应国家管理和社会经济的需要而产生和发展的，随着人类的进步，内容不断得到充实，逐步形成了统计学的完整科学体系。从历史上看，统计实践远早于统计科学的产生，统计实践已有几千年的历史，而统计学的历史不过二三百年。

统计的起源极早，它萌芽于奴隶社会，当时为了赋税、徭役、征兵的需要，就开始对人口、土地等重要经济资料进行统计调查和简单的计算工作。人类进入封建社会和资本主义社会以后，统计工作在社会经济和国家管理中的作用愈加重要，使得统计的范围不断扩大，统计方法不断改进。

随着统计工作的日益广泛发展，实践经验的不断丰富，受到数学及其他学科发展的影响，从17世纪至19世纪中叶，国际上陆续出现了一些统计著作，并产生了不同的统计学派。

记述学派，也称“国势学派”，创始人是德国的海门尔·康令（1606—1681）和高特弗瑞德·阿痕瓦尔（1719—1772）。康令从1660年起就在大学中系统地讲授国势学，其内容涉及各国社会秩序、立宪、行政、人口、土地、财政、国家组织与结构等。阿痕瓦尔从1748年起在德国哥廷根大学讲授国势学，并在1748年出版《欧洲各国国势学绪论》，1749年出版《近代欧洲各国国势学论》。在《近代欧洲各国国势学论》中，他首先使用了“统计学”这个名词，指出统计学（即国势学）是研究一国或多国的显著事项之学，但其统计学仍采用文字记述的方法来记述显著事项，与现代统计学有很大差别（现代统计学是以客观现象的数量为研究内容），事实上，它虽有统计学之名，但无统计学之实。

政治算术学派，创始人和代表人物有英国的威廉·配第（1623—1687）和约翰·格朗特（1620—1674）。政治算术学派以数量分析为特征，研究社会经济现象的方法与现代统计学相吻合，被认为是有统计学之实而无统计学之名的统计学。威廉·配第的著作《政治算术》运用大量的实际统计资料，用计量和比较的方法分析了荷兰、法国和英国的国力，是政治算术学派统计学的一部代表作，奠定了统计学的基础。

政治算术学派和国势学派在争论中相互影响与发展，19世纪中叶，著名的德国经济学家和统计学家克尼斯（1821—1889）在1850年发表的论文《独立科学的统计学》中提出，将“国家论”作为“国势学”的科学命名，而将“统计学”作为政治算术的科学命名，从此统计学才名副其实。

数理统计学派，这个学派产生于19世纪中叶，创始人是比利时的凯特勒（1796—1874）。凯特勒把当时已盛行欧洲的国势学、政治算术和在对机会游戏观察与研究基础上产生的概率论融合起来，形成了以概率论为基础对随机现象的实验数据进行处理和推断的现代统计学。凯特勒被称为“现代统计学之父”，他认为无论自然和社会现象都是有规律的，认识这些规律必须通过实证的大量观察法，并且可以用概率计算表明规律的存在形式。其后经英国的高尔顿（1822—1921）、卡尔・皮尔逊（1857—1936）、费歇（1890—1962）等统计学家的不断丰富和发展，逐渐形成为一门具有独立体系的应用科学。

凯特勒把概率论引进统计学中来，既是统计学发展到新阶段的一个标志，又是统计学一分为二的起点。也就是说，统计学实质上是以概率论的面貌进入社会经济统计学，后来又以数理统计学的面貌分立出去。

社会统计学派，主要代表人物是德国的克尼斯（1821—1889）、恩格尔（1821—1896）和梅尔（1841—1925）等。社会统计学派实际上融合了记述学派和政治算术学派的观点，又继承和发扬了凯特勒强调的研究社会现象的传统，并把政府统计与社会调查融合起来，进而形成社会统计学。

社会统计学派的前期代表人物坚持认为统计学是独立的实质性社会科学，强调因果关系和规律的探索。早期的应用主要是与人口有关的问题（如生男生女的比例问题）。社会统计学派后来的代表人物，其主要观点强调统计学是调查研究的方法。社会统计学派虽然向方法论转化，但仍强调以事物的质为前提和认识质的必要性。

随着社会的进步和科学技术的发展，现代统计学已涵盖了社会科学、自然科学的各个领域，其理论基础是数理统计学，它由一系列的公理、定理以及严格的数学证明组成，涉及微积分、概率论和高等代数等深奥的数学知识。但统计学不是数学的一个分支，它是用数学模型作为基本工具分析并解释数据产生原因的一门科学。统计学是一门“收集和分析带随机性的数据的科学和艺术”。统计学是分析数据的一个重要工具，在日常生活中无处不在。统计思维有助于对周围的海量数据进行加工、理解和学习，洞察出数据背后埋藏的信息及因果关系。

为使这门科学和理论适合于不同领域的研究者，统计学家将其过程简化，变得非数学化，由此产生了一般统计学，一般统计学与不同的专业领域相结合，就产生了各种专业统计学，如生物统计学、农业统计学、医学统计学、社会统计学、经济统计学等。体育统计学也是其中的一门应用统计学科。

二、体育统计学简介

体育统计学是数理统计学理论与方法在体育领域中的应用。在体育运动中存在着大量的随机现象，这些现象伴随着大量随机数据，对这些数据做出正确的解释、分析与预测，客观上需要数理统计学来完成。由于体育现象的复杂性，它涉及生物学、心理学、社会学、医学和管理学等多门学科，因此，在一定意义上说，体育统计学应是生物统计学、心理统计学、社会统计学、医学统计学等多学科的综合。

20世纪三四十年代前后，我国某些体育师范学校就设置了体育测验与统计课程，以徐英超教授为代表的老一辈体育教育工作者是我国开展体育统计教学与研究的先驱，为我国的体育统计学发展做出了巨大贡献。在过去很长一段时间内，由于体育工作者认识程度不够，体育统计学并没有得到足够的重视。20世纪80年代初，伴随着中国体育科学学会体育统计专业委员会的成立，体育统计学才在我国体育院校中普及开来。

近年来，运动人体科学、体育社会科学、运动心理学等领域的研究进一步深入，同世界各国研究者的接触与交流越来越广泛，体育统计学对体育科研的重要作用得到了充分认识。为能更加准确、科学地分析各种体育随机因素之间复杂的关系，体育科研工作者对统计方法的需求越来越迫切，且层次也逐渐加深，初等统计方法已不能满足他们的要求，这些都客观地推动了体育统计学学科的发展。现代科学技术的迅猛发展，使得计算机得以进入家庭，不需太多数学基础就能熟练掌握的各种专业统计专业软件，为体育统计学应用的发展提供了强有力的支持。

第二节　常用的体育统计学概念

一、总体和样本

（一）总体

总体和样本是体育统计学中最基本的概念。总体（Population）是所研究（实验、调查）对象的全体，总体是一些值的集合。不要把一个总体看成是一些人或事物的集合，应把它看成是这些人或事物的某个指标测量值的集合。

总体中的每一个具体研究对象称为个体；总体中所包含的个体数称为总体含量，一般用字母N表示；如果总体含量具有上限，总体称为有限总体，否则称为无限总体。

例如，参加某运动会百米比赛的32个运动员的百米成绩就构成一个有限总体。在全国群众体育活动状况调查中，全国所有16岁以上人的各种指标值就构成了一个多元有限总体。

（二）样本与随机样本

1. 样本

样本（sample）是从总体中抽取的用来推断总体特征的部分个体的集合，样本中包含的个体数称为样本含量，一般用字母n表示。样本也是一些值的集合，但它与总体之间是有区别的。例如，研究北京市20岁青年男子身高状况，总体是所有北京市20岁青年男子身高数据构成的集合，从中随机抽取1000人，则这1000人的身高数据构成了样本。图1-1揭示了总体和样本之间的关系。

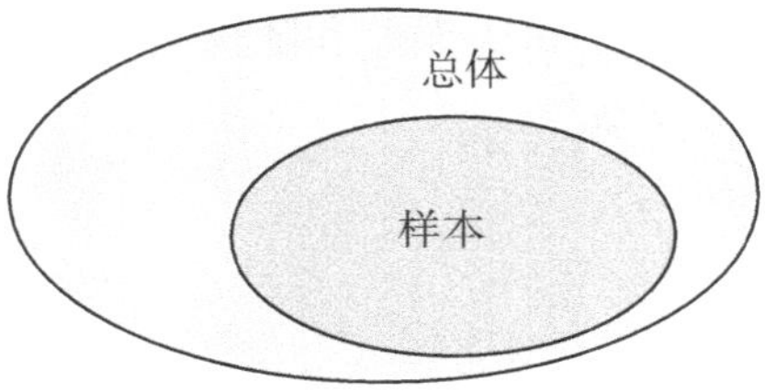

图1-1 总体和样本之间的关系

2. 随机样本

对于无限总体来说，不可能收集到总体中所有的个体数值。使对有限总体来说，由于总体含量N有时相当大，收集到整个总体的所有个体数值也是不可能的，且也没有必要，通常只能收集到总体中一部分个体的数值，即样本。为了根据样本对总体做出有效的推断，这个样本必须是总体的典型代表，而这要通过抽取随机样本实现。

在抽样过程中，如果从总体中抽取的任何一个个体都有同等的机会被抽到样本中来，这个样本称为随机样本。

在大多数情况下，收集一个随机样本是不容易实现的。例如，当总体含量N相当大时，经费、时间等都是不允许的。简单随机样本仅仅是众多抽样方法中的一种，其他抽样方法也许在某些情况下更可取，本书不专门进行介绍。

二、统计误差的概念

测量是一种人为的作业，测量的结果常与实际情况有出入而造成测量误差。任何一项统计工作都不可能完全避免误差，关键是误差要得到有效控制。

在调查、实验和统计过程中所得到的数据或指标，与客观实际数量特征之间存在的差别，通称统计误差。例如，对北京市海淀区居民进行体育消费的调查时，由样本算出每人月均体育消费额为30元，而实际为35元（一般很难得到其实际数值），那么统计误差为5元。

根据产生统计误差的原因，统计误差分为登记性误差和代表性误差两大类。

（一）登记性误差

登记性误差也称调查误差，它是在调查、实验、测量、登记、编码、录入和汇总过程中由于观察、测量、登记、计算上的差错或被调查者提供虚假资料而引起的误差。这种误差的直接表现就是不能真实客观地搜集或记录被调查单位的标志值或标志特征，从而使样本统计量的值偏离其真值。登记性误差在所有统计调查、实验中都可能存在，并且调查范围越广，调查单位越多，产生登记性误差的危险就越大。这类误差与调查及测量工具（仪器）的精确性、调查及测量技术、调查人员的工作责任心、被调查者的合作态度等密切相关。登记性误差又可分为系统误差、过失误差和随机测量误差，其中系统误差和随机测量误差不可避免，而过失误差可以避免。

（二）代表性误差

代表性误差指样本不能完全代表总体而产生的误差，其原因又有系统性与偶然性之分，是不可避免的。系统性的代表性误差简称系统误差，是一种非随机性误差，它包括以下一些可能的情况：有意选择了总体中较特殊的单位进行调查、调查表设计不当、样本仅限于总体中易抽取的一部分等。系统误差与登记性误差合在一起称为偏差。偶然性的代表性误差简称偶然性误差，是在抽样过程中，由于偶然因素引起的样本结构不能完全代表总体结构而产生的误差，是抽样调查所不可避免的误差，称为抽样误差。全面调查对总体中每个个体都进行调查，没有代表性误差；而进行抽样调查时，两种误差都可能发生，不可避免，但可以计算和控制。抽样误差有一定的规律，通常随样本含量的增大而减少。

三、统计量与参数的概念

总体和样本之间的另一个差别是计算统计特征数所用的方法不同，而且名称也不同。总体的统计特征数称作参数；而样本的统计特征数称作统计量。

（一）参数

任何一个由总体中所有数据计算得到的描述这一总体特征的数值称为参数（总体参数）。注意，当研究总体确定以后，总体中每个个体数值确定下来，总体参数就随之确定，一般是未知的常数，常用希腊字母表示。

（二）统计量

由总体中的样本数据计算得到的描述样本特征的数值称为统计量（样本统计量）。每次抽样时样本含量不同、个体数值也不同，因而得到相应的统计量是变量，常用小写英文字母表示。

本教材常用的三种统计特征数：均值、方差、标准差。均值用以描述数据值分布的中心位置，而方差和标准差是用以描述数据值相对于均值的离散程度，标准差是方差的算术平方根。计算方法下面章节再介绍。

样本均值记为 $\bar{x}$，总体均值记为 μ；

样本方差记为 s^2，总体方差记为 σ^2；

样本标准差记为 s，总体标准差记为 σ。

第三节　体育统计学的主要内容

体育统计学是关于数据资料的收集、整理、分析和推断的一门科学，它包括的主要内容从统计历史发展的顺序依次是：描述统计学 → 推断统计学 → 统计研究设计。从一次完整的统计活动来讲，一个完整的统计过程依次是：统计研究设计 → 描述统计学 →推断统计学。

一、描述统计学

描述统计学给出的是如何将原始数据资料加工成统计图表的方法，及如何对数据进行整理和计算并得到若干能代表总体或样本特征的统计特征数（统计量），并设法找出原始数据的分布特征。

二、推断统计学

如果在研究中可以得到整个总体，那么描述统计学就足够了，但实际工作中往往只能得到总体中的一部分个体（样本）。

推断统计学是研究如何根据样本数据去推断总体数量特征的方法，是在对样本数据进行描述的基础上，对统计总体的未知数量特征（总体参数）做出以概率形式表述的推断。

包括参数估计和假设检验两部分内容。

（一）参数估计

在参数估计问题中，测量总体的未知参数是用相应测量样本的统计量来估计的，例如，用样本均值$\bar{x}$估计总体均值μ；用样本方差s^2估计总体方差σ^2。包括点估计和区间估计两部分内容。

（二）假设检验

统计假设是指关于一个或多个待研究总体的未知性质，特别是关于它们的参数或它们的分布形式的假设或猜测。包括参数检验和非参数检验两部分内容。

图1-2给出了单个总体的某个样本的估计和假设检验的步骤。图中研究总体的均值μ是未知的，为了估计并进行假设检验，必须从这个研究总体中抽取一个样本，然后进行测量并获得样本测量值，由样本均值和其他样本统计量，根据推断统计的原理去推断总体均值μ并进行假设检验。

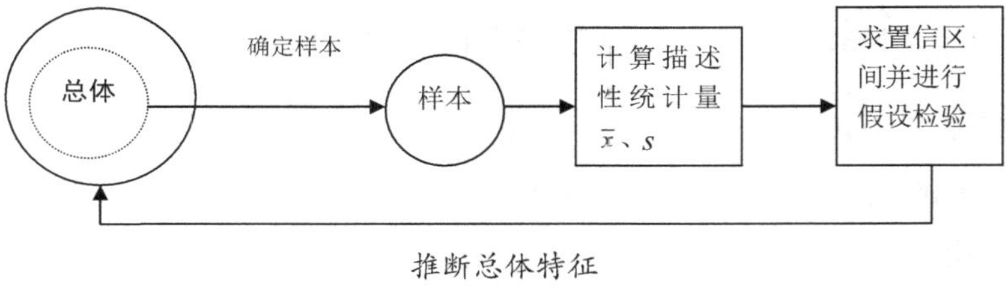

图1-2 推断统计的步骤

三、统计研究设计

统计工作大致分为四个工作过程，即统计研究设计、统计调查（或实验）、统计整理、统计分析四个阶段。统计研究设计是开始阶段，是根据研究对象的性质和目的，在进行统计研究工作之前，对统计工作的各个方面和全部过程所做的通盘考虑和周密安排。通常我们把统计研究设计分为两种，一种是调查设计，另一种是实验设计。调查设计一般在体育社会学研究中应用较多，而实验设计（试验设计）在体育人体科学和运动心理学研究中应用较多。

思考与练习

1. 举例说明什么是总体和样本。
2. 指出下列总体是有限总体还是无限总体：
 (a) 所有参加2004年雅典奥运会的男运动员；
 (b) 所有患有心脏病男子的心率。
3. 请系统地阐述误差的概念与内容。
4. 什么叫总体参数？什么叫样本统计量？
5. 简述体育统计的内容。

推荐阅读参考文献

1. 陈及治. 体育统计[M]. 北京：人民体育出版社，2002.
2. 赵振伦. 社会经济统计学原理[M]. 大连：东北财经大学出版社，1997.
3. 高惠璇. SAS系统与基础统计分析[M]. 北京：北京大学出版社，1995.
4. 金勇进. 非抽样误差分析[M]. 北京：中国统计出版社，1996.
5. 隗斌贤. 调查统计学[M]. 北京：中国统计出版社，1997.

第二章
数据资料的收集方法

本章提要

体育科研中变量与数据的概念。
变量的测量尺度、名义尺度、次序尺度、区间尺度、比例尺度。
体育科研中数据的结构与特点。
体育科研中收集数据的方法：调查法、实验法、次级资料的收集方法。

第一节　变量与数据的概念

一、变量的类型

在某一过程中保持同一数值的量称作常量；而在某一过程中可以取不同数值的量称为变量。

例：在计算圆面积公式$s=\pi r^2$中，π是常量，s与r是变量。

在统计学中，变量是指所研究对象的属性特征，这些特征是可以测量的，并且不同的研究对象可取不同值的随机变量。例如，研究某100米跑运动员的身体素质状况，则其体重、立定跳远成绩、心率等都是随机变量。变量的每一测量值称为观测值（或指标值）。

变量的测量结果就构成了数据，数据按自身的属性分成不同的类型。变量的类型不同，其分布的规律也不同，对它们做统计处理的方法也应有所区别。处理数据前分清变量的类型是很重要的。

（一）变量的测量尺度

为说明变量的类型，首先要分清变量的测量尺度（或者说量化尺度）。变量的量化尺度有四种：即名义尺度、次序尺度、区间尺度、比例尺度。

1.名义尺度（Nominal Scale）

名义尺度或称定类尺度，它将事物分到唯一的类别中，这些类别之间是平等的并列关系，无法区分优劣或大小，且在所分的全部类别中，必须保证每一事物都能归属于某一类别，且只能归于一个类别。

名义尺度是最粗略、测量层次最低的计量尺度。例如，按性别将运动员分成男子组、女子组；按比赛项目分成：跳远、跳高、100米、200米等；这里性别、比赛项目都是名义尺度度量的变量。

在统计处理时，为了方便，名义尺度的变量可以用数字录入，但数字只是用来对事物进行识别和分类的标签，每一答案只表示分类，不存在数值比较关系。例如用“1”表示男性，“2”表示女性。名义尺度度量的变量不能区分大小或进行加、减、乘、除四则运算，只能计算每一类别中每个个体出现的频数或频率。

2. 次序尺度（Ordinal Scale）

次序尺度又称定序尺度，它不仅保留了名义尺度的性质（任何事物都能归属于某一类别，且只能归于一个类别），而且这些类可以根据被测量特征等级进行排序，每一类都可以与其相邻类进行比较，来判断是大于还是小于。例如，100米跑运动员在比赛时的成绩有第1名、第2名……第8名等，名次就是次序尺度度量的变量。

次序尺度对事物的计量水平要比定类尺度精确一些，但它只是度量了类别间顺序，而未测量出类别之间的准确差值。次序尺度度量的变量可以比较大小、计算每一类别中每个个体出现的频数或频率，不能进行加、减、乘、除四则运算。

3. 区间尺度（Interval Scale）

区间尺度又称等距尺度，它不仅能将事物区分为不同类别并进行排序，而且可以准确地计量出它们之间的差距是多少。使用区间尺度时，通过尺度值之间的加减运算，可以得到两个事物间关于被测量特征的确切差别，但是该测量尺度有任意的但不是绝对的零点，不能进行乘除运算。

例如，考试分数用百分制度量，温度用摄氏或华氏度来度量。10℃比5℃高5℃，但不能说前者比后者热一倍；有人统计考试得了100分，有的人得了50分，不能说得100分人的统计知识是得50分人的2倍。考试分数、温度是区间尺度度量的变量，它们的0点不固定，考试卷题目容易分数就高、题目难分数就低；国际上把冰水混合物的温度定为0℃，但0℃不是没有温度。

区间尺度度量的变量可以比较大小、进行加减运算，计算每一类别中每个个体出现的频数或频率，可以求平均数、中位数、众数、标准差。

4. 比例尺度（Ratio Scale）

比例尺度又称定比尺度，它在测量中的量化水平是最高的，它除了具有上述三种测量尺度的全部特性外，还有一个特性，那就是可以计算两个测量值之间的比值。它与区间尺度的唯一区别是具有一个绝对固定的、非任意确定的零点。在比例尺度的测量中，零值是所测量的物体的特征不能出现或不能观测到的一点，在该尺度中，数值表示的是离绝对零点的距离。

在实际工作中比例尺度变量的例子有：体重（千克）、身高（厘米）、百米跑（秒）、速度（米/秒）等。比例尺度度量的变量可进行加、减、乘、除四则运算，适用各种统计分析方法。

上述四种测量尺度对客观事物的度量层次或水平是由低级到高级、由粗略到精确逐步递进的。在实际进行统计计算时，适用于低层次度量水平数据的统计方法也适用于高层次度量水平的数据（将高层次测量水平的数据转化成低层次测量水平的数据），但一般不能反过来应用。

（二）变量的类型

变量有随机变量与非随机变量之分，能随机取值的变量就是随机变量，随机变量有离散型随机变量与连续型随机变量之分。在这里我们说的变量的类型也就是指数据的类型。变量的测量结果就构成了统计数据，不同的测量尺度会得到不同类型的统计数据。从上述四种测量尺度形成的结果来看，在实际处理统计数据时我们主要将变量分为连续型随机变量和离散型随机变量。

1.连续型随机变量

若对于随机变量X，存在定义在（$-\infty$，$+\infty$）上的非负函数$f(x)$，使得对任意的实数x，总有$F(x)=\int_{-\infty}^{x} f(t)dt$，则称随机变量X是连续型随机变量，其中称$f(x)$为X的概率密度函数，简称概率密度，称为连续型随机变量的总体分布，其图像叫作概率密度分布曲线（具体见第五章）。

连续型变量理论上可取无穷多个数值。诸如身高、体重、百米跑成绩等可经测量取得数值的变量，限于测量精度，身高、体重、百米跑成绩并不能取任意位小数，在实际中为了研究方便，人们将这类数据视为连续型变量。有时也把连续型变量的测量数据称作计量资料。

2.离散型随机变量

如果随机变量只取有限个或可列个可能值，同时以确定的概率取这些不同的值，则称为离散型随机变量。离散型随机变量的所有取值以及取每个值时的概率值，称为离散型随机变量的概率分布。

某些属性只能定性地划分成少数几个互相排斥的类别，离散型随机变量在任意给定范围内取有限数值。如：性别作为变量，“男”用“1”表示，“女”用“0”表示；篮球比赛中的进球数也是一个离散变量等。有时也把部分离散型随机变量的测量数据称作计数资料。

二、数据的结构与特点

任何实验和调查的结果必须转变为数据后才能进行统计分析。表2-1中列出了2000年北京市海淀区城市居民家庭体育消费结构调查的部分数据，有7个记录项目，这种数据结构可列成一个60行7列的一个数据矩阵，SPSS等统计软件都以这种形式作为数据录入的基本格式。

（一）基本观察单位

基本观察单位是按研究需要确定的收集数据的基本单位。研究对象本身可以是一个基本观察单位，也可以同时具有若干个基本观察单位。以60名海淀区城市居民家庭体育消费结构调查为例，如果以居民2000年体育消费额与周体育活动时间为研究指标，则一个居民是一个基本观察单位；如果以2000—2003年的居民体育消费额与周体育活动时间为研究指标（纵向调查），每个居民具有4个基本观察单位。（表2-1）

表2-1　60名海淀区城市居民家庭体育消费结构调查表

性别	年龄	职业	周余暇时间（小时）	周活动时间（小时）	家庭月均收入（元）	年体育消费额（元）
男	19～24	工人	18	8	2400	600
男	19～25	教师	22	12	3600	1500
女	35～44	职员	24	4	3000	3000
女	15～18	学生	30	10	5000	1000
·	·	·	·	·	·	·
·	·	·	·	·	·	·
·	·	·	·	·	·	·
女	45～49	教师	16	6	3000	3800

（二）数据指标

用于统计分析的数据指标（变量）通常由分组因素、反应变量等组成。同一份数据，不同的研究目的也会出现一定的差别。如表2-1为60行7列的数据矩阵，如要研究不同性别居民体育消费结构，则性别是分组因素，家庭月均收入、年体育消费额为反应变量，年龄、职业、周余暇时间及周体育活动时间为协变量；如要研究不同年龄居民的体育消费结构，则年龄是分组因素，家庭月均收入、年体育消费额为反应变量，性别、职业等为协变量。

第二节　数据资料的收集方法

体育科研数据的收集方法主要有调查法和实验法，使用这两种方法都可获得直接的第一手统计数据。收集数据之前必须制订一个周密、完整的调查（实验）方案，以指导整个工作按计划进行，使调查（实验）得以顺利实施和完成。另外，对发表的期刊、论文集和书籍中他人已收集到的数据资料进行整理和分析，使之符合自身研究的需要，也是一种重要的收集数据的方法。

一、调查法

调查法是体育科研中最常见的方法，现在已普遍应用于体育社会科学研究和运动人体科学研究中。1979年和1985年进行的两次全国青少年体质研究中，采用了这种方法；1996年后进行的历次中国群众体育现状的调查与研究中也使用了此法。

（一）统计调查方案的内容

统计调查方案是指导整个调查过程的纲领性文件，因此在设计调查方案时，对调查的目的、任务、对象和采用的方法应做到心中有数。不同的调查在内容上虽有一定的差别，但主要应包括以下内容：

1. 明确调查目的

在调查方案中应首先说明本次调查的目的、任务和意义。调查目的是调查所要达到的具体目标，它回答为什么调查、要解决什么问题，以及调查具有的社会经济意义等。这些问题明确后，才能确定调查范围、调查对象、项目或指标，以及采用何种抽样或调查方法，以减少调查的盲目性。

2. 确定调查对象和调查单位

确定调查对象和调查单位就是回答向谁调查、由谁来提供具体的统计数据的问题。调查对象是根据调查目的确定的研究总体或研究范围。调查单位是构成调查对象的每一个单位，它是具体调查项目和指标的载体，是我们收集数据、分析数据的基本单位。例如2000年国民体质监测工作方案中规定："国民体质监测对象为3~69周岁的中国国民，分为幼儿（3~6岁）、儿童青少年（学生）（7~19岁）、成年人（20~59岁）和老年人（60~69岁）四个年龄段"。体质监测的调查单位是每一个人。

在实际调查中，调查单位可以是调查对象的全部单位，也可以是调查对象的部分单位。如采用全面调查方式，如普查，那么调查对象中的每一个单位都是调查单位，调查单位和调查对象二者是一致的；如采用非全面调查方式，如抽样调查方式，那么调查单位只是调查对象全部单位的一部分。此外，调查单位的级别或类型也是多种多样的。它可以是个人、家庭、社会群体或社会组织等。

3. 调查项目和调查表

这里回答的是调查什么，采用什么形式调查的问题。调查项目（或指标）就是调查的具体内容，它可以是调查单位的数量特征，如一个人的年龄、每月体育消费额、身高、体重、肺活量等；也可以是调查单位的属性或品质特征，如一个人的性别、文化程度、职业等。

调查项目通常以表的形式来表示，称为调查表。它是用于登记调查数据或资料的一种表格，一般由表头、表体和表脚组成。表头说明调查表的名称以及调查单位的名称、性质等；表体由调查的具体项目组成；表脚通常由填报人（调查员）签名、填报日期等内容组成。

问卷调查是一种特殊的调查，它通常采用回答式的调查表格。它通常由介绍词（封面信）、填表说明、问题和编码栏组成。

（1）介绍词的写法

介绍词是问卷开头的一段请求协助调查的话语，可使调查更加规范化。介绍词的意义在于积极地宣传工作，使被调查对象了解到该项调查的重要性及其合理合法性，因而能对调查给予积极的配合和合作。其主要作用是：

①表明进行该项调查的人或组织的身份；

②说明该项调查的目的、重要性；

③使被调查对象认识到他的回答的意义；

④让被调查对象了解到他的回答将会被保守秘密；

⑤对被调查对象的配合与支持表示感谢。

上述的五个作用中，第一个作用在于消除对调查工作和调查员的疑虑。第二个作用可通过简要说明组织该项调查的背景、目的并强调其重要性来达到。第三个作用实现的关键是使被调查对象认识到，他是按照一定的科学抽样程序而选中的，不能随意由他人代替，他实际上是代表了许多未被抽中选入样本的人在做回答，因此他的意见是非常重要的。第四个作用的目的是使被调查者在回答问题时解除疑虑，实事求是地自主回答，只要真实表明自己的意见，无对错之分。第五个作用可加强被调查者与调查员的感情联系，使调查顺利进行。对于一些备有纪念品的有偿调查，在表示感谢的同时也可说明。

（2）填表说明的写法

为了使答案规范、统一，便于编码及计算机录入与统计汇总，在问卷中必须写一段填表说明，对问题的回答和选择做解释，为被调查对象回答问题提供帮助。比较典型的一种填表说明如下：

请您根据自己的情况，在下列合适的数字上用"√"表示，或在"__"上正确填写，所有问题除特殊说明外，均为唯一选择。

填表说明可放在介绍词与问题之间，也可放在重要的、需要提请被调查者注意的问题前。

（3）问　题

问题是调查问卷的主体，问题的设立是问卷设计中的关键。

①问题的种类

按答题的形式，可划分为开放性、封闭性和半封闭半开放问题；按答题的性质，又可划分为事实性问题和意见性问题。

第一，开放性问题：应答者可根据自己的实际情况或想法，自由地发表意见，在问卷上没有已拟定的答案。例如："你喜欢哪一类体育项目？""你每天参与体育活动的时间是多久（以分钟计）？"

第二，封闭性问题：其答案事先由调查者拟定，应答者只需在这些答案中选择合适的一个或几个答案。可分为以下几种答题形式：

A. 两项式：也称是非题，提供的答案只有两个，应答者从中选择一个答案。一般采用"是"或"否"等形式。例如：

您的性别［1］男　［2］女______；

您喜欢足球电视节目吗？［1］是　［2］否　______。

B. 多项式：问题的答案有3个或更多，问卷中将各种可能的答案列出，由应答者根据自己的实际情况选择一个或多个合适的答案。其中限定选择一定数量答案的为限制性回答；任选答案数量的回答为非限制性回答。

ⅰ）限制性多项式。例如：

您目前的吸烟情况：[1]从不 [2]偶尔 [3]经常 [4]已戒______；

您主要参加的体育锻炼项目是（最主要两种）：[1]跑步 [2]游泳 [3]长走 [4]球类 [5]气功 [6]武术 [7]健身操、舞蹈 [8]登山 [9]其他______。

ⅱ）非限制性多项式。例如：

请问您不参加体育锻炼的主要原因有：[1]无兴趣 [2]工作忙没时间 [3]家务重没时间 [4]无活动场所 [5]缺少技术指导 [6]其他______；

参加体育锻炼的主要目的是：[1]增强体质 [2]减肥、健美 [3]治疗疾病 [4]消遣娱乐 [5]参加比赛 [6]社交 [7]其他______。

C. 等级式：从所提问题的多项分等级答案中选择其一的回答方式。例如：

“您对周围的体育活动设施是否满意：[1]非常满意 [2]满意 [3]一般 [4]不满意 [5]非常不满意______”。

D. 排序式：对所选择的答案按问题的要求进行顺序排列的一种方式。例如：

请选出您最喜欢参加的三项传统体育项目，并将这三个项目按感兴趣程度的大小先后顺序写出它们的代号：

[1]足球 [2]篮球 [3]排球 [4]网球 [5]乒乓球 [6]羽毛球 [7]游泳 [8]田径 [9]体操或健美 [10]武术 [11]气功 [12]滑冰 [13]旅游 [14]跳舞 [15]跳绳 [16]其他。[1]__ [2]__ [3]__ 。

E.后续式：是对于某一答案的应答者进一步提供后续答案的问答方式。例如：

您是否因病住过院（选择“否”者，请直接回答问题5）：[1]是 [2]否______

以上介绍了封闭式问题常用的几种问答形式。采用封闭式问题，应答者的回答选择只能“封闭”在问卷上已准备好的答案中，因此在资料整理、录入、汇总、分析上都较易处理，在调查时又可以节约时间，多问一些问题。主要缺点是应答者的答案也可能不在所给定的答案之中，所以最后选择的答案可能并非真正代表被调查者自己的意见，缺乏“自由性”的表达，因此在决定采用开放式问题或者封闭式问题时，必须考虑到问题答案的分散程度。如果答案的可能性较多，用封闭式问题会使答案范围过于狭窄，不能发掘出应答者的真正答案。有些封闭性问题的答案，应答者以前根本没考虑到，现在既然要求从中选择其一或选择若干，就会草草选择了事，必然影响到调查的准确性。

第三，半封闭半开放性问题：在一个问题中，答案的选择既有封闭性又有开放性，称半封闭、半开放性问题。最常见的形式是让应答者在做了“封闭性”的选择后，紧接着作“开放性”的回答。例如：

如果我国申办足球世界杯没有成功，你认为下一步应该：

[1]继续申办　应作哪方面的努力____________________________

[2]别再申办了 理由是____________________________。

第四，事实性问题：事实性问题是要求被调查者回答一些有关事实的问题。例如：

你的家庭月人均收入是多少？ _________元

事实性问题的设立是为了获得事实资料。例如，有关个人的资料，如职业、收入、家庭状况、住房环境、受教育程度等，都属事实性问题。由于这样的问题可以根据所获得的资料将被调查者分类，所以又称为“分类问题”。一般来讲，分类问题应放在问卷的后边，以免被调查者在回答有关个人问题时有所顾虑，从而影响以后的回答。然而有的调查由于在抽样时是根据职业分类，或收入多少，或受教育程度等方面作为分类标准来做“定额抽样”的，则分类问题应放在问卷的开头，看被调查者是否符合样本所规定的条件。

第五，意见性问题：即态度性问题，调查者在调查时就某一个问题了解被调查者的意见或态度。对这类问题应注意应答者是否能真正表达他的态度。通常，被调查者会受到问题所用的字眼和问题次序的影响，而产生不同的反应，因此，意见性问题的设计要比事实性问题的设计难一些。例如：

你是否喜欢参加体育运动 ［1］是 ［2］否_______；

你对目前自己的收入满意吗？ ［1］满意 ［2］不满意_______。

② 问题设计的原则

问题的意义必须清楚、通俗易懂；避免使用多义语字眼以及模棱两可的提问；避免出现引导性问题；问卷中有些被选的项目必须具有互斥性；长度适当。

③问题的次序

为了使被调查者能不受拘束地发表自己的看法，在设计问卷时，就必须注意问题排列的先后次序。一般原则是：开始的问题应是容易回答，如果具有趣味性，则更能提高被调查者的兴趣；核心问题，即整张问卷的中心问题可置于问卷的中间；比较敏感的问题，可放在问卷的最后。

从问卷的逻辑性和人们对问题思考出发，在考虑问题的顺序时，也可运用“过滤法（也称漏斗法）”，即开始提出的问题性质广泛，被调查者回答的范围较广，然后逐渐缩小范围，最后逐渐引出实质性问题。

有的被调查者在回答多项式选择时，容易受到答案排列顺序的导向，较多地选择前面的答案。为了避免这方面的调查误差，可采用两种方法：

一是在印刷问卷时，将问题后面供选择的答案的次序加以转换，印成数种不同次序排列的问卷，但这往往要增加印刷费用；

二是不必印成不同的问卷，只是在询问被调查者时，可根据一定的方法，从不同顺序的答案开始询问，这样可降低由于答案排列次序的不同而产生的导向性问题。

（4）编码栏的设立

对于样本量较大的调查，为便于计算机的统计、汇总和分类，一般应设立编码栏（当然，若样本量较小的调查，或采取手工汇总，也可以不设立编码栏）。

设立编码栏时应注意两点：一是编码应与问题的答案一一对应，一般可放在问题的右边，编码的序号最好与问题序号相一致，使人一目了然，不致搞错，提高编码和计算机录入时的速度和准确性；二是编码的空格宽度要恰当，要根据答案的多少和被选数字的大小而留空格。

4.其他内容

除了以上介绍的几项主要内容之外，调查方案中还应明确调查时间、确定调查收集数据的具体方法以及调查的具体工作组织。调查时间包括调查数据的所属时间和调查的工作期限。数据所属时间应明确规定数据是哪个时期或哪个时点上的；调查工作期限指调查工作从开始到结束的时间长度，如第五次人口普查的时点是“2000年10月1日零点”，期限是“2000年10月1日至10月10日”完成。收集数据的方法应明确规定是入户登记、问卷调查、电话采访还是其他方式等。

调查问卷实例：

我国优秀运动员群体社会流动问卷①

尊敬的现役运动员、退役运动员：

运动员作为一个独特的群体已在我国占有一席之地。本调查是国家体委软科学研究和国家教委博士点基金科研项目“我国运动员群体社会流动”课题的组成部分之一。我们希望了解优秀运动员生活与思想的真实状况，了解运动员生涯对您及您家庭的影响。我们坚信，您所提供的情况，将有助于运动员群体资料的建立，为党和政府完善有关政策提供科学依据与建议，使整个运动员群体都从中获益。

您对问卷中问题的回答没有对错之分，也没有考试的性质，请根据您个人的真实情况和想法来填答。对于您的回答我们将负责保密。问卷除参加抽奖和数据分析外，绝不它用，不会给您个人造成任何麻烦。

谢谢您的合作！

A．运动经历

1.您从事或曾经从事过的运动专项是________，于________年开始此专项训练。

2.在从事此运动专项前您是否还参加过其他项目的训练？

①否。

②是，参加过________、________、________训练，分别于________年、________年、________年开始。

3.您所在的最高层次运动队是（具体队名）________________________________。

4.上述运动队属于：

①成年队　②青年队　③少年队

5.在您进入上述最高层次运动队之前是否在其他队训练过？

①否。

②是，在________、________、________、________训练过。

6.您获得过的最高运动等级是：

①国际健将　②运动健将　③一级　④二级　⑤未获过　⑥当时无等级

---

① 钟秉枢. 成绩资本和地位获得[M]. 北京：北京体育大学出版社，1998.

7.在您的运动生涯中，您参加过________次正式全国比赛，________次正式国际比赛。

8.您获得过的三次最好比赛名次分别是：

①________年________________比赛________名。

②________年________________比赛________名。

③________年________________比赛________名。

9.您获得过的三次最高荣誉（如十佳、荣誉奖章）分别是：

①________年获得____。

②________年获得____。

③________年获得____。

10.您获得过的三次社会兼职（人大代表、政协委员、协会成员）分别是：

①________年获得____。

②________年获得____。

③________年获得____。

B. 家庭状况

11.您出生于________年，民族是________族。

12.您在家中排行第________，兄弟姊妹共________人，其中有________人进入过运动队。

13.在进入运动队前，您在城市/城镇、城郊、还是农村长大？

①城市。城市的名称是________________。

②城镇。城镇的名称是________________。

③城郊。城郊所在城市/城镇的名称是________________。

④农村。农村所在地名称是________________。

14.在进入运动队之前，您家的经济状况在当时当地社会属于：

①上上　　②中上　　③下上

④上下　　⑤未获过　　⑥下下

C.教育背景

15.进入运动队时，您受过________年学校教育。

16.当运动员期间，您是否在继续文化学习？

①否。

②是。具体为________、________、________、________。

D.父母情况

17.您进入运动队时，您父亲受过________年学校教育。

18. 您进入运动队时，您母亲受过________年学校教育。

19.您进入运动队时，您父亲有无工作？

①无。 ②有。具体干什么________，职务及其职称________。

20. 您进入运动队时，您母亲有无工作？

①无。 ②有。具体干什么________，职务及其职称________。

E.入队原因

21.什么对您成为运动员影响最大？

①家庭　②学校　③自身　④新闻舆论

⑤名人作用　⑥同学　⑦亲友　⑧其他

22.请在下面的表中，就您开始训练的原因评出等级。“1”的回答意味着与您的想法完全不同，“7”的回答意味着与您的想法完全一致。在相应的空格内按程度画“√”便可，并请每项都画。

开始训练原因	1	2	3	4	5	6	7
为祖国贡献为省市争光							
发展该项运动							
满足自己爱好兴趣							
崇拜名运动员							
证明自身价值自我完善							
锻炼身体增强体质							
进一步提高技术							
物质待遇较好							
能周游各地							
寻找就业出路							
转入城市户口							
为上大学奠定基础							
离开较差生活环境							
逃避家庭管教							
为了逃避上学							
受父母影响为父母争气							
受亲朋好友的影响							
受宣传媒体的影响							
受课外活动影响							
受同学影响							
老师或教练的推荐							
被教练偶然看中							
好奇、好玩							
父母意志							
无明确目的和意识							
其他（具体写明）							

……

（二）常用的统计调查方法

调查可分为全面调查和非全面调查。全面调查又称为普查，就是对总体中的每个个体都加以调查。而非全面调查，只是对总体中的部分个体加以调查，非全面调查主要有典型调查、重点调查和抽样调查。就其特点，简述如下。

1. 普查

普查是为了完成某种调查任务而专门组织的一时性全面调查。普查进行的方式基本上有两种：一种是专门组织的普查机构和队伍对调查单位进行直接登记，如我国人口普查采用的方式；另一种是利用学校、体育总局、运动队本身的组织系统和内部的原始记录与资料进行填报，如全国省体工队游泳运动员的训练年限与运动性疾病的普查。

2. 典型调查

典型调查是一种非全面调查。它是根据研究目的要求，在对调查对象进行初步分析的基础上，在若干同类调查对象中选取一个或几个有代表性的对象进行系统、周密的调查研究，从而认识这一类对象的本质特征、发展规律，找出具有普遍意义和有价值的经验和值得借鉴的教训。

该种调查法较为细致，适用于对新情况、新问题的调研。使用典型调查法时须注意所选的对象要具有代表性，能够集中地、有力地体现问题和情况的主要方面。典型调查法具有省时、省力的优点，但也有不够准确的缺点。典型调查适用于调查总体同质性比较大的情形。同时，它要求研究者有较丰富的经验，对总体情况比较了解，同时又能比较准确地选择有代表性对象的情况。

3.重点调查

重点调查也是一种非全面调查，它是在全部单位中选择一部分重点单位进行调查，以取得统计数据的一种非全面调查方法。其目的是为了了解总体的基本情况。这些重点单位在全部单位中虽然只是一部分，但它们在所研究现象的总量中却占有绝大比重，因而对它们进行调查就能够反映全部现象的基本情况。和抽样调查不同的是，重点调查取得的数据只能反映总体的基本发展趋势，不能用以推断总体，因而也只是一种补充性的调查方法。

4.抽样调查

（1）抽样调查的意义

抽样调查也是一种非全面调查，它是按随机化原则从总体中随机抽取一部分调查单位（样本）进行观察，根据对这部分样本观察的结果来推断总体特征数的一种调查方法。在统计研究中，应用抽样调查有如下重要意义：

① 应用抽样调查可用较少的人力、物力和时间，达到对所研究总体的深刻认识。例如，对某种运动器材10000个进行质量检查，从中抽出50个抽检，查出一个次品，次品率为2%，由此便可推断这10000个运动器材中有200个次品。

② 抽样调查能够解决许多总体无法进行全面调查的统计分析任务。如对无限总体的研究。

③ 用抽样调查能根据事先给定的误差范围做出比较精密的推断。

（2）常用的抽样调查方法

① 简单随机抽样

简单随机抽样又称单纯随机抽样，每次抽样时，总体中每一个个体都有同等的机会被选中，它是抽样的基本方法。具体做法一般多是用抽签的方法，先将总体中每个个体进行编号，再将号码写在签上，然后随机抽取；也可使用随机数表法。

简单随机抽样，从理论上讲，最能保证总体中每个个体都有同等的机会被抽中，而且利用概率原理计算抽样误差和确定抽样的样本含量，都比较方便。但采用这种抽样方法时，抽样误差较大，为了保证抽样结果的准确性，就需要抽选含量较大的样本，这种方法适用于总体中各个个体分布较均匀的资料（变异小），总体含量不多的情况，实际应用上有很大的局限性。

② 等距抽样

等距抽样又称机械抽样。这种抽样方式是先将总体中每个个体按某一标志排队，然后按一定顺序和间隔来抽取调查个体的组织方式。为了遵守随机原则，在选择排列标志时，往往采用与研究目的无关的标志。

例：从10000名学生中，抽取100人进行调查，这时可按学生学号排序，再每隔100人抽取一人进行调查。我们可以在1-100数间随机选取一个数，比如18，然后每隔100个号码抽取一个，那么学号为18，118，218，……，9918等100个学生，便是抽到样本中的个体。

机械抽样与单纯随机抽样比较，机械抽样所抽取的个体能均匀地分布在总体之中，一般情况下，机械抽样误差比单纯随机抽样小。如果个体间变异程度较大，又不能抽取更多个体进行调查时，机械抽样比单纯随机抽样有效。不过，在某些特殊情况下机械抽样可能存在偏差。

③ 分层抽样

分层抽样是先把总体中的个体按与所研究的现象有关的某种特征分成同质、不相互重叠的若干层，然后再从各层中独立抽取样本，是一种不等概率抽样。

分层抽样各层内应该同质，各层间差异尽可能大。这样的分层抽样能够提高样本的代表性、总体估计值的精度和抽样方案的效率，抽样的操作、管理比较方便。

④ 整群抽样

整群抽样就是从总体中随机抽取若干群，然后对被抽取的每一群中的个体全部加以调查和研究，由此推断总体的情况。所以整群抽样被抽取的不是一个个的个体，而是由一个个的个体组成的若干集团（群）。

整群抽样，由于样本过于集中，分布不均，准确性较差。但这种方法简单易行，适于大规模的抽样调查。

以上四种抽样的方法，在实际工作中往往要结合起来使用。因为在许多情况下，挑选样本往往不能直接进行，需分段进行。至于每项具体抽样工作，究竟如何使用上述抽样方法，要根据研究对象的特点、调查目的等多方面因素，全面加以研究，才能确定。

二、实验法

实验研究是研究者应用实验手段作用于实验对象的科学活动。在人为控制的条件下，向受试者施加处理因素，最后获得有关实验方法对客体的影响，从而获得客体的有关信息。

（一）实验设计的意义

实验设计是科研计划的具体实施方案，是进行统计分析的先决条件，是实验研究获得预期结果的重要保证。一个科学合理的实验设计，不仅要有专业方面的理论设计和技术设计，还要做好统计设计。如保证足够的样本含量及代表性和样本组间的可比性，如何减少或排除实验误差的影响，如何以经济的人力、物力和财力以及时间获得可靠的结果。其意义为：能够根据研究目的，规定具体的研究任务和所要采取的技术路线和方法；能够用较为经济的人力、物力、财力以及时间进行实验，最大限度地减少误差，获得可靠的结果。

（二）实验设计的内容

实验设计的内容包括：明确研究题目、研究构思、处理因素、研究对象、实验效应、实验方法、研究中的对照、误差控制、获取资料（数据）的方法、统计处理方法、研究步骤及顺序等。

总之，实验设计内容可分为专业设计与统计设计两部分。专业设计就是运用已有的专业知识设计一种研究（实验）方案，选择适合于本专业的具有严格科学性的方法，以回答此项研究所提出的问题或验证科学假说。统计设计是运用统计学原理，保证专业设计的科学性，减少系统误差，以保证科研设计的可靠性的方法。

（三）实验设计的特点

将一组随机抽取的实验对象随机分配到两种或多种处理组，观察比较不同处理因素的效应（或结果），这种研究称为实验研究。实验设计的特点是：

1. 研究者能人为设置处理因素

2. 受试对象接受何种处理或水平是随机的。因此实验研究与调查研究相比，能使比较组间具有较好的均衡性，即非处理因素对不同处理组的影响是均衡的，组间具有可比性，可客观评价处理因素的作用。

3. 实验研究设计能使多种实验因素包括在较少次数的实验中，更有效地控制误差，达到高效的目的。

（四）实验设计的基本要素

实验的目的是要阐明某些处理因素作用于受试对象所产生的实验效应。实验设计的基本要素是处理因素、研究对象和实验效应。如：中年人群采用两种不同运动方式（球类运动、有氧体操）进行运动，三个月后观察比较两组运动方式下心率及F.C值的变化情况，实验采用的两种运动方式为处理因素，随机抽取的中年人为受试对象，运动后（三个月后）的心率及F.C值为实验效应。

1. 处理因素

一般是指外加于受试对象，在实验中需要观察并阐明其处理效应的因素。现代统计学研究方法中，虽然已经出现了针对多因素设计（在一次实验中包含多个处理因素）的各种统计学分析方法，但由于多种因素之间往往存在交互作用，实验例数较少时，为避免随机误差的影响，使实验效应难于区分，应尽量减少处理因素。

在实验研究中，影响实验结果的因素有很多，实验设计时应注意：

（1）抓住实验中的主要因素

任何一项实验都会包含许多因素，我们不可能将所考虑到一切因素不分主次都放在一次或少数几次实验之中进行观察分析，在实验设计时必须根据经验和专业知识，抓住对实验结果影响较大的几个主要因素确定实验设计方案。多种因素间往往存在交互作用，交互作用是在原效应的基础上产生增强效应或减弱效应的作用。如两种训练手段对运动成绩产生协同作用或相互干扰作用。因此在实验设计时除要考虑各因素单独施加受试对象的效应，还要考虑各因素配合施加受试对象的效应。

（2）明确处理因素与非处理因素

处理因素是某项实验中研究者着重考察的某些实验条件（因素），而参与实验对实验结果有一定影响的其他因素叫非处理因素。在实验中，为尽可能减少各组受试对象的自身条件对实验结果的影响，在实验设计时，常对重要的非处理因素（如体重、年龄、性别等）做有计划的安排，以便在进行统计分析时，将其作用排除，更准确地评价处理因素取不同水平时对试验结果的影响，这样的因素在统计学上称为分组因素（区组因素）。

（3）处理因素要标准化

处理因素的性质、强度和施加方法等必须标准化，即在实验过程中保持不变。使用的仪器名称、产地、型号、规格、性能、精密度均应明确；明确规定需要控制的实验条件；规定具体的观察时间；明确规定使用的检测方法、原理和特点，并定出操作常规；使用的试剂、药品应明确品名、批号、厂家、出厂日期、保存方法等。

2. 研究对象

研究对象指被处理因素作用的对象。实验研究从研究对象来分，可分为动物实验和人体实验。一般是先做动物实验后再移到人体，如运动损伤药物研究、预防接种实验等。

作为研究对象应具备的基本条件是对处理因素既敏感又特异，敏感与特异可以一致，也可以不一致，既敏感又特异者最理想。敏感佳而特异差者不好，因为后者不易排除非处理因素的干扰。还要考虑其稳定性（即研究对象被施加的处理因素的反应有较大稳定性，减少误差）、经济性、可行性等。

做动物实验时，应考虑种属品系、窝别、性别、年龄、体重、健康状况等；在做人体实验时，除考虑人的种族、地域、性别、体重、健康状况等一般条件外，尚需考虑职业、爱好、生活习惯、居住条件、经济状况、家庭情况和心理状况等社会因素。

3. 实验效应

实验效应指处理因素施加于研究对象后所起的作用，任何效应都是通过指标的具体取值反映出来的，所以效应指标是鉴定效应的尺度。

按效应指标的性质分类，指标分为客观指标和主观指标。客观指标是借助仪器测量、检验所得的结果，如测量人的身高、血压等指标；主观指标则是由受试者或研究者主观判断的指标，有些指标的来源虽然是客观的，但判断上却受主观影响。

在设置效应指标的数目时，可根据研究目的与要求不同，拟定的指标可多可少。效应的表现可能是多方面的，所以观察指标也有多种。不能认为指标越多越好，因为任何事物都有主要矛盾，研究的主要目的常常只有一个，所以指标不宜过多，应尽量地集中，以突破重点。

作为观察指标的首要条件是实验所用的指标必须与所要研究的目的有本质上的联系，并能确切反映出处理因素的效应。其次，要求指标具有一定的灵敏性和特异性，提高指标的灵敏性是检出效应微量变化的关键环节，提高的手段主要靠检测方法和仪器的改进。在选择观察指标时尽可能选择客观指标，并要求测量指标具有一定的精确性，即准确度和精密度。所谓准确度是指测定值与真值之间的符合程度，其大小与系统误差有很大的关系。在系统误差消除的前提下，统计学中以标准误差来说明实验的准确度大小。所谓精密度是每次测定值与均值之间的符合程度，统计学中用标准差、变异系数、方差和回收率等来表示实验精密度的大小。另外，对记录指标的方法、格式、时间等都应事先做好标准化规定。

（五）实验误差及误差的控制

实验研究的每个环节都存在着误差，如果不予以控制，即使出现明显的效果，并做了统计处理，也是不科学的、不可信的。不注意控制误差，实验结果的重复性往往很差，甚至会导致错误的结论。因此研究者了解和掌握实验中的各种误差和对误差的控制方法，对保证实验结果的科学性有重要意义。

控制误差，在实验设计时应严密考虑。随机化是控制实验误差的主要方法。偶然误差的出现是不可避免的，然而它的大小事先是可以估计和控制的。在随机抽样与随机分组的前提下，适当加大样本含量可以缩小误差。另外对研究总体规定得明确具体，可提高样本中个体之间的同质性。均衡化是使实验组之间，或对照组之间的非处理因素均衡一致。交叉试验也是控制实验误差的有效手段；重复实验或平行实验，是加大样本含量增加样本可靠性的又一有效手段。

总之，采用随机抽样与随机分组方法，定期地、经常地校准仪器，实验因素标准化，实验过程的科学编号，统一的记录表格，完整的实验记录，参与研究的实验人员的素质及技术水平的提高都是减少实验误差的重要措施。

（六）实验设计的原则

在实验设计中，研究者必须严格遵循以下基本原则，即对照、随机、重复和均衡的原则。

1. 对照原则

（1）设立对照组的意义

①通过对照鉴别和区分处理因素与非处理因素对实验效应的影响大小。因为在一次实验研究中影响实验结果的因素很多，而研究者只能一次研究其中某一个或几个处理因素，只有通过设立对照组，使非处理因素在试验组与对照组中处于相同状态，才能有效地控制实验误差，对处理因素的作用做出可靠的估计。

②通过对照排除或控制自然变化对观察结果的影响。人和动物的生理和病理等变化，都有其自然发展的过程，例如，有许多疾病（如感冒、损伤等）会自然缓解或自然痊愈，只有通过对照才能确定观察结果是属于某种处理因素的作用还是自然发展的结果。

③通过对照可消除或减少实验误差。对照是使试验组和对照组的非处理因素处于相等状态，其结果是实验误差得到相应的抵消或减少。

④此外，通过对照可找出综合因素中的主要有效因素，验证实验方法的可靠性，找出最佳实验条件，分析实验中的问题或原因。

（2）设立对照组应注意的问题

①组间应在齐同条件下对比，即力求组间除处理因素外，其余各种条件尽量保持一致。

②以人为试验对象的研究，组间对比时应考虑受试者心理因素的影响，需要采用安慰剂和盲法进行观察。

③对照组与试验组的样本含量应均衡，不宜相差过大。

④自身前后对照应注意评价指标是否随时间的先后而变化，如果发生变化，应采用交

叉试验设计。

（3）对照组的形式

①空白对照：对照不加任何处理的“空白”条件下进行观察对照。空白对照只有在处理因素很强，非处理因素很弱的情况下才可使用。

②实验对照：在某种有关的实验条件下进行观察的对照。对照组不施加处理因素，但施加某种实验因素（不是所研究的处理因素）。

③标准对照：不设立对照组，用标准值或正常值做对照。但应注意两者实验条件不一致，会影响对比效果。

④自身对照：对照与实验在同一受试对象身上进行。例如，观察运动前后人体某种生理指标的变化。

⑤相互对照：不设立对照组，而是几个有效处理的实验组相互对照。例如，不同运动方式下各个组F.C值的比较。

⑥配对对照：与相互对照不同，它不是采用组间相互比较的方法，而是把研究对象选择条件相同的两个配成一对，分别给以不同的处理因素，对比两者之间的不同效应。但严格来说，很难找到相同或十分相似的对子。

2. 随机原则

所谓随机化原则，就是在抽样或分组时必须做到使总体中的每一个个体都有同等的机会被抽取进入样本中来，以及样本中任何一个个体都有同等机会被分配到任何一个组中去。随机化目的就是在试验研究中要避免因主观见解而产生的偏性，有利于校正和弥补试验单位本身的差异所带来的误差，使试验对照组有最大程度的可比性。因此在选择和分配受试对象时必须严格遵循这一原则。

3. 重复的原则

由于个体差异等影响因素的存在，同一种处理对不同的试验对象所产生的效果不尽相同，表现为其效应指标的数值不同，只有在大量重复试验的条件下，该处理的真实效应才会比较确定地显露出来。试验重复次数越多，即每组样本数目越大，则越能反映出总体的客观规律来。因此在试验研究中必须坚持重复的原则。

重复是消除非处理因素影响的又一重要手段。所谓重复，是指在相同的试验条件下进行试验全过程的重复。重复程度表现为样本量的大小和重复次数的多少。样本含量大或实验次数多，能反映机遇变异的客观真实情况。但样本量大或实验次数多，会增加严格控制实验条件的困难，且浪费。样本量过少，所得的指标不够稳定，结论也缺乏充分的依据。贯彻重复的原则，是为了保证实验结果在具有一定可靠性的条件下，针对具体情况，根据专业和统计学知识，确定最小的样本量，节约人力和经费。

4. 均衡原则

所谓均衡，就是对照组与试验组中的非处理因素尽量达到均衡一致，保证组间具有很好的可比性，使处理因素的试验效应能更真实地反映出来。

（七）常用的几种实验设计方法

常用的实验设计方法有：全随机设计（单因素实验设计）、配对设计、自身比较设计、交叉设计、拉丁方设计、正交实验设计、析因实验设计（略）。

三、次级资料的收集方法

如果能通过直接的调查或科学实验的方式获得第一手统计数据，这显然是最好的，但是对于大多数使用者来说，每次使用统计数据时都要亲自进行调查，这既是不现实的，也是不可能的。这时可以通过其他的渠道去获取别人的调查或科学实验的第二手数据（次级资料）。

次级资料对于统计研究的重要性在于：首先，对于许多专题性研究来说，次级资料能够满足其研究目的的需要，因此无需再收集第一手资料。其次，收集次级资料较收集第一手资料来说，能节省不少人力、物力、财力和时间。要尽可能利用次级资料，只有在不具备可供使用的次级资料时，才去收集第一手资料。

第二手数据的重要来源有：政府机构所编辑出版的统计资料，一些研究所散发的各种数据资料、发表的期刊、论文集和书籍等。如：《中国统计年鉴》《中国社会统计年鉴》《国外体育动态》《国民体质研究报告》《体育科技文献通报》，各种亘大比赛（奥运会、亚运会、锦标赛）成绩资料等。

尽管第二手资料在绝大多数调研中都是必需的，但数据的收集工作从来都是冗长而枯燥的。调研者必须经常去图书馆，写信给二手资料的提供者。在最近几年中，随着全球互联网（Internet）的迅速发展，使二手资料的收集工作不再是一件苦差事。

随着信息时代的来临，现在获取信息的渠道越来越多，各种统计年鉴、资料汇编也越来越多，内容也越来越丰富，在图书馆、因特网上都可以方便地查阅。不过任何已有的资料都是为了某种目的而收集，并且通过一定的方法整理出来的。对于资料的使用者来说，由于不是亲自收集的原始资料，有时难以满足特定研究的需要，特别是在所收集的资料不连贯、不完整，不符合要求时，仍需进行调整和估算。

思考与练习

1．什么是变量？什么是变量的测量尺度？有哪几种测量尺度？
2．统计数据分为哪几种类型？
3．体育科研中收集数据的方法有哪些？
4．在理解调查法的基础上，自己编制一份调查问卷。
5．简述实验设计的内容。

推荐阅读参考文献

1．袁卫．统计学（第一章）[M]. 北京：中国统计出版社，1996.
2．陈明达．实用体质学（体质研究的方法章节，邢文华）[M]. 北京：北京医科大学、中国协和医科大学联合出版社，1993.
3．王仁安．医学实验设计与统计分析[M]. 北京：北京医科大学出版社，2000.
4．梁小筠，祝大平．抽样调查方法和原理[M]. 上海：华东师范大学出版社，1993.

第三章　数据文件的建立与整理方法

本章提要

SPSS的安装、启动、退出的方法，SPSS数据文件的建立及如何读入其他类型数据文件。

数据的审核及常用整理数据的方法。

几种常用统计图形的做法。

第一节　SPSS软件中文版的安装、启动和退出

随着社会经济的发展，统计方法应用在体育科研中的地位日益受到人们的重视，而现代统计方法的使用必须借助于先进的统计分析软件．目前在世界上使用最为普遍的统计分析软件主要有SAS软件和SPSS软件。SPSS是社会科学用统计软件包，它具有统计功能齐全、操作简便、易于掌握的特点，适合于体育类学生与体育科研工作者在实际中使用，本教材的统计数据处理与方法应用都是使用这套软件来实现的。

通过各种方法收集到的体育科研数据，无论是体育生物科学研究数据、体育社会科学研究数据，还是体育心理学研究等方面的数据，首先都要建立SPSS数据集，下面主要介绍用SPSS软件创建数据集的方法。

一、SPSS 软件中文版的安装、启动和退出

（一）SPSS 中文版的安装

SPSS是一个集成软件包，由若干组件组成，用户可根据自己的需要、有选择地安装SPSS组件。不同版本的SPSS 安装步骤基本如下：

1. 启动计算机，将含有SPSS for Windows18.0软件的光盘插入光盘驱动器；

2. 在桌面上双击“我的电脑”→“光盘驱动器”→“SPSS”→“setup.exe”→“Install SPSS”→“继续”，系统将自动进行安装前的准备工作；

3. 根据安装程序的提示，用户可根据自己的需要填写和选择适当的参数，接受软件使用协议，并指定SPSS软件的安装目录，选择典型安装及选择自己需要安装的SPSS模块，输入软件的合法序列号，直至安装完成。

（二）SPSS 18.0中文版的启动

1. 双击已建立SPSS快捷图标；执行“开始”→“程序”→“SPSS for Windows”启动SPSS。

2. 单击“Edit”→“Options”打开如下窗口，在Windows（Look and feel）右侧选择
Windows（系统默认SPSS Inc.Sdandard），在Language下选择Simplified Chinese，在User Interface下面Language右侧选择Simplified Chinese，单击OK，系统进入SPSS for Windows18.0中文版界面。

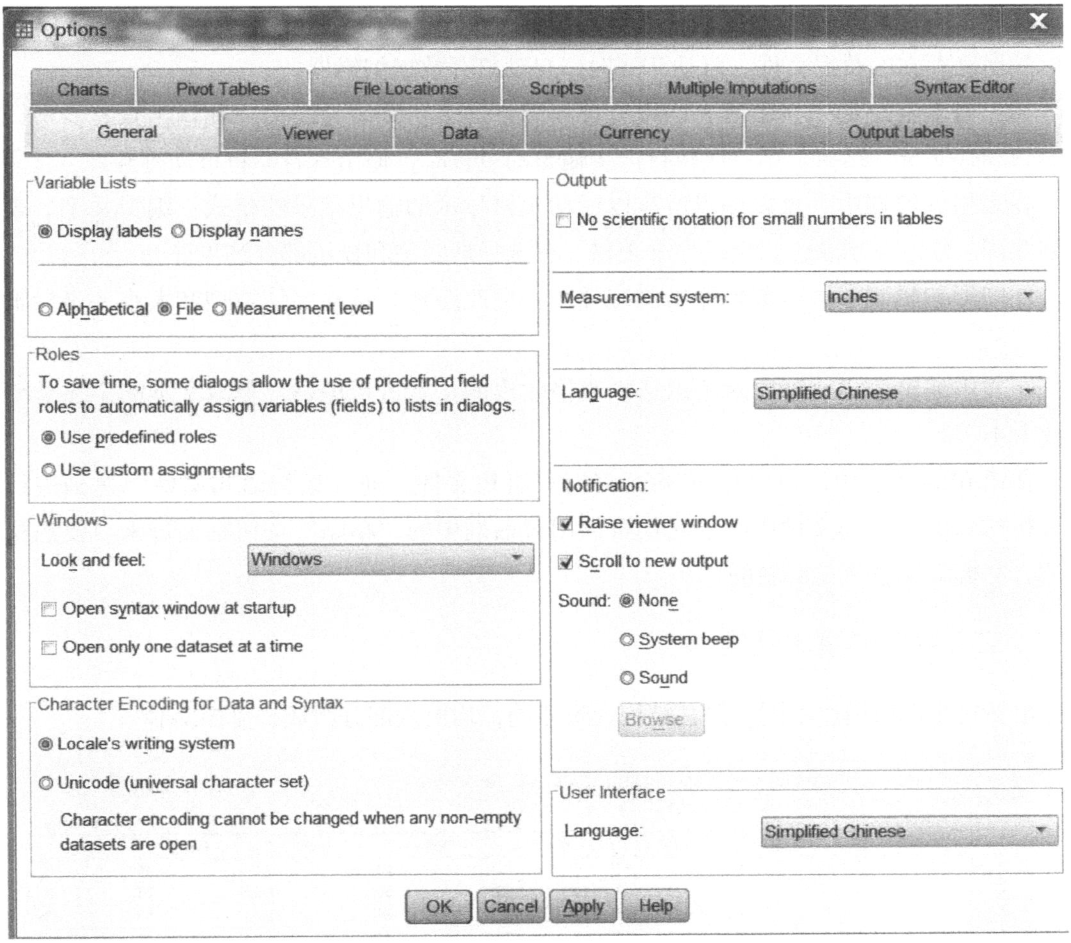

（三）SPSS的退出

SPSS的退出有多种方法，常用的有：

1. 单击SPSS Data Editor 窗口最右上角的关闭按钮“×”。
2. 选择SPSS Data Editor 窗口主菜单的“文件”→“退出”命令。
3. 直接按ALT+F4组合键。

二、SPSS软件中文版的窗口和对话框

（一）窗口

SPSS有多种不同类型的窗口，分别提供不同的操作环境和界面。常用的有Data Editor（数据编辑器）、Viewer（输出查看器）、Pivot Table Editor（表格编辑器）、Chart Editor（图形编辑器）、Text Output Editor（文本编辑器）、Syntax Editor（语句编辑器）等。

其中数据编辑器用于显示数据文件的内容。可以在数据编辑器中创建新的数据文件，可以编辑已存在的数据文件。启动SPSS时，自动打开数据编辑器。

输出查看器是用来显示所有的统计计算结果、表格和统计图的。在输出查看器中，可以编辑和存储统计结果。第一次执行产生输出的过程时，输出查看器将自动打开。

在表格编辑器中，可以编辑所有以活动表格显示的输出结果的格式：编辑文字、表格行列互调、修改显示颜色、生成多维表格、有选择地隐藏和显示部分结果等。

在图形编辑器中，可编辑输出的统计图：更改颜色、选择字体类型和大小、坐标轴互换等。

在文本编辑器中，可以对不以活动表格输出的文本进行编辑：更改文本的字体类型、更改大小等。

在语句编辑器中，可以用SPSS语言编写语句文件，通过运行语句文件，达到进行统计分析的目的。语句文件中的语句也可以用对话框中的“粘贴”按钮粘贴进来。要想精通SPSS，掌握SPSS语言是必要的。

（二）窗口的基本结构

虽然每个窗口用途不同，但其结构大致相同，均由六部分组成，见图3-1。

图3-1　窗口的基本结构

1. 标题栏：位于窗口的顶端。最左边是窗口图标，单击它会弹出一个下拉菜单，其中包括各种窗口控制操作命令；双击它则关闭窗口。其次为窗口名称，由两部分组成，一是当前数据文件名，一是窗口标题名称。最右端是最小化、最大化或还原、关闭窗口控制按钮。

2. 菜单栏：主菜单位于标题栏的下端，由若干个菜单栏组成，每个菜单栏又包含若干个菜单命令。SPSS有五种类型的菜单命令，如文件，见图3-2。

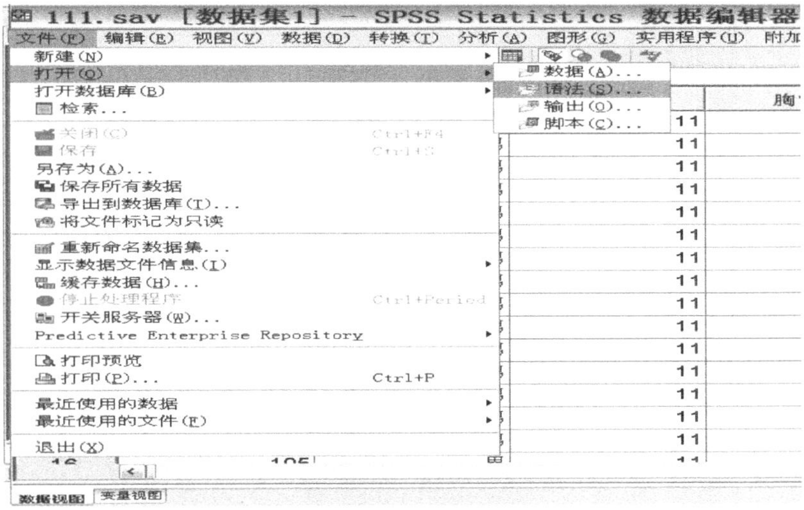

图3-2　菜单栏

• 带有▶的命令，如打开▶，将鼠标置于▶上可自动打开一个级联菜单。

• 带有…的命令，如数据（A）…，鼠标单击可打开一个对话框。

• 带有热键的命令，如保存的Ctrl+S，表示按此组合键就相当于鼠标单击“文件→保存”，使用热键可提高操作速度。

• 淡灰色字体的命令，如保存，表示命令暂时无法执行。

3. **工具栏：**每一个窗口都将一些常用命令组织在一起以工具栏按钮的形式出现，用户只需单击某个按钮就可以执行相应的命令，是一种更快、更容易的操作方式。用户可通过视图工具栏命令自定义工具栏中的工具。

4. **滚动条：**滚动条分为水平滚动条和垂直滚动条，分别位于窗口的底部和右侧。

5. **工作区：**窗口的中间部分是用户工作区，SPSS的不同窗口有不同的工作区，用户可在工作区内执行相应的操作。

6. **状态栏：**位于窗口的最底端，当执行某项操作时，状态栏显示该操作有关的提示信息。

（三）对话框

在SPSS中，选择菜单中的大部分选项都将弹出相应的对话框。通过对话框的按钮和下拉菜单可以选择命令、语句、变量或参数，或者打开下一级对话框，完成设置后提交对话框中的内容给SPSS，经SPSS处理后，才能得到相应的结果。

在SPSS中主要有两种对话框：文件操作对话框和统计分析对话框。文件操作对话框如图3-3所示，这种对话框在Windows XP中很常见，在此不再详述。

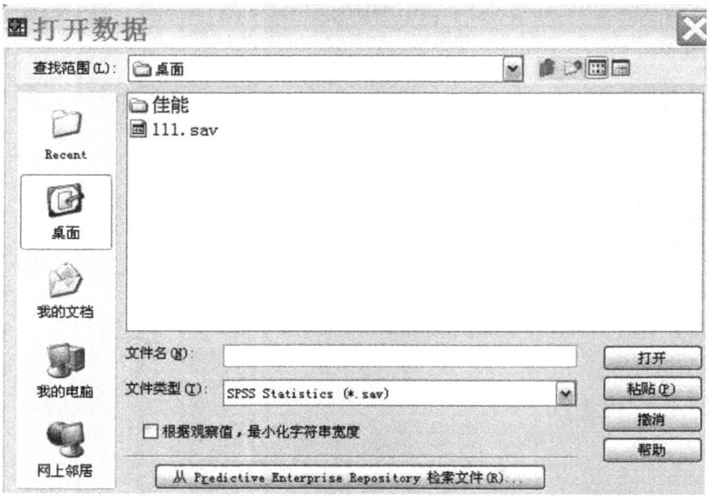

图3-3　文件操作对话框

在SPSS中，通过菜单项或图表打开的统计分析对话框（简称一级对话框）的基本布局都差不多，图3-4显示了一个一级对话框。

一级对话框一般由源变量栏、目标变量栏、复选框和按钮组成。

在图3-4中，最左边的列表框为源变量框。在源变量栏中，列出了当前数据文件统计过程能够操作的变量。注意：许多统计过程，字符串型变量不能参与运算。

在图3-4中，“汇总变量”框即为目标变量框。目标变量框列出了选中的变量。许多对话框中有多个目标变量框。

图3-4的按钮可以分为以下几类：

1. 变量移动按钮

变量移动按钮用于将一个变量列表框中的变量移动到另一个变量列表框中。其中按钮上的箭头方向是可以改变的，箭头方向表示变量移动方向。

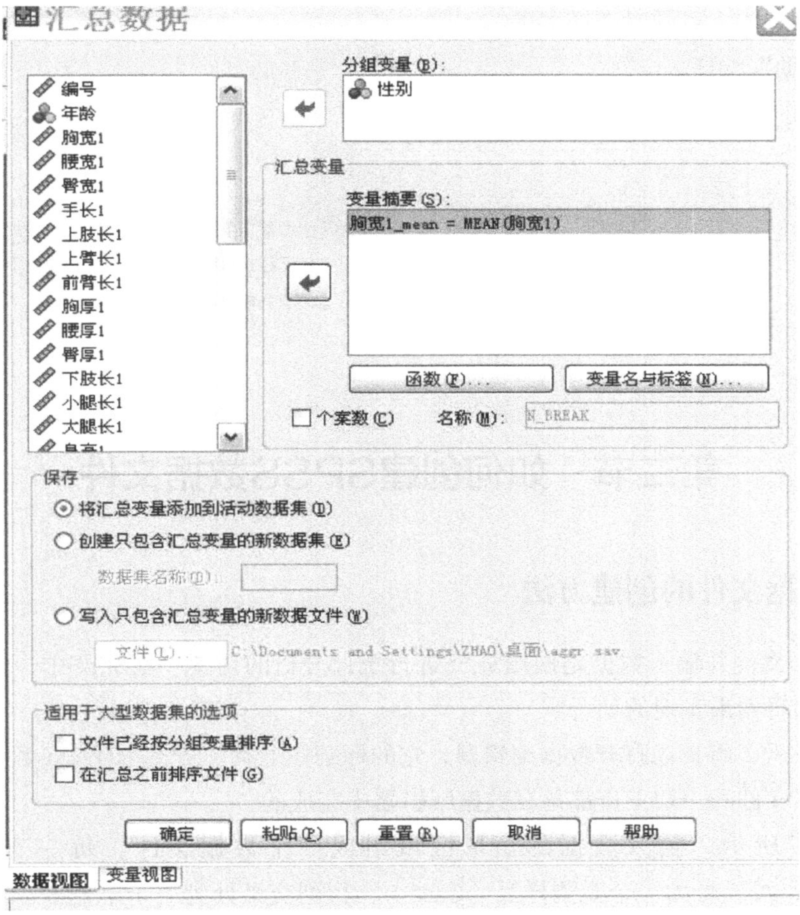

图3-4 统计分析对话框

2. 打开下一级对话框按钮

下一级对话框按钮上有省略号，单击这些按钮，将打开下一级对话框。图中“函数”和“变量名与标签”按钮都属于这种按钮。

3. 功能按钮

图中的“确定”“粘贴”“重置”“取消”和“帮助”为功能按钮。“确定”按钮将对话框的设置提交给SPSS；“粘贴”按钮用SPSS语句把该对话框中的各种设置显示在语句编辑器中。单击 重置 按钮，对话框中的各选项将恢复到设置前的状态。单击 取消 按钮，将取消本次对话框操作，并关闭对话框。

4. 单选按钮

在带有单选按钮的选项中，只能选中其中一项。单选按钮部分如图3-5所示。

5. 复选框按钮

复选框按钮如图3-6所示。单击方框可以更改选项的选择状态。当方框中为“√”时，表示该选项被选中，可同时选择多项。

6. “帮助”按钮

单击 帮助 按钮，将打开该对话框的帮助信息。

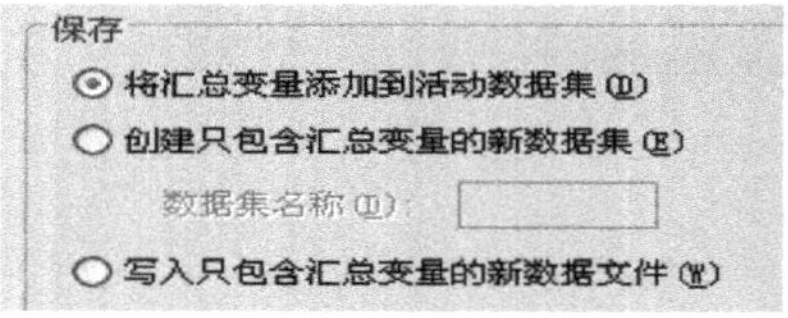

图3-5　单选按钮选项

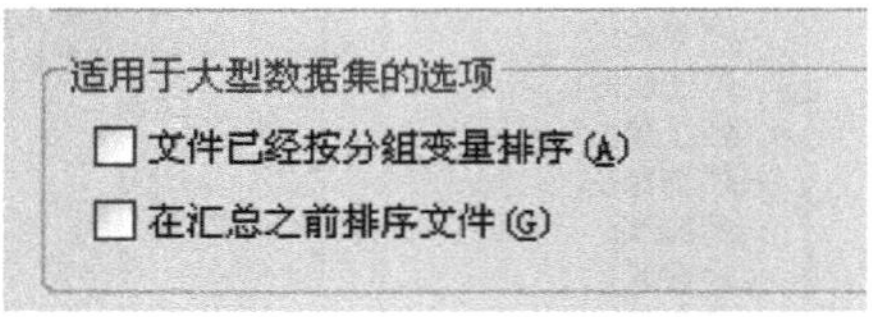

图3-6　复选框

第二节　如何创建SPSS数据文件

一、数据文件的创建方法

建立数据文件并输入数据是使用SPSS进行统计分析的前提。在SPSS中，建立数据文件是通过数据编辑器来实现的。

启动SPSS后，将自动打开数据编辑器，它的标题栏上有“SPSS Statistics数据编辑器”字样。建立数据文件的一切工作都是在数据编辑器中完成的。

如图3-7所示，输入数据的矩形区域组成一个数据文件，每一列为一个变量（Variable）；每一行为一个观测样品（Case），行列交叉处为一个单元格，可在其中输入变量值。当用鼠标单击某个单元格时，此单元格被加黑框表示是当前单元格，在左上角显示其地址，在右边显示出单元格中的数据值。如图3-7中，“1:年龄”，1代表样品（Case）序号，年龄表示变量名，右边显示出其值为40。

1 : 年龄　　40

	性别	年龄	职业	文化程度	每周次数	每次时间
1	1	40	1	1	3	1
2	1	40	1	1	1	1
3	1	40	2	2	2	2
4	1	36	2	2	3	1
5	1	40	1	1	2	2
6	1	35	1	1	2	3
7	2	42	1	1	3	1
8	2	38	1	1	2	2
9	1	46	1	1	1	2

图3-7　数据编辑器

（一）变量的定义

变量是观察对象的特征，是统计分析中最基本的单位，SPSS数据文件中每一列都代表一个变量。一个完整的变量要用变量名称、变量类型、变量宽度、变量小数位数、变量标签、变量标签（值标签）、度量尺度等特征来描述。

数据编辑器的变量视图界面是全屏幕定义变量的界面，如图3-8，每一行代表一个变量所具有的各种属性特征。

	名称	类型	宽度	小数	标签	值	缺失	列	对齐	度量标准
1	编号	数值(N)	11	0		无	无	11	右(R)	度量(S)
2	性别	数值(N)	11	0		{0, 女}...	无	11	右(R)	名义
3	年龄	数值(N)	11	0		无	无	11	右(R)	名义
4	胸宽1	数值(N)	11	0		无	无	11	右(R)	度量(S)

图3-8　数据编辑器的变量视图界面

1. 名称

名称是观察对象的特征名或指标名称，是SPSS数据文件中区别其他变量的标志。正确的变量名必须满足下列条件：长度不超过8个字符，由英文字母或汉字开头后跟数字或字母的字符串组成，大小写不区分，不能和系统的保留字同名，不能以空格开头。

2. 类型

变量类型是指变量取值的特征。系统默认新变量为数值型，当用户将光标定于类型列时，出现…按钮，单击之可打开图3-9对话框。

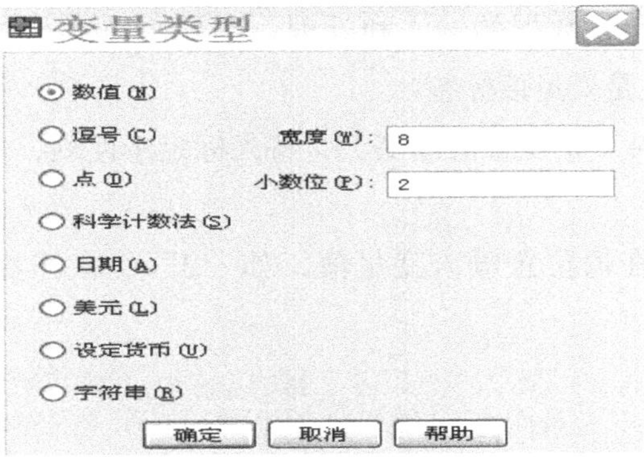

图3-9　变量类型对话框

⊙ 数值型，如1234.5；

⊙ 逗号型，如1，234.5。每三位用逗号分隔，小数点用圆点分隔；

⊙ 点型，1.234，5。每三位用圆点分隔，小数点用逗号分隔；

⊙ 科学记数法，如1.23E+3或1.24+3或1.23D3。对于很大或很小的数值可以使用科学记数法，表示指数的字母可用“E”“D”“e”“d”；

⊙ 日期型，可表示日期和时间，共有二十几种格式供选择。如dd-mm-yyyy表示日-月-年；hh:mm表示时-分；

⊙ 美元型，如$1，234.5；

⊙ 设定货币（自定义数值型）；

⊙ 字符串型，由汉字、英文字母、数字、空格及其他键盘输入符号组成；

其中，数值型、逗号型、点型、科学记数法、美元型、自定义数值型统称为数值型变量，其值可参加运算；日期型有其特殊的格式要求，不能参与运算，除非使用日期型函数转换后才能参与运算；字符串型也不能参与运算，并且大写字符和小写字符代表不同的值。

3. 宽度

变量的宽度是指变量值的取值长度，系统默认为8。修改此默认时每按一次▼减1，按▲则加1，或者直接从键盘输入修改值。

4. 小数位数

小数位数对于数值型变量而言是指小数点后的位数，系统默认为2，当数据输入时，位数超过2的系统自动四舍五入。

5. 标签

为弥补变量名不允许超过8个英文字符长度（4个汉字）的不足，用户可使用变量名标签对简洁的变量名做进一步的解释或说明。

6. 值（变量值标签）

使用变量值标签可简化数据的输入和处理，例如用“1”代替“男”，用“2”代替“女”，“1”和“2”就是变量值标签。

系统默认值列为None（无变量值标签），将光标定于此列，单击“…”可打开值标签定义对话框，见图3-10。

定义变量值标签：在值位置输入变量值，如“2”，在标签位置输入“女”，单击 添加 ，见图3-11；

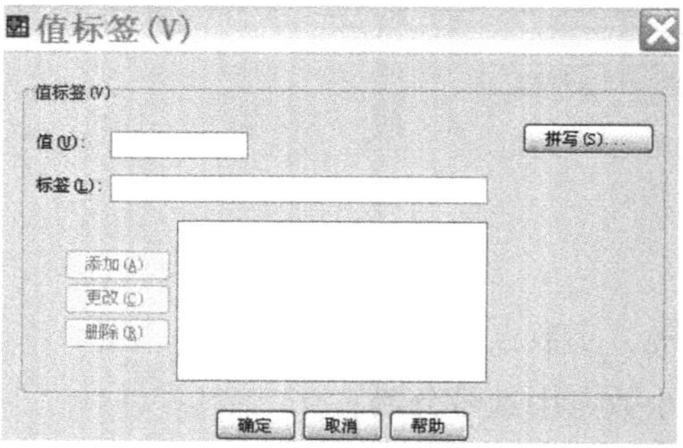

图3-10　无变量标签

图3-11　定义变量值标签

[添加]：将定义添加到文本栏中；

[更改]：修改某个变量值标签定义；

[删除]：从文本栏中删除某个定义，方法是先单击 [定义] 按钮；定义完成后单击 [确定] 返回图3-8。

7. **缺失值定义**

缺失值是指在收集数据过程中的无记录或失真数据。对于无记录数据，SPSS默认为系统缺失值（System_missing），如果是string型变量其值为空格，单元格显示为空；如果是数值型变量的其值为零，在单元格显示一个圆点。

对于失真的数据，用户可将其定义为缺失值，以便在统计分析时排除。定义的方法是单击此列的“…”，打开缺失值定义对话框，见图3-12。

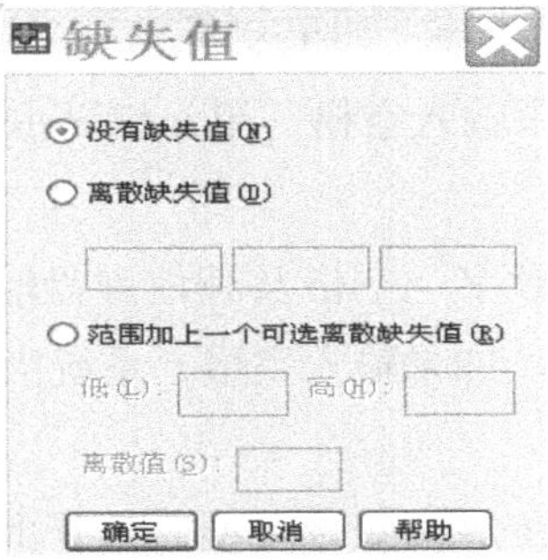

图3-12　缺失值定义

⊙ 没有缺失值（默认选择项）：无缺失值定义；

○ 离散缺失值：在矩形框中输入（最多）3个值，表示在进行统计分析时遇到这3个值时均当作缺失值处理；

○ 范围加上一个可选离散缺失值：连续的范围加上一个离散值。

8. **列：变量列宽**

变量列宽是指此变量在数据视图界面中显示的宽度，系统默认等于8。但有时为了显示的需要，可能要加大或缩小显示的宽度，方法是在此列按▼或按▲进行修改，或者直接从键盘输入修改值，或者在数据视图界面用鼠标拖动变量列之间的分割线。

9. **对齐**

对齐方式指变量值显示时的左对齐、右对齐、居中对齐方式。系统默认数值型变量的对齐方式为右对齐，而字符型变量的对齐方式是左对齐。

10. **度量标准**

度量标准指变量的测量尺度，分为3类：

度量：定比尺度，是由测量、记数或统计所得到的量，其值为连续取值的变量，如体重、百米跑成绩、年龄、身高等。

有序：定序尺度，其值按某种符合逻辑的顺序排列，如一级、二级、三级、健将等。

名义：名义尺度，该变量在度量时既没有数量表示，也没有次序关系，而是表现为某种状态。其值通常是非数值数据，如性别的“男”和“女”、运动项目等。

用户要根据变量的取值特征正确定义变量的度量尺度。系统默认数值型变量可定义为三种中的任意一种，而字符型变量默认为名义。定义时单击“▼”进行选择。

（二）数据的输入

1. 数值型数据的输入

数值型数据是指由0、1、2、3、4、5、6、7、8、9、+、-、$、E、e、D、逗号、圆点等组成的数据。例如，要输入一千二百三十四点五，如果变量类型为数值型，可以键入1234.5或1.23E+3或1.23e+3或1.23D3等；如果变量类型为逗号型，可输入1，234.5；如果是美元型；可以输入$1，234.5。如果输入空格，单元格显示“.”，当作系统缺失值。

2. 字符串型数据的输入

字符数据是指汉字、字母、数字、空格及其他键盘输入符号。输入字符串的长度必须小于或等于定义的长度（Width）。如果输入空格，系统当作缺失值（空串）。

3. 日期型数据输入

日期数据有其特殊的格式，在定义变量类型时选择的是什么格式，输入时就要按什么格式输入。例如选择的时间格式是hh:mm，表示小时：分钟，则12点10分正确的输入应该是“12：10”。又如选择的格式dd-mm-yyyy，表示日-月-年，正确的输入是15-Feb-98。如果输入不对，单元格显示“.”作为缺失值。

4. 数据输入方法

数据输入的方法有两种：

① 按行输入，即每次输入一个样品行。方法是将光标定于某行的第一个变量列，然后从左到右，每输入一个数据，按→键或“Tab”键，直到最后一个变量列。重复以上步骤，直到数据全部输完。

② 按列输入，方法是将光标置于某列的第一行，然后从上到下，每输入一个数据，按“Enter”键，直到本列的最后一行，重复以上步骤，直至所有数据输完。

（三）SPSS数据文件的建立

SPSS数据文件的建立过程如下：打开新的数据编辑器→在变量视图界面下定义变量→在数据视图界面下输入数据→存储数据文件 。

例3-1：为了解不同性别的大学生身高、体重与其父母身高的关系，测试了四个班级32人的身高、体重、父亲身高与母亲身高数据。数据如表3-1，建立一个名为“学生身高体重”的SPSS数据文件。

问卷中的问题，如果是连续型变量，一般按实际调查数据直接录入；如果是分类型变量，为简化录入工作，通常采取先给变量赋一个数值后再录入的形式。

对于班级、性别可直接设置值标签后录入；而身高、体重、父亲身高与母亲身高作为数值型变量可直接录入。

操作步骤：

① 选择“文件 → 新建 → 数据”命令打开一个新的数据编辑器；

② 单击窗口左下角的 变量视图 按钮，切换到变量定义窗口；

③ 从第一行的名称列开始，按行依次打开对话框定义每个变量的特征值，直到6个变量定义完毕，见图3-13，其中班级、性别值标签定义，见图3-14、图3-15。

④ 单击窗口左下角的 数据视图 按钮，切换到数据编辑界面开始输入数据。采取按行输入的方法，输入所有数据，见图3-16。

表3-1　大学生身高体重数据表

班级	性别	身高	体重	父高	母高
二班	男	176.00	70.00	177.00	165.00
一班	女	169.00	65.00	170.00	162.00
二班	女	162.00	54.00	170.00	155.00
二班	女	162.00	47.00	176.00	158.00
三班	男	175.00	60.00	175.00	165.00
一班	男	172.00	72.00	175.00	165.00
一班	男	173.00	62.00	170.00	165.00
三班	男	170.00	65.00	175.00	160.00
一班	男	176.00	67.00	170.00	160.00
四班	男	178.00	65.00	172.00	165.00
四班	男	177.00	70.00	170.00	160.00
四班	男	195.00	98.00	172.00	170.00
四班	男	183.00	80.00	176.00	165.00
三班	男	188.00	86.00	181.00	170.00
四班	男	172.00	65.00	175.00	162.00
一班	女	165.00	66.00	175.00	166.00
一班	女	165.00	57.00	175.00	160.00
一班	女	160.00	47.00	170.00	160.00
一班	女	163.00	44.00	175.00	160.00
一班	女	175.00	62.00	180.00	163.00
一班	女	170.00	61.00	183.00	170.00
一班	女	160.00	46.00	165.00	155.00
四班	女	163.00	48.00	175.00	165.00
四班	女	160.00	47.00	172.00	165.00
三班	女	162.00	55.00	172.00	160.00

续表

班级	性别	身高	体重	父高	母高
三班	女	160.00	48.00	170.00	164.00
三班	女	160.00	50.00	175.00	160.00
三班	女	170.00	60.00	175.00	162.00
二班	女	161.00	53.00	168.00	158.00
四班	女	163.00	55.00	165.00	161.00
一班	男	170. 00	60. 00	170. 00	160. 00

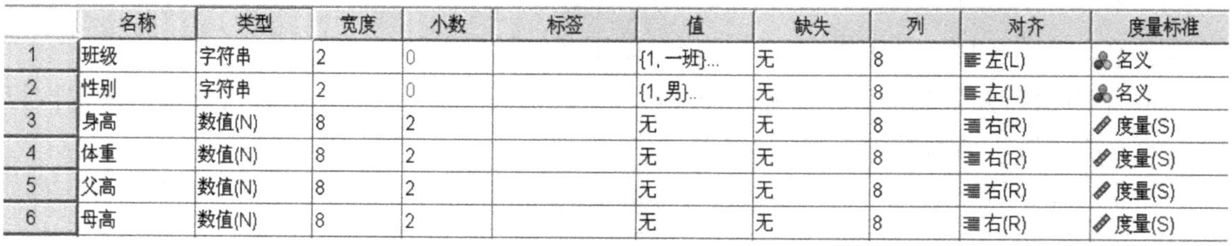

	名称	类型	宽度	小数	标签	值	缺失	列	对齐	度量标准
1	班级	字符串	2	0		{1, 一班}...	无	8	左(L)	名义
2	性别	字符串	2	0		{1, 男}...	无	8	左(L)	名义
3	身高	数值(N)	8	2		无	无	8	右(R)	度量(S)
4	体重	数值(N)	8	2		无	无	8	右(R)	度量(S)
5	父高	数值(N)	8	2		无	无	8	右(R)	度量(S)
6	母高	数值(N)	8	2		无	无	8	右(R)	度量(S)

图3-13

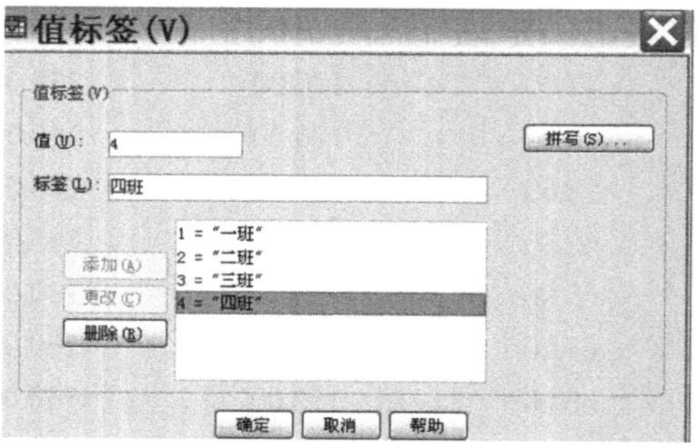

图3-14

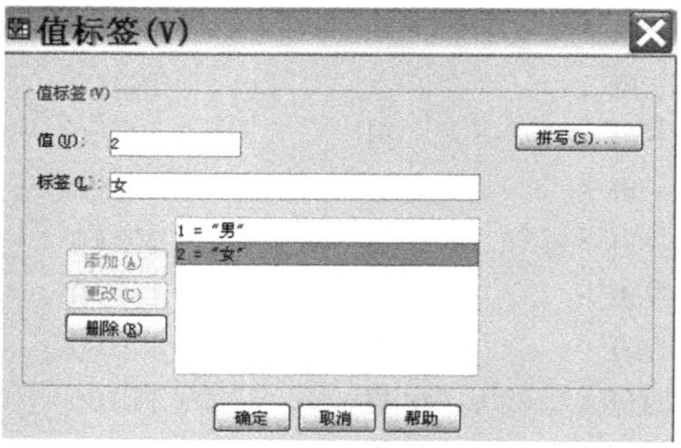

图3-15

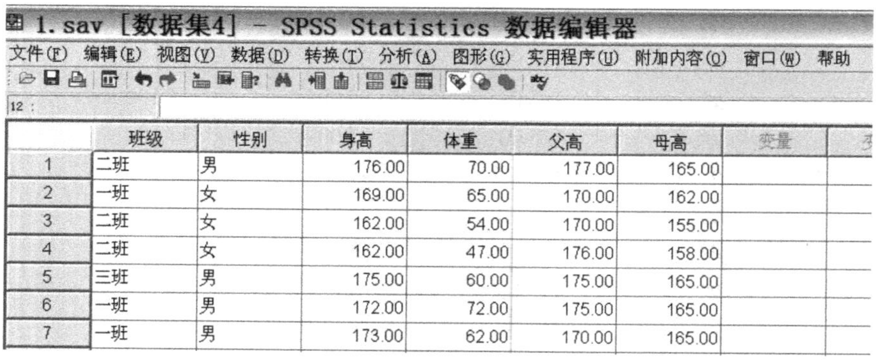

1. sav [数据集4] - SPSS Statistics 数据编辑器

文件(F) 编辑(E) 视图(V) 数据(D) 转换(T) 分析(A) 图形(G) 实用程序(U) 附加内容(O) 窗口(W) 帮助

	班级	性别	身高	体重	父高	母高	变量
1	二班	男	176.00	70.00	177.00	165.00	
2	一班	女	169.00	65.00	170.00	162.00	
3	二班	女	162.00	54.00	170.00	155.00	
4	二班	女	162.00	47.00	176.00	158.00	
5	三班	男	175.00	60.00	175.00	165.00	
6	一班	男	172.00	72.00	175.00	165.00	
7	一班	男	173.00	62.00	170.00	165.00	

图3-16

⑤ 选择文件 → 另存为命令，打开文件储存对话框，见图3-17，选择保存文件夹的路

径，输入文件名[大学生身高体重]，选择[保存（s）]，系统存盘建立一个名为“大学生身高体重.sav”的数据文件。

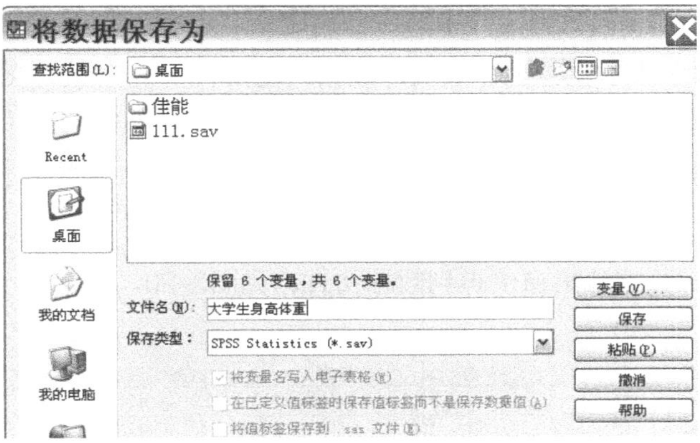

图3-17

二、数据文件的操作

数据的编辑：数据的编辑操作是对数据文件中的变量、样品、某个数据值、某组数据值进行的修改、插入、删除等操作，其方法基本同Excel的操作，在此不加叙述。

读取其他类型的数据文件：SPSS可以读取其他类型的数据文件，也可以将SPSS数据文件保存为其他软件能够读取的数据文件，这里主要介绍如何读取Excel数据文件。

电子表格（Excel）是许多人熟悉并使用的数据统计软件，它具有使用与操作简单的特点，SPSS可直接读取电子表格生成的数据文件。

例3-2：用Excel 建立一个文件名为“大学生身高体重.xls”的数据文件，保存在桌面上，见表3-1。在SPSS中读取此文件。

操作步骤：

① 单击“文件 → 打开 → 数据”命令，列出打开数据文件对话框，见图3-18。在查找范围选择桌面，文件类型选择Excel，选择文件“大学生身高体重.xls”，单击[打开]按钮，见图3-19。

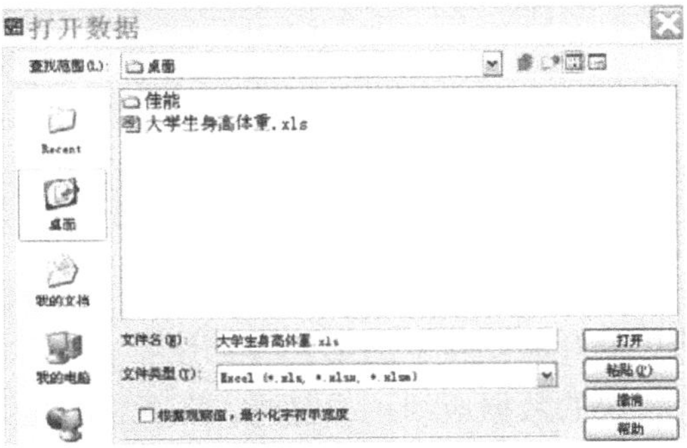

图3-18

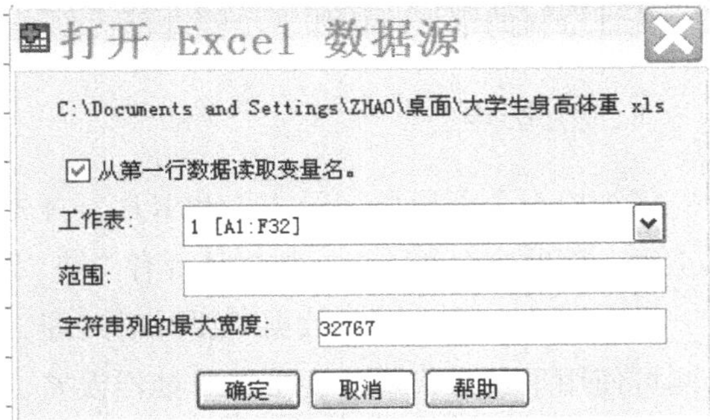

图3-19

☑ 从第一行数据读取变量名:

如果选择此项，在Excel数据文件中第一行是变量名；

工作表：[A1:F32] 大学生身高体重文件数据区范围；

范围：输入要读取的数据范围；

如果读取全部数据，可省略不输。当只读取部分数据时，在矩形区域输入所要读取的数据范围。

② 单击 确定 在数据编辑窗上得到数据文件，见图3-20。

	班级	性别	身高	体重	父高	母高	变量
1	二班	男	176	70	177	165	
2	一班	女	169	65	170	162	
3	二班	女	162	54	170	155	
4	二班	女	162	47	176	158	
5	三班	男	175	60	175	165	
6	一班	男	172	72	175	165	
7	一班	男	173	62	170	165	

图3-20

第三节 数据文件的整理

一、数据的审核

按统计研究设计的要求去收集数据时，一定要保证数据的准确性，为达此目的，在测试前（或收集数据前）必须拟订一个测试（收集数据）细则，明文规定各个指标的测试方法，以尽量避免测试误差，保证数据的可靠性。

在测试与录入数据的过程中，即使研究者严格按测试规定去收集数据，由于各种偶然因素的影响，数据文件中的数据也难免会出现错误，所以在进行统计分析之前必须对原始数据进行审核，以保证数据的可靠性。

统计资料的审核可按如下步骤进行：

（一）初审

仔细检查全部原始记录表格和卡片。首先要核对各个测试指标（变量）是否填写与录入正确，逐项检查各项指标数据是否有“缺、疑、误”3种情况。

发现“缺、疑、误”数据时要及时处理。缺项最好的处理方法是补测、补填，如无法补测可使用平均数代替（会带来非抽样误差）。错误的数据应纠正或复测，若无法复测可使用平均数代替或将整个观测样品（一份问卷）作废。

SPSS中有专门对缺失数据的处理方法。

（二）逻辑检查

有些数据错误不能从卡片或数据文件中直接看出来，则要从意义上根据专业知识进行判断和鉴别，称为逻辑检查。例如，在一般中学生的跳远成绩中有8米的数据，这从常识上看不可能；再如某学生身高165cm，坐高65cm，从生理知识知道这一般是不可能的。

使用SPSS软件对数据文件进行逻辑检查，可先对数据进行排序，看最大值、最小值是否符合专业知识的要求，也可采用统计方法找出其中的异常数据，辨别其真伪，常用的方法有拉依达法、格拉布斯（Grubbs）法等。

1. 拉依达法

当试验次数（样本含量）较多时，可按正态分布的3σ原则作为确定异常数据的方法，当某一测量值落在$\bar{x} \pm 3s$范围以外时，就被认为可能是异常数据。拉依达法一般是在样本含量大于50时才被使用。

2. 格拉布斯法

设x_1，x_2，…，x_n来自正态分布，把它们按从小到大的顺序排列，记为$x(1) \leq x(2) \leq \ldots x(n)$，首先算出全部数据的平均值$\bar{x}$和标准差$s$，再算出可疑数据$x$［一般是最大值$x(n)$或最小值$x(1)$］的$g_n$值，其公式为：$g_n = |x-\bar{x}|/S$，若算出的$g_n$值大于一定的临界值$a_n$，则认为是异常数据；否则认为是正常数据。表3-2给出了格拉布斯法检验的临界值表。

表3-2　格拉布斯检验临界值表（$\alpha = 0.05$）

n	a_n	n	a_n	n	a_n
3	1.15	15	2.41	35	2.82
4	1.46	16	2.44	40	2.87
5	1.67	17	2.47	45	2.92
6	1.82	18	2.50	50	2.96
7	1.94	19	2.53	60	3.03
8	2.03	20	2.56	70	3.09
9	2.11	21	2.58	80	3.14
10	2.18	22	2.60	90	3.18
11	2.23	23	2.62	100	3.21
12	2.29	24	2.64	110	3.23
13	2.33	25	2.66	120	3.24
14	2.37	30	2.75	130	3.25

（三）抽查复审

经过初审和逻辑检查后，对较大规模的测试，还应进行抽查复审，如事先规定抽查总调查数的1/10、1/20等（具体比例要视样本含量的大小而定，并要考虑一定的精度）。抽查中若发现错误率超过规定的标准，则应对全部数据重新检查一遍。

二、数据的整理

（一）样品排序

为便于查找数据，在进行统计计算前，有时需要按照某一个变量的值对所有的观测值进行排序。排序个案可对当前数据文件的样品重新按指定的变量或变量组进行排序。

例3-3：将“大学生身高体重.sav”数据文件按身高进行降序排序。

操作步骤：

① 打开数据文件“大学生身高体重.sav”，选择“数据→排序个案…”命令，打开变量排序对话框。见图3-21。

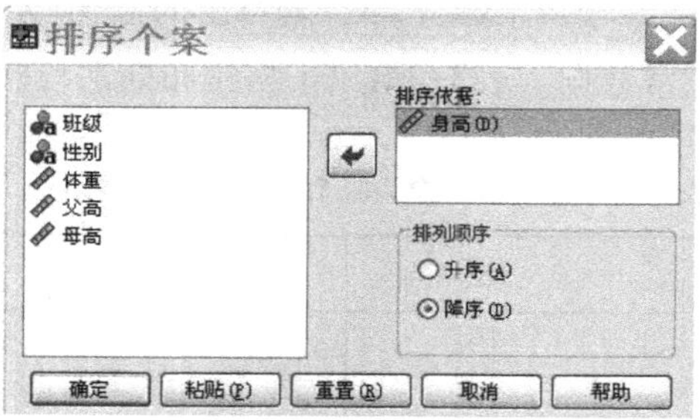

图3-21

其中，排序依据：需要放入排序变量。排序顺序：选择排序方式（升序或降序）。

② 把变量“身高”作为排序变量，再单击“降序”。

③ 单击 确定 按钮提交系统执行，数据文件被重新排列，见图3-22。

	班级	性别	身高	体重	父高	母高
1	四班	男	195	98	172	170
2	三班	男	188	86	181	170
3	四班	男	183	80	176	165
4	四班	男	178	65	172	165
5	四班	男	177	70	170	160
6	二班	男	176	70	177	165
7	一班	男	176	67	170	160
8	三班	男	175	60	175	165
9	一班	女	175	62	180	163
10	一班	男	173	62	170	165
11	一班	男	172	72	175	165
12	四班	男	172	65	175	162
13	三班	男	170	65	175	160
14	一班	女	170	61	183	170
15	三班	女	170	60	175	162
16	一班	男	170	60	170	160
17	一班	女	169	65	170	162

图3-22

（二）文件的拆分

由于统计分析的需要，有时要对数据文件进行多层次的划分，分成若干个样品组，对每组进行统计分析或制作统计图形。例如，为了检验大学生身高体重数据集中不同性别的父亲身高是否有显著性差异，就需要把数据按性别分成两组，性别变量为分组变量。

打开数据文件“大学生身高体重.sav”，选择“数据”→ 拆分文件…命令，打开文件“拆分”对话框，见图3-23。

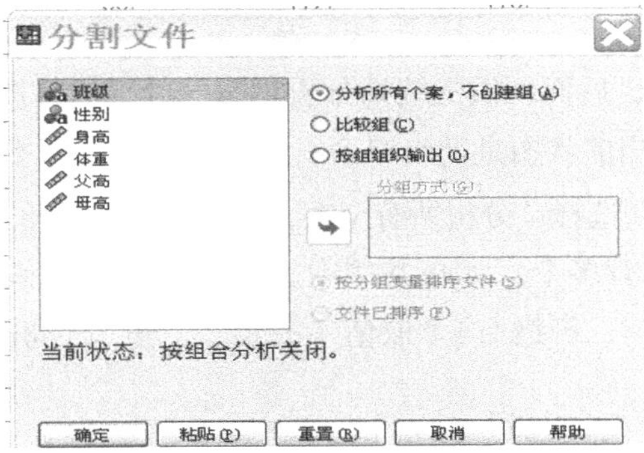

图3-23

⊙分析所有个案，不创建组（默认选择项）：不分组。

○比较组：拆分文件之后的所有统计操作产生的结果各组被列在一起，便于比较，如果生成表格，则所有组将列在同一表格中。

○按组组织输出：独立分组，统计分析的结果分组列出。

分组方式：▭：需要给出分组变量。

⊙按分组变量排序文件（默认选择项）：对文件分组并按分组变量排序。

○数据文件已排序：只需进行分组操作。

当前状态：按组合分析关闭：当前状态是：未分组。

例3-4：将“大学生身高体重.sav”建立的数据文件按性别分组。

变量“性别”是分组标志。如果分组的目的是进行男、女两组对比分析，就选择比较组；如果是对男、女两个独立的组分别进行统计分析，则应选择按组组织输出。

操作步骤：

① 选择数据 → 拆分文件…命令，打开对话框，见图3-23。

② 选择分组方式“按组组织输出”。

③ 选择分组标志，单击左边列表栏中的 性别 变量，然后将其选入 分组方式 中；默认选择按分组变量排序文件。

④ 按确定按钮提交系统执行，结果见图3-24。

	班级	性别	身高	体重	父高	母高
1	四班	男	195	98	172	170
2	三班	男	188	86	181	170
3	四班	男	183	80	176	165
4	四班	男	178	65	172	165
5	四班	男	177	70	170	160
6	二班	男	176	70	177	165
7	一班	男	176	67	170	160
8	三班	男	175	60	175	165
9	一班	男	173	62	170	165
10	一班	男	172	72	175	165
11	四班	男	172	65	175	162
12	三班	男	170	65	175	160
13	一班	男	170	60	170	160
14	一班	女	175	62	180	163
15	一班	女	170	61	183	170
16	三班	女	170	60	175	162
17	一班	女	169	65	170	162

图3-24

注意：使用此命令后，后面所做的统计分析均按已分组资料进行。若想取消分组，重新打开此对话框，将会看到当前状态是“组织输出数据 ：性别”（数据文件已按性别变量分为两个独立组）的信息，重新选择“分析所有个案，不创建组”，单击 确定 取消分组。

另外，分组变量可以有多个。如在本例中，如果选择性别和班级作为分组变量，由于性别有2个取值（男、女），班级有4个取值（一班、二班、三班、四班），则分组的结果是将数据资料分为8个组。

（三）文件的合并

数据文件的合并是指将外部文件的数据合并到当前数据文件中，合并的方法分为两种，添加个案（样品）和添加变量。

1. 添加个案

添加样品，也叫纵向合并，是指从外部文件中增加观测值到当前数据文件中。合并的前提是两个数据文件存在相同变量。数据合并是通过“数据”菜单下的“合并文件”选项实现的。

例3-5：将当前“大学生身高体重.sav”数据文件与桌面的213.sav（两文件具有相同变

量）数据文件进行合并。

操作步骤：

① 选择数据 → 合并文件 → 添加个案…命令，打开如图3-25对话框；单击浏览按钮打开如图3-26对话框，从查找范围处选择欲增加个案所在文件（类型必须是以.sav结尾的spss数据文件）的地址，选择它并单击 打开 按钮。

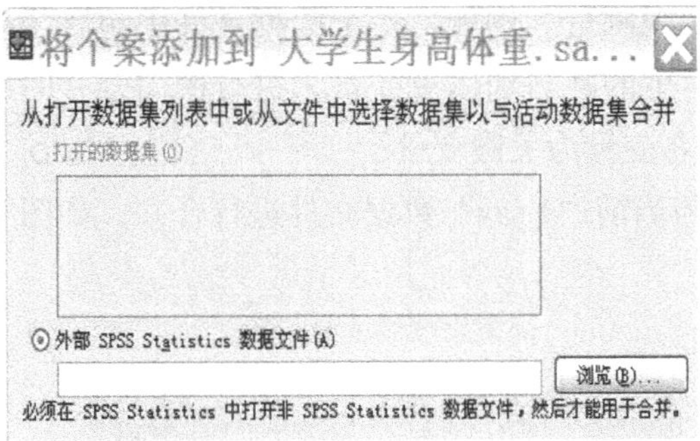

图3-25

图3-26

② 选择“继续”按钮，打开如图3-27所示对话框。

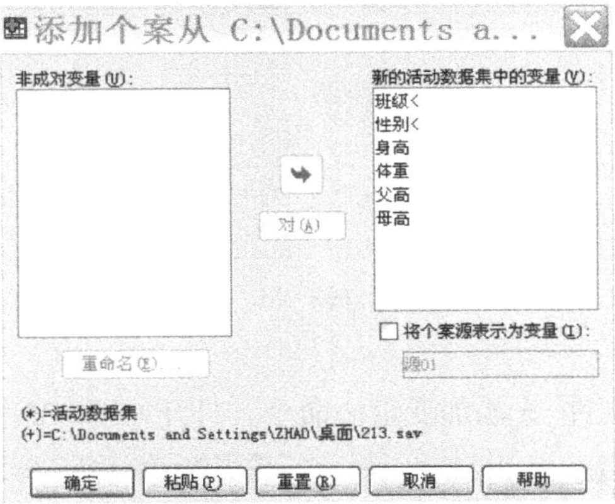

图3-27

非成对变量：未匹配变量栏，放置两个文件中变量名或变量类型不相同的变量；其中变量后标有“*”的为当前文件中的变量，标“+”的为外部文件中的变量。

重命名…：改名按钮，对未匹配变量栏中的变量改名。

新的活动数据集中的变量：新文件变量栏，放置两个文件的匹配变量（变量名或变量类型都相同的变量）以及从未匹配变量栏中选入的变量，作为新文件的变量进行合并，合并后这些变量没有观测值处将用缺失值代替。

□将个案源表示为变量 source01：指示变量来源的变量选项，若选中此项，合并将按照给定的变量名生成一个新变量，此变量记录了每个观测量的来源，取值为0表示样品来自当前数据文件，取值为1表示样品来自数据外部文件，系统默认的变量名为Source01。

③ 本例没有未匹配变量，选择“将个案源表示为变量”；

④ 按确定按钮提交系统执行，完成两个数据文件合并任务，结果略。

2. 添加变量

添加变量也叫横向合并，是指从外部数据文件增加变量到当前数据文件中，进行合并的前提是两个文件至少存在一个共有的关键变量来匹配两个文件中的观测量，SPSS中把两个文件中的关键变量值相同的观测量当作同一观测量。例如，一个数据文件中包含学生的姓名和身高变量，而另一个数据文件中包含学生的姓名和体重变量，进行横向合并时两个文件中具有相同姓名的行合并在一起，这里姓名变量为关键变量。

例3-6：将桌面的2.sav数据文件中的变量与当前“1.sav”数据文件进行合并，如图3-28所示，两个数据文件共有一个序号变量。

1. sav [数据集1] - SPSS Statistic

	班级	性别	身高	父高	序号
1	二班	男	176.00	177.00	1
2	一班	女	169.00	170.00	2
3	二班	女	162.00	170.00	3
4	二班	女	162.00	176.00	4
5	三班	男	175.00	175.00	5
6	一班	男	172.00	175.00	6
7	一班	男	173.00	170.00	7
8	三班	男	170.00	175.00	8
9	一班	男	176.00	170.00	9
10	四班	男	178.00	172.00	10
11	四班	男	177.00	170.00	11
12	四班	男	195.00	172.00	12
13	四班	男	183.00	176.00	13
14	三班	男	188.00	181.00	14
15	四班	男	172.00	175.00	15
16	一班	女	165.00	175.00	16
17	一班	女	165.00	175.00	17

2. sav [数据集2] - SPSS Statistics 数据编辑

	班级	性别	体重	母高	序号
1	二班	男	70.00	165.00	1
2	一班	女	65.00	162.00	2
3	二班	女	54.00	155.00	3
4	二班	女	47.00	158.00	4
5	三班	男	60.00	165.00	5
6	一班	男	72.00	165.00	6
7	一班	男	62.00	165.00	7
8	三班	男	65.00	160.00	8
9	一班	男	67.00	160.00	9
10	四班	男	65.00	165.00	10
11	四班	男	70.00	160.00	11
12	四班	男	98.00	170.00	12
13	四班	男	80.00	165.00	13
14	三班	男	86.00	170.00	14
15	四班	男	65.00	162.00	15
16	一班	女	66.00	166.00	16
17	一班	女	57.00	160.00	17

图3-28

操作步骤：

① 选择数据 → 合并文件 → 添加变量…命令，打开如图3-29对话框；

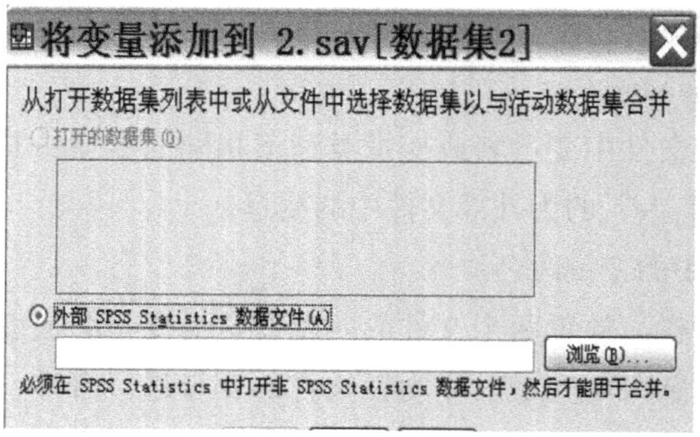

图3-29

图3-30

单击浏览按钮打开如图3-30对话框，从查找范围处选择欲添加变量所在文件（类型必须是以.sav结尾的spss数据文件）的地址，选择它并单击 打开 按钮。

② 选择 继续 按钮，打开如图3-31所示对话框。

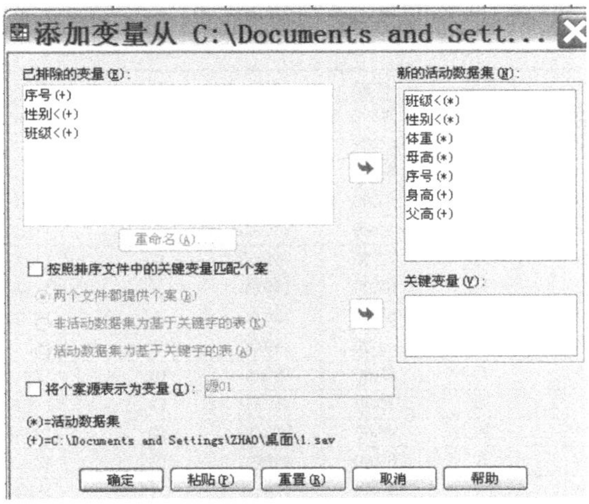

图3-31

已删除的变量：剔除变量栏，放置两个文件中变量名或变量类型不相同的变量和不想选入新数据文件的变量。

重命名…：改名按钮，对剔除变量栏中的变量改名后加入“新的活动数据集”栏中。

新的活动数据集：合并后新文件的变量栏。

关键变量：　　　　　用来匹配两个文件中观测量的共有变量。

□按照排序文件中的关键变量匹配个案：对已按关键变量排序的两个文件进行合并的方式；

⊙两个文件都提供个案：合并两个文件中的所有样品，对于在关键变量上不等的样品单独作为一个样品，缺少的变量值等于系统缺失值。

○非活动数据集为基于关键字的表：以当前数据文件为准，外部文件中只有与当前文件中的关键变量相等的样品才合并到当前数据文件中。

○活动数据集为基于关键字的表：以外部数据文件为准，当前文件中只有与外部文件中的关键变量相等的样品才合并到外部数据文件中。

□将个案源表示为变量：若选中此项，合并将按照给定的变量名生成一个新变量，此变量记录了每个观测量的来源（在新文件中建立一个名为Sourced01的变量，取值为0和1 分别表示样品来自当前文件和外部文件。）

③ 单击“按照排序文件中的关键变量匹配个案”，选择序号作为关键变量，单击“两个文件都提供个案”。

④ 按确定按钮提交系统执行，完成两个数据文件合并任务，如图3-32所示。

注意：如果两个文件具有相同的样品，排列顺序一致且一一对应，那么无须指定关键变量，直接按确定进行横向合并；如果两个数据文件样品数不等或样品无一一对应关系，那么首先要对两个文件按关键变量升序排列，然后激活“按照排序文件中的关键变量匹配个案”，并从3种方式中选择一种合并方式。

	班级	性别	体重	母高	序号	身高	父高
1	二班	男	70.00	165.00	1	176.00	177.00
2	一班	女	65.00	162.00	2	169.00	170.00
3	二班	女	54.00	155.00	3	162.00	170.00
4	二班	女	47.00	158.00	4	162.00	176.00
5	三班	男	60.00	165.00	5	175.00	175.00
6	一班	男	72.00	165.00	6	172.00	175.00
7	一班	男	62.00	165.00	7	173.00	170.00
8	三班	男	65.00	160.00	8	170.00	175.00
9	一班	男	67.00	160.00	9	176.00	170.00
10	四班	男	65.00	165.00	10	178.00	172.00
11	四班	男	70.00	160.00	11	177.00	170.00
12	四班	男	98.00	170.00	12	195.00	172.00
13	四班	男	80.00	165.00	13	183.00	176.00
14	三班	男	86.00	170.00	14	188.00	181.00
15	四班	男	65.00	162.00	15	172.00	175.00
16	一班	女	66.00	166.00	16	165.00	175.00
17	一班	女	57.00	160.00	17	165.00	175.00

图3-32

（四）文件的加权

观测值的加权功能是设定某变量为频数变量。“加权个案”命令可对当前数据文件中的个案加权，即赋上不同的权值，但一个数据文件只能设置一个加权变量（加权因子），加权变量必须是数值类型变量，并且取值为正数，如果为负数或缺失值则当作零处理。

打开数据文件，选择“数据→加权个案…”命令，打开 文件加权对话框，见图3-33。

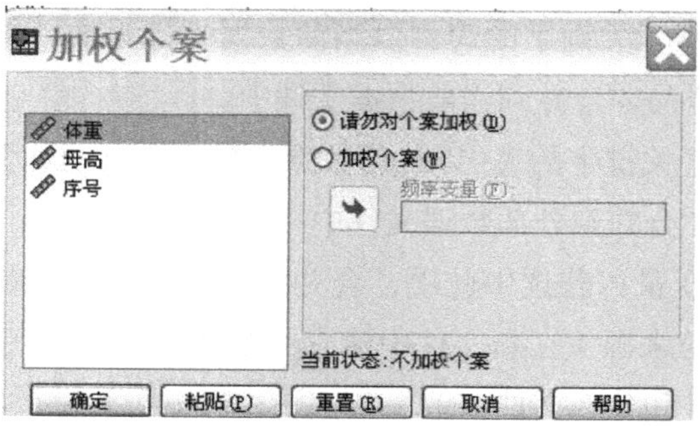

图3-33

⊙请勿对个案加权（默认选择项）：对观测值不加权选项。

○加权个案：对观测值加权选项。

频率变量：[　　　　] 来放置用来加权的频数变量。

当前的状态：对样品没有加权。

注意：数据加权后，在对数据文件进行统计分析的过程中，一直起作用，如果使用了“保存”命令，则和数据文件一起存盘。如果要取消加权，应再次使用“加权个案”命令，选择请勿对个案加权，按确定按钮。

（五）选择个案

有时为进行进一步分析，需要从所有数据中选择出一些数据进行统计处理。

打开数据文件，选择“数据 → 选择个案…”命令，打开选择个案主对话框，如图3-34所示。

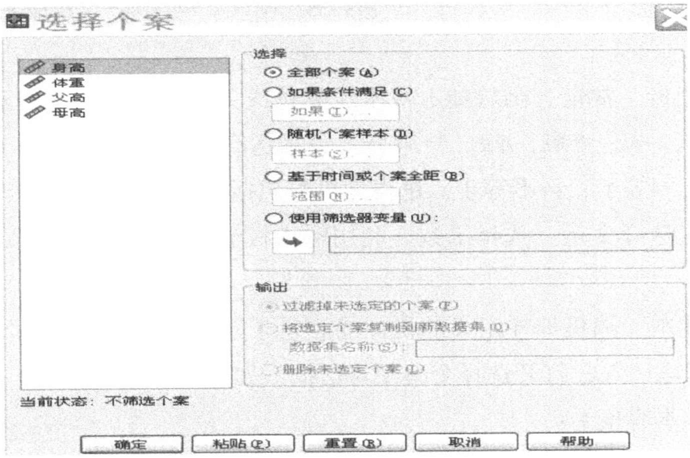

图3-34

选择（抽样方法）：

⊙全部个案（默认选择项）：选择所有样品，该选项可用于解除先前的选择。

○如果条件满足：按指定条件选择；如果…：定义条件。

○随机个案样本：随机抽样；样本…：定义随机样品容量。

○基于时间或个案全距：基于样品编号范围抽样；范围…：定义抽样范围。

○使用筛选器变量：过滤变量值为0的数据将被过滤掉，其他值将会被保留。

输出（落选样品的处理方法）：

⊙过滤掉未选定的个案（默认选择项）：过滤法，建立过滤变量Filter_$，其值等于0表示“未选择”、其值等于1表示“选择”，在未入选样品编号上加一条删除线。

○将选定的个案复制到新数据集。

○删除未选定的个案：删除法，即从数据文件中删除未被选中的样品。

★如果条件满足（定义条件子对话框）：在图3-34中，选择“如果条件满足”，单击“如果…”打开选择个案的如果条件满足子对话框，见图3-35。

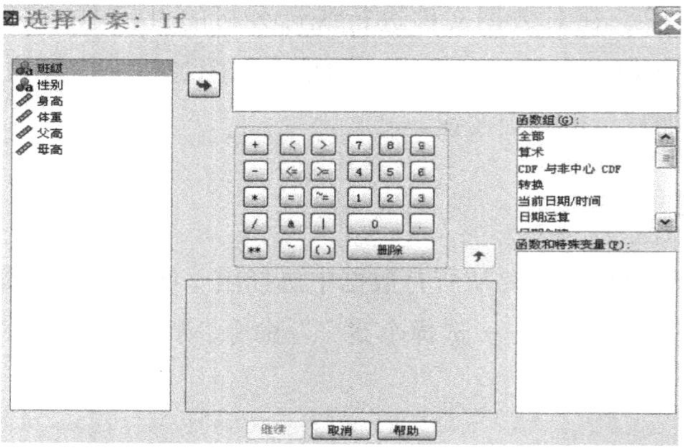

图3-35

表达式可由变量、常量、函数加上算术运算符或关系运算符或逻辑运算符组成。算术运算符包括：+加、-减、*乘、/除、**乘方。关系运算符包括：<小于、>大于、<=小于等于、>=大于等于、=等于、≠不等于。逻辑运算符包括：&和、|或、~非。用户在图3-35中的表达式栏中，选择变量、选择函数、利用输入板输入常量和运算符，建立满足条件的表达式。

★随机个案样本（随机抽样定义随机样品容量子对话框）：在图3-34中，选择随机个案样本，单击“样本…”，打开选择个案子对话框，如图3-36。

样本尺寸（样本容量）：

⊙大约 [ ] 所有个案的%：随机抽样的百分比，如80%的样品。

○精确 [m] 从第一个开始的个案 [n] 个案:从前n个样品中抽样m个样品。

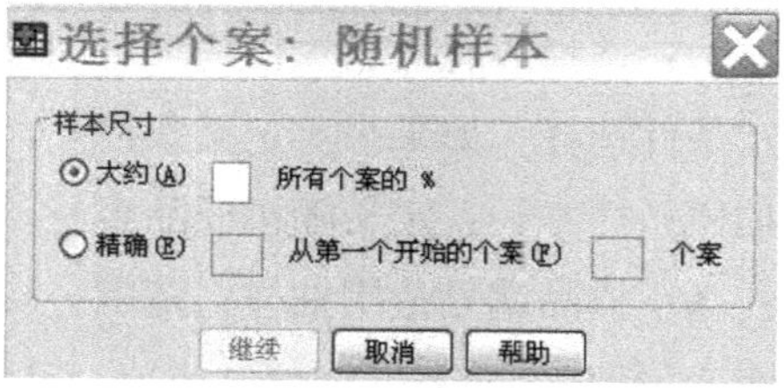

图3-36

★基于时间或个案全距：定义个案（样品）范围子对话框

在图3-34中，选择基于时间或个案全距，单击“范围…”，打开范围子对话框，见图

3-37。观测值：输入第一个个案到最后一个个案的样品编号。

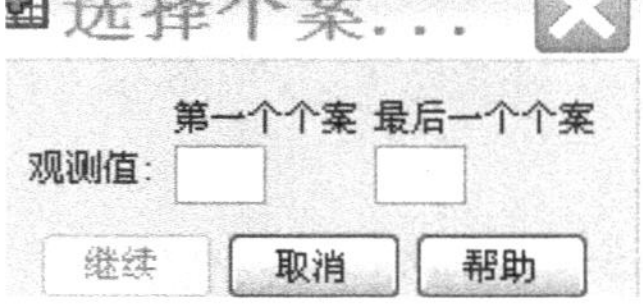

图3-37

例3-7：在“大学生身高体重.sav”数据文件中选择男性，二班且体重在70到80公斤之间的被调查人的情况。

① 打开数据文件，选择“数据 → 选择个案…”命令，打开“选择个案”主对话框，如图3-34所示。

② 选择“如果条件满足”，单击“如果…”，定义条件。

③ 在图3-38所示对话框中输入条件“性别 = 1 & 班级 = 2 & 体重 >= 70 & 体重 <= 80”，单击 继续 按钮，单击 确定 按钮，结果略。

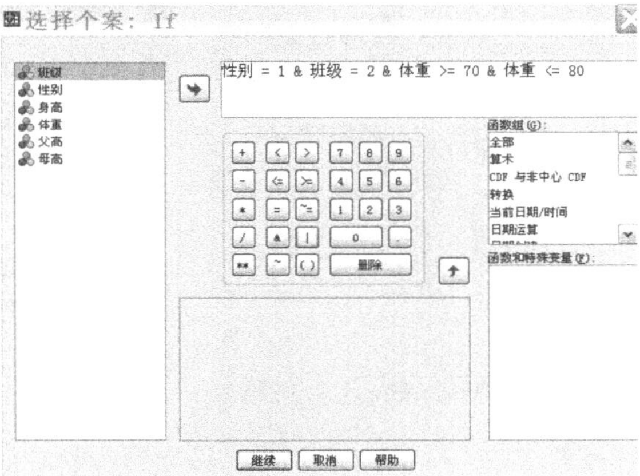

图3-38

需要注意的地方：如果变量是字符串变量的话，在写表达式时，变量的数值一定要在英文状态下用单引号括起来，否则SPSS软件会出现错误性提示；如果变量是数值型变量，条件可以按数学方法设定，没什么要求。

（六）计算变量

在进行统计分析时，经常需要由原来的变量派生出一些新的变量来进行分析。计算变量命令可对当前数据文件中已有的数值或字符串变量（老变量）进行数据变换或者是建立新变量，变换后的每个样品的老变量或新变量的值均由用户定义的表达式计算；它可以完成下面工作：计算数值型或字符串变量的值、创建新的变量、在一定逻辑条件下，选择符合条件的观测值进行计算。

打开数据文件，选择“转换 → 计算变量…”命令，打开“计算变量”主对话框，见图3-39。

目标变量栏：放置用户新创建的变量名。

类型与标签 …：定义所创建变量的类型和标签。

表达式栏：放置建立的表达式。

函数组：函数选择按钮，可以选择菜单内的函数。

如果…：定义条件（可选的个案选择条件）。

★计算变量的类型与标签 … 子对话框：打开类型与标签 … 子对话框，见图3-40。

图3-39

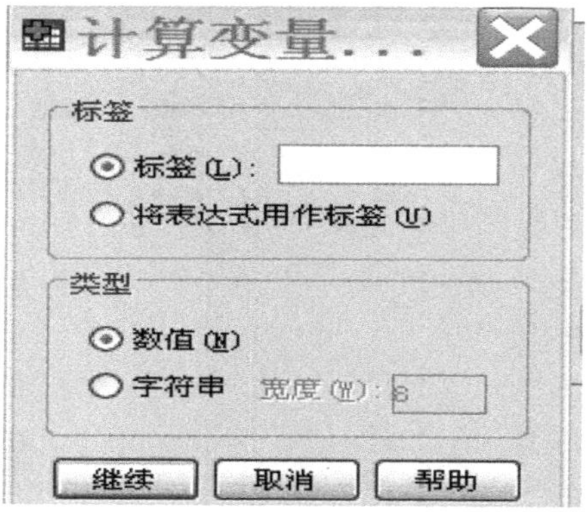

图3-40

标签：变量名标签定义；

⊙标签（默认选择项）：输入用户自定义的标签。

○将表达式用作标签：使用表达式作为标签名。

类型：变量类型定义。

⊙数值（默认选择项）：数值型变量。

○字符串8：字符型变量，长度为8。

★计算变量的条件定义子对话框：单击“如果…”，打开计算变量的如果（I）…对话框，见图3-41。

⊙包括所有个案（默认选择项）：对所有的样品进行变换；

○如果个案满足条件则包括：对满足条件的样品进行变换；如果选择此项，要利用输入板输入条件表达式（类似于选择个案）。

图3-41

例3-8：在“大学生身高体重.sav”数据文件中针对男性被调查人的情况，计算BMI变量。

BMI=体重kg / 身高m^2。

操作步骤：

① 打开数据文件，选择“转换→计算变量…”命令，打开对话框。

② 在目标变量输入BMI。

③ 选择变量BMI，建立表达式：体重 /（身高 / 100）** 2，如图3-42所示。

④ 单击“如果…”，打开定义条件子对话框。

⑤ 选择如果个案满足条件则包括。

⑥ 输入条件：性别=1，见图3-43单击 继续 返回主对话框。

⑦ 单击 确定 提交系统运行，结果略。

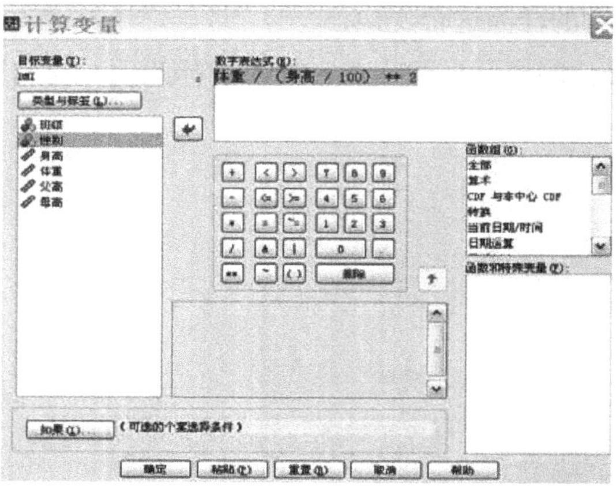

图3-42

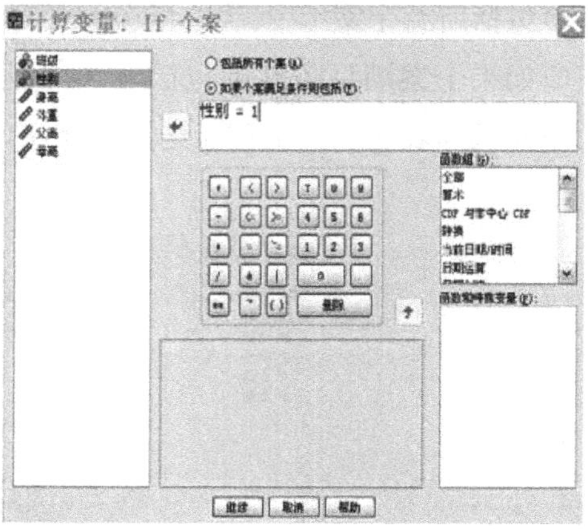

图3-43

（七）数据缺失值的替代

在问卷调查及统计处理时，经常会遇到数据缺失现象，对于缺失值，可采用多种方法来进行替代。“转换”菜单下的“替换缺失值” 命令可用于进行缺失值的替代。打开“替换缺失值”对话框，如图3-44所示。

在源变量列表中选一个或多个存在缺失值的变量，使之进入新变量框，这时系统自动产生用于替代缺失值的新变量，也可在名称中自行定义替代缺失值的新变量名。

图3-44

单击方法的箭头可选择替代缺失值的方式。

序列均值：用该变量的所有非缺失值的均数替代。

临近点的均值：用缺失值相邻点的非缺失值的均数替代，可任意定义取多少相邻点的值。

临近点的中位数：用缺失值相邻点的非缺失值的中位数替代，可任意定义取多少相邻点的值。

线性插值法：用缺失值相邻两点的非缺失值的中点值替代。

点处的线性趋势：用线性拟合方式确定替代值。

第四节 常用统计图制作方法

一般来说，人们很难从一大堆数据中一下子看出它的分布特征来。用数据画出的图形却能使人们用视觉器官直接感受到数据的许多内在本质，因为图形往往比数据结果更为直接和生动。

统计图是利用点、线、面等各种几何图形描述统计数据的一种形式。SPSS软件有很强大的制图功能。可以绘制条形图、线图、面积图、饼图、直方图等各种统计图形，这些图形可以由各种统计分析过程产生，也可由“图形”菜单产生。SPSS图形的制作可分为建立数据文件、生成图形、修饰生成的图形3个过程。本节主要应用实例介绍一些比较常用的统计图的制作方法。

一、条形图

条形图是利用相同宽度条形的长短或高低表示统计数据大小和变动的统计图。调用“图形”菜单的条形图过程，可以绘制条形图。

例3-9：某市体育彩票发行部门为提高销售额，对其市属三个区近三年的体育彩票销售情况进行研究，数据如下，绘制统计图。

表3-3 某市三区体育彩票销售数据 （单位：万元）

	2001年	2002年	2003年
A区	300	700	1200
B区	350	800	1000
C区	400	850	1300

制作条形图步骤：

① 建立数据文件，建立区别、时间、销售额3个变量，录入数据。

② 单击 图形 展开下拉菜单，选择条形图项，进入条形图对话框，如图3-45所示。

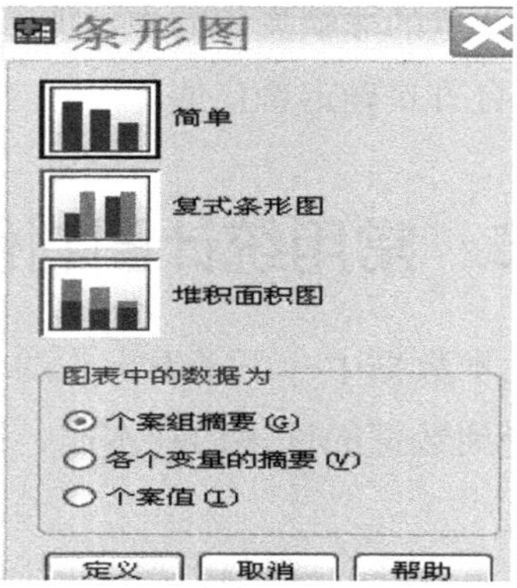

图3-45

该对话框的左上角的3个小图标用于选择条形图的样式。其中：

“简单”：简单条形图，是以若干平行且等宽的矩形表示数量对比关系的一种图形，各条之间有间隙。

“复式条形图”：分组条形图，是由两条以上的条组成一组的条形图，组与组之间有间隙，每组内条与条之间没有间隙。

“堆积面积图”：分段条形图，是以条形的全长代表某个变量的整体，条形内部的各分段长短代表各组成部分在整体中所占的比例，每一段之间没有间隙，并用不同线条或颜色表示，各条之间有间隙。

本例选择复式条形图，单击 复式条形图 图标，选中样式的图标边框将加黑。

“图表中的数据为”：用于选择统计量的描述模式。

“个案组摘要”：以组为单位描述数据，即条形图中每一条代表观测量的一个分类。

“各个变量的摘要”：条形图中每一条代表一个变量。

“个案值”：条形图中每一条代表一个观测值。

统计图通常是以组为单位描述数据的，本例选择“个案组摘要”。

③ 单击 定义 按钮，进入定义复式条形图“个案组摘要”对话框。如图3-46所示。

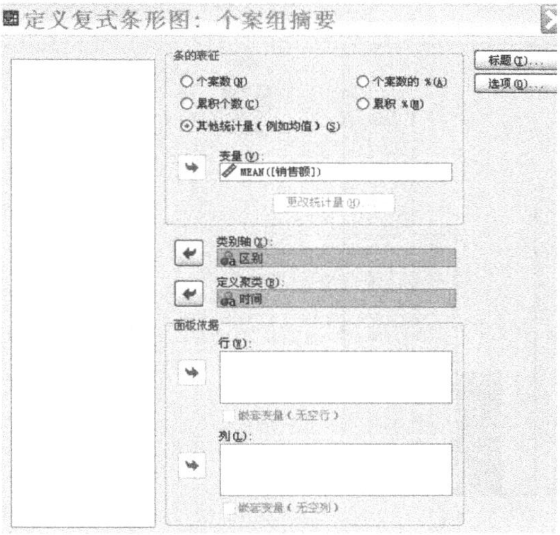

图3-46

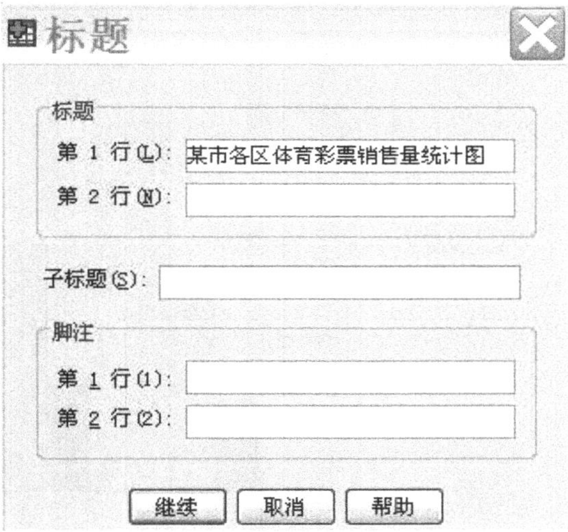

图3-47

条的特征：

⊙ 个案数：按照分类变量分类后各类的观测量数画图。

○ 个案数的%（百分数）：分类后各类的观测量数占总观测量数的比例画图。

○ 累积个数：按观测量数的累计数目画图。

○ 累积个数%（百分数）：按观测量数的累计百分比画图。

○ 其他统计量：其他画图方式。

本例选择“其他统计量”项，在左侧变量栏中选“销售额”，单击对话框中最上面的向右箭头按钮使之进入变量框；选中变量“区别”，使之进入“类别轴框”；选中变量“时间”，使之“定义聚类”框。

④ 单击 标题 按钮，在标题对话框的标题栏内输入“某市各区体育彩票销售量统计图”，如图3-47所示。

⑤ 单击 继续 按钮返回上一级对话框，单击 确定 按钮，得到结果，如图3-48所示。

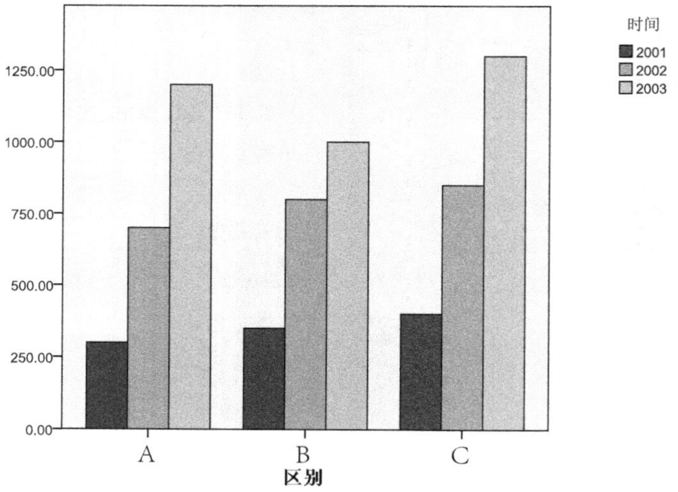

图3-48 某市各区彩票销售量统计图

二、饼图

饼图是用圆的整体面积代表被研究对象的总体，按各构成部分的比例把圆面积分成若干个扇形，用以表示被研究对象的各个部分对总体的比例关系的统计图。调用“图形”菜单的饼图过程，可以绘制饼图。

例3-10：某市体育彩票发行部门为提高销售额，对2001年市属三个区的体育彩票销售情况进行研究，数据文件同上例，绘制饼图。

制作饼图的步骤：

① 打开数据文件，单击“数据→选择个案→如果条件满足→如果→时间＝‘2001’”选择2001年数据。

② 单击 “图形→饼图”项，打开如图3-49所示对话框。该对话框用于选择和当前数据文件相符的数据组织方式。本例选择“个案组摘要”。

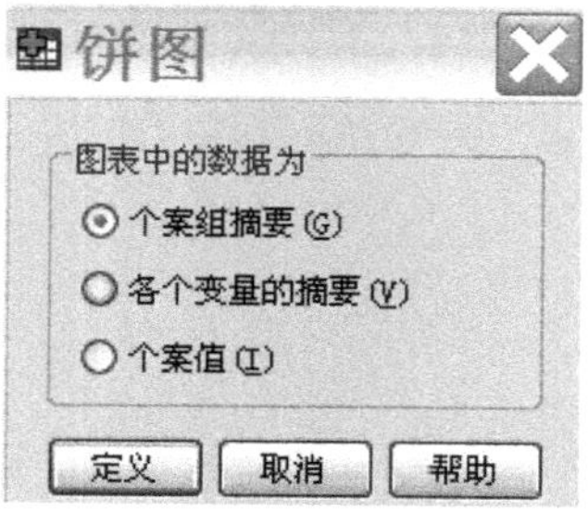

图3-49

③ 单击 定义 按钮，打开如图3-50所示的对话框。其中“定义分区”项用于选择分类变量。

本例选择“变量和”项，单击变量“销售额”，使之进入变量框，单击变量“区别”，使之进入定义分区框；在对话框中，单击 标题 按钮，进入标题对话框，如图3-51所示。在标题的第一行栏中填入“2001年各区体育销售数据图”，单击 继续 按钮，返回上级菜单，单击 确定 按钮，生成饼图。

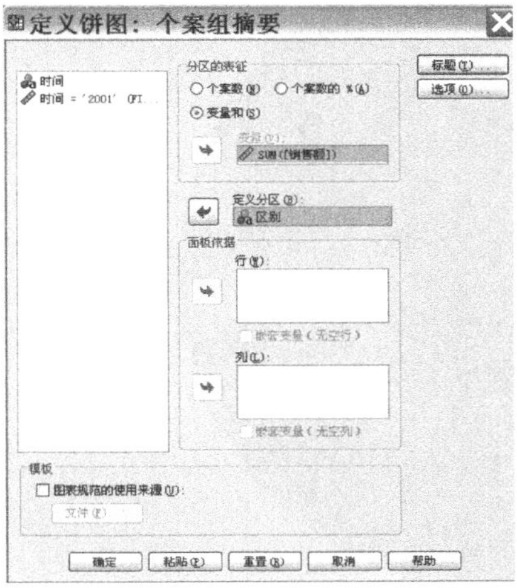

图3-50

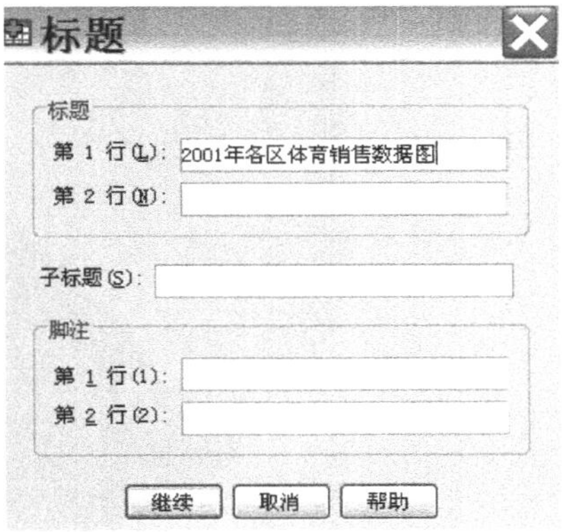

图3-51

④ 对所生成的饼图进行修改。双击输出查看器中的饼图，打开图表编辑器，选择图表编辑器中的“元素”并选择“显示数据标签”，打开饼图要素选择对话框，如图3-52所示。

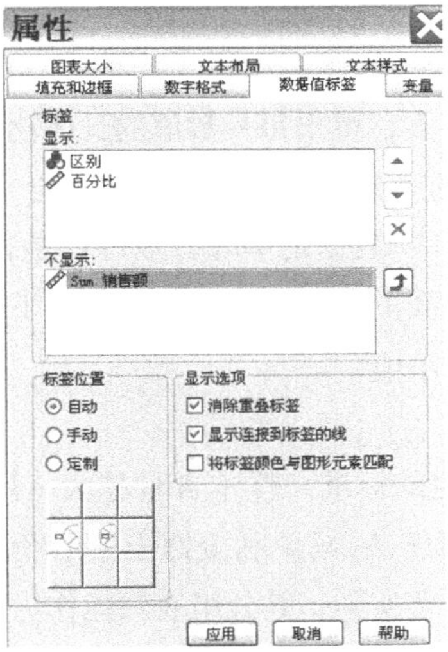

图3-52

⑤ 在“不显示”框下选择百分比、区别将其分别移入“显示”框下，将“显示”框内

的销售额移入“不显示”框内，单击[应用]按钮及[关闭]按钮。

⑥ 单击[关闭]按钮。编辑后得到如图3-53所示的饼图。

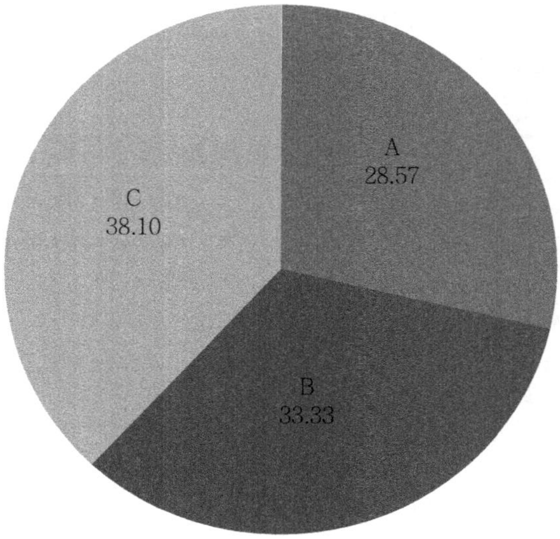

图3-53　2001年各区体育销售数据图

三、连续型数据的频数分布表和直方图

（一）频数分布表的应用

计数资料是按照变量的原始数值逐一作频数分布的，直接使用SPSS软件“分析”中的频率过程就可以做出其频数分布表，得出每一数值的具体比例。

计量资料（连续型变量）的频数分布表与直方图结合可以作为判断数据具体分布（概率分布）的一种手段，可用来判断数据是单峰、双峰、是否对称、是否是正态分布的简单方法，它在统计学的学习中有重要的作用。其编制步骤如下：

① 求极差，$R=$最大值-最小值。

② 确定组数（k）与组距（i）。

分组数一般而言，没有固定的标准，样本含量越大，所分组数也相应越多，但具体也要看是什么数据。苏联统计学家H. A. 马萨利金博士根据经验提出如下根据样本含量来确定组数的方法（具体实践中也要结合实际，其分组表只能作为参考），参见表3-4。

表3-4　马萨利金博士提出的建议分组方法表

样本含量 n	分组数 k
30～60	5～8
60～100	7～10
100～200	9～12
200～500	11～16

组与组之间的间隔称组距，组距 i 由下式确定：$i=R/K$，组距一般取同上式计算结果相近的一个较方便的值。

③ 确定组限，组限即为每组的起止范围。每组的起点称为下限，而每组的止点称为上限。由此可见，对连续型变量的资料而言，组限应是闭—开区间，而对计数资料而言，组限应是闭区间。如果组限是由小到大的顺序排列的，则第一组的下限应小于等于原始数据资料的最小值，最后一组的上限应大于等于原始数据资料的最大值；反之则相反。

④ 列频数分布表并划记。

（二）直方图

直方图是以一组无间隔的直条图表现频数分布特征的统计图，与条形图不同的是，直方图用矩形的面积而不是高度来表示相对频数或百分数，并且各矩形是相连的，形成一个连续结构。对于计量型资料而言，当样本含量趋于无穷大时，直方图中点的连线就会趋于一条平滑的曲线，如果能够写出这条曲线函数，就是该计量型资料的概率密度曲线，简称分布曲线。

SPSS软件中调用“图形”菜单的直方图过程，可以绘制直方图。

例3-11：60名同年龄男中学生的身高数据如下表，编制频数分布表并绘制直方图 。

表3-5　60名同年龄男中学生的身高数据如下表　　（单位：厘米）

167	154	159	166	169	159	156	166	162	158
159	156	166	160	164	160	157	156	157	161
158	158	153	158	164	158	163	158	153	157
162	162	159	154	165	166	157	151	146	157
158	160	165	158	163	163	162	161	154	165
162	160	159	157	159	149	164	168	159	153

1. 制作频数分布表步骤

① 建立数据文件，变量名为 “身高” 。

本例最小值=146，最大值=169，样本量为60，极差=23，分8个组，组距取3。

② 单击“转换”→“重新编码为不同变量” ，打开如图3-54所示对话框；将变量身高

引入“输入变量 → 输出变量”，在输出变量栏中录入身高1，单击[更改]按钮表示新生成的变量名为身高1。

③ 单击[旧值和新值]按钮，打开如图3-55所示对话框，在“旧值”处选“范围”项，输入第一个分组的数值范围：146～148.999，在新值栏内输入新值：146，单击[添加]按钮；输入第二个分组的数值范围：149～151.999，在新值栏内输入新值：149，单击[添加]按钮；…；依此将各组的范围及对应的新值逐一输入，最后单击[继续]按钮返回“重新编码为其他变量”对话框，再单击[确定]按钮。

④ 单击“分析”→“描述统计”→“频率”，打开如图3-55所示对话框，将变量身高1引入变量栏内，单击[确定]按钮，得到频数分布表。

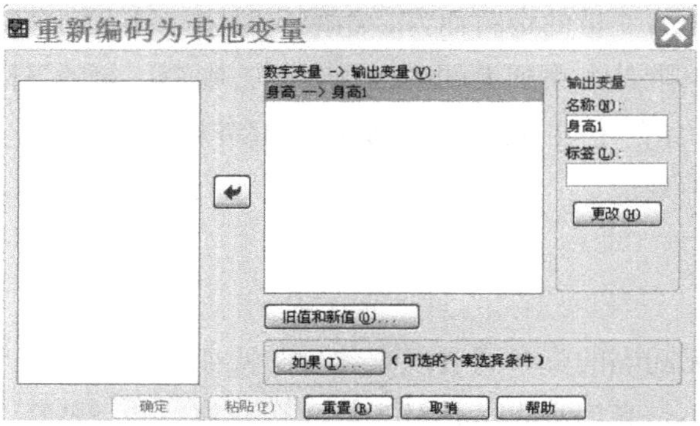

图3-54

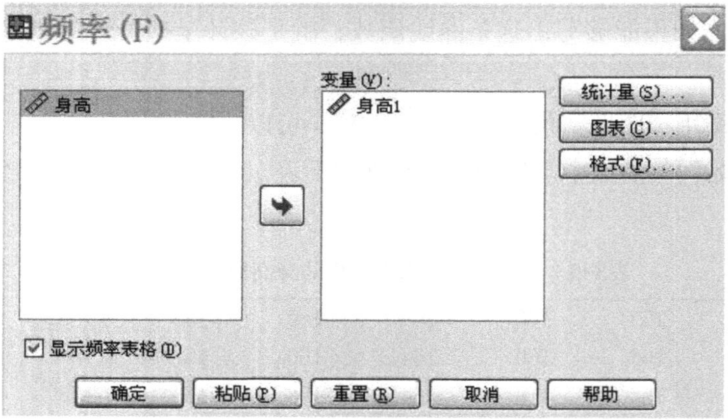

图3-55

表3-6　60名同年龄男中学生的身高数据频数分布表

		Frequency	Percent	Valid Percent	Cumulative Percent
Valid	146.00	1	1.7	1.7	1.7
	149.00	2	3.3	3.3	5.0
	152.00	6	10.0	10.0	15.0
	155.00	9	15.0	15.0	30.0
	158.00	19	31.7	31.7	61.7
	161.00	10	16.7	16.7	78.3
	164.00	10	16.7	16.7	95.0
	167.00	3	5.0	5.0	100.0
	Total	60	100.0	100.0	

2. 制作直方图步骤

① 建立数据文件，变量名为“身高”。

② 从数据编辑器中单击“图形”菜单，单击其中的直方图项，进入直方图对话框，单击变量“身高”使之进入变量框，同时选择显示正态曲线，如图3-56所示。

③ 单击 [标题] 按钮，进入标题对话框，在标题的第一行栏内输入“学生身高分布直方图”，如图3-57所示。

④ 单击 [确定] 按钮返回上一级对话框，再单击 [确定] 按钮，得到结果如图3-58所示的学生身高分布的直方图。

⑤ 对生成的直方图进行修改。双击输出查看器中的直方图，打开图表编辑器，选择图表编辑器中的“编辑”并选择“X选择X轴”，打开对话框，单击“刻度”菜单（设置直方图显示刻度值），如图3-59所示。

最小值：设置直方图刻度线最小数值。

最大值：设置直方图刻度线最大数值。

主增量：设置直方图刻度线的增量值。

这里取消自动，在定制处最小值输入145，最大值输入169，主增量输入3，单击应用及关闭。

⑥ 单击图表编辑器中的“选项”菜单并选择“块元素”，打开对话框，单击“分箱”菜单（设置直方图组距与分组数），如图3-60所示。

其中，X轴：

○自动：系统默认值。

○定制：自己设置。

⊙区间数:表示分组数，本例选8。

○区间宽度:表示组矩，本例选3。

□定制锚值：直方图的起点值。

这里取消自动，在定制处单击“区间宽度”，输入组距3，单击 应用 按钮。如图3-61所示。

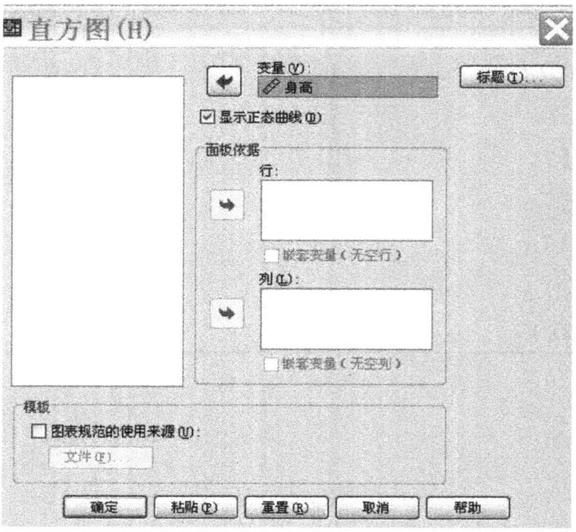

图3-56

图3-57

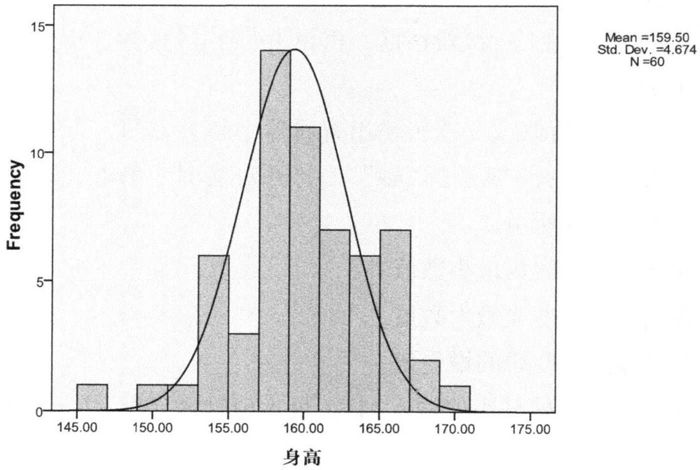

图3-58 学生身高分布直方图

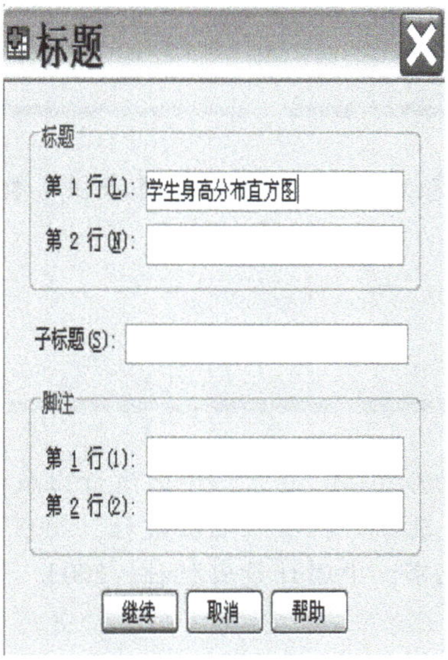

图3-59

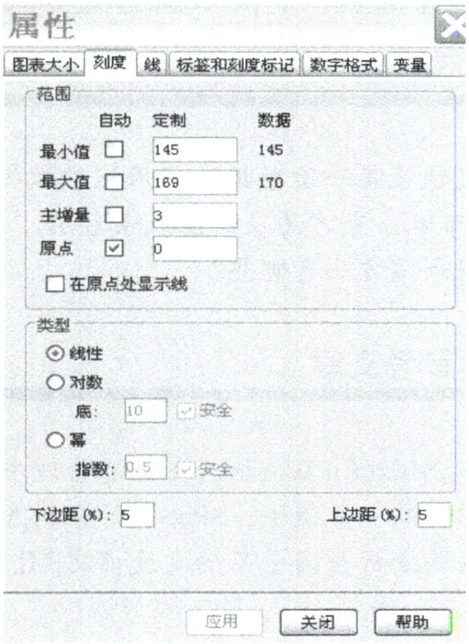

图3-60

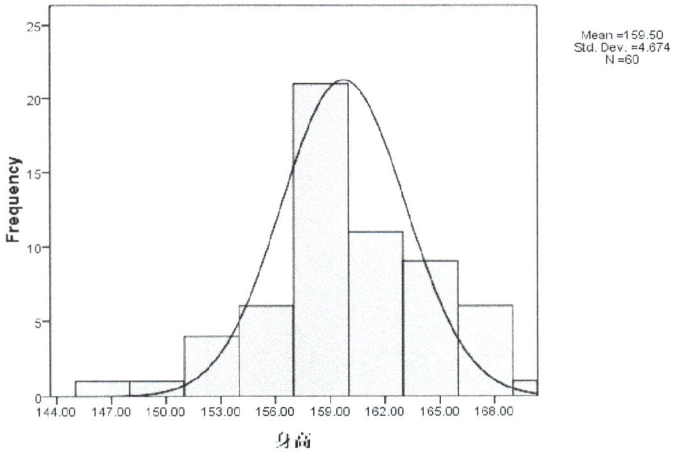

图3-61 学生身高分布直方图

思考与练习

1．自己查阅文献收集一份数据，利用这份数据建立SPSS数据文件，并审核、整理数据、绘制相应的频数分布表、直方图及饼图或条形图。

2．常用的数据审核方法有哪些?

推荐阅读参考文献

1．卫海英．SPSS10.0 for Windows在经济管理中的应用[M]. 北京：中国统计出版社，2003.

2．王苏斌，郑海涛，邵谦谦．SPSS统计分析[M]. 北京：机械工业出版社，2003.

3．沙定国．误差分析与测量不确定度评定[M]. 北京：中国计量出版社，2003.

第四章　样本特征数

本章提要

介绍描述性统计量的计算方法，其中集中趋势指标包括算术平均数、调和平均数、几何平均数、中位数和众数；离散程度指标包括极差、四分位差、方差和标准差、变异系数及标准误；其他度量指标有百分位数、偏度、峰度及相对数。

介绍简单列联表的生成方法及SPSS软件计算描述性统计量的实用方法。

描述统计是对所收集的数据资料进行加工整理、编制各种统计图表，计算得到若干能代表总体数据或样本数据特征的描述性统计量，并设法找出原始数据的分布特征。

上章我们利用SPSS软件介绍了对收集的数据资料进行加工整理、编制各种统计图表及编制频数分布表的方法，这一章主要介绍常用的描述性统计量（样本特征数）的计算方法。主要包括计量资料平均水平的度量指标、离散性的度量指标和其他指标以及计数资料的一些常用指标的计算方法。

第一节　样本数据平均水平的度量指标

计量资料（连续型变量的数据）的平均水平是使用平均指标（又叫集中趋势指标）来反映的。

为了简单表示一组计量资料的平均水平，最常用的方法就是求其算术平均值。如果一组性质相同的计量资料有60个，将它们加在一起，然后除以60就得到了相应的算术平均值。但这个平均值只是常用的5种样本数据平均水平度量指标中的一种，其他的还有调和平均数、几何平均数、中位数和众数。为什么需要这么多的平均指标呢？因为平均指标是有使用条件的，一组性质相同的计量资料的分布形式不同，选用的平均指标也应有所区别。

例4-1：某篮球队有10名队员，其身高（单位：米）分别为：2.21、2.20、1.90、1.88、1.88、1.88、1.87、1.82、1.81、1.80。则其平均身高为1.925米，但其中只有两人身高在1.925米以上，而8人低于1.925米，其平均身高完全由那两位高个子队员的身高给平均上去了。假如在比赛时2.21的队员因伤上不了场，则全队的平均身高立刻降为1.893米，将会明显影响其全队实力，所以只用算术平均数来表示这个排球队的平均身高水平是不够的。

一、算术平均数

（一）算术平均数的定义

n个性质相同的计量资料之和除以n所得的结果就是算术平均数，简称为平均数或均数。

如果一个含量为n的计量资料分别为x_1，x_2，…，x_n，则其算术平均数用$\bar{x}$表示，

$$\bar{x}=\frac{x_1+x_2+\dots+x_n}{n}=\frac{1}{n}\sum_{i=1}^{n}x_i \qquad (4\text{-}1)$$

其中，$\sum_{i=1}^{n}x_i=x_1+x_2+\dots+x_n$，$\Sigma$表示求和符号，求和范围为$i=1$到$i=n$。

在实际工作中，有时样本并不总以原始数据的形式给出，而常以频数分布的形式出现。即一个计量资料为：数据x_1出现f_1次、数据x_2出现f_2次、……数据x_k出现f_k次，则

其算术平均数为（此公式也可作为由部分均数求总均数的方法）：

$$\overline{x}=\frac{x_1\cdot f_1+x_2\cdot f_2+\ldots+x_k\cdot f_k}{f_1+f_2+\ldots+f_k}=\frac{1}{n}\sum_{i=1}^{k}x_i\cdot f_i \qquad (4\text{-}2)$$

其中：$n=f_1+f_2+\cdots+f_k$。

（二）算术平均数计算举例

例4-2：计算例4-1篮球队10名队员的平均身高。

解：$\overline{x}=\frac{2.21+2.20+1.90+1.88+\ldots+1.80}{10}=\frac{19.25}{10}=1.925$（米）

例4-3：某人射击20发，其中，10环出现10发，9环出现6发，8环出现3发，6环出现1发，求其射击的平均环数。

解：$\overline{x}=\frac{10\times10+9\times6+8\times3+6\times1}{20}=\frac{184}{20}=9.2$（环）

（三）频数分布表算术平均数的计算方法

为了用一种简单的方式表示一组计量资料，常用表4-1所示的频数分布表。在此表中，分组标志所代表的是观测指标，而频数代表了各个组段中出现数据的个数。

表4-1 某市马拉松赛前80名成绩频数分布表

时间（分）	频数 f_i
128～	1
131～	3
134～	4
137～	6
140～	13
143～	15
146～	13
149～	10
152～	15
Σ	80

其中第1组的“128~”代表了第1组的数据应满足大于等于128分且小于131分，128为第1组的下限，131为第1组的上限。其他组依此类推。每一组中上限减去下限值为组距，本表组距为3。

用频数分布表求出的算术平均数是一个近似平均数（其近似的假定前提是每一组中数

据应均匀分布于该组中）。其算法为：

$$\bar{x}=\frac{1}{n}\sum_{i=1}^{k}x_i\cdot f_i \qquad (4-3)$$

式（4–3）中，k为频数分布表的组数；n为样本量大小（总频数）；x_i 为第i 组的组中值，x_i =（本组下限+本组上限）/2；f_i 为第 i 组的频数。

例4–4，数据采用表4–1频数分布表数据，计算前80名马拉松运动员的平均成绩。

解：列计算表见表4–2。

$$n=80, \qquad \sum_{i=1}^{9}f_i\cdot x_i=11632$$

$$\bar{x}=\frac{1}{n}\sum_{i=1}^{9}x_i\cdot f_i=\frac{11632}{80}=145.4\ （分）$$

表4–2　某市马拉松赛前80名平均成绩计算表

时间（分）	频数 f_i	组中值 x_i	$f_i\cdot x_i$
128 ~	1	129.5	129.5
131 ~	3	132.5	397.5
134 ~	4	135.5	542
137 ~	6	138.5	831
140 ~	13	141.5	1839.5
143 ~	15	144.5	2167.5
146 ~	13	147.5	1917.5
149 ~	10	150.5	1505
152 ~	15	153.5	2302.5
Σ	80		11632

（四）算术平均数的适用条件

算术平均数适用于性质相同的、单峰的、且近似对称分布的计量资料，这种近似对称分布，最好是正态分布（见下一章）。

若是小样本资料（一般习惯上认为$n<50$为小样本，$n\geq 50$为大样本），将全部数据由小到大升序排列后，较小的和较大的数据个数基本相等，它们中间的数据基本对称，且所有数据彼此相差不大即可。

若是大样本资料，首先将其按一定的组距列成频数分布表，如果这时居于中间的组段频数最大，且在该组前后的组段内的频数渐趋减少且基本对称，也适合用样本平均数表示其平均水平。

二、调和平均数

（一）调和平均数的定义

1. 简单调和平均数

调和平均数也是度量计量资料平均水平的一种指标，它被定义为：n个性质相同的计量资料值倒数的算术平均数的倒数，也称倒数平均数。用M_H表示。

即若一个含量为 n 的样本为x_1，x_2，…，x_n，分别取倒数后得到一组数据：$\frac{1}{x_1}$、$\frac{1}{x_2}$、…$\frac{1}{x_n}$则其调和平均数为：

$$M_H=\frac{n}{\sum_{i=1}^{n}\frac{1}{x_i}} \tag{4-4}$$

注意：用以计算调和平均数的各项数值不能出现0，否则不能计算该资料的调和平均数。

2. 加权调和平均数

加权调和平均数是各个数据值倒数的加权算术平均数的倒数。

即：

$$M_H=\frac{\sum_{i=1}^{k}f_i}{\sum_{i=1}^{k}\frac{f_i}{x_i}} \tag{4-5}$$

（二）调和平均数的计算举例

例4-5：市场上某种钓鱼饵料A种每斤4元，B种每斤3.5元，C组每斤5元，若各买1元上述三种饵料配成一种混合饵料，问平均每斤多少元？

解：$M_H=\frac{n}{\sum_{i=1}^{n}\frac{1}{x_i}}=\frac{3}{\frac{1}{4}+\frac{1}{3.5}+\frac{1}{5}}\approx 4.08$（元）

例4-6：假定某公司共有员工8人，他们的年体育消费额（元）分别为：650、700、850、920、1150、1250、1800、12000。问该公司的人均体育消费额为多少元？

解：由于8人中最后1人的体育消费额特别高，也就是说数据不是对称的，若选用算术平均值作为平均水平的代表，将会过分夸大他们的平均水平，而采用调和平均数或中位数较合理一些。

$$\bar{x} = \frac{650 + 700 + \ldots + 12000}{8} = 2415 \text{（元）}$$

$$M_H = \frac{8}{\frac{1}{650} + \frac{1}{700} + \ldots + \frac{1}{12000}} \approx \frac{8}{0.00754} = 1061 \text{（元）}$$

$$M_d = \frac{920 + 1150}{2} = 1035 \text{（元）}$$

例4-7：某运动鞋厂的某种运动鞋在3个商店的单价和销售额资料如表4-3所示，试求该厂该种运动鞋的平均销售价格。

表4-3　3个商店运动鞋调和平均价格计算表

商店	价格（元/双）x_i	销售额（元）f_i	f_i/x_i（双）
甲	80	2400	30
乙	78	1950	25
丙	85	1700	20
Σ		6050	75

解：$$M_H = \frac{\sum_{i=1}^{3} f_i}{\sum_{i=1}^{3} \frac{f_i}{x_i}} = \frac{6050}{75} \approx 80.67 \text{（元/双）}$$

（三）调和平均数的适用条件

调和平均数是一种具有特殊用途的平均数，作为算术平均数的变形而使用的调和平均数适用于以下场合：资料的原因，不能直接采用算术平均数表示其平均水平；掌握的数据是样本统计量的总量而缺少样本原始数据的资料。

三、几何平均数

（一）几何平均数的定义

几何平均数是n个性质相同的计量资料（比率）连乘积的n次方根，其计算公式为：

$$M_G = \sqrt[n]{x_1 \cdot x_2 \cdots x_n} \quad (4\text{-}6)$$

式（4-6）中，M_G表示几何平均数；x_i表示第i个数据值。

（二）几何平均数的计算举例

例4-8：某区2012年1月份体育彩票销售额为100万元，2月份为110万元，3月份为132万元，请问该区2012年前3个月体育彩票销售额的平均增长速度为多少？

解：$M_G=\sqrt{\frac{110}{100}\times\frac{132}{110}}\approx 114.89\%$

平均增长速度=M_G-1=14.89%

例4-9：求3、9、27、81、243这些数的几何平均数。

解：$M_G=\sqrt[5]{3\times 9\times 27\times 81\times 243}=27$

例4-10：某笔银行存款存了10年，年利率是按复利计算的，期间年利率有所波动。其中，有3年为5%，2年为6%，有5年为4%，求这批存款的平均年利率。

解：$M_G=\sqrt[10]{1.05^3\times 1.06^2\times 1.04^5}\approx 1.047$

平均年利率为：$(M_G-1)\times 100\%=4.7\%$

（三）几何平均数的适用条件

几何平均数是一种具有特殊用途的平均数，主要适用于以下几种场合：

① 适用于计算平均速度和平均比率。

② 适用于一组性质相同的、单峰的、且服从正偏态分布（最好是服从对数正态分布，即数据取对数变换后服从正态分布）的计量资料计算平均水平。

必须指出，用以计算几何平均数的各项数值必须大于0，否则就不能计算几何平均数或计算结果无实际意义。

四、中位数

（一）中位数的定义

n个性质相同的计量资料按由小到大的顺序排列后，居中的数据就叫作这组数据的中位数。中位数用M_d表示。

1. 小样本数据中位数的计算方法

首先将所有数据按从小到大的顺序排列；

① 当n为奇数时，中位数为中间那个数，即：

$$M_d=x_{(n+1)/2} \qquad (4\text{–}7)$$

② 当n为偶数时，中位数为中间两数的算术平均数，即：

$$M_d=[x_{n/2}+x_{(n/2+1)}]/2 \qquad (4\text{–}8)$$

2. 利用频数分布表计算中位数

$$M_d = L + \frac{i}{f}(\frac{n}{2} - c) \quad (4\text{-}9)$$

式（4-9）中，L表示中位数所有组的下限，f表示中位数所在组的频数，c表示中位数所在组之前所有组（不含中位数所在组）的频数之和，i表示组距，n表示总频数。

3. 中位数的计算举例

例4-11：某宿舍有6名同学，他们的年龄分别为18岁、19岁、20岁、20岁、21岁、21岁，则其中位数为何：

解：n=6是偶数，6/2=3，第3、4两数和除以2为中位数，则：

$M_d = (20 + 20)/2 = 20$ （岁）

（二）中位数的适用条件

中位数不受极端值的影响，在计量资料数据差异很大的情况下，中位数有较强的代表性，通常适用于不适合用几何平均值和调和平均数的偏态资料，尤其适用于包含不完全信息的资料计算平均水平。

五、众数

（一）众数的定义

众数是指在一组计量资料中出现次数最多的那个数，用M_O表示，在一组定量资料中，有时众数不是唯一的。

（二）众数的应用举例

例4-12："体育爱好者中喜爱足球运动的人最多"就包含有众数的含义。

例4-13：一组定量资料中有8个9，同时有8个12，其他重复出现的数据的个数都小于8，我们就说这组定量资料的众数为9和12。

六、平均指标之间的关系

统计中的集中趋势指一组数据向分布的中心集中的现象。计算计量资料平均指标的实质是找出数据的集中点或中心值，把其作为集中趋势的代表值。算术平均数、调和平均数、几何平均数、中位数和众数是采用不同的公式计算出来的平均指标，了解它们之间的关系，有助于我们在实际工作中正确地使用。

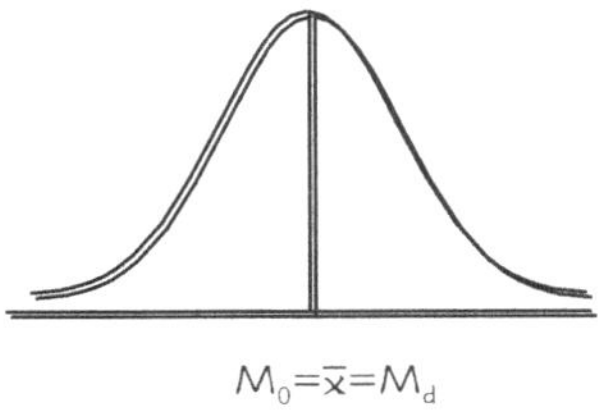

图4-1　对称分布曲线图

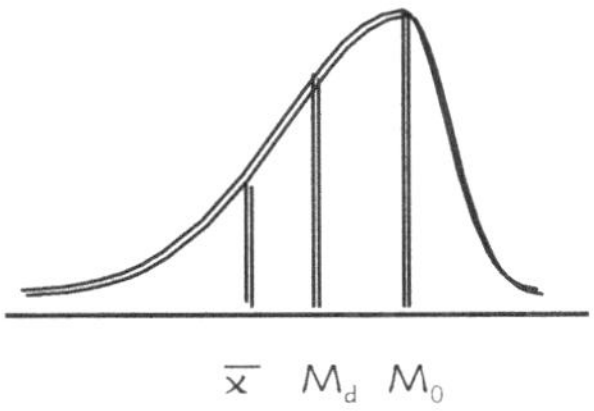

图 4-2　左偏分布曲线图

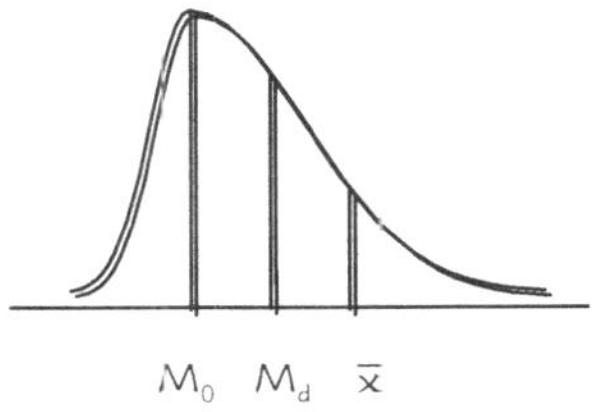

图4-3　右偏分布曲线图

（一）对称分布

在对称分布中，数据的分布曲线是以算术平均数为对称轴的，如图4-1所示，此时有：$\bar{x}=M_O=M_d$。

（二）非对称分布

在左偏分布中：众数最大，中位数次之，平均数最小，$M_O>M_d>\bar{x}$，如图4-2所示。在右偏分布中：算术平均数最大，中位数次之，众数最小，即 $\bar{x}>M_d>M_O$，如图4-3所示。

（三）结论

通过上述关系，我们可以得到如下结论：当数据呈现对称分布或近似对称分布时，因为这时算术平均数与中位数和众数的差异不大，而算术平均数综合了每一个数据所提供的信息，这就使其计算结果有较高的代表性，所以选择算术平均数作为集中趋势的代表值。当数据的分布偏斜度较大时（意味着出现极端值），算术平均数易受到极端值的影响，不能很好地反映数据的集中趋势，这时中位数或其他平均指标也许是更好的选择。

第二节　样本数据变异性的度量指标

平均指标对总体的共性和一般水做了概括，以此来说明计量资料样本数据分布的集中趋势。要把握一组数据的数量变化规律，仅仅有集中趋势的代表值是不够的，因为数据之间总是存在差异，在表现集中趋势的同时，也呈现出与集中趋势的代表值相分散的趋势，这种趋势反映了数据的离散程度（变异程度、波动程度）。对于计量资料而言，这种离散程度越大，说明集中趋势指标的代表性越差；反之，离散程度越小，则集中趋势指标的代表性越好。

描述一组性质相同的计量资料离散程度的指标常用的有：极差、四分位差、方差和标准差、变异系数。

一、极差

极差也叫全距，是一组性质相同的计量资料中最大值与最小值之差。它是描述计量资料离散程度（变异程度）最简单的指标，公式如下：

$$R=\max(x_i)-\min(x_i) \tag{4-10}$$

式（4-10）中，R表示极差，$\max(x_i)$表示最大值，$\min(x_i)$表示最小值。

例4-1中，篮球队员最大身高为2.21米，最小身高为1.80米，故极差：

$R=2.21-1.80=0.41(米)$。

极差计算方法简单、易懂，容易被人们理解。但它有很大的局限性，因为它只是利用一组数据中两端的信息，而中间的情况没有考虑，容易受到极端数值的影响，在反映离散程度方面十分粗糙。

二、四分位差

四分位差类似于极差，但性质优于极差。极差易受到极端数值的影响，四分位差针对这个弱点做了改进。它是将一组数据由小到大排序后，用3个点将全部数据分为四等份。与3个点位置上相对应的数据值称为四分位数。分别记为Q_1、Q_2、Q_3。在全部数据中，有25%的数据值小于Q_1，有25%的数据值大于Q_3，而Q_1就是中位数。而四分位差用Q表示，它是Q_1到Q_3之间距离的一半，其公式为：

$$Q=\frac{Q_3-Q_1}{2} \tag{4-11}$$

例4-14：计算例4-1的数据的四分位差。

解：将数据按从小到大顺序排序：1.80、1.81、1.82、1.87、1.88、1.88、1.88、1.90、2.20、2.21。

Q_1是第1个四分位点，其位置应在第10/4=2.5位（当样本量乘1/4或3/4等于整数时，Q_1、Q_3即为相应位置的数值；当样本量乘1/4或3/4不等于整数时，Q_1和Q_3用最接近的整数位置数代替），本例2.5不是整数，取3或2皆可，我们取3，$Q_1=1.82$；同理Q_3可取第7或第8个数，我们取$Q_3=1.90$（第8个数）。

$$Q=\frac{Q_3-Q_1}{2}=\frac{1.90-1.82}{2}=0.04$$

四分位差是以中位数Q_2为中心，表示Q_2到Q_1或者Q_2到Q_3之间的距离。四分位差越小，意味着中间的数据越集中，四分位差越大，说明中间的数据越分散。所以四分位差是说明中位数代表性高低的指标，在描述数据分布的离散程度上具有较高的稳定性，不受极端数值的影响。

对于大样本或频数分布表数据，四分位差可用分位数的公式计算，请见下面的分位数小节。

三、方差和标准差

（一）方差和标准差的定义

1. 总体方差和标准差的定义

计量资料中每一个数与其总体算术平均值之差的平方和除以总体含量，所得的结果叫总体方差。即：

$$\sigma^2=\frac{\sum_{i=1}^{N}(x_i-\mu)^2}{N} \tag{4-12}$$

式（4-12）中，σ^2表示总体方差，μ表示总体均数（总体算术平均值），N表示总体含量，x_i表示数据值。

总体方差作为数据离散程度的一种度量，刻画了数据相对于总体算术平均数的离散程度，离散程度越大，方差值也越大，算术平均值的代表性也越差；反之亦然。但它也有局限性：方差的单位是原始观测数据单位的平方，而刻画离散程度的一种理想指标应该与算术平均数有相同的单位；由于方差与平方有关，故它对数据中的极值过于敏感。

标准差解决了这两种局限性，它与原始数据单位相同，且对极值的敏感程度较弱。

我们把总体方差的算术平方根叫总体标准差，用σ表示，其公式为：

$$\sigma=\sqrt{\frac{\sum_{i=1}^{N}(x_i-\mu)^2}{N}} \tag{4-13}$$

2. 样本方差和标准差的定义

一组性质相同的计量资料中的每一个数与其样本算术平均数（样本均数）之差的平方和除以样本含量减1的结果叫样本方差。

$$s^2=\frac{\sum_{i=1}^{n}(x_i-\bar{x})^2}{n-1} \tag{4-14}$$

式（4-14）中，s^2表示样本方差，$\bar{x}$表示样本算术平均数，n为样本含量，x_i表示数据值。

这里n-1也叫自由度，所谓自由度，就是能够独立取值的变量个数。注意按照统计学的习惯总体方差的分母为N，而样本方差的分母为n-1。

样本方差的算术平方根叫样本标准差，样本标准差的计算公式为：

$$s=\sqrt{\frac{\sum_{i=1}^{n}(x_i-\bar{x})^2}{n-1}} \quad (4\text{–}15)$$

（二）方差和标准差的计算

在实际工作中，我们通常得不到总体中每一个个体数值，而只能得到其中一部分数据，即样本资料，这时总体均数未知，只能求样本算术平均数以及相应的样本方差和样本标准差。

1. 公式

未分组数据的样本标准差通常用下列公式计算；

$$s=\sqrt{\frac{\sum_{i=1}^{n}x_i^2-\left(\sum_{i=1}^{n}x_i\right)^2/n}{n-1}} \quad (4\text{–}16)$$

频数分布表数据样本标准差通常用下列公式计算★。

$$s=\frac{1}{n-1}\left[\sum_{i=1}^{k}f_i x_i^2-\frac{1}{n}\left(\sum_{i=1}^{k}f_i x_i\right)^2\right] \quad (4\text{–}17)$$

式（4–17）中，k为频数分布表的组数，n为样本含量，x_i为第i组数据的组中值，f_i为第i组的频数。

2. 计算举例

例4–15：计算例4–1中10名篮球队员身高的方差和标准差。

解：列计算表如表4–4所示：

$\sum_{i=1}^{10}x_i=19.25$，$\sum_{i=1}^{10}x_i^2=37.2627$，$n=10$

$$s^2=\frac{\sum_{i=1}^{10}(x_i)^2-\left(\sum_{i=1}^{10}x_i\right)^2/10}{10-1}=\frac{37.2627-19.25^2/10}{9}\approx 0.023$$

$s=\sqrt{s^2}\approx 0.151$(米)

表4–4　样本方差、标准差计算表

序号	x_i	x_i^2
1	2.21	4.8841
2	2.20	4.84
3	1.90	3.61
4	1.88	3.5344
5	1.88	3.5344

续表

序号	x_i	x_i^2
6	1.88	3.5344
7	1.87	3.4969
8	1.82	3.3124
9	1.81	3.2761
10	1.80	3.24
Σ	19.25	37.2627

例4-16：计算例4-4中前80名马拉松运动员成绩的方差和标准差。

解：如表4-5所示，$n=80$，$\sum_{i=1}^{80} f_i x_i = 11632$，$\sum_{i=1}^{80} f_i \cdot x_i^2 = 1694234$

$s^2 = \frac{1}{80-1}[1694234 - \frac{1}{80}(11632)^2] \approx 37.23$，$s = \sqrt{s^2} = \sqrt{37.23} \approx 6.10$(分)

表4-5　某市马拉松赛前80名成绩方差、标准差计算表

时间（分）	f_i	x_i	$f_i \cdot x_i$	$f_i \cdot x_i^2$
128 ~	1	129.5	129.5	16770.25
131 ~	3	132.5	397.5	52668.75
134 ~	4	135.5	542	73441
137 ~	6	138.5	831	115093.5
140 ~	13	141.5	1839.5	260289.25
143 ~	15	144.5	2167.5	313203.75
146 ~	13	147.5	1917.5	282831.25
149 ~	10	150.5	1505	226502.5
152 ~	15	153.5	2302.5	353433.75
Σ	80		11632	1694234

（三）方差和标准差的适用条件

方差和标准差是离散程度指标，当两组数据性质相同（单位一定相同）、算术平均数相近时，标准差（或方差）较大，说明其数据的离散程度较大，数据围绕算术平均数的分布较离散，平均数的代表性较差；反之，标准差较小，表明其数据的离散程度较小，数据围绕算术平均数的分布较密集，平均数的代表性较好。

在偏态分布资料中，一般不适合使用标准差，此时可用四分位差取代标准差来表示数据的离散程度。

四、变异系数

人们不仅需将两组单位（量纲）相同且均数相近的计量资料的离散程度（变异程度）进行比较，有时还需将两组单位（量纲）不同或均数相差较大的计量资料的离散程度（变异程度）进行比较，这时需要一个不带单位（量纲）的相对数，这就是样本变异系数，简记为cv，它是一个万能的离散程度指标，可以比较任何两组计量资料的离散程度（变异程度）的大小。其公式为：

$$cv=\frac{s}{\bar{x}} \tag{4-18}$$

例4-17：由2000年“中国国民体质监测系统的研究”数据报告得到：中国城市18～25岁男子的平均身高为170.5厘米，标准差为5.8厘米；中国农村18～25岁男子的平均身高为168.9厘米，标准差为5.8厘米，试比较其身高发育的变异程度。

解：

$$cv_{城市}=\frac{5.8}{170.5}\approx 0.0340$$

$$cv_{农村}=\frac{5.8}{168.9}\approx 0.0343$$

$cv_{城市}<cv_{农村}$，说明农村18～25岁男子身高绞城市同年龄段男子身高发育稳定性较差。

例4-18：某中学要派一名运动员参加市级比赛（经费原因），现在有1名100米运动员和1名跳远运动员的实力相当，请问派谁参赛较合理?

解：由于运动项目不同，参赛标准首先要看比赛实力（即在将参赛的选手中所占地位或实力对比，谁的实力强派谁去）；若二人实力相当，则需要看二人比赛时或赛前的运动成绩稳定性，如二人比赛时的稳定性（主要指心理状态）相差不大，则只需看二人赛前的稳定性即可。比较二人赛前（近期）训练成绩，如8次，分别求其平均数及标准差，用变异系数可比较二人的稳定性，变异系数越小，稳定性越好。

五、标准误

在抽样调查中，从一个总体中抽取一个含量为n的样本，通常情况下，由于抽样误差存在，会造成样本算术平均数、样本率等统计量与总体参数之间存在一定的误差，而样本的标准误（或标准误差）是衡量抽样误差大小的一个样本统计量，其值越大说明抽样误差越大，它可以定义为样本统计量的标准差。

样本平均数的标准误记为$s_{\bar{x}}$，其公式为：

$$s_{\bar{x}}=\frac{s}{\sqrt{n}} \tag{4-19}$$

样本率的标准误记作 s_p，其公式为：

$$s_p = \sqrt{\frac{p(1-p)}{n}} \tag{4-20}$$

式（4-19）中，s表示样本标准差，n表示样本含量；

式（4-20）中，p表示样本率，n表示样本含量。

样本标准差与样本均数的标准误的用法比较：标准差反映的是原始数据的离散程度，适合用来反映一组同质的计量资料围绕其算术平均数的波动大小，在实验研究中，它反映了在相同条件下实验的重现性好坏（即精密度的高低）；而样本均数的标准误反映的是抽样误差的大小，更适合用于反映在相同条件下实验的准确性的高低，也就是由样本算术平均数估计总体算术平均数估计误差的大小。因此，在表达几组类似实验结果离散程度大小时，建议使用标准差，而不要盲目使用平均数的标准误；因为对同一组计量资料而言，标准误小于标准差，容易掩盖实际存在的较大的离散程度，使那些原本不适合用近似正态分布来处理的资料，错误地使用了这些方法。

第三节　样本数据的其他度量指标

一、分位数

（一）分位数的定义

前面我们介绍了中位数，四分位数 Q_1、Q_2、Q_3。中位数 M_d 表示一组性质相同的计量资料按由小到大的顺序排列后，比 M_d 小的与比 M_d 大的数各占所有数据的50%，也就是 M_d 居于中间位置；Q_1 表示比它小的数据占总数据的25%，比它大的数据占总数据的75%；其余类似。

我们用 p_x 表示第 x 百分位数，它表示在所有数据中，比它小的数据占总数据的 $x\%$，比它大的数据占总数据的（100-x）%。其计算公式为：

$$p_x = L_x + \frac{i}{f_x}\left(\frac{x.n}{100} - c_x\right) \qquad i=1，2，\cdots，99 \tag{4-21}$$

式（4-21）中，L_x 表示第x百分位数所在组的下限；x 表示所求百分位数的秩次；f_x 表示第x百分位数所在组的频数；C_x表示小于L_x的各组累计频数；i 表示频数分布表的组距；n 代表样本含量。

（二）分位数的适用条件

分位数可用于任何计量资料，尤其适用于呈偏态分布的大样本资料中。分位数的主要作用有：用来反映呈偏态分布定量资料的离散程度的大小；用来估计定量资料的正常值范围。

（三）分位数计算举例

例4-19：计算例4-4中80名马拉松运动员成绩的中位数M_d、p_{25}、p_{90}。
解：列计算表4-6如下：

表4-6　某市马拉松赛前80名成绩百分位数计算表

时间（分）	频数 f_i	累计频数
128 ~	1	1
131 ~	3	4
134 ~	4	8
137 ~	6	14
140 ~	13	27
143 ~	15	42
146 ~	13	55
149 ~	10	65
152 ~	15	80
Σ	80	

首先确定中位数所在组，$\frac{50}{100}\times 80=40$，由表4-6知，中位数所在组为第6组（143～146）；p_{25}、p_{90}所在组分别为140～143组（$\frac{25}{100}\times 80=20$）及152～155组（$\frac{90}{100}\times 80=72$）。

$$M_d=143+\frac{3}{15}(\frac{50\times 80}{100}-27)=143+\frac{1}{5}\times 13=145.6(\text{分})$$

$$p_{25}=140+\frac{3}{13}(\frac{25\times 80}{100}-14)\approx 141.38(\text{分})$$

$$p_{90}=152+\frac{3}{15}(\frac{90\times 80}{100}-65)=153.4(\text{分})$$

二、偏度与峰度

除了用平均指标和变异程度（离散程度）指标来描述一组数据的分布之外，偏度与峰度也是描述数据分布形状的统计指标。

（一）偏度

如果一个分布是对称的，则其算术平均数、中位数和众数都相等，但有些分布不是对称的，其分布向某一方向偏斜，分布的对称性可用偏度来衡量。S_k 是用来表示分布的偏斜方向与程度的指标，其公式为：

$$S_k=\frac{1}{n-1}\sum_{i=1}^{n}\frac{(x-\overline{x})^3}{s^3} \tag{4-22}$$

式（4-22）中，S为样本标准差，$\overline{x}$ 为样本算术平均值，n为样本含量。一般 S_k 在0与±3之间。如 $S_k=0$，表示数据的分布是对称的；如 $S_k>0$，表示数据的分布为右偏态或正偏态；如 $S_k<0$，表示数据的分布为左偏态或负偏态。一般当$|S_k|>2$时，就算偏斜程度很大了。

（二）峰度

峰度是用于描述数据分布形状平坦状况的统计指标，用 K_u 表示峰度，其公式为：

$$K_u=\frac{1}{n-1}\sum_{i=1}^{n}\frac{(x-\overline{x})^4}{s^4}-3 \tag{4-23}$$

式（4-23）中，各变量的含义同式（4-22）。

对于正态分布，$K_u=0$；以此为标准，就可以比较分析各种数据分布由线的平坦程度了。通常，当 $K_u>0$时，表示数据分布曲线形状比较陡峭（尖峰）；当 $K_u<0$时，表示数据分布曲线形状比较平坦（平坦峰）。

（三）偏度与峰度的用法

偏度与峰度结合起来可以作为判断数据是否为正态分布的一种简单方法。

如果偏度 $S_k>0$为正偏态分布，$S_k<0$为负偏态分布；峰度 $K_u>0$，则数据分布为尖顶峰，$K_u<0$为平坦峰；只有当偏度 S_k 与峰度 K_u 均接近0时，才表明数据为近似正态分布。

第四节　相对数

统计所关心的不是个别事物的量，而是要透过大量社会现象，得到反映被研究对象总体数量特征的统计指标。统计指标按其数值表现形式分为：绝对指标（总量指标）、相对指标和平均指标。绝对指标是反映各种社会经济、自然等现象总体规模和水平的综合指标，也称总量指标，其功能和性质人所共知，无须专门讨论；平均指标在前面已讨论过，下面讨论相对指标。

相对指标即相对数是描述计数资料（定性资料）的内部构成情况或相对比值或某现象

的发生强度的。可分为结构相对数和强度相对数，它是两个有联系的指标之比，按性质和用途可分为比（有构成比、相对比、动态数列的定基比及环比之分）和率。

为什么要使用相对数呢？下面举一个例子来加以说明。

例4-20：某医院对该地区患甲、乙两病的死亡情况进行调查，得甲病的患者有20人死亡，得乙病的患者有32人死亡，从绝对数大小推断患乙病患者的死亡机会高于甲病是不可靠的。一是没有考虑抽样误差，二是没有考虑两病发生的总人数，当然更复杂一些，还要考虑得甲、乙两病死亡的患者中是否有其他并发症。

从上面的例子中我们可以发现，只用绝对数是不能完全说明一件事情的，只有相对数与绝对数结合起来，才能对事情之中的真实情况得到合理的认识。

一、率

率是强度相对数，表示在一定条件下，某现象（随机事件）的实际发生次数k与该现象可能发生的总次数n的比值。

$$率=\frac{k}{n}\times 100\% \tag{4-24}$$

二、构成比

构成比表示总体中具有某种属性的那部分个体数目n_i占总体中全部个体数目n的比重。

$$构成比=\frac{n_i}{n}\times 100\% \tag{4-25}$$

例4-21，某大学体育学院某年级共有学生452人，其中男生321人，女生131人。

男生的构成比为：$\frac{321}{452}\times 100\%\approx 71\%$

女生的构成比为：$\frac{(452-321)}{452}\times 100\%\approx 29\%$

三、相对比

相对比是两个有关指标之比，说明两者的对比水平。

$$相对比=\frac{甲指标}{乙指标}\times 100\% \tag{4-26}$$

例4-22：甲校400个学生中有250人达到体育锻炼标准，乙校300人中有200人达标，试求甲、乙两校达标率的相对比。

解：甲、乙两校达标率的相对比 $\frac{250/400}{200/300}\times100\%=93.75\%$

这说明甲校的达标率是乙校达标率的0.9375倍。

四、动态数列的定基比与环比

动态数列是一系列按时间顺序排列起来的统计指标（包括绝对数、相对数和平均数），用以说明事物在时间上的变化和发展趋势。常用动态数列数据计算的统计指标有定基比与环比，根据不同的算法，这两种比可用来反映随时间的推移，事物的发展速度或增长速度。

（一）用来反映发展速度时

$$定基比=\frac{报告期指标数值}{基期指标数值}\times100\% \tag{4-27}$$

$$环比=\frac{各报告期指标数值}{各报告期前一期指标数值}\times100\% \tag{4-28}$$

（二）用来反映增长速度时

$$定基比增长速度=各期定基比发展速度-1 \tag{4-29}$$

$$环比增长速度=各期环比发展速度-1 \tag{4-30}$$

例4-23：某大学体育学院2000~2004年学生招生人数动态资料如下，试分析该系学生招生人数随时间推移的发展速度与增长速度。（表4-7）

表4-7 某大学体育学院学生招生人数变化数据

年份	2000	2001	2002	2003	2004
人数	185	250	350	420	480

解：发展速度（%） 定基比：135.1 189.2 227.0 259.5

环 比：135.1 140.0 120.0 114.3

增长速度（%） 定基比：35.1 89.2 127.0 159.5

环 比：35.1 40.0 20.0 14.3

第五节　用SPSS软件计算样本特征数举例

例4-24：已知60名同年龄男中学生身高数据（数据同例3-11），计算算术平均值、中位数、调和平均数、众数、四分位数、第10、30百分位数、方差、标准差、标准误、变异系数、极差、偏度、峰度。

解：

① 建立数据文件，变量名为“身高”，录入数据，保存为“直方图.sav”的数据文件。

② 选择“分析→描述统计→频率”。如图4-4。

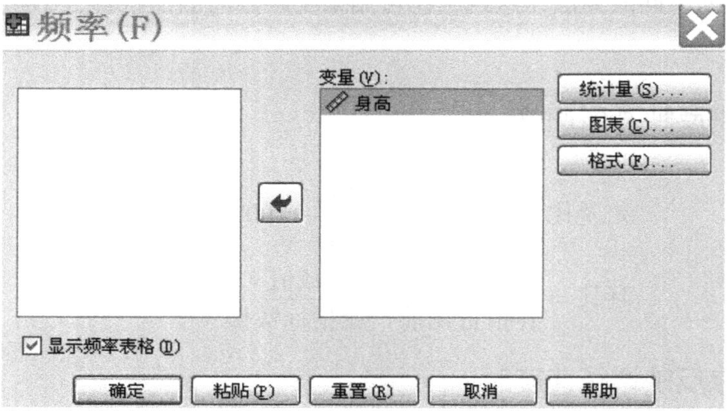

图4-4

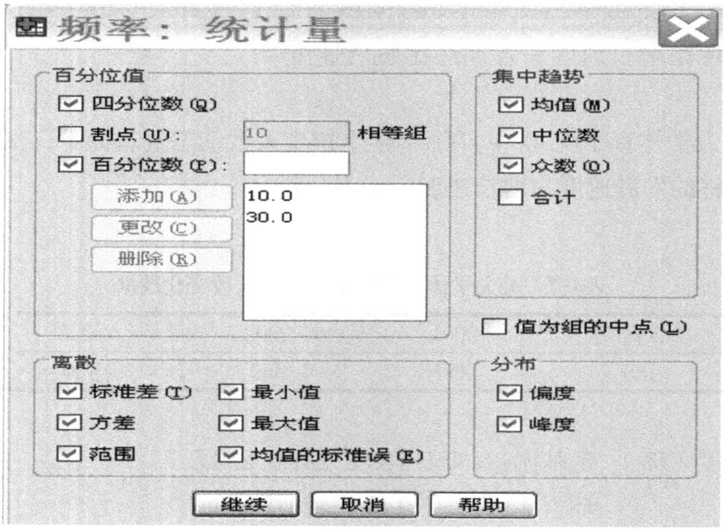

图4-5

③ 将需计算的变量“身高”放置于变量框中。

④ 单击“统计量…”，打开统计量选择对话框，选择需计算的统计量。本题选择：四

分位数、第10、30百分位数、标准差、方差、极差（范围）、最小值、最大值、均值的标准误、均值、中位数、众数、偏度、峰度，如图4-5，单击 继续 按钮返回主对话框。

注意：图4-5中，□值为组的中点若被选中，则采用组中值计算，前提是数据已被分组且各变量值为各组的组中值，此例不适合选此项。

⑤ 单击 图标 按钮，打开统计图形对话框，见图4-6，选择需绘制的统计图，本例选择直方图，并在“□带正态曲线”选择框中打√，单击 继续 按钮返回主对话框。

⑥ 单击 确定 按钮，结果如图4-7～图4-9所示。

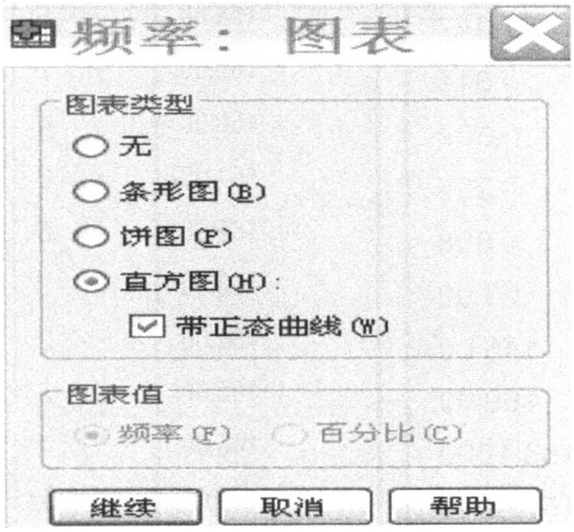

图4-6

计算结果的统计解释与说明：表4-7显示的结果是：身高的有效。

样本含量是60，缺失值为0和计算得到的各个统计量。数据的偏度小于0，峰度大于0，说明数据是有些稍左偏、稍陡的基本接近正态的分布，均值、中位数、众数非常接近。图4-8是身高数据的频数分布表，表中列出了每个组段的频数（表中译为频率）、百分比（频率）、有效百分比、累计百分比。图4-9给出了身高数据的直方图。

统计量

身高

N	有效	60
	缺失	0
均值		159.5000
均值的标准误		.60343
中值		159.0000
众数		158.00
标准差		4.67413
方差		21.847
偏度		-.314
偏度的标准误		.309
峰度		.290
峰度的标准误		.608
全距		23.00
极小值		146.00
极大值		169.00
百分位数	10	153.1000
	25	157.0000
	30	157.3000
	50	159.0000
	75	163.0000

图4-7

身高

		频率	百分比	有效百分比	累积百分比
有效	146.00	1	1.7	1.7	1.7
	149.00	1	1.7	1.7	3.3
	151.00	1	1.7	1.7	5.0
	153.00	3	5.0	5.0	10.0
	154.00	3	5.0	5.0	15.0
	156.00	3	5.0	5.0	20.0
	157.00	6	10.0	10.0	30.0
	158.00	8	13.3	13.3	43.3
	159.00	7	11.7	11.7	55.0
	160.00	4	6.7	6.7	61.7
	161.00	2	3.3	3.3	65.0
	162.00	5	8.3	8.3	73.3
	163.00	3	5.0	5.0	78.3
	164.00	3	5.0	5.0	83.3
	165.00	3	5.0	5.0	88.3
	166.00	4	6.7	6.7	95.0
	167.00	1	1.7	1.7	96.7
	168.00	1	1.7	1.7	98.3
	169.00	1	1.7	1.7	100.0
	合计	60	100.0	100.0	

图4-8

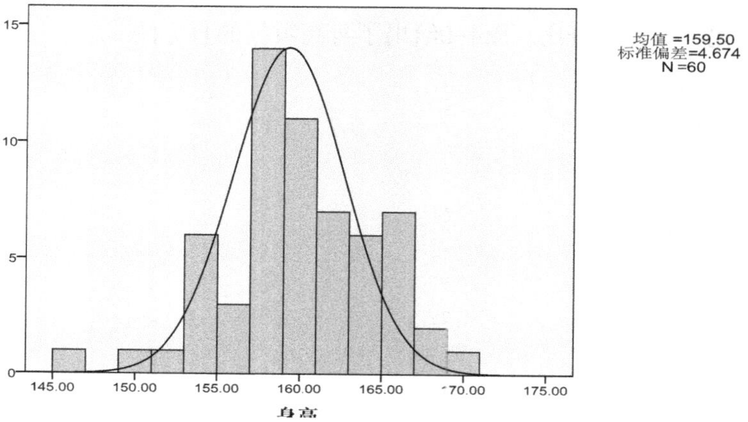

图4-9 直方图

⑦计算调和平均数，单击“转换 → 计算变量”在目标变量框中输入身高倒数，见图

4-10所示，单击 确定 按钮，在数据编辑窗中产生新的变量“身高的倒数”，计算其平均数的倒数，即得调和平均数为1/0.0063=158.73。

⑧计算变异系数$(cv)=\frac{s}{\bar{x}}=\frac{4.66248}{159.5833}\approx 0.03$

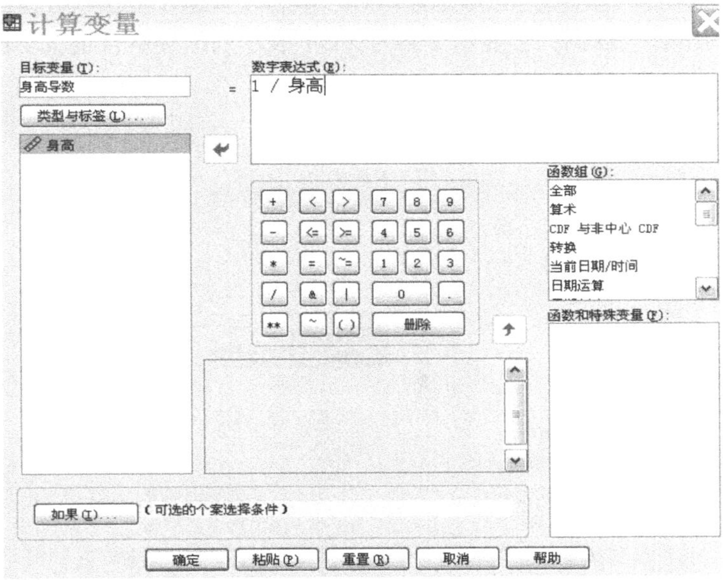

图4-10

例4-25：某高中一次田径运动会上1～3年级的标枪成绩如表4-8所示，求不同性别标枪成绩的平均值、标准差及不同性别、不同年级标枪成绩的平均值、标准差。

解：

①建立数据文件，变量分别为“编号”“性别”“年级”“标枪”，录入数据，并保存为“标枪.sav的数据文件”。

表4-8　某高中田径运动会标枪成绩数据

编号	性别	年级	标枪（米）	编号	性别	年级	标枪（米）
1	男	1	40	10	女	2	19
2	男	1	52	11	女	2	23
3	男	1	50	12	女	2	27
4	女	1	16	13	男	3	36
5	女	1	25	14	男	3	40
6	女	1	34	15	男	3	53
7	男	2	50	16	女	3	24
8	男	2	48	17	女	3	17
9	男	2	49	18	女	3	20

②选择分析 → 报告 → 个案汇总，打开如图4-11所示对话框，将变量“标枪”拖入“变量”框中，将变量“性别”拖入分组变量框中。

图4-11中，□显示个案（L）表示如果选择此项将在结果输出窗口中输出数据列表，其中□将个案限制到前（F）表示从第1个数据到所选择的数据，如1到100；□仅显示有效个案（H）表示只列出有效数据；□显示个案号（C）表示列出样本含量。本例此项不选。

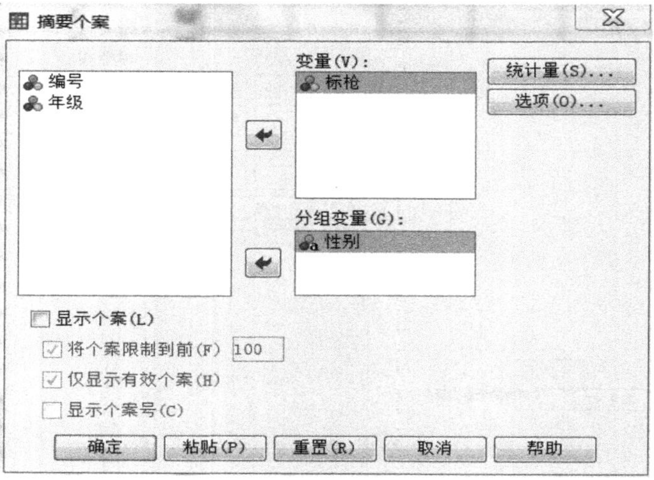

图4-11

③单击“统计量…”，在如图4-12所示对话框中选择需计算的统计量个案数（样本量）、均值、标准差，单击[继续]按钮，返回主对话框；

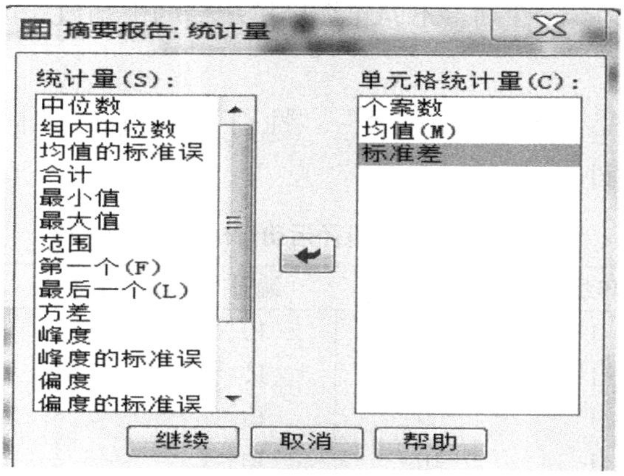

图4-12

④单击[确定]按钮，表4-9所示为不同性别标枪成绩的平均值、标准差的计算结果；

表4-9　个案汇总

性别	N	均值	标准差
男	9	46.44	6.126
女	9	22.78	5.608
总计	18	34.61	13.443

⑤重复②步，将变量“标枪”放置于“变量”框中，将变量“性别”“年级”同时放置于分组变量框中，重复③④步，得到表4-10所示的不同性别、不同年级标枪成绩的平均值、标准差计算结果。

表4-10　标枪

性别	年级	N	均值	标准差
男	1	3	47.33	6.429
	2	3	49.00	1.000
	3	3	43.00	8.888
	总计	9	46.44	6.126
女	1	3	25.00	9.000
	2	3	23.00	4.000
	3	3	20.33	3.512
	总计	9	22.78	5.608
总计	1	6	36.17	14.091
	2	6	36.00	14.478
	3	6	31.67	13.808
	总计	18	34.61	13.443

计算结果的统计解释与说明：表4-10中总计一栏给出的是各个年级标枪成绩的平均值、标准差（不分性别），其他略。

例4-26：计算表4-1（某市马拉松赛前80名成绩）频数分布表数据的算术平均值、中位数、方差、标准差，p_{20}，p_{75}。

解：

①建立数据文件，变量名分别为x_1（马拉松成绩的组中值），f（频数），录入数据，并保存为“马拉松.sav”的数据文件；

②选择数据 → 加权个案，对数据进行加权，其加权变量为f，见图4-13，单击 确定 按钮；

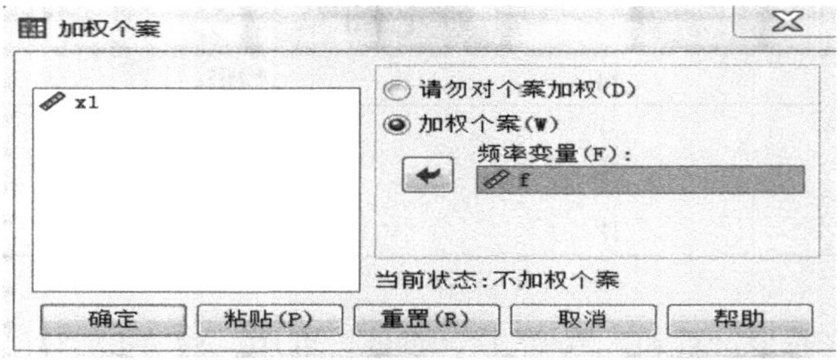

图4-13

③选择分析 → 描述性统计 → 频率，打开如图4-14所示对话框，将变量x_1放置于待计算变量栏中；

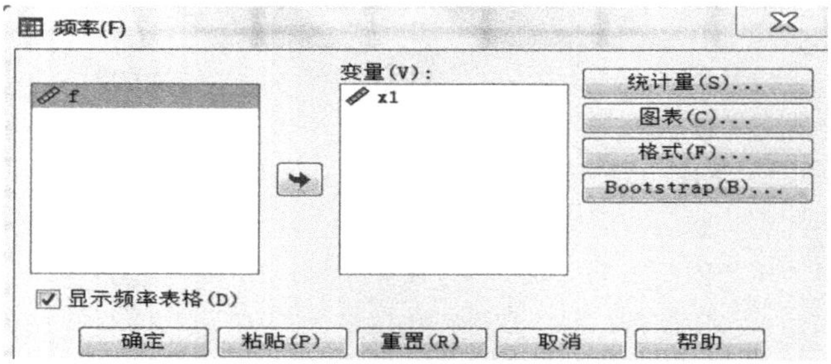

图4-14

④单击“统计量…”按钮，打开如图4-15所示对话框，选择均值、中位数、众数、标准差、方差、百分位数p_{20}，p_{75}，单击 确定 按钮回到主对话框；

⑤单击 确定 按钮，得到如表4-11（1），4-11（2）的计算结果。

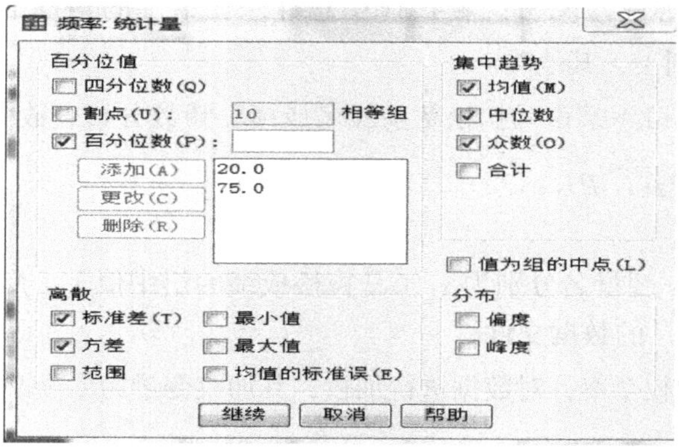

图4-15

表4-11（1）

x1

N	有效	80
	缺失	0
均值		145.4000
中值		144.5000
众数		144.50a
标准差		6.10167
方差		37.230
百分位数	20	141.5000
	75	150.5000

a. 存在多个众数。显示最小值

表4-11（2）

x1

		频率	百分比	有效百分比	累积百分比
有效	129.50	1	1.3	1.3	1.3
	132.50	3	3.8	3.8	5.0
	135.50	4	5.0	5.0	10.0
	138.50	6	7.5	7.5	17.5
	141.50	13	16.3	16.3	33.8
	144.50	15	18.8	18.8	52.5
	147.50	13	16.3	16.3	68.8
	150.50	10	12.5	12.5	81.3
	153.50	15	18.8	18.8	100.0
	合计	80	100.0	100.0	

计算结果的解释与说明：表4-11（1）显示了需要计算的各种统计量；表4-11（2）显示了频数与累计频数分布表。

例4-27：已知60名同年龄男中学生身高数据（数据同例3-11），对其进行分组整理（组距为3厘米，第1组为146～149）。

解：

①打开“直方图.sav”的数据文件。

②选择转换 → 重新编码为相同变量，打开如图4-16所示对话框，将变量“身高”放置数字变量栏中。

③单击 旧值和新值… 按钮，打开如图4-17所示对话框。

④在图4-17所示对话框中，激活范围 ____ 到 ____ ，在两空格内分别输入第1组的下

限146和上限149，然后在新值框中激活值（V）并输入1，再单击 添加 按钮。重复该过程，依次将所分的8个组全部放置在旧新栏中，单击 继续 按钮，返回主对话框。

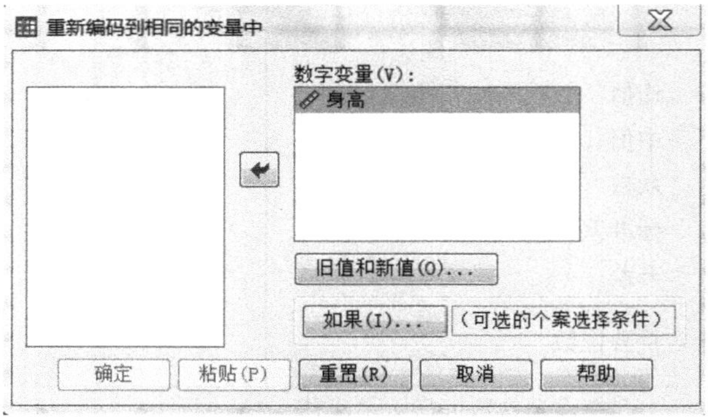

图4-16

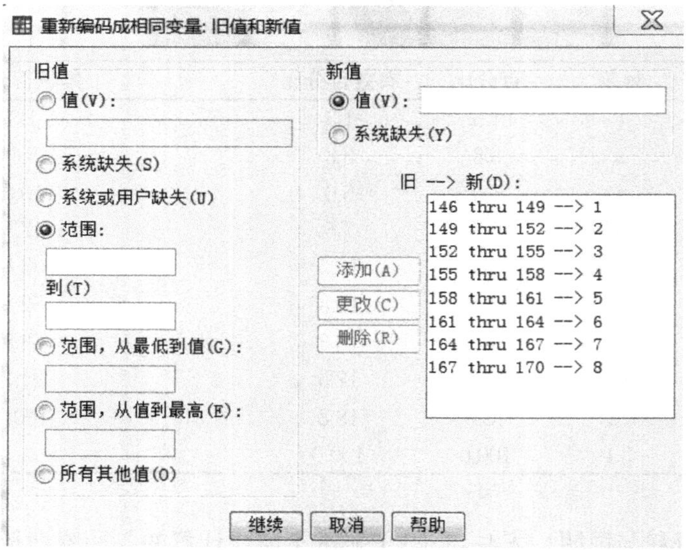

图4-17

⑤单击 确定 按钮，返回数据编辑窗。

⑥在变量视图里定义变量“身高”的值标签，如图4-18所示，1.00=“146-149”，…，8.00=“167-170”，单击 确定 按钮；此时分组工作已经完成，但并未显示出来。

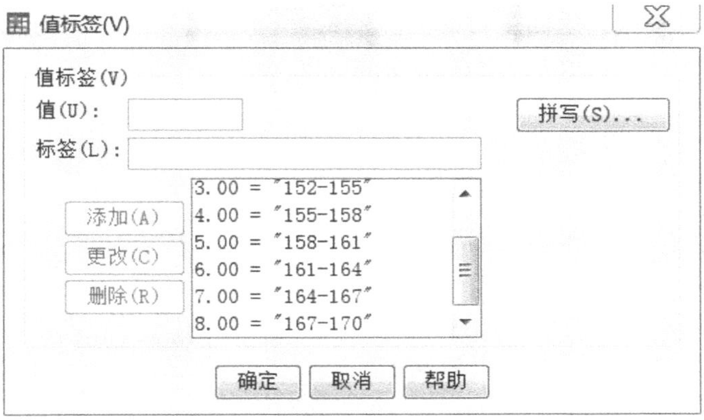

图4-18

⑦选择分析 → 描述统计 → 频率，打开对话框（同图4-14），选择显示频率表格，单击 确定 按钮，得到如表4-12所示的分组结果。

表4-12　身高

		频率	百分比	有效百分比	累积百分比
有效	146～149	2	3.3	3.3	3.3
	149～152	1	1.7	1.7	5.0
	152～155	6	10.0	10.0	15.0
	155～158	17	28.3	28.3	43.3
	158～161	13	21.7	21.7	65.0
	161～164	11	18.3	18.3	83.3
	164～167	8	13.3	13.3	96.7
	167～170	2	3.3	3.3	100.0
	合计	60	100.0	100.0	

例4-28：某校在全校范围内开设了“统计检验方法”选修课，下面记录了所有学生的性别和系别（“是”表示体育系，“非”表示其他系），编制列联表。

1男是，2男非，3女是，4男非，5女是，6女是，7男非，8男非，9男是，10女是，11男非，12女是，13男是，14男是，15男非，16女是，17男是，18男非，19女非，20男是。

解：

①建立数据文件，变量名分别为“编号”，“性别”，“系别”，录入数据，其中系别中“是”表示体育系学生，“非”表示非体育系的学生。并保存为“列联表1.sav”的数据文件。

②选择分析 → 描述统计 → 交叉表，打开如图4-19所示对话框，将变量“性别”放置行栏中，将变量“专业”放置于列栏中。

③单击 单元格 按钮，打开如图4-20所示对话框，在观测值、行、列、总计前打

"√"，单击 继续 按钮，返回主对话框。

④单击 确定 按钮，得到如表4-13所示的列联表。

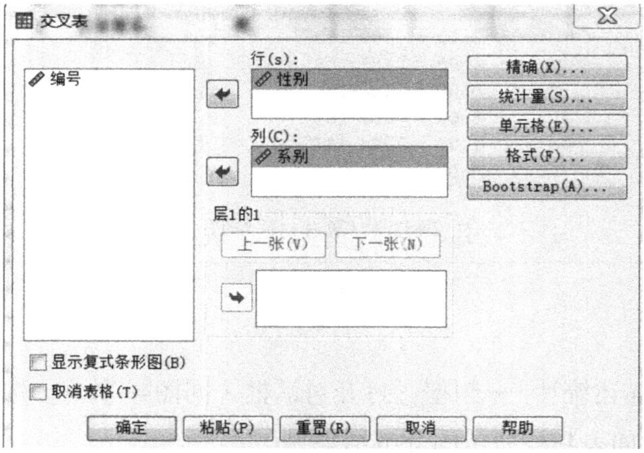

图4-19

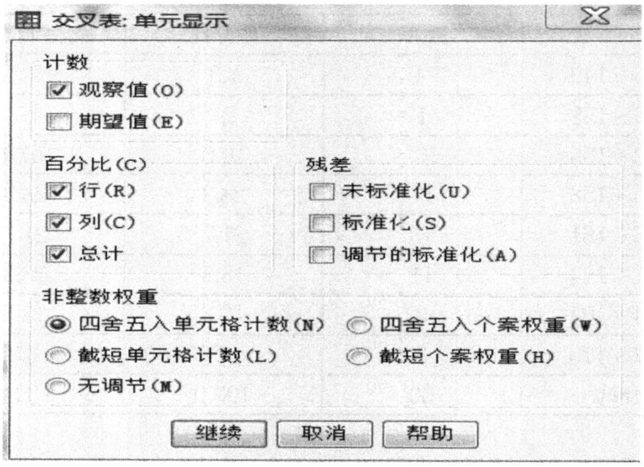

图4-20

表4-13　性别* 系别 交叉制表

			系别		合计
			体育系	非体育系	
性别	男	计数	6	6	12
		性别中的%	50.0	50.0	100.0
		系别中的%	46.2	85.7	60.0
		总数的%	30.0	30.0	60.0
	女	计数	7	1	8
		性别中的%	87.5	12.5	100.0
		系别中的%	53.8	14.3	40.0
		总数的%	35.0	5.0	40.0
合计		计数	13	7	20
		性别中的%	65.0	35.0	100.0
		系别中的%	100.0	100.0	100.0
		总数的%	65.0	35.0	100.0

计算结果的统计解释与说明：表4-13所示的列联表中，表示选修“统计检验方法”课程有6个体育系的男学生，占所有选修该课程总人数的30%，占所有选修该课程男学生的50%，占所有选修该课程体育系学生的46.2%，其他格子依此类推。

例4-29：某市举行田径运动会，参加者情况如表4-14所示，请编制列联表。

表4-14　某市田径运动会数据表

	田赛	径赛
男运动员	90	305
女运动员	60	240

解：

①建立数据文件，变量名分别为“项目”，“性别”及“f”（频数），录入数据，并保存为“列联表2.sav”的数据文件；

②对数据文件进行加权，加权变量为“f”；

③同例4-28的②、③、④步，得到如表4-15所示的列联表。

表4-15　性别* 项目 交叉制表

			项目		合计
			田赛	竞赛	
性别	男	计数	90	305	395
		性别中的%	22.8	77.2	100.0
		项目中的%	60.0	56.0	56.8
		总数的%	12.9	43.9	56.8
	女	计数	60	240	300
		性别中的%	20.0	80.0	100.0
		项目中的%	40.0	44.0	43.2
		总数的%	8.6	34.5	43.2
合计		计数	150	545	695
		性别中的%	21.6	78.4	100.0
		项目中的%	100.0	100.0	100.0
		总数的%	21.6	78.4	100.0

思考与练习

1．某校115人体重频数分布如表4-16所示，求其算术平均数、中位数、四分位数及p_{90}、方差、标准及变异系数。

表4-16　某校115人体重频数分布表

组限	频数
50～	1
52～	7
54～	14
56～	20
58～	33
60～	18
62～	16
64～	5
66～	1
Σ	115

2. 体育系与运动系各班学生统计考试成绩如表4-17所示，试两系合并的统计平均成绩。

表4-17

系别	班别	人数	平均成绩
体育系	一班	48	72
	二班	49	76
	三班	54	71
运动系	一班	60	74
	二班	52	76

3. 某市马拉松比赛的前30名男运动员的成绩如下，请计算算术平均数、中位数、调和平均数、四分位数、极差、方差、标准差、变异系数、标准误（单位秒）。
129，130，133，134，135，136，138，141，141，142，142，143，143，143，144，145，145，146，146，147，147，147，148，148，148，149，149，149，150，151
4. 如何正确描述一组数据的分布特征?
5. 某高中田径运动会上1～3年级的铁饼成绩如表4-18所示，利用SPSS软件求不同性别、不同年级铁饼成绩的平均值、标准差及变异系数。

表4-18 某高中田径运动会铁饼成绩数据

编号	性别	年级	铁饼（米）	编号	性别	年级	铁饼（米）
1	男	1	8.7	10	女	2	6
2	男	1	8.3	11	女	2	7.8
3	男	1	10.5	12	女	2	6.8
4	女	1	7	13	男	3	11.2
5	女	1	8.6	14	男	3	10.2
6	女	1	6.8	15	男	3	9.3
7	男	2	8.8	16	女	3	6.8
8	男	2	9.6	17	女	3	7.2
9	男	2	11	18	女	3	7.5

推荐阅读参考文献

1. 胡良平. 医学统计学基础与典型错误辨析（第三章）[M]. 北京：军事医学科学出版社，2003.

第五章 概率与统计分布

本章提要

本章主要介绍了概率的定义，正态分布的意义、标准正态分布表的查法、正态分布在体育中的应用（包括利用正态分布制定测验标准、估计实际分布情况、体育评分）、数据的正态性检验方法以及 χ^2 分布、t分布，F分布的定义。

统计学的主要任务就是由样本统计量推断总体参数，这种推断本身就存在着不确定性，在推断中给出推断的可靠程度是非常重要的。在统计中的正确做法是下结论的同时给出据以推断的概率P。要想了解P值如何确定，就需要了解不同类型变量概率分布的规律。

第一节 概率的意义及一些相关概念

一、随机事件

所谓的随机事件，是指在一定条件下可能发生也可能不发生的事件。随机事件一般用大写的英文字母A、B、C…，表示。

例5-1：一场足球比赛中，甲、乙两队获胜都是随机事件。

例5-2：掷一枚均匀的硬币，落在地上时国徽向上是一个随机事件。

例5-3：一名射击运动员打靶，“命中0环”“命中9环”“脱靶”都是随机事件。

在一定条件下必然发生的事件叫必然事件，用U表示；在一定条件下不可能发生的事件，称为不可能事件，用V表示。它们是随机事件的两个极端情形。

例5-4：掷一枚均匀的硬币，由于受到地心引力的作用，硬币落到地上是必然事件，硬币绕地球飞行是不可能事件。

二、概率

对于任何一个随机事件，在一次实验中是否发生，实验前一般是不能预先知道的，但不同的随机事件在一次试验中发生的可能性大小是不同的。而随机事件A在一次试验中发生可能性大小的度量值叫随机事件A发生的概率，用$P(A)$表示。

任何一个随机事件的概率$P(A)$都满足$0 \le P(A) \le 1$。

基于对概率的不同解释，概率的定义有所不同，主要有概率的古典定义、主观概率的定义和概率的统计定义。

（一）概率的古典定义

抛一枚均匀的硬币，其结果可能是正面朝上，也可能是反面朝上，机会均等，故可以说“正面朝上”这一随机事件的概率是0.5；掷一枚骰子，其结果可能1，2，3，…，6中任何一个数字朝上，机会均等，其概率都为1/6。这些就是概率的古典定义的典型例子。

1. 样本点和样本空间

古典法必须按照在相似条件下可以进行无限次试验的观点来思考问题。给出一定条件，如“抛一枚硬币”或“掷一颗骰子”，这意味着我们将面对一个想象的无限总体，即同一试验我们可以无限次重复。虽然每次试验前不能预言会出现哪一种结果，但它有多少种可能的结果又是事先知道的。我们把每一种结果称作一个样本点，或叫基本事件；而所有样本点的集合称为样本空间，通常以“Ω”表示它。如掷一颗骰子的样本空间Ω={1，2，3，4，5，6}，也就是说此样本空间有6个样本点：1，2，3，4，5，6。

2. 基本事件和复合事件

基本事件是指一事件仅含样本空间中的一个样本点。而如果一个事件含样本空间中两个及两个以上的样本点，该事件则称为复合事件。

例5-5：在掷一颗骰子的试验中，令事件E为“出现奇数点”，则E={1，3，5}为复合事件。

3. 概率的古典定义

用古典法求事件的概率，必须满足以下两个条件：第一，在一个样本空间中，各样本点出现的机会相等；第二，该样本空间只有有限个样本点。具有这两个特点的随机试验所研究的问题称为古典概型。

概率的古典定义：如果某一随机试验的结果有限，而且各个结果出现的可能性相等，则某一随机事件A发生的概率为该事件所包含的基本事件数m与样本空间所包含的基本事件数n的比值，记为：

$$P(A)=\frac{m}{n} \tag{5-1}$$

古典概率局限在随机试验只有有限个可能结果的范围内，使其应用受到了很大限制，我们书上不做进一步讨论。

（二）主观概率的定义

主观概率是指对一些无法重复的试验，确定其结果的概率只能根据以往的经验，人为确定这个事件的概率。例如，在足球比赛的小组赛中，有甲、乙、丙、丁四队进行单循环赛，甲队教练首先要确定与乙、丙、丁队比赛时获胜的概率，以此来决定其比赛中应采取的战术，这种概率就是主观概率。

主观概率的定义：概率是一个决策者根据个人对某个事件是否发生，根据本人掌握的信息对该事件发生可能性大小的判断。

（三）概率的统计定义

要想了解一个篮球队的投篮命中率（实战），通常要调查该队参加的一系列比赛（其他队水平与其在同一水平上或同一档次上），看其总共投了多少次篮，投中了多少次，用其频率来近似地反映该队的投篮命中率。

频率：在相同条件下随机试验n次，某事件A出现m次，$m \le n$，则比值m/n称为随机事件A发生的频率。

概率的统计定义：随着n的增大，随机事件的频率围绕某一常数p上下波动，且波动的幅度逐渐减小，趋向于稳定，这个频率的稳定值即为该随机事件的概率。记为：

$$P(A)=p\approx\frac{m}{n} \tag{5-2}$$

对概率的含义有以上三种不同的理解，大家都用概率这个术语，有时难免混淆，本书多数场合涉及的是以频数为基础的概率的统计定义。有必要说明的是，概率的统计定义的理论基础是贝努里大数定律，其含义为：

贝努里大数定律：在独立试验序列中，当试验次数n无限增加时，随机事件A的频率m/n（m是n次试验中试验A发生的次数），依概率收敛于它的概率$P(A)$，即对任意给定的$\varepsilon>0$，有：

$$\lim_{n\to\infty}P\{|\frac{m}{n}-p|<\varepsilon\}=1 \tag{5-3}$$

其中$P(A)=p$。

有些统计书中认为频率的极限是概率，这是一种错误的解释。

第二节 随机变量的分布特征

由于随机因素的作用，每一个随机试验的结果会有多种可能性，如果对于随机试验的每一可能结果，也就是每一个样本点，都对应着一个实数，而这个实数是随着试验结果不同而变化的一个变量，则称它为随机变量。

例5-6：一个射手对目标进行射击，击中目标记为1分，未中目标记为0分。如果用X表示射手在一次射击中的得分，则它是一个随机变量，可以取0和1两个可能值。

例5-7：一个运动员跑100米，记X为他跑完100米所用的时间，则X为一个随机变量，理论上X可取一个区间内的一切实数值，即$X\in(0,+\infty)$。

一般地，一个随机变量含有两个要素：首先，它是一个变量；其次，这个变量可能“值”的出现各具有一定的概率。按随机变量的取值情况可把它分为两类：

第一，离散型随机变量只可能取有限个或无限可列个值；

第二，非离型随机变量可以在整个数轴上取值，或至少有一部分值取某实数区间的全部值。

一、离散型随机变量的概率函数

为描述一个离散型随机变量，只需给出各种可能的“值”和相应的概率，两者合在一起就构成离散型随机变量的概率函数，或叫离散型随机变量的分布。

设X为离散型随机变量，它的一切可能取值为 x_1，x_2，…，x_n，…，记

$$p_k = P(X = x_k),\ k=1,\ 2,\ \cdots \qquad (5-4)$$

称（5-4）式为X的概率函数，又称为X的概率分布，简称分布。

为了直观，有时也将一个离散型随机变量的分布用一个表列示（表5-1）。

表5-1　离散型随机变量概率分布表

X	x_1	x_2	…	x_k	…
概率p	p_1	p_2	…	p_k	…

在这里，事件“$X=x_1$”，“$X=x_2$”，…，“$X=x_k$”，…构成一个完备事件组（“$X=x_1$”，“$X=x_2$”，…，“$X=x_k$”，…互不相容，并且它们的和是必然事件），因此离散型随机变量X的概率分布（5-4）式具有下面两条基本性质：

① $p_k \geq 0$，k=1，2，…　② $\sum\limits_k p_k = 1$

例5-8：对于掷一颗均匀的骰子的试验，以X表示出现的点数，写出X的概率分布。

解：X有1，2，3，4，5，6共6个可能值，由于是均匀的，因此每个点数出现的机会都相同，即有：P{X=n}=1/6 。（n=1，2，3，4，5，6）。

例5-9：对掷一枚均匀硬币的试验，以X表示出现的朝上的面，列出X的概率分布。

解：X有“正面朝上”和“正面朝下”2个可能，由于是均匀的，因此出现的机会相同，X的分布如表5-2所示。

表5-2　X的分布表

X	正面朝上	正面朝下
p	0.5	0.5

二、连续型随机变量的概率密度函数

对于连续型随机变量，例如同性别、同年龄人的身高、体重等变量，无法一一列出各种可能的取值。当样本含量相当大时，频率直方图已经能近似地反映随机变量的概况了（例3-11中，将身高的直方图的纵轴改成频率）；进一步设想，当n无限增大以及横轴的组距无限减小时，频率直方图的外缘就会变成一条光滑的曲线，这就是概率密度曲线（图5-1展示了这种变化情况）。若能写出这条曲线的函数表达式，就称之为概率密度函数，记为f（x）。

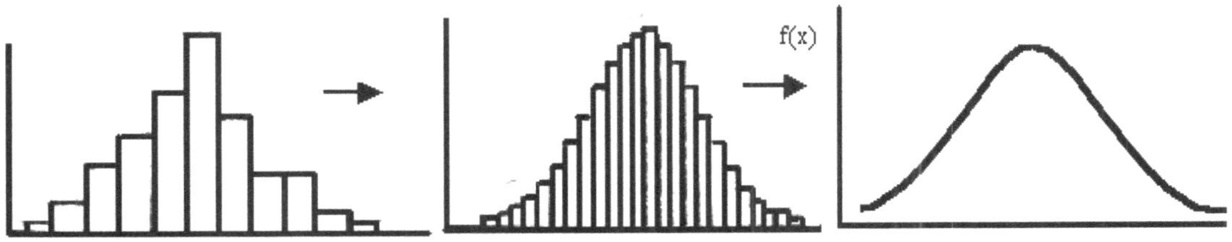

图5-1

三、随机变量的分布函数

类似于样本累计频率，对于任何随机变量X（含离散型），都有累积概率，它等于随机变量X的取值小于或等于某个值x的概率，记为$F(x)=P(X \le x)$。此函数反映累积概率随x的变化情况，故称累积概率函数，或称之为分布函数。显然，x增大时，分布函数永不下降［图5-2（2）］。离散型、连续型随机变量都具有不同形式的分布函数。

图5-2示意地反映了连续性随机变量的概率密度函数和分布函数的联系。图5-2（1）是任意一条概率密度图，其形状因变量的实际问题不同而不同，但曲线下面积（曲线与横轴所包围的面积）总和永远为1；截止到x=c的曲线下面积就是累计概率$P(X \le c)$，其数值就是图5-2（2）中概率分布函数F（x）在x=c处的高度；图5-2（2）中F（d）和F（c）的差值就是变量X落入区间（c，d）的概率，即图5-2（1）中分布密度曲线f（x）与横轴及直线x=c、x=d所包围的面积。

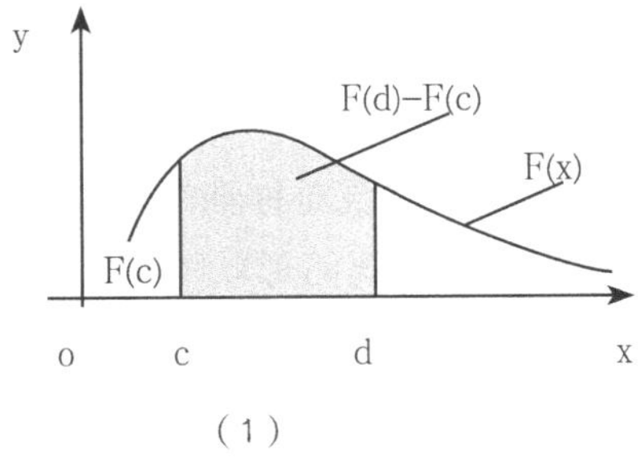

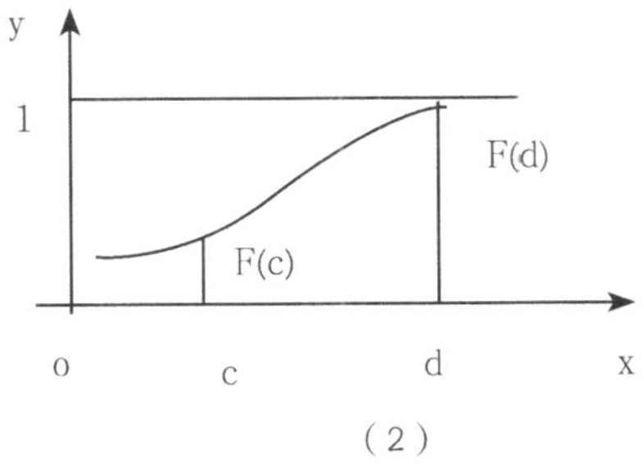

图5-2　连续型随机变量的概率密度函数图（1）与概率分布函数图（2）及其联系

第三节　体育科研中常用的正态分布

一、正态分布的意义

1. 正态分布的意义

在体育运动实践中许多连续型随机变量（如：同年龄、同性别人的身高、体重、100米跑成绩等计量数据，当样本含量足够大时）的频率直方图的形状都是中间高、两边低、左右对称的，人们称这样的变量服从正态分布，正态分布有其严格的数学定义，它的概率密度函数为：

$$f(x)=\frac{1}{\sigma\sqrt{2\pi}}\exp[-\frac{(x-\mu)^2}{2\sigma^2}] \tag{5-5}$$

实际工作中许多人以为正常情形任何变量都应该是这种分布类型，其实不然，实际上许多随机变量的概率分布甚至不一定对称，也不一定中间高、两边低，这一点在实际应用中尤其应加以注意。

正态分布有两个参数μ和σ。μ是总体算术平均数；σ是总体标准差，这两个参数完全决定一个正态分布的分布形状。

所以一个随机变量X如果服从正态分布，且其总体平均数为μ，总体标准差为σ，习惯上常记为$X\sim N(\mu,\sigma^2)$。

特别地，我们把$\mu=0$，$\sigma=1$时的正态分布，叫标准正态分布，记作$X\sim N(0,1)$。

2. 正态分布的性质

正态分布曲线如图5-3所示，它具有下列性质。

（1）正态分布密度曲线与横轴之间所包围的面积是1，反映了随机变量区X在（$-\infty,+\infty$）之间是一个必然事件。

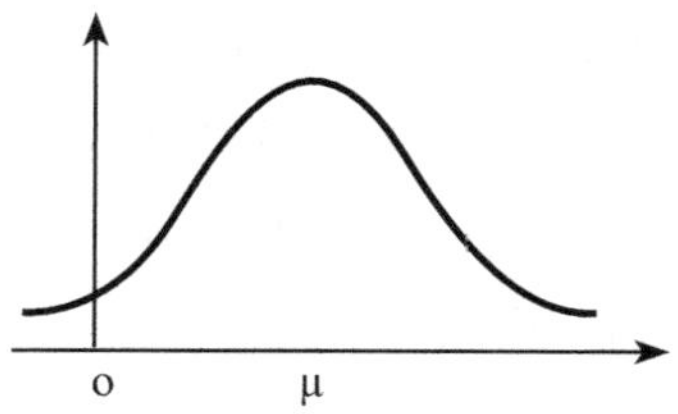

图5-3　正态分布曲线图

（2）正态分布密度曲线关于直线$X=\mu$对称，并在$X=\mu$处达到最大值，当$X\to\pm\infty$　时，曲线以横轴为渐近线。

（3）μ和σ是正态分布的两个参数；μ决定了正态分布曲线对称轴的位置，而σ决定了正态分布曲线的形状，即其高矮。固定μ，则曲线的位置相同而形状不同，σ越大，曲线愈扁平，σ越小，曲线愈陡峭。固定σ，则曲线的形状相同而位置不同，如图5-4所示。

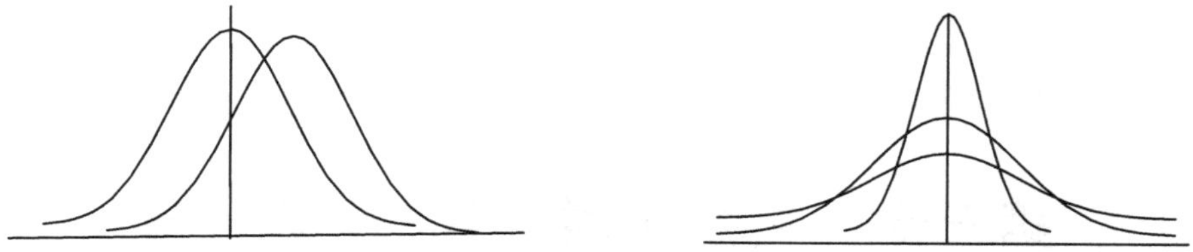
（1）相同的σ，不同μ的正态曲线图形　　（2）相同的μ，不同σ的正态曲线图形

图5-4

二、标准正态分布表的使用方法

1. 非标准正态分布的标准化

要精确计算正态曲线下各部分的面积（概率）值，需要用复杂的积分方法。为使用方便，一般统计学书籍均附有标准正态分布表，在实际工作中，我们只要会查比表就行了。

对于一般的正态分布，设随机变量 $X \sim N(\mu, \sigma^2)$，统计学的理论告诉我们只要通过变量替换：

$$u = \frac{X - \mu}{\sigma} \tag{5-6}$$

就会有 $u \sim N(0,1)$，μ 称为标准正态离差变量。这个变换称为标准化变换，我们可以把一般正态分布化为标准正态分布，通过查标准正态分布表就可以得到一般正态分布各部分的面积值（概率）。

注意，在实际应用中，总体均值μ和总体标准差σ一般是未知的，对于服从正态分布的样本数据来说，可用样本算术平均数 $\bar{x}$ 作为总体均数μ的近似值；用样本标准差s作为总体标准差σ的近似值，得到 $u = (x - \bar{x})/s$ 近似服从标准正态分布，利用正态曲线下各部分面积占总面积的比例相当于实际资料中各部分变量频数占总频数的比例，对变量频数的分布做出概括的估计。

2. 标准正态分布表的使用方法

在标准正态分布曲线中，变量u落在区间（u_1，u_2）内的面积（概率）等于正态曲线与直线 $u = u_1$，$u = u_2$ 及横轴所围成的曲边梯形的面积。如图5-5所示。

书后附表1的标准正态分布表中，u表示标准正态离差，表左边第1列是u值的个位和第1位小数值（十分位），第1行是u值的第2位小数值（百分位），表中间部分为变量u落在区间 $(-\infty, u)$ 内的面积（概率），如图5-6所示。

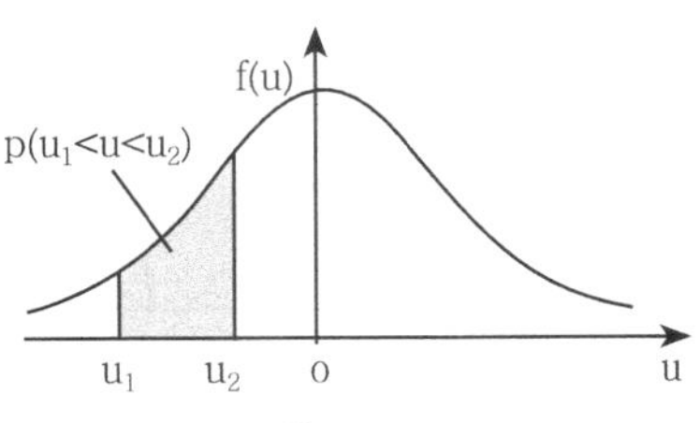

图5-5

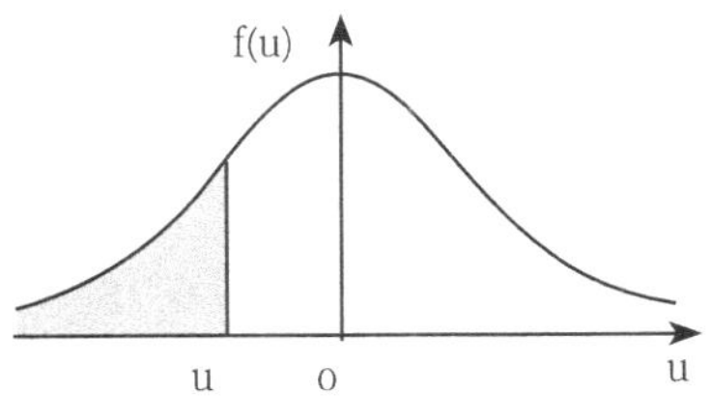

图5-6

下面用几个实例说明标准正态分布表的使用方法。

例5-10：求u为-0.8到1.2之间的面积。

解：如图5-7所示，

$$P(-0.8 < u < 1.2) = P(u < 1.2) - P(u < -0.8)$$

查附表1得：

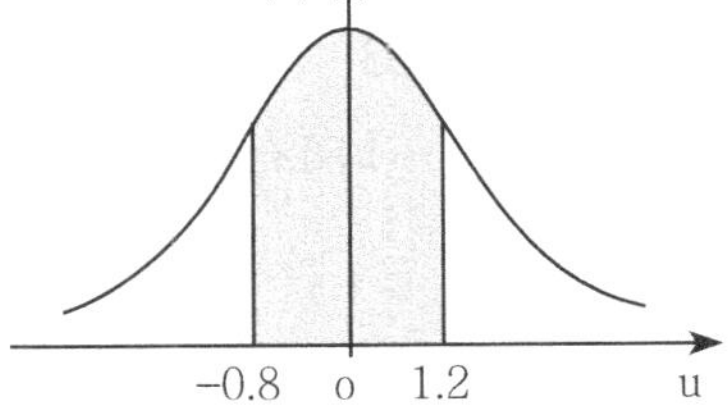

图5-7

$P(u<1.2)=0.8849$

$P(u<-0.8)=0.2119$；则：

$P(-0.8<u<1.2)=0.8849-0.2119=0.6730$。

例5-11：求u为-0.5到1.75对应的面积。

解：如图5-8所示，

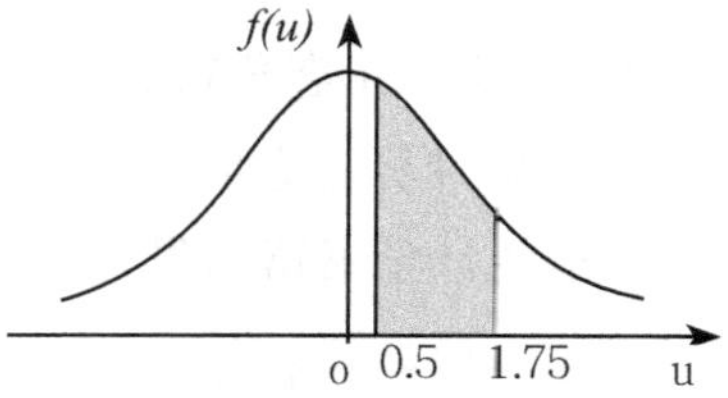

图5-8

$P(0.5<u<1.75)=P(u<1.75)-P(u<0.5)$

查附表1得：

$P(u<1.75)=0.9599,\qquad P(u<0.5)=0.6915$

则有：

$P(0.15<u<1.75)=0.9599-0.6915=0.2684$。

例5-12：$P(u<u_0)=0.8413$，求$u_0=?$

解：如图5-9所示，

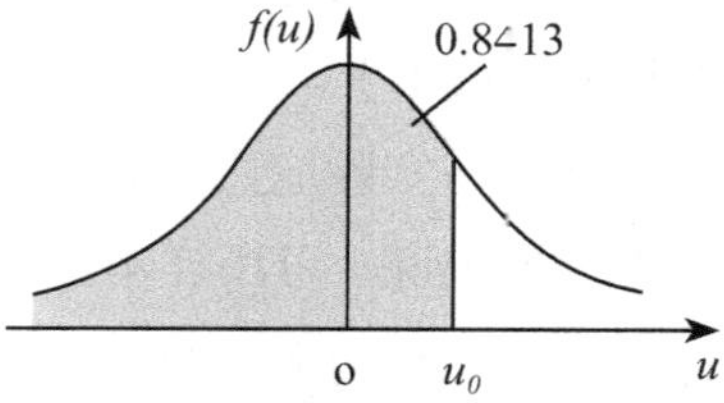

图5-9

$P(u<u_0)=P(-\infty<u<u_0)=0.8413$

查附表1，在表中最接近0.8413的面积值对应的u值为1.0，则$u_0=1.0$。

例5-13：已知：$P(u>u_0)=0.8221$，求$u_0=?$

解：如图5-10所示，$P(u>u_0)=0.8221$，则

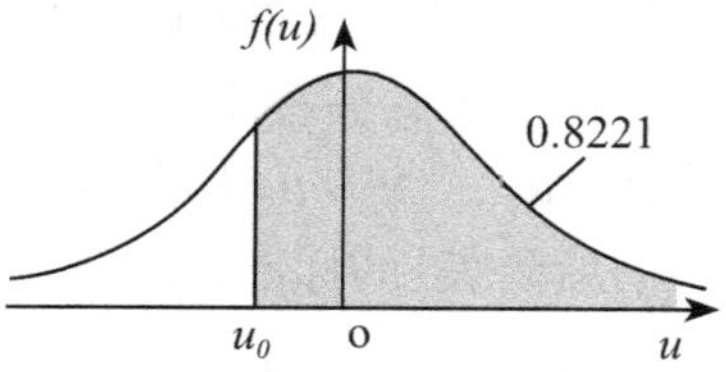

图5-10

$P(u<u_0)=1-0.8221=0.1779$

查附表1，在表中最接近0.1779的面积值对应的u值为-0.92，则$u_0=-0.92$。

例5-14：试求$u=-1$向右到什么位置对应的面积为0.75?

解：如图5-11所示，

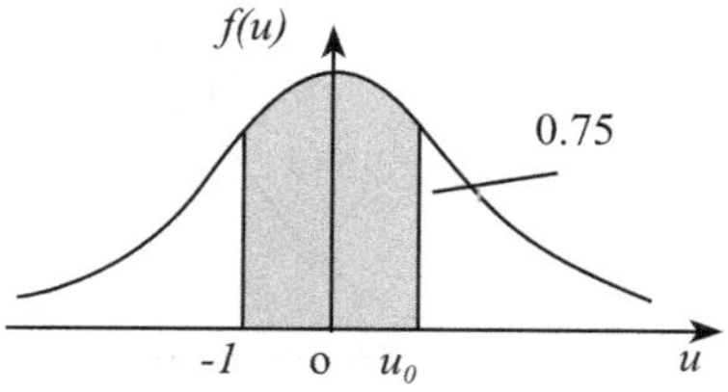

图5-11

设$P(-1<u<u_0)=0.75$，查附表1，得

$P(u<-1)=0.1587$，

由于$P(u<u_0)-P(u<-1)=0.75$，

所以$P(u<u_0)=0.75+0.1587=0.9087$，查附表1，在表中找最接近0.9087的面积对应的u值为1.33，

则$u_0=1.33$。

所以$u=-1$向右到$u_0=1.3$位置对应的面积为0.75。

三、正态分布在体育中的应用

体育课上教师们常常想了解学生的学习情况，可通过考核对学生的成绩进行评定。进行考核需要有一个统一的标准和要求，考核标准应根据学生的基础，结合教学目的而定。利用正态分布的理论，结合抽样方法，可使我们的测验标准更符合学生的实际情况，有利于调动学生学习积极性，提高教学效果。此外，正态分布理论在体育运动中还有更广泛的应用，如进行体育评分等，下面由一些实例加以说明。

（一）制定测验标准

例5-15：为制定某年级男学生铅球成绩的测验标准，从该学生总体中随机抽取部分学生进行测验，得到 $\bar{x}=7.3$ 米，$S=0.6$ 米。按照这种水平，要求总体中10%的学生达到优秀；20%的学生达到良好；10%的学生不及格，运用统计方法制定相应的考核标准。

解：首先假设学生铅球成绩服从正态分布，用 $\bar{x}$ 近似总体均值 μ，用s近似总体标准差 σ，则有：$u=(x-\bar{x})/s$ 近似服从标准正态分布，如图5-12所示。

①要求优秀的人数占总体人数的10%，由于是田赛，这10%的人的铅球成绩应是全年级成绩中最好的，在图5-12中位于最右边。

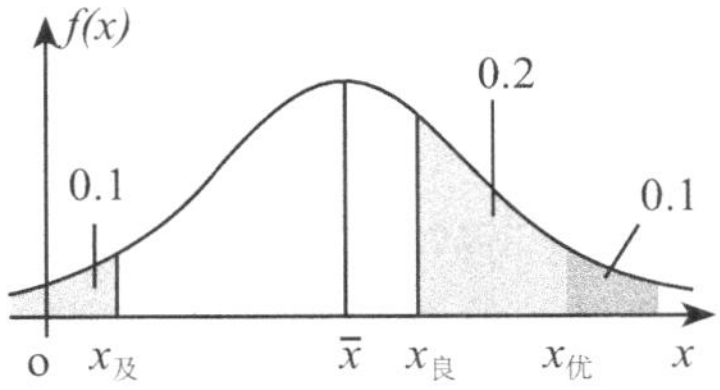

图5-12

由 $u=\dfrac{x-\bar{x}}{s}\sim N(0,1)$，得到 $x=\bar{x}+u.s$，只要求出优秀最低成绩所对应的 $u_{优}$ 即可，利用标准正态分布的理论，$P(u\geq u_{优})=10\%$，所以，$P(u<u_{优})=1-10\%=90\%$，查附表1，在表中最接近0.9的面积对应的u值为1.28，则 $u_{优}\approx 1.28$，代入公式：$u_{优}=7.3+1.28\times 0.6=8.07(米)$；

②达到良好的人数占总体人数的20%，则：$P(u_{良}<u<u_{优})=20\%$，

$P(u<u_{优})-P(u<u_{良})=20\%$，$P(u<u_{良})=P(u<u_{优})-20\%=0.7$，

查附表1，在表中间部分最接低0.7的面积对应的u值为0.52，则 $u_{优}\approx 0.52$，代入公式：$u_{良}=7.3+0.52\times 0.6=7.61(米)$；

③及格的最低标准即为不及格的界限，从图5-12中可看到不及格这部分面积位于 $x_{及}$ 左侧，面积为 $P(u<u_{及})=0.1$，查附表1，在表中最接近0.1的面积对应的u值为-1.28，则 $u_{及}=-1.28$，代入公式：$x_{及}=7.3-1.28\times 0.6=6.53(米)$；

由上可知，所定的测验标准为：优秀：$x\geq 8.07$米；良好：$7.61米\leq x<8.07米$；及格：$6.53米\leq x<7.61米$；不及格：$x<6.53米$。

例5-16：某市有初中男生10000人，从中抽取部分学生进行60米测验，得 $\bar{x}=9.1$秒，$s=0.52$秒，举行田径运动会时，若从各校中选拔50人参赛，问报名的最低标准是多少秒？

解：设60米成绩x服从正态分布，用$\bar{x}$近似μ；用s近似σ，得到：$u=\dfrac{x-\bar{x}}{s}\sim N(0,1)$

如图5-13所示，本题是径赛问题，跑得越快，成绩数值越小。50个参赛者理论上应是10000人中跑得最快的，x_{50}左边的面积就为：$50/10000=0.005$，查附表1，在表中最接近0.005的面积对应的u值为-2.57（或-2.58），

可取$u_{50}\approx-2.57$，代入公式：$u_{50}=\bar{x}+u.s=9.1-2.57\times0.52\approx7.76$(秒)，所以参赛者的最低成绩（理论上）为7.76秒。

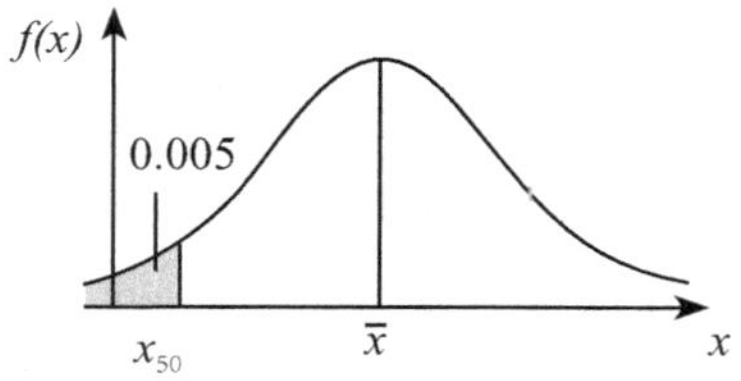

图5-13

（二）利用正态分布估计实际分布情况

例5-17：设某市120名12岁男孩身高数据近似服从正态分布，$\bar{x}=143.1$厘米，s=5.67厘米。①求以均数为中心，95%的男孩身高数据在什么范围？并求相应区间的人数？②求身高在150～160厘米之间的人数占总人数的百分比？

解：①如图5-14所示。

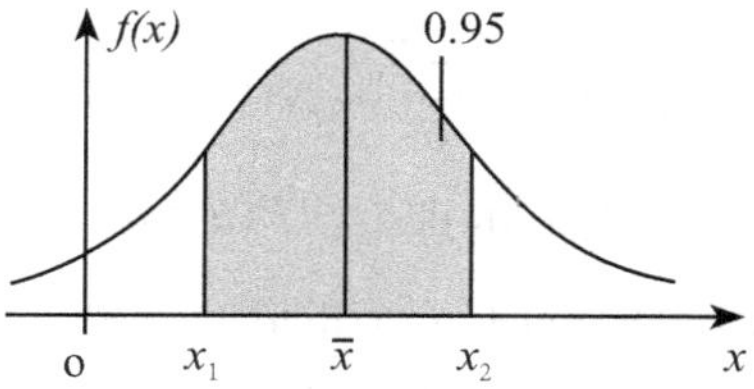

图5-14

$$u=\frac{x-\bar{x}}{s}\sim N(0,1)$$

设以均数为中心，95%的男孩身高范围为（x_1, x_2），

$P(u<u_1)=(1-95\%)/2=0.025$，

$P(u<u_2)=0.95+0.025=0.975$，

查附表1，0.025的面积对应的u值为-1.96；0.975的面积对应的u值为1.96，则$u_1=-1.96$；$u_2=1.96$，代入公式，

$$x_1=\bar{x}+u_1.s=143.1-1.96\times5.67\approx132(\text{厘米})$$

$$x_2=\bar{x}+u_2.s=143.1+1.96\times5.67\approx154.2(\text{厘米})$$

所以，以均数为中心，95%的男孩身高范围为$132\le x\le154.2$。此区间的人数为$95\%\times120\approx114$(人)。

②如图5–15所示。

$u_1=\dfrac{150-143.1}{5.67}\approx1.22$，　$u_2=\dfrac{160-143.1}{5.67}\approx2.98$

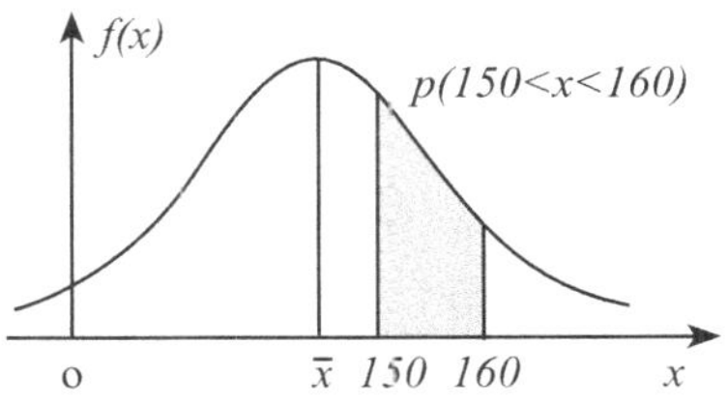

图5–15

查附表1，$u_1\approx1.22$ 对应的面积值为0.8888，$u_2\approx2.98$ 对应的面积值为0.9986；

$P(150<x<160)=P(u_1<u<u_2)=0.9986-0.8888=10.98\%$

所以身高在150～160厘米之间的人数占总人数的比例为10.98%。

例5–18：某市205个17岁男生身高的 $\bar{x}=168.40$厘米，$s=6.13$厘米，试估计身高在160.40～172.40厘米之间的人数。

解：设身高 $X\sim N(\bar{x},s^2)$，则有$u=\dfrac{x-\bar{x}}{s}\sim N(0,1)$，如图5–16所示。

$u_1=\dfrac{x_1-\bar{x}}{s}=\dfrac{160.40-168.40}{6.13}\approx-1.31$，

$u_2=\dfrac{x_2-\bar{x}}{s}=\dfrac{172.40-168.40}{6.13}\approx0.65$

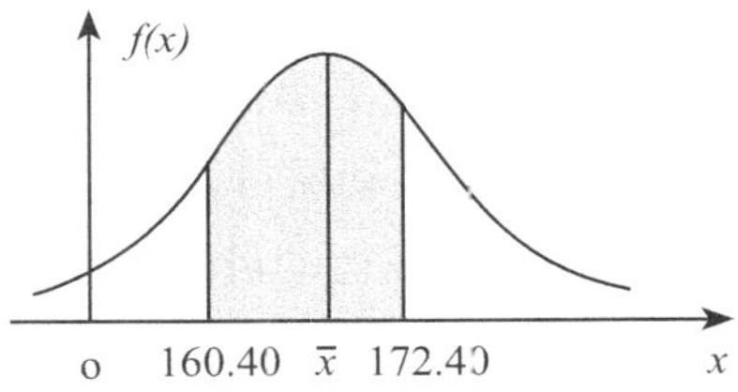

图5–16

查附表1，$u_1=-1.31$ 对应的面积 $s_1=0.0951$；$u_2=0.65$ 对应的面积 $s_2=0.7422$，则身高在160.40～172.40厘米人数占总人数百分比为 $s_2-s_1=64.71\%$，相应人数为 $205\times64.71\%\approx133$（人）。

（三）利用正态分布进行体育评分的方法

在体育运动中，不同项目运动员比较成绩的标准一般是不同的。有的成绩数值越大越好，这叫高优标准，如田赛中是以距离计成绩就是高优标准；有的成绩数值越小越好，这叫低优标准，如在径速项目中是以时间计成绩就是低优标准等。在体育科研中，有时需要进行不同项目、不同时期运动员成绩的对比；在运动员的选材过程中，有时也要综合评价运动员的各方面能力，这就需要有一种可以进行统一比较的标准，这种需要促成了各种统计评分方法的形成。体育运动中常用的评分方法有标准分数、标准百分、分布位置百分、名次百分、累进评分等多种方法，本节只对其中的标准分数、标准百分和累进评分法做简单的介绍。

1. 标准分数

标准分数是以标准正态曲线横轴上的u值作为分数的，其计算公式为：

$$\text{高优标准的标准分数}=\frac{x-\bar{x}}{s} \qquad (5\text{–}7)$$

$$低优标准的标准分数=\frac{\overline{x}-x}{s} \quad (5-8)$$

例5-19：某中学初三男生100米跑样本统计量为$\overline{x}=13.3$秒，S=0.6秒，某学生100米跑成绩为12.8秒，其标准分数为多少分？

解：

$$低优标准标准分数=\frac{\overline{x}-x}{s}=\frac{13.3-12.8}{0.6}\approx 0.83（分）$$

标准分数没有单位，可正可负，一般不习惯使用，但这种分数在体育科研与选材中应用很方便。其优点是：

（1）分数反映位置

如某人标准分数为0分，表示其成绩在集体中处于平均水平，有50%的人比他成绩好，有50%的人成绩不如他；得+1分的人，表示集体中有15.87%的人比他的成绩好，有84.13%的人成绩不如他。

（2）便于综合计算与比较

标准分数消除了单位（量纲）的影响，可以进行不同运动项目的比较，无论高优标准还是低优标准的运动项目，其标准分数值都是越大越好。

在运动选材或运动员的成绩诊断中（综合评价），常把反映运动员运动能力的多项指标（力量、速度、耐力、技能、战术能力、心理能力与运动智能等）的成绩转化为标准分数，然后按一定方法求出各项成绩的权重（权重的确定方法有专家评定法等），最后将每项指标成绩的标准分数与其权重相乘并加总（求和），据此加总成绩进行综合评价。

2. 标准百分

标准百分是由标准分数演变而来的，标准分数会出现负分数，人们不习惯使用，根据正态分布的理论，$\mu\pm5\sigma$大概包括了全部频数的99.99995%；$\mu\pm3\sigma$大概包括了全部频数的99.73%，如果在高优标准成绩中把$\mu-5\sigma$（或$\mu-3\sigma$）处定为0分；而把$\mu+5\sigma$（或$\mu+3\sigma$）处定为100分；在低优标准成绩中把$\mu+5\sigma$（或$\mu+3\sigma$）处定为0分，而把$\mu-5\sigma$（或$\mu-3\sigma$）处定为100分，则几乎会消除负分数或超过100分的分数，得到人们较习惯的百分制评分法。但要注意的是其评分公式与评分范围是有关的，其范围的选定应结合经验以及运动项目来定。

在$\mu\pm k\sigma$范围内评分时，用Z表示标准百分，则评分公式为：

$$高优标准的标准百分\ Z=50+\frac{x-\mu}{\sigma}\times\frac{100}{2k} \quad (5-9)$$

$$低优标准的标准百分\ Z=50-\frac{x-\mu}{\sigma}\times\frac{100}{2k} \quad (5-10)$$

其中k常取5，4，3，2.5，在实际工作中一般用样本算术平均数$\overline{x}$近似总体均数μ，用样本标准差s近似总体标准差σ。

例5-20：由中国国民体质监测报告（2014年数据）知，18~25岁年龄段中国城市成年男性的10米×4往返跑样本$\bar{x}=12.5$(秒)，$s=1.4$(秒)；坐位体前屈$\bar{x}=11.5$(厘米)，$s=7.4$(厘米)。该总体中某一个20岁男子的10米×4往返跑成绩为12.8秒，坐位体前屈为12.5厘米，分别在$\mu\pm5\sigma$及$\mu\pm3\sigma$范围内评分，求该人的标准百分。

解：10米×4往返跑成绩是低优标准，坐位体前屈是高优标准，

①在$\mu\pm5\sigma$范围内评分时，

该人10米×4往返跑标准百分$Z=50-\frac{12.8-12.5}{1.4}\times\frac{100}{10}\approx47.86$（分）

该人坐位体前屈标准百分$Z=50+\frac{12.5-11.5}{7.4}\times\frac{100}{10}\approx51.35$（分）

②在$\mu\pm3\sigma$范围内评分时，

该人10米×4往返跑标准百分$Z=50-\frac{12.8-12.5}{1.4}\times\frac{100}{6}\approx46.43$（分）

该人坐位体前屈标准百分$Z=50+\frac{12.5-11.5}{7.4}\times\frac{100}{6}\approx52.25$（分）

注意，在实际应用中标准分数和标准百分适用于数据服从正态分布或近似正态分布的情况；且它们相应的公式都是线性的，也就是说无论运动成绩水平的高低，成绩提高量相同，其分数的增加量也相同，也就是说没有考虑运动成绩提高的难度（在低水平时运动成绩容易提高，而高水平的运动成绩很难提高）。

3. 累进评分法

在体育运动中，随着运动水平的提高，一般来说成绩提高的难度会越来越大，相应的评分法也应考虑到这种关系。

根据大量的研究分析和经验可知，很多运动项目成绩提高的难度和分数的累进是成二次函数关系的，目前累进评分法使用的公式：

$$Y=KD^2-C \qquad (5\text{-}11)$$

就是利用了这种函数关系，其优点在于使分数的累进与成绩提高的难度相适应，缺点是当分数等级分得太多时累进不明显。

式5-11中，Y为累进分数，K为系数，D为某成绩在标准正态曲线横轴上的位置，C为评分基点以左可能出现的分数。

$$\text{田赛：}D=5+\frac{x-\bar{x}}{s} \qquad (5\text{-}12)$$

$$\text{径赛：}D=5+\frac{\bar{x}-x}{s} \qquad (5\text{-}13)$$

累进评分法的计算步骤：

（1）根据样本数据计算 $\bar{x}$ ，s，并对样本进行正态性检验（累进评分法也适用于服从或近似服从正态分布的资料）。

（2）确定评分范围及满分点和评分基点的成绩与分数。评分范围应根据正态分布的理论及实际需要来加以确定，可以在 $\bar{x}\pm5s$ 、$\bar{x}\pm4s$ 、$\bar{x}\pm3s$ 、$\bar{x}\pm2.5s$ ，评分范围也可以不对称，如 $\bar{x}-5s$ ~ $\bar{x}+3s$ 。满分点可定在100分或1000分，评分基点一般定在0分，也可定在10分或60分以及其他任意整数范围。

评分范围及满分点和评分基点分数的确定，要从实际出发，结合项目的特点及评价目的以及便于使用为原则。

（3）如若列出累计评分表时，评分间距的确定应根据专项特点和实际需要而定。

（4）计算某一成绩对应的D值。

（5）将满分点与评分基点对应的D值以及分数代入公式5-11中，求出K值和C值，建立评分公式。

（6）依次将所求成绩D值代入评分公式，计算出相应的累进分数并按要求编制评分表。

例5-21：同例5-20数据，在 $\bar{x}\pm2.5s$ 范围内评分，确定坐位体前屈的评分公式，并计算某人坐位体前屈为12.5厘米的累进分数。

解：

① $\bar{x}=11.5$(厘米)，s=7.4厘米；

②评分范围 $\bar{x}\pm2.5s$ ，评分基点为0分，其成绩为 $\bar{x}-2.5s=11.5-2.5\times7.4=-7$(厘米)；满分点为1000分，其成绩为 $\bar{x}+2.5s=30$(厘米)；

③若做累进评分表时，可确定1厘米为一个评分间距，本例不做评分表；

④求评分基点和满分点的D值：

$$D_0=5+\frac{\bar{x}-2.5s-\bar{x}}{s}=2.5$$

$$D_{100}=5+\frac{\bar{x}+2.5s-\bar{x}}{s}=7.5$$

⑤将评分基点和满分点的D值和累进分数代入公式5-11中，

$$\begin{cases}0=K\times2.5^2-C\\1000=K\times7.5^2-C\end{cases}$$

解出 K=20，C=125，其评分公式为：

$$Y=20\cdot D^2-125$$

⑥12.5厘米所对应的 $D=5+\dfrac{12.5-11.5}{7.4}\approx5.135$ ，

其累进分数为 $Y=20\cdot5.135^2-125\approx402.36$(分)

四、体育科研中常用的数据正态性检验方法

体育科研中的许多统计方法都要求数据是服从正态（或近似正态）分布的，所以得到样本数据以后，要想利用正态分布的理论，必须要对数据的正态性进行检验。检验的方法有偏态度–峰态度检验法（前面已经介绍过）、正态概率纸检验法、χ^2 检验法等多种方法，在此仅介绍 χ^2 检验法。

数据正态性的 χ^2 检验法步骤：

问题：若总体服从某一分布F（x），从中抽取一个含量为 $n \geq 50$ 的样本 x_1，x_2，…，x_n，试检验：F（x）服从正态分布与否？

①假设总体服从正态分布，将样本数据值排序（从小到大）得到 y_1，y_2，…，y_n，将数据值 y_1，y_2，…，y_n 所在的区间[a，b]分为m个小区间：（a，a_1），（a_1，a_2），…，（a_{m-1}，b），其中m的选取要使每个区间包含的数据值不能太少，可以等分，也可不等分。

②求出落在区间（a_{i-1}，a_i），（$i=1,2,\cdots,m$）内的数据频数 f_i。

③计算出按已知正态分布所对应各区间（a_{i-1}，a_i）内的理论频率 p_i，及 np_i（若 $np_i<5$，则应将相邻组适当合并，使所有 np_i 皆大于5）。

④由Person定理，当n充分大时，统计量：

$$\chi^2=\sum_{i=1}^{m}\frac{(f_i-np_i)^2}{np_i}$$ 服从自由度为m−1−r的 χ^2 分布，r 为参数个数。

⑤取显著性水平 $\alpha=0.05$，查 χ^2 分布表得临界值 $\chi^2_{0.05}(m-r-1)$。

若 $\chi^2 \geq \chi^2_{0.05}(m-r-1)$，不服从正态分布，若 $\chi^2 < \chi^2_{0.05}(m-r-1)$，则总体服从正态分布。

例5–22：65名运动员，训练前后脉搏数之差如表5–3所示（单位：次/分），试检验运动员脉搏差数是否服从正态分布。

表5–3

分组	脉搏差数	频数 f_i	$u=\frac{x_i-\bar{x}}{s}$	P（x）	△P（x）	$n\times\Delta p(x)$
1	75 ~ 77	2	−2.55	0.0054	0.0260	1.690
2	77 ~ 79	3	−1.86	0.0314	0.0896	5.824
3	79 ~ 81	9	−1.17	0.1210	0.1946	12.649
4	81 ~ 83	20	−0.48	0.3156	0.2676	17.394
5	83 ~ 85	18	0.21	0.5832	0.2327	15.126
6	85 ~ 87	8	0.90	0.8159	0.1282	8.333
7	87 ~ 89	3	1.59	0.9441	0.0446	2.899
8	89 ~ 91	2	2.28	0.9887	0.0113	0.735
	合计	65				

解：

①假设脉搏差数服从正态分布；

②利用频数分布表，求出 $\bar{x}=82.4$次/分，s=2.9次/分，表5−1中第4列以脉搏差数的下限作为 x_i，将数据值化为标准正态分布值u，查正态分布表得出各组段x值所对应的概率p（x），然后求出相邻两组概率之差△P（x）及理论频数 $n\times\Delta p(x)$。

③计算统计量 x^2 值（其中第1组与第2组合并；6，7，8组合并）。

$$\chi^2=\sum_{i=1}^{6}\frac{(f_i-n\Delta p(x))^2}{n\times\Delta p(x)}=\frac{(5-7.514)^2}{7.514}+\frac{(9-12.649)^2}{12.649}+\frac{(20-17.394)^2}{17.394}$$
$$+\frac{(18-15.126)^2}{15.126}+\frac{(13-11.967)^2}{11.967}$$
$$\approx 2.92$$

④取显著性水平 $\alpha=0.05$，参数有两个 μ，σ^2，实际所分区间数为5，则自由度为m−1−r=5−1−2=2，查 χ^2 值表，$\chi^2_{0.05}(2)=5.99$。

所以 $\chi^2<\chi^2_{0.05}(2)$，认为运动员脉搏差数服从正态分布。

五、用SPSS软件进行正态分布计算举例

例5−23：同例5−11，求u为0.5到1.75对应的面积。

解：

①定义变量x，x有一个观测值（随便取）1；

②选择“转换”，计算变量，打开如图5−17所示对话框；

③在图5−17所示对话框的目标变量栏中输入变量名 P，在数字表达式栏中输入数学表达式为：CDF.NORMAL（1.75，0，1）−CDF.NORMAL（0.5，0，1），单击 确定 按钮，并将变量 P 改为4位小数，结果见图5−18，

$P(0.5<u<1.75)\approx 0.2685$

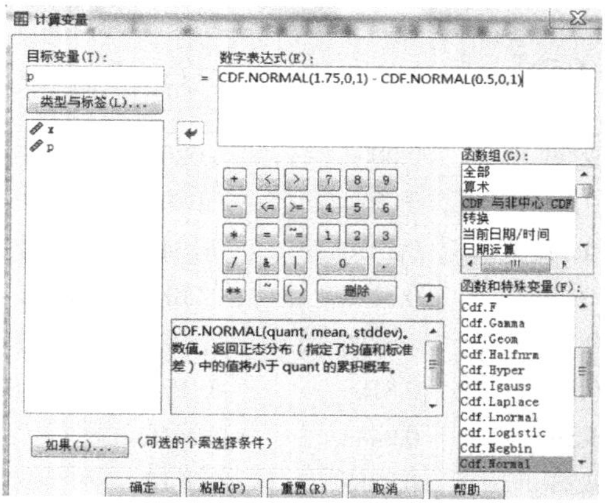

图5−17

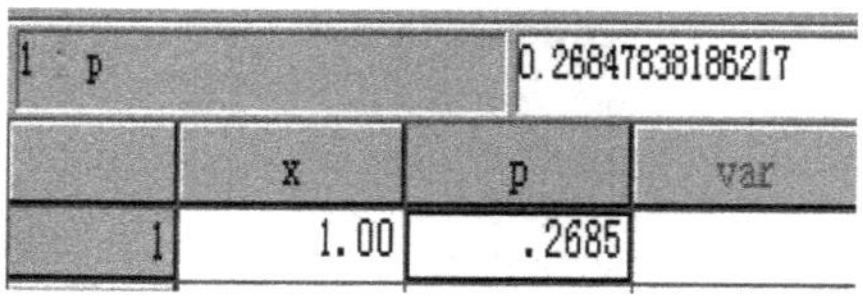

图5−18

例5-24：同例5-12，已知$P(u<u_0)=0.8413$，求$u_0=?$

解：

①定义变量x，x随便定义一个观测值1；

②选择转换→计算变量，打开如图5-17所示对话框；

③在图5-17所示对话框的目标变量栏中输入变量名u_0，在数字表达式栏中输入数学表达式为：IDF.NORMAL（0.8413，0，1），单击 确定 按钮，并将变量u_0改为4位小数，结果见图5-19，$u_0=1$。

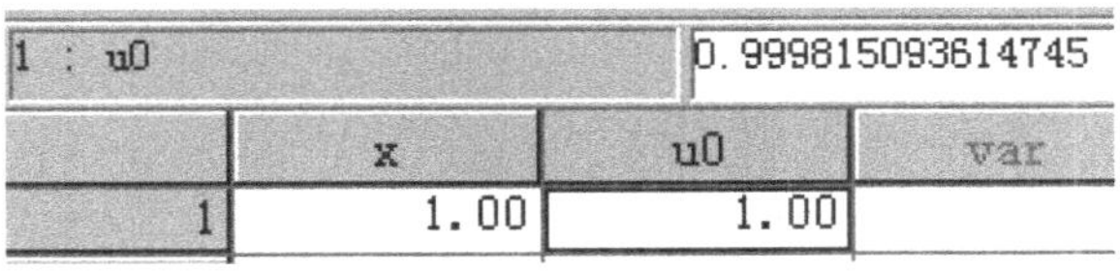

图5-19

例5-25：同例5-15。

解：

①、②步同例5-23；

③在图5-17所示对话框的目标变量栏中输入变量名$x_{优}$，在数字表达式栏中输入数学表达式为：IDF.NORMAL（0.9，7.3，0.6），单击 确定 按钮，得到$x_{优}=8.07$(米)，重复③分别将0.9换成0.7及0.1，得到：

$x_{良}=7.61$(米)，$x_{及}=6.53$(米)

例5-26：数据同例3-11，检验60名同年龄男中学生的身高数据是否服从正态分布。

解：第一种算法步骤

①打开文件名为“身高.sav”的数据文件；

②选择分析→非参数检验→旧对话框→1-样本K-S（1），打开如图5-20所示对话框；

③将变量“身高”放置于检验变量列表栏中，在检验分布中的常规（正态分布）项下打“√”，单击 确定 按钮，得到如表5-3所示的计算结果。

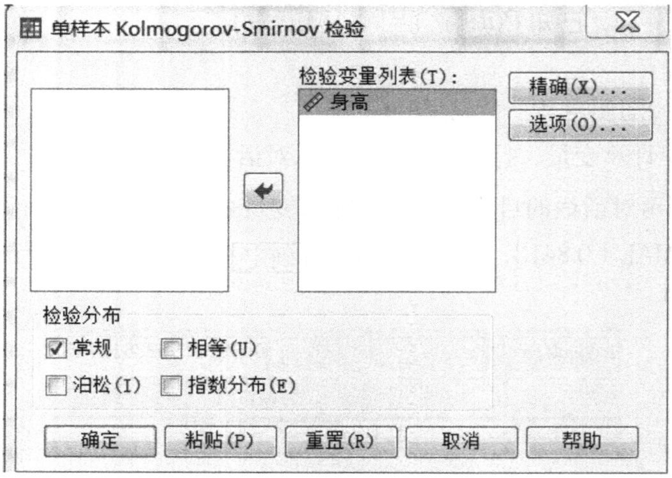

图5-20

计算结果的统计说明与解释：前面介绍的χ^2检验法可用来检验数据是否是正态分布，但在SPSS软件中，利用χ^2检验法时需要计算正态分布下的理论频数（期望值），比较麻烦。本例现使用的算法是柯尔莫哥洛夫-斯米尔洛夫检验方法，它是用来检验一个样本是否来自某种确定分布形式的总体（现有的SPSS软件只能检验是否为正态分布，均匀分布，泊松分布和指数分布）。

表5-4中，正态参数：平均值为159.50，标准差为4.67413，最大极端差别（实际累计频数与期望累计频数间的最大差别）为0.096，最大正极差为0.093，最大负极差为-0.096，柯尔莫哥洛夫-斯米尔洛夫Z值为0.747，渐进显著性（双侧）检验概率为0.633>0.05，接受样本数据总体服从正态分布的假设，即可以认为60名同年龄男中学生的身高数据服从正态分布。

注意：只要观察渐进显著性（双侧）检验概率的数值即可，若其值大于等于0.05，认为数据服从正态分布，若其值小于0.05，认为该数据不服从正态分布。

表5-4　单样本 Kolmogorov-Smirnov 检验

		身高
N		60
正态参数a，b	均值	159.5000
	标准差	4.67413
最极端差别	绝对值	.096
	正	.093
	负	-.096
Kolmogorov-Smirnov Z		.747
渐近显著性（双侧）		.633

a. 检验分布为正态分布。b. 根据数据计算得到。

例5-27：数据同例5-22，试检验该样本数据是否服从正态分布。（频数分布表数据的正态性检验方法）

①定义变量 x_1 为脉搏数的组中值，f为频数，输入数据，并保存在名为“例5-27.sav”的数据文件中；

②选择数据 → 加权个案命令，对数据进行加权，加权变量为“f”（图略）；

③选择分析 → 非参数检验 → 旧对话框 → 1-样本K-S（1），打开如图5-21所示对话框；

④将变量 x_1 放置于检验变量列表栏中，选择检验分布为常规（正态分布），单击 确定 按钮，得到如表5-4所示计算结果。

计算结果的统计说明与解释：渐进显著性（双侧）检验概率=0.073>0.05，可以认为该样本数据服从正态分布。

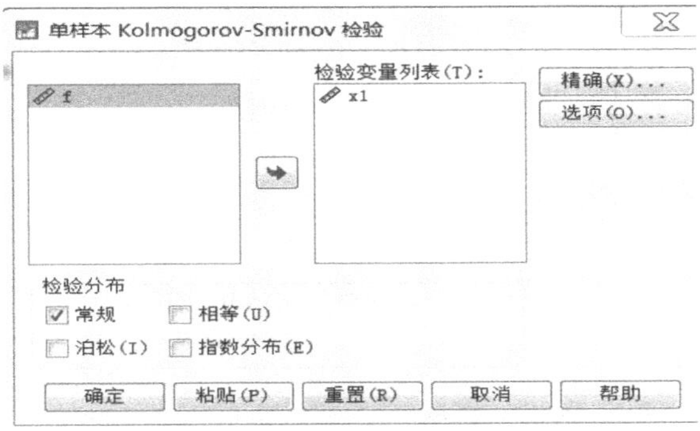

图5-21

表5-4　单样本 Kolmogorov-Smirnov 检验

		x1
N		65
正态参数a，b	均值	82.9231
	标准差	2.89562
最极端差别	绝对值	.160
	正	.155
	负	-.160
Kolmogorov-Smirnov Z		1.286
渐近显著性（双侧）		.073

a. 检验分布为正态分布。b. 根据数据计算得到

第四节　体育科研中常用的其他分布

一、χ^2分布

1. χ^2分布的定义

χ^2（卡方）分布是从正态分布派生出来的一个连续型数据分布，其定义为：设变量X_1，X_2，…，X_n独立同分布，且$X_i \sim N(0,1)$，则随机变量$\chi^2=\sum_{i=1}^{n}X_i^2$的分布服从自由度为$n$的$\chi^2$分布，记为$\chi^2 \sim \chi^2$（n）。

2. χ^2分布的图形及性质

χ^2分布的图形见图5-22。

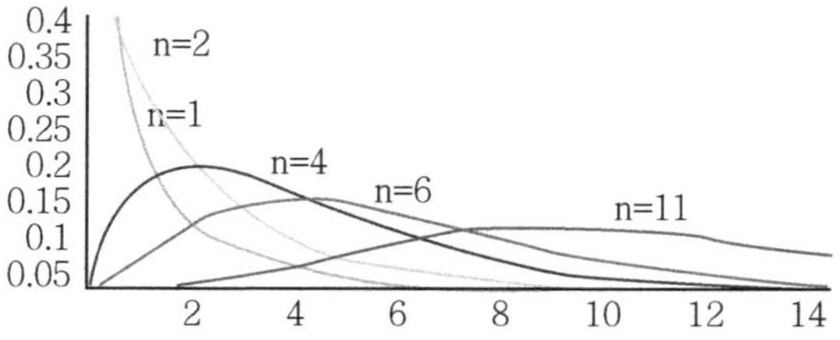

图5-22　χ^2分布密度函数图形

其性质为：

（1）自由度n越大，曲线越趋于对称；

（2）当自由度$n\to+\infty$时，χ^2分布趋向正态分布；

（3）服从χ^2分布的随机变量的总体均值为n，方差为$2n$。

3. χ^2分布表

查χ^2分布表（见附表6的χ^2值表）的临界值时，在表的第一行中找到相应的右侧尾端概率，并在左侧第一列n'中找到相应的自由度，行与列之间交叉点的数值就是所查χ^2值，如图5-23所示。

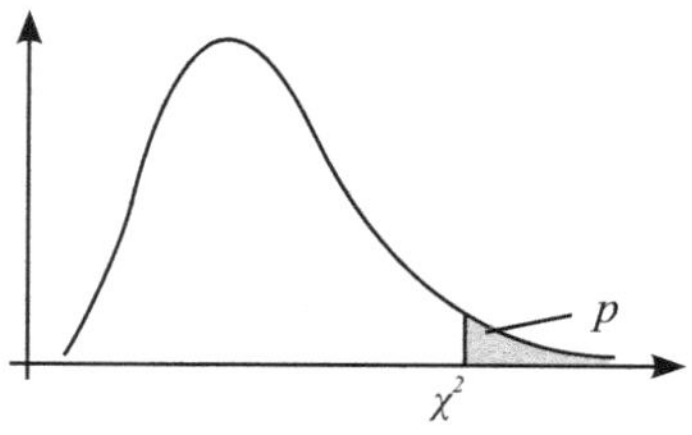

图5-23

4. χ^2分布的应用

χ^2分布主要应用于：估计总体方差的置信区间、进行多个总体方差的齐性检验、检验列联表数据两类别（属性）变量间的独立性及进行数据分布的拟合检验。

二、*t* 分布

1. *t* 分布的定义

定义：设 $X \sim N(0,1)$，$Y \sim \chi^2$（n），且X与Y独立，则随机变量 $t=\dfrac{X}{\sqrt{Y/n}}$ 的分布服从自由度为 n 的 *t* 分布，记为：$t \sim t$（n）。

设X是一个连续型随机变量，当 $X \sim N(\mu,\sigma^2)$ 时，统计理论告诉我们 $\dfrac{\overline{X}-\mu}{\sigma/\sqrt{n}} \sim N(\mu,\sigma^2)$。

但在实际工作中，σ 一般是未知的，无法使用 $\dfrac{\overline{X}-\mu}{\sigma/\sqrt{n}}$ 进行统计分析。

英国统计学家W.S.Gosset（1876～1937）在1908年在Biometrika杂志上用笔名Student发表了一篇文章，证明了：

当 $X \sim N(\mu,\sigma^2)$ 时，$t=\dfrac{\overline{X}-\mu}{s/\sqrt{n}}$ 服从自由度为n−1 的 *t* 分布。

W.S.Gosset的发现，使得小样本的抽样研究得到迅速发展。

2. *t* 分布的图形及性质

t 分布的图形见图5-24，从图上可看出其性质为：

（1）t分布的密度曲线的形状与标准正态分布密度曲线的形状类似，但低于标准正态曲线，两尾较后者高，随着自由度的增大，越来越接近标准正态分布，*t* 分布也是一种对称的分布；

（2）*t* 分布的极限分布是标准正态分布。

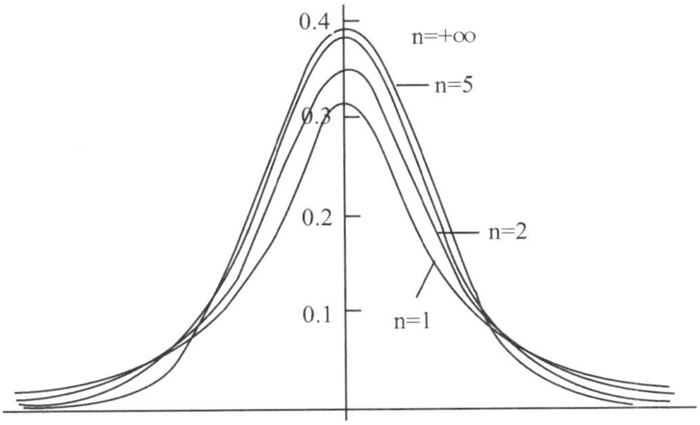

图5-24

3. t 分布表

查 t 分布表（见附表2的 t 值表）的临界值时，在表的第一行p（2）（双侧）行处找到相应的双侧尾端概率，并在左侧第一列 n' 处找到相应的自由度，行与列交叉点的数值就是所查的t值（双侧分位点值），与双侧概率P对应的值实际上就是单侧概率为P/2所对应的t值。如图5-25所示。

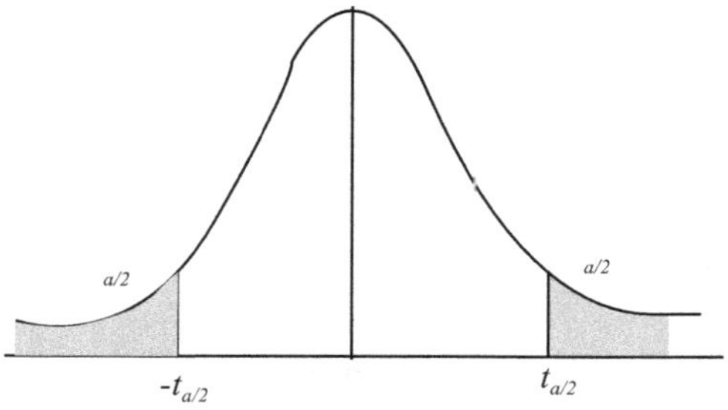

图5-25

4. t 分布的应用

t 分布在统计研究中占有重要的地位，它可以用来估计总体均值、在直线相关与回归分析中求某些参数的置信区间并进行相应的假设检验。

三、F分布

1. F分布的定义

F分布是一种连续型分布，它是方差分析的基础，其统计定义为：

设随机变量X和Y相互独立，且$X\sim\chi^2$（m），$Y\sim\chi^2$（n）则$F=\dfrac{X/m}{Y/n}$的分布服从自由度分别为m和n的分布，记为F～F（m，n）。

2. F分布的图形

F分布的概率密度图形见图5-26，F分布的密度曲线的形状同时受到分子、分母自由度的影响，如果其中一个自由度不变，另一个自由度改变，可以得到一族密度函数曲线。

3. F分布表

F分布表分为两总体方差齐性检验用表和方差分析用表，其查法为第一行 n'_1 为较大均方自由度，n'_2 为较小均方自由度，其交叉点的数值为所查的 F_α 值。

4. F分布的应用

F分布主要用于总体方差齐性检验和各种方差分析（以后章节介绍）。

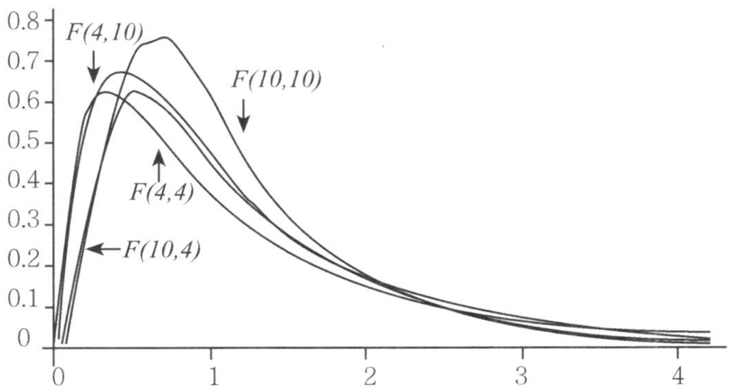

图5-26　F分布密度曲线图

推荐阅读参考文献

1. 张明立. 常用体育统计方法（第六章）[M]. 北京：北京体育学院出版社，1990.

2. 祁国鹰，徐明，张明立. 实用体育统计（第四章）[M]. 北京：北京体育学院出版社，1995.

思考与练习

1. 什么是随机事件、必然事件和不可能事件？

2. 概率有哪几种含义？其中统计定义是以什么为理论基础的？

3. 什么是随机变量？

4. 正态分布有哪些性质？

5. 求标准正态曲线下的面积。

（1）u=1.25的右边　　　　（2）u=−0.4的左边

（3）u为−1.35与1.35之间　　　　（4）u为0.4与1.3之间

（5）u为−1.5与+1.5外面

6. 设 $X \sim N(\mu,\sigma^2)$，问 $\mu\pm$ 多少 σ 之间对应的面积为54%，80%，95%？从 $\mu-1\sigma$ 向左到什么位置对应的面积为15%？

7. 假设某城市18～24岁妇女的身高数据服从正态分布，经抽样调查得到平均身高163.32厘米，S=6.1厘米，试估计：

（1）166厘米以下的人占总体的百分数是多少？

（2）身高在156～170厘米之间的人占总体的百分数是多少？

8. 2000年某地居民的家庭人均年体育消费额为580元，标准差为68元，如果此地有常住人口80万人，假设人均体育消费服从正态分布。

（1）有多少人的体育消费高于680元？

（2）求体育消费额在420～750元的人数？

9. 设某年级学生100米跑的成绩服从正态分布。从中随机抽取部分学生测验，其统计量为 $\bar{x}$=14.6（秒），s=0.4秒，

（1）要求15%的人优秀，20%的良好，8%的不及格，问相应分类标准是什么？

如果在 $\bar{x} \pm 2.5s$ 范围内进行标准百分评定，则

（2）得100分的成绩为多少秒？

（3）得60分的成绩为多少秒？

（4）如某两人100米成绩分别为14秒、13秒，应得多少标准百分？

（5）估计60分以上的人数占总人数的比例为多少？

（6）若希望有80%的人能达标，那么这个标准相当于多少标准百分？

10. 某地有8000名15岁男生，其立定跳远样本统计量为：$\bar{x}=223.1$（厘米），标准差为18.1厘米，设跳远成绩服从正态分布。

（1）估计有多少人跳过250厘米？

（2）估计立定跳远成绩在180～240厘米之间的人数？

11. 自己搜集某年龄段男生身高数据（60个以上），用SPSS检验其是否服从正态分布。

12. 简述 χ^2 分布、t分布、F分布的意义及表的查法。

第六章　体育科研中如何使用参数估计

本章提要

介绍抽样误差的概念及简单随机抽样的抽样误差计算方法、点估计概念及其优良性评价标准、区间估计概念及常用的单个与两个正态总体与非正态总体均值μ与方差σ^2的区间估计方法、总体率的区间估计。并用实例介绍了SPSS软件求区间估计的方法。

在现今的体育科学研究中，无论是体育社会科学研究，还是运动人体科学研究，进行抽样调查是较常见的。如1979年进行的“16省市青少年儿童身体形态机能和素质的调查研究”、1996年进行的“中国群众体育现状调查与研究”、2000年进行的“中国国民体质监测系统的研究”等等，这些研究项目都进行了大规模的抽样调查，当然还有许许多多的小型抽样调查。抽样调查涉及的主要问题是总体分布函数的类型已知（数据服从正态分布，二项分布等），而其中的若干参数未知；或者，总体分布函数的类型未知，而所关心的只是总体中的某些数字特征。也就是说如何由抽样得到的样本数据去估计总体参数？

统计推断是数理统计研究的核心问题，所谓统计推断是指根据样本对总体分布或总体分布的数字特征（总体参数）等做出合理的推断，即根据样本数据选择统计量去推断总体的分布或数字特征等。统计推断包括参数估计和假设检验两部分内容，参数估计是在抽样及抽样分布的基础上，由样本统计量去推断所关心的总体参数，包括点估计与区间估计法两大类。这两种估计法各有各的特点，下面我们将分别讲述。

第一节　抽样误差的概念

一、抽样误差的概念

在第一章中我们已经对抽样误差的概念做了简要的介绍，下面对其加以详细解释。

抽样调查中的误差来源主要有两个[1]。一种称为非抽样误差，它是由于调查中获得的原始数据不正确、抽样框有缺陷、或在调查中由于种种原因无法得到按抽样设计方案的全部样本数据等原因引起的。抽样调查误差的另一来源是由于我们实际上是用局部的样本数据对整体的总体参数做出估计所引起的误差，这部分误差称为抽样误差，抽样误差愈小，估计量的精度就愈高。

二、抽样误差的计算方法

若令$\hat{\theta}$是通过样本获得的对总体某个参数θ的估计，则抽样误差一般用以下均方误差表示：

$$MSE(\hat{\theta})=E(\hat{\theta}-\theta)^2, \tag{6-1}$$

由于总体参数θ一般是未知的，式（6-1）是个理论公式，它可以分解成两个部分：

$$MSE(\hat{\theta})=E[\hat{\theta}-E(\hat{\theta})]^2+[E(\hat{\theta})-\theta]^2, \tag{6-2}$$

式（6-2）的第一项$D(\hat{\theta})=E[\hat{\theta}-E(\hat{\theta})]^2$就是$\hat{\theta}$的方差，而第二项$[E(\hat{\theta})-\theta]^2$是$\hat{\theta}$的偏倚

[1] 冯士雍，施锡铨. 抽样调查——理论、方法与实践[M]. 上海：上海科学技术出版社，1996.

$\left|E(\hat{\theta}-\theta)\right|$的平方，偏倚为零的估计量$\hat{\theta}$［满足$E(\hat{\theta})=\theta$］，称为无偏估计量，对于无偏估计量来说，它的均方误差就是它的方差，也可用其标准差作为估计量精度或抽样误差大小的衡量尺度。

抽样调查的主要目的是通过样本对我们感兴趣的某些总体参数进行估计。实际应用中，最常需要估计的总体参数有：总体均值μ和总体率π。

（一）简单随机抽样估计总体均数μ时抽样误差的计算方法

总体均数μ的估计值是样本均数$\bar{x}$（下节再介绍为什么是它），它是总体均值μ的无偏估计。简单随机抽样（总体中每个个体被抽到的机会是等概率的）分为不放回的简单随机抽样和放回的简单随机抽样两种，其抽样误差的计算方法也是不同的。

1. 不放回抽样时（不重复抽样）

（1）当在有限总体抽样时：

样本均数$\bar{x}$的方差为：

$$\frac{N\sigma^2}{n(N-1)}(1-f) \tag{6-3}$$

其中$f=\frac{n}{N}$为抽样比，N为总体含量，n为样本含量，σ^2为总体方差，当f很小时，因子$1-f$可忽略不计，$\frac{N\sigma^2}{n(N-1)}(1-f)\approx\frac{\sigma^2}{n}$

（2）当在无限总体抽样时：

样本均数$\bar{x}$的方差为：

$$\frac{\sigma^2}{n} \tag{6-4}$$

2. 放回抽样时（重复抽样）

样本均数$\bar{x}$的方差为$\frac{\sigma^2}{n}$　（6–5）

由1．、2．简单随机抽样估计总体均数μ时抽样误差的计算公式就是$\frac{\sigma^2}{n}$，或者是标准误：

$$\sigma_{\bar{x}}=\frac{\sigma}{\sqrt{n}} \tag{6-6}$$

注意：公式（6–6）的适用条件是在无限总体抽样，或在有限总体抽样但抽样比f很小时（$f<0.05$）。

在实际工作中，总体标准差σ一般是未知的，常用样本标准差s近似σ，得到估计抽样误差大小的公式为：

$$s_{\bar{x}}=\frac{s}{\sqrt{n}} \qquad (6\text{-}7)$$

$s_{\bar{x}}$ 为样本均数的标准误，它是表示用样本均数 $\bar{x}$ 估计总体均数 μ 抽样误差大小的统计量。

（二）简单随机抽样估计总体率 π 时抽样误差的计算方法

1. 不放回抽样时（有限总体）估计总体率 π 时抽样误差的计算公式为：

$$\sigma_p=\sqrt{\frac{\pi(1-\pi)}{n}\cdot\frac{N-n}{N-1}} \qquad (6\text{-}8)$$

实际工作中，由于总体率 π 未知，常用下列公式估计：

$$s_p=\sqrt{\frac{N-n}{n(N-1)}p\cdot(1-p)} \qquad (6\text{-}9)$$

2. 放回抽样时估计总体率 π 时抽样误差的计算公式为：

$$\sigma_p=\sqrt{\frac{\pi(1-\pi)}{n}} \qquad (6\text{-}10)$$

实际工作中，常用下列公式估计：

$$s_p=\sqrt{\frac{p(1-p)}{n}} \qquad (6\text{-}11)$$

注意：上述公式中 π 为总体率，p 为样本率，n为样本含量，N为总体含量。

第二节　体育科研中参数估计方法

一、点估计

（一）点估计的定义

一般地讲，设 θ 是总体X的某个待估计的参数（可能是 μ，也可能是 π，或是其他参数），从总体 X 中抽取一个含量为n的样本 $x_1,x_2,\cdots,x_n$，用样本的一个统计量 $\hat{\theta}$ 来估计 θ，我们称 $\hat{\theta}$ 是总体参数 θ 的点估计值。

点估计就是用一个数值估计总体参数，也叫定值估计。我们常用样本均值作为总体均值的点估计值。

求点估计的方法有矩估计法、顺序统计量法、最大似然法、最小二乘法，都要求总体的分布形式是已知的。这些方法的叙述将超出本书的范围，本书不做介绍。

（二）点估计优良性的标准

对于总体X的同一个参数，用不同的方法来估计，可能得到不同的估计量。但究竟采用哪一种好呢？这就涉及用什么标准来评价估计量的问题。

1. 无偏性

估计量是随机变量，对于从同一个总体中抽取的不同样本，会有不同的估计值，我们自然希望这些估计值最好在待估计参数真值附近摆动，而判定这种性质的一种有效方法就是看这个估计量的总体平均数是否等于被估计的参数本身。如果是相等的，则被认为估计量是无偏的，即：

设$\hat{\theta}$为未知参数θ的估计量，若$E(\hat{\theta})=\theta$，则称$\hat{\theta}$为θ的无偏估计。

无偏估计量的意义在于：当这个估计量被经常地使用时，它给出了在多次重复的平均意义下，接近于真值的估计。

我们常用的样本均值$\bar{x}$、样本方差s^2分别是总体均值μ、总体方差σ^2的无偏估计；样本率是总体率的无偏估计。

2. 有效性

总体X的某一参数θ的无偏估计量往往不止一个，而对于总体参数θ的两个无偏估计量$\hat{\theta}_1$和$\hat{\theta}_2$来说，哪一个更好一些呢？这需要用估计量的方差来衡量的。如果在总体参数θ的许多无偏估计中，假如$\hat{\theta}_1$的方差是最小的，则称$\hat{\theta}_1$是θ的最小方差无偏估计。θ的方差是否能无限小呢？统计学理论告诉我们，在一定条件下无偏估计量的方差不可能小于某个正数，这个正数与总体的分布密度函数和样本含量n有关，如果θ的无偏估计量$\hat{\theta}$的方差达到这个正数，则称为$\hat{\theta}$是θ的优效估计量。

我们只需记住这样的事实：在正态分布中，样本均值$\bar{x}$是总体均值μ的优效估计量；样本方差s^2是总体方差σ^2的最小方差估计量，但不是优效估计量；样本率p是总体率π的最小方差估计量。

3. 一致性

虽然样本和总体之间存在一定的误差，但当样本含量逐渐增加时，样本统计量越来越接近总体参数，满足这种情况，我们就说该统计量是总体参数的一个一致估计量。即设样本统计量$\hat{\theta}_n$是总体参数θ的估计量，若$\hat{\theta}_n$依概率收敛于θ，即对任意$\varepsilon>0$，有：

$\lim\limits_{n\to\infty} p(\left|\hat{\theta}_n-\theta\right|\geq\varepsilon)=0$，则称$\hat{\theta}_n$为$\theta$的一致估计量。

可以证明，样本均值$\bar{x}$是总体均值μ的一致估计量、样本方差s^2是总体方差σ^2的一致估计量、样本率p是总体率π的一致估计量。

总之，如果一个估计量满足无偏性、有效性和一致性三条标准，就可以称其为最佳估计量。统计理论告诉我们对于正态总体来说，样本均值$\bar{x}$是总体均值μ一致最小方差无偏估计量、样本方差s^2是总体方差σ^2的一致最小方差无偏估计量；对于二项分布（通常上对总体率的估计）来说，样本率 p 是总体率 π 的一致最小方差无偏估计量。

点估计有一个严重缺陷，也就是说点估计没有给出估计的误差大小和估计的可靠性，因此最好用一个区间作为估计量去估计总体参数，并且这个区间包含未知参数的概率能够计算，这就引出了区间估计的理论。

二、区间估计

（一）区间估计的定义

区间估计的任务是在点估计值的两侧设置一个区间，使得总体参数在这个区间内的概率能够知道。

设总体 X 含有未知参数 θ，$x_1,x_2,\cdots,x_n$ 是从总体 X 中随机抽取的一个样本，对给定 $\alpha(0<\alpha<1)$，如果能找到两个样本统计量 $\hat{\theta}_1$ 及 $\hat{\theta}_2$，使得 $p(\hat{\theta}_1\le\theta\le\hat{\theta}_2)=1-\alpha$ 成立，则称区间（$\hat{\theta}_1$，$\hat{\theta}_2$）是 θ 的 $100(1-\alpha)\%$ 的置信区间，这种形式的估计称为区间估计，$\hat{\theta}_1$ 及 $\hat{\theta}_2$ 分别称为置信下限和置信上限，$1-\alpha$ 称为置信度或称置信概率，α 称为显著性水平。

在做区间估计时，放宽区间会使置信概率增加，但区间宽度的增大会使估计的精确度降低，一般用区间长度的一半刻画精确度，区间越短，精确度越高。

对于置信区间和置信度，可以用频率来说明。如果（$\hat{\theta}_1$，$\hat{\theta}_2$）是总体均值 μ 置信度为95%的置信区间，则按照相同的程序，从总体中抽样100次，可以得到100个样本，可以计算出100个样本平均数，相应的会得到100个不尽相同的置信区间，有的包含真值 μ，有的并不包含 μ，包含 μ 的频率应该有95%。

下面给出一些常用参数的区间估计。

（二）正态总体未知参数的区间估计

1. 单个正态总体未知参数的区间估计

（1）单个正态总体均值 μ 的区间估计

设 $x_1,x_2,\cdots,x_n$ 是从正态总体 $N(\mu,\sigma^2)$ 中随机抽取的一个样本，则 $\bar{x}=\frac{1}{n}\sum_{i=1}^{n}x_i$ 是总体均数 μ 的一个点估计，我们如何求出 μ 的置信度为 $1-\alpha$ 的置信区间呢？

在实际问题中，σ^2 往往是未知的，由统计理论知：

$$t=\frac{\bar{x}-\mu}{s}\cdot\sqrt{n}\ \sim t(n-1)$$

故对于给定的 α，查自由度为 $n-1$ 的 t 分布表，就可以确定 $t_{\alpha/2}(n-1)$，使

$P\left\{\left|\frac{\overline{x}-\mu}{s}\cdot\sqrt{n}\right|<t_{\alpha/2}(n-1)\right\}=1-\alpha$ 成立，

即 $P\left\{\overline{x}-\frac{s}{\sqrt{n}}\cdot t_{\alpha/2}(n-1)<\mu<\overline{x}+\frac{s}{\sqrt{n}}\cdot t_{\alpha/2}(n-1)\right\}=1-\alpha$

故得到正态总体均值 μ 的置信度 $1-\alpha$ 的置信区间为：

$$(\overline{x}-t_{\alpha/2}(n-1)\cdot\frac{s}{\sqrt{n}}，\ \overline{x}+t_{\alpha/2}(n-1)\cdot\frac{s}{\sqrt{n}}) \tag{6-12}$$

由式6-12可以看出，要想缩短区间长度即要提高估计的精确度，有两个途径，一是减小 $t_{\alpha/2}(n-1)$ 值，二是增加样本含量n。减小 $t_{\alpha/2}(n-1)$ 值，意味着减小 $1-\alpha$，从而降低了置信概率，即降低了估计的可靠程度。因此，要提高估计的精确度，又要不改变估计的可靠程度，只有增加样本含量n。

例6-1：某人在对某区城市居民家庭体育消费的调查中，随机抽取了该区60户家庭，得知年均家庭体育消费额 $\overline{x}=1580$ 元，样本标准差s=150元。已知家庭体育消费额服从正态分布，该区有10万户家庭。请估计其抽样误差及该区家庭年均体育消费额 μ 的95%的置信区间。

解：

因为抽样比 $f=\frac{n}{N}=\frac{60}{10\times10^4}=0.0006$ 很小可忽略不计，

其抽样误差为 $\frac{s}{\sqrt{n}}=\frac{150}{\sqrt{60}}\approx19.37$（元）

即由样本均数估计总体均数 μ 的抽样误差为19.37元。

$1-\alpha=95\%$，$\alpha=0.05$，$n'=n-1=59$

查附表2得 $t_{\alpha/2}$（59）≈2（用 n' 中与59最接近60的值近似），于是 μ 的95%的置信区间为：

$(1580-2\times19.37，\ 1580+2\times19.37)=(1541.26，\ 1618.74)$

所以每个家庭年均体育消费额在1541.26元至1618.74元之间，这个估计的可靠概率为0.95。

（2）单个正态总体方差 σ^2 的区间估计

设 $x_1,x_2,\ldots,x_n$ 是从正态总体 $N(\mu,\sigma^2)$ 中随机抽取的一个样本，由统计理论知：

$$\chi^2=\frac{(n-1)\cdot s^2}{\sigma^2}\sim\chi^2\text{（n-1）}$$

对于给定的 α，查附表6自由度为n-1的 χ^2 分布表可以确定 $\chi^2_{1-\alpha}(n-1)$，$\chi^2_{\alpha}(n-1)$，使

$$P\left\{\chi^2_{1-\alpha}(n-1)<\frac{(n-1)\cdot s^2}{\sigma^2}<\chi^2_{\alpha}(n-1)\right\}=1-\alpha$$

即 $P\left\{\frac{(n-1)\cdot s^2}{\chi^2_{\alpha}(n-1)}<\sigma^2<\frac{(n-1)\cdot s^2}{\chi^2_{1-\alpha}(n-1)}\right\}=1-\alpha$

故得到正态总体方差 σ^2 的 $1-\alpha$ 的置信区间为：

$$\left(\frac{(n-1)\cdot s^2}{\chi^2_{\alpha}(n-1)},\quad \frac{(n-1)\cdot s^2}{\chi^2_{1-\alpha}(n-1)}\right) \tag{6–13}$$

例6–2：试求例6–1数据中总体方差的置信度为95%的置信区间。

解：n=60，$s^2=150^2=22500$，$n'=n-1=59$，

查附表6得 $\chi^2_{0.025}(59)\approx 83.3$，（用）$\chi^2_{0.975}(59)\approx 40.48$（用 n' 中与59最接近的60的值近似），于是 σ^2 的95%的置信区间为：

$$\left(\frac{59\times 22500}{83.3},\quad \frac{59\times 22500}{40.48}\right)\approx(15936.4,\quad 32794)$$

而总体标准差 σ 的95%的置信区间为：（126.24，181.09）。

2. 两个正态总体均值差的区间估计

设 $x_1,x_2,\dots,x_n$ 是从正态总体 $N(\mu_1,\sigma_1^2)$ 中随机抽取的一个样本；$y_1,y_2,\dots,y_m$ 是从正态总体 $N(\mu_2,\sigma_2^2)$ 中随机抽取的一个样本，如何求出 $\mu_1-\mu_2$ 的置信度为 $1-\alpha$ 的置信区间呢?

在实际问题中，σ_1^2、σ_2^2 往往是未知的，这类问题的解决分成两种情况，第一种，$\sigma_1^2=\sigma_2^2$；第二种：$\sigma_1^2\neq\sigma_2^2$。

（1）$\sigma_1^2=\sigma_2^2$

当 $\sigma_1^2=\sigma_2^2$ 时，由统计理论知道

$$\frac{(\bar{x}_1-\bar{x}_2)-(\mu_1-\mu_2)}{\sqrt{\frac{(n_1-1)\cdot s_1^2+(n_2-1)\cdot s_2^2}{n_1+n_2-2}\cdot\left(\frac{1}{n_1}+\frac{1}{n_2}\right)}}\sim t(n_1+n_2-2)$$

从而得到 $\mu_1-\mu_2$ 的置信度为 $1-\alpha$ 的置信区间为

$$\left(\bar{x}_1-\bar{x}_2\pm t_{\alpha/2}(n_1+n_2-2)\sqrt{\frac{(n_1-1)\cdot s_1^2+(n_2-1)\cdot s_2^2}{n_1+n_2-2}\cdot\left(\frac{1}{n_1}+\frac{1}{n_2}\right)}\right) \tag{6–14}$$

（2）$\sigma_1^2\neq\sigma_2^2$

当 $\sigma_1^2\neq\sigma_2^2$ 时，$\mu_1-\mu_2$ 的 $1-\alpha$ 的置信区间为：

$$\left(\bar{x}_1-\bar{x}_2-t'_{\alpha}\cdot\sqrt{\frac{s_1^2}{n_1}+\frac{s_2^2}{n_2}},\quad \bar{x}_1-\bar{x}_2+t'_{\alpha}\cdot\sqrt{\frac{s_1^2}{n_1}+\frac{s_2^2}{n_2}}\right) \tag{6–15}$$

其中 $t'_{\alpha}\approx\frac{s_1^2/n_1\times t_{\alpha/2}(n_1-1)+s_2^2/n_2\times t_{\alpha/2}(n_2-1)}{s_1^2/n_1+s_2^2/n_2}$

例6-3：某一减肥训练班部分成员进行了半年每周3次的减肥训练后，体脂含量百分比数据如下（%）

男子：13.3 19 20 8 18 22 20 31 21 12 16 12 24

女子：22 18 26 20 16 12 19 21.7 23.2 21 28 30 23

试求男女体脂含量百分比总体均数之差95%的置信区间？

解：

我们假设两总体方差相等（方差齐性检验下章介绍），由数据计算得到

$\bar{x}_{男}=18.18$， $s_{男}^2\approx 36.39$， $n_{男}=13$

$\bar{x}_{女}=21.53$， $s_{女}^2\approx 23.47$， $n_{女}=13$

$1-\alpha=95\%$， $\alpha=0.05$， $\alpha/2=0.025$， $n'=n_1+n_2-2=24$ 查附表2得 $t_{\alpha/2}(24)=2.064$，于是 $\mu_1-\mu_2$ 的95%的置信区间为：

$$\left(18.18-21.53\pm 2.064\times\sqrt{\frac{12\times 36.39+12\times 23.47}{24}\times\left(\frac{1}{13}+\frac{1}{13}\right)}\right)\approx(-7.78,1.08)$$

（三）非正态总体均值的区间估计

1. 单个非正态总体均值 μ 的区间估计

在有些问题中我们预先并不知道总体服从什么分布，但由概率论的中心极限定理知，当 n 充分大时，$\bar{x}$ 近似服从正态分布 $N(\mu,\sigma^2/n)$，所以一般当 $n\geq 50$ 时，可用

$$(\bar{x}-u_{\alpha/2}\cdot\frac{s}{\sqrt{n}},\quad \bar{x}+u_{\alpha/2}\cdot\frac{s}{\sqrt{n}}) \qquad (6\text{–}16)$$

作为 μ 的 $1-\alpha$ 的近似置信区间。

式 6-16中 $u_{\alpha/2}$ 为标准正态分布双侧分位点，α 给定条件下，查附表1可得其值。$\bar{x}$ 为样本均值，s为样本标准差。

2. 两个非正态总体均值差 $\mu_1-\mu_2$ 的区间估计

当两个总体分布未知或不服从正态分布时，当 n_1 和 n_2 充分大时，由概率论的中心极限定理，并将 s_1 和 s_2 分别用作 σ_1 和 σ_2 的估计值，在这种情况下，$\mu_1-\mu_2$ 在置信度为 $1-\alpha$ 下近似的置信区间为

$$\left(\bar{x}_1-\bar{x}_2-u_{\alpha/2}\cdot\sqrt{\frac{s_1^2}{n_1}+\frac{s_2^2}{n_2}},\quad \bar{x}_1-\bar{x}_2+u_{\alpha/2}\cdot\sqrt{\frac{s_1^2}{n_1}+\frac{s_2^2}{n_2}}\right) \qquad (6\text{–}17)$$

（四）总体率的区间估计

1. 单个总体率的区间估计

在许多实际问题里，常需要估计总体中具有某种特征的单位占总体全部单位的比例。例如，篮球比赛中的投篮命中率、足球防守成功率、足球球迷的男性比例等。我们称总体中具有某种特征的单位占总体全部单位的比例为总体率，记为π；称样本中具有该种特征的单位占样本全部单位的比例为样本率，用p表示。可以证明，在大样本下，若$n>50$且$n\cdot p>5$，$n\cdot(1-p)>5$，可把二项分布问题转换成近似正态分布来求解。这时单个总体率π的$1-\alpha$的置信区间为：

$$\left(p-u_{\alpha/2}\cdot\sqrt{\frac{p(1-p)}{n}},p+u_{\alpha/2}\cdot\sqrt{\frac{p(1-p)}{n}}\right) \quad (6\text{-}18)$$

$\alpha=0.05$时，$u_{\alpha/2}=1.96$；$\alpha=0.01$时，$u_{\alpha/2}=2.58$；$\bar{x}$为样本均数，s为样本标准差，n为样本含量。

2. 两个总体率之差的区间估计

设两个总体率分别为π_1和π_2，为了估计$\pi_1-\pi_2$，分别从两个总体中各随机抽取样本含量为n_1和n_2的两个样本，并计算得到相应的两个样本率p_1和p_2。则$\pi_1-\pi_2$的$1-\alpha$置信区间为：

$$\left(p_1-p_2-u_{\alpha/2}\cdot\sqrt{\frac{p_1(1-p_1)}{n_1}+\frac{p_2(1-p_2)}{n_2}},\ p_1-p_2+u_{\alpha/2}\cdot\sqrt{\frac{p_1(1-p_1)}{n_1}+\frac{p_2(1-p_2)}{n_2}}\right) \quad (6\text{-}19)$$

在使用式6–19中应注意这是个近似公式，要求n_1p_1、$n_1(1-p_1)$、n_2p_2、$n_2(1-p_2)$皆大于5。其中$u_{\alpha/2}$为标准正态分布双侧分位点。

例6–4：为试验A、B两药的效果，将病情相同的病人随机分为两组。第一组60人，用A药治疗，40人痊愈；第二组50人，用B药治疗，23人痊愈，求两种药总体治愈率之差的95%置信区间。

解：$n_1=60$，$p_1=\frac{40}{60}\approx0.667$，$n_2=50$，$p_2=0.46$，$1-\alpha=95\%$，$\alpha=0.05$，查附表1，$u_{\alpha/2}=1.96$，则$\pi_1-\pi_2$的95%的置信区间为：

$$\left(0.667-0.46\pm1.96\sqrt{\frac{0.667\times0.333}{60}+\frac{0.46\times0.54}{50}}\right)\approx(0.024,\quad 0.39)。$$

第三节　进行区间估计所需样本量的计算方法

在抽样调查中，样本含量n的确定是一个十分重要的问题，在简单随机抽样中，下面介绍在给出允许的绝对误差的基础上，如何求样本含量的方法。

一、正态总体均数区间估计的样本量求法

在给定置信度为$1-\alpha$，估计总体均数μ允许的最大绝对误差（精度）为d，样本标准差为s，求单个正态总体均数μ的区间估计所需样本量n为：

$$n=\left(\frac{u_{\alpha/2}\cdot s}{d}\right)^2 \quad (6\text{-}20)$$

式6-20中$u_{\alpha/2}$为标准正态分布双侧分位点，$\alpha=0.05$时，$u_{\alpha/2}=1.96$；$\alpha=0.01$时$u_{\alpha/2}=2.58$。

例6-5：在研究家庭年均体育消费额情况时，据预调查，样本标准差为150元，要求估计的绝对误差不超过20元，置信度为95%，问至少发放多少份问卷？

解：$n=\left(\frac{u_{\alpha/2}\cdot s}{d}\right)^2=\left(\frac{1.96\times150}{20}\right)^2\approx216$（份）

二、总体率区间估计的样本量求法

在给定置信度为$1-\alpha$，估计总体率π的最大绝对误差为d，样本率为p，则所需样本量n为：

$$n=\frac{u_{\alpha/2}^2\cdot p(1-p)}{d^2} \quad (6\text{-}21)$$

例6-6：为估计某地区男中学生的100米跑达标率π，用简单随机抽样进行调查。设允许π的估计最大误差为10%，置信度为95%，预抽样得到100米跑的样本达标率为60%，问调查多少人合适？

解：

$$n=\frac{u_{\alpha/2}^2\cdot p(1-p)}{d^2}=\frac{1.96^2\times0.6\times0.4}{0.1^2}\approx92\text{（人）}$$

第四节　用SPSS软件处理参数估计问题的实例

标准误作为衡量抽样误差大小的估计量，在描述统计中已经介绍了，用SPSS软件作参数估计分为已知原始数据和未知原始数据资料两种情况，分别通过计算过程和分析中的Compare Means过程来完成。

例6-7：同例6-1。

解：

①定义变量x，输入数据1（可随意）；

②选择转换→计算变量，打开如图6-1所示对话框；

③在图6-1所示对话框中的目标变量栏下输入变量名“下限”，在数字表达式框中输入数学表达式为：

1580+IDF.T（0.025，59）*150/SQRT（60），单击 确定 按钮；

重新打开如图6-1所示对话框，在目标变量栏下输入变量名“上限”，在数字表达式框中输入数学表达式为：

1580-IDF.T（0.025，59）*150/SQRT（60），单击 确定 按钮；

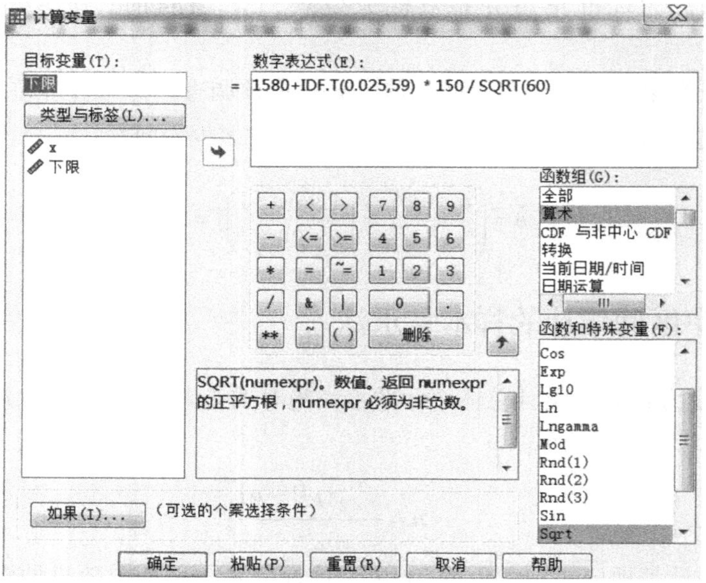

图6-1

x	下限	上限	变量
1.00	1541.25	1618.75	

图6-2

④在数据编辑框中得到如图6-2所示的计算结果。

μ 的95%的置信区间为（1541.25，1618.75）。

IDF.T是t分布的反函数，代表一定概率取值下的分位点，因是双侧区间估计，故求把握程度为95%的分位点变为求概率0.025的分位点，SQRT为平方根函数。

例6-8：同例6-2。

解：

①定义变量x，输入数据1；

②选择转换 → 计算打开如图6-1所示对话框；

③在图6-1所示对话框中的目标变量栏下输入变量名“上限”，在数字表达式框中输入

数学表达式为：

59*150＊＊2/IDF.CHISQ（0.025，59），单击 确定 按钮；

④重复③，在目标变量栏下输入变量名“下限”，在数字表达式框中输入数学表达式为：

59*150＊＊2/IDF.CHISQ（0.975，59），单击 确定 按钮；得到的置信区间为（16165.88，33470.44）。

IDF.CHISQ是χ^2分布的反函数，代表一定概率取值下的分位点。

例6-9：同例6-4。

解：

①定义变量x，输入数据1；

②选择转换→计算打开如图6-1所示对话框；

③在图6-1所示对话框中的目标变量栏下输入变量名“下限”，在数字表达式框中输入数学表达式为：

40/60-23/50+SQRT［40/60*（1-40/60）/60+23/50*（1-23/50）/50］*IDF.NORMAL（0.025，0，1），单击 确定 按钮；

④重复③，在目标变量栏下输入变量名“上限”，在数字表达式框中输入数学表达式为：

40/60-23/50-SQRT［40/60*（1-40/60）/60+23/50*（1-23/50）/50］*IDF.NORMAL（0.025，0，1），单击 确定 按钮；得到的置信区间为（0.024，0.389）。

例6-10：数据同例6-3，分别计算男子、女子体脂含量百分比总体均数的95%的置信区间及男、女体脂含量百分比总体均数之差的95%的置信区间。

解：

①定义变量“体脂”代表体脂含量百分比，变量“分组”为分组变量（值标签“1”代表男子，“2”代表女子），输出数据并存盘；

②选择分析→比较均值→独立样本的T检验，打开如图6-3所示对话框；

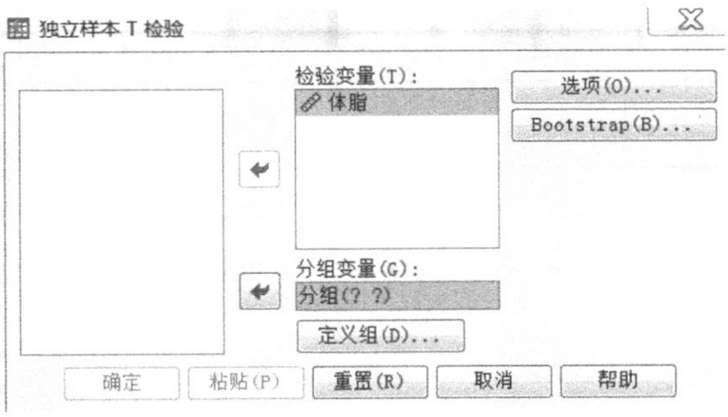

图6-3

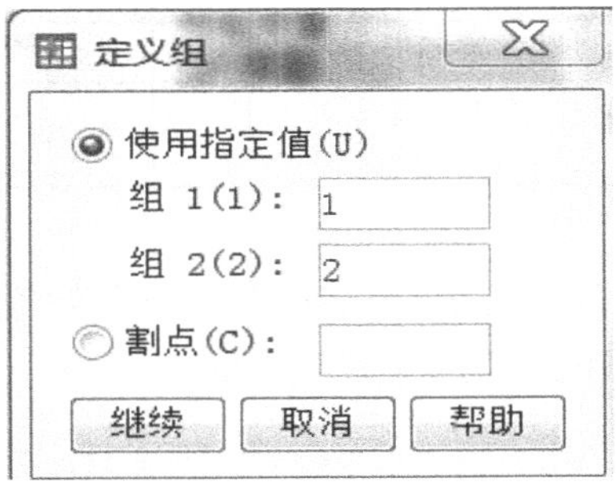

图6-4

③将变量“体脂”放置于检验变量栏下，将变量“分组”放置于分组变量栏下，并单击 定义组 按钮，打开如图6-4所示对话框，分别在组1栏中键入“1”，在组2栏中键入“2”，单击 继续 按钮返回主对话框；

④单击 选项 按钮，打开如图6-5所示对话框，在置信区间百分比栏内输入95%，单击 继续 按钮，返回主对话框；

⑤单击 确定 按钮，得到如表6-1所示的计算结果；

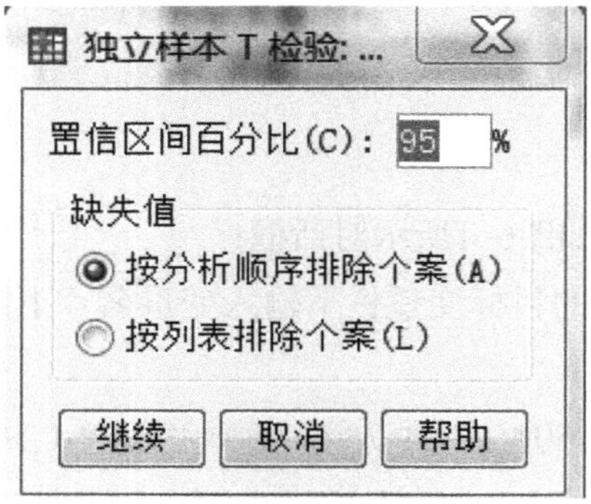

图6-5

表6-1（1）　组统计量

	分组	N	均值	标准差	均值的标准误
体脂	男子	13	18.1769	6.03243	1.67310
	女子	13	21.5308	4.84482	1.34371

表6-1（2）　独立样本检验

		方差方程的 Levene 检验		均值方程的 t 检验						
		F	Sig.	t	df	Sig.（双侧）	均值差值	标准误差值	差分的 95% 置信区间	
									下限	上限
体脂	假设方差相等	.570	.458	−1.563	24	.131	−3.35385	2.14588	−7.78273	1.07504
	假设方差不相等			−1.563	22.932	.132	−3.35385	2.14588	−7.79367	1.08598

⑥选择数据 → 选择个案打开如图6-6所示对话框，选择如果条件满足并单击 如果 按钮，打开如图6-7所示对话框；

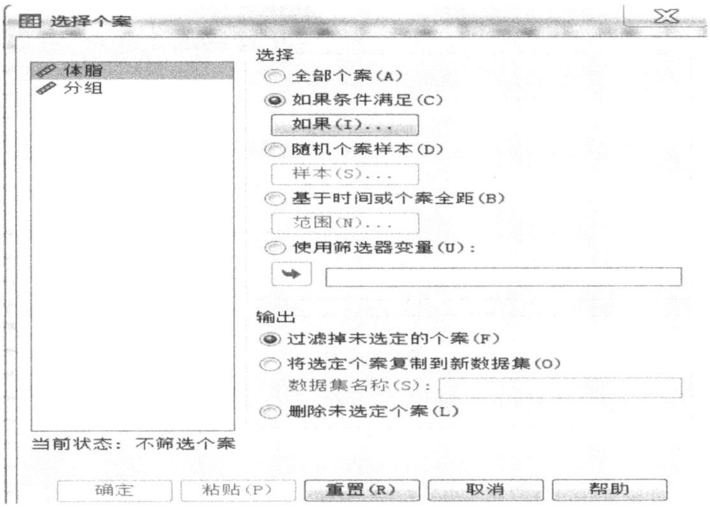

图6-6

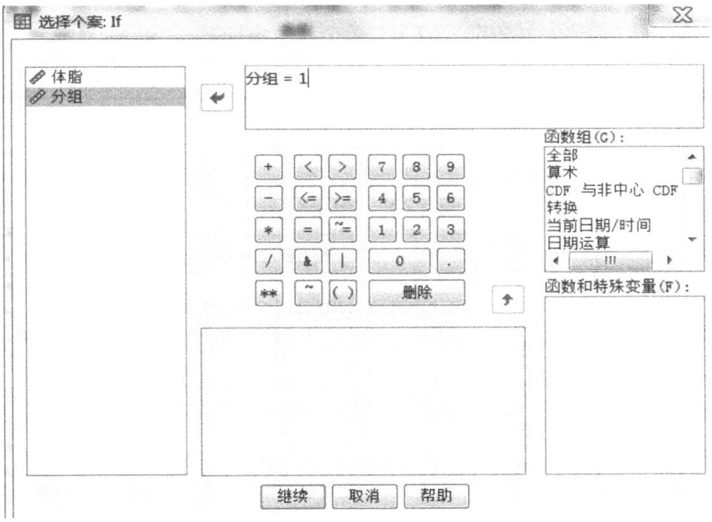

图6-7

⑦在图6-7所示对话框内键入条件“分组=1”，单击 继续 按钮返回主对话框，单击 确定 按钮，所有男子数据被选择；

⑧选择分析 → 比较均值 → 单样本T检验，打开如图6-8所示对话框；

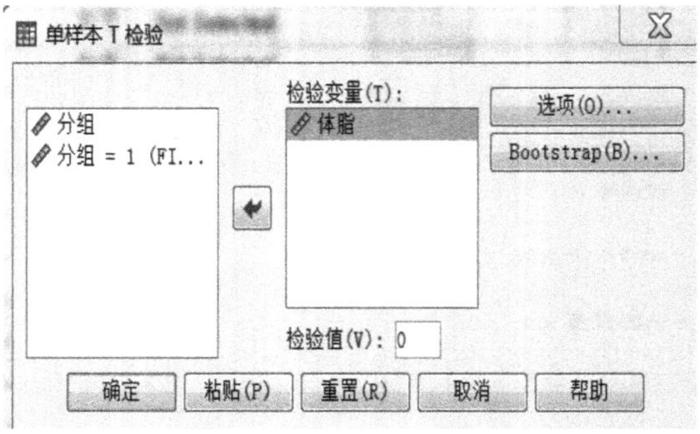

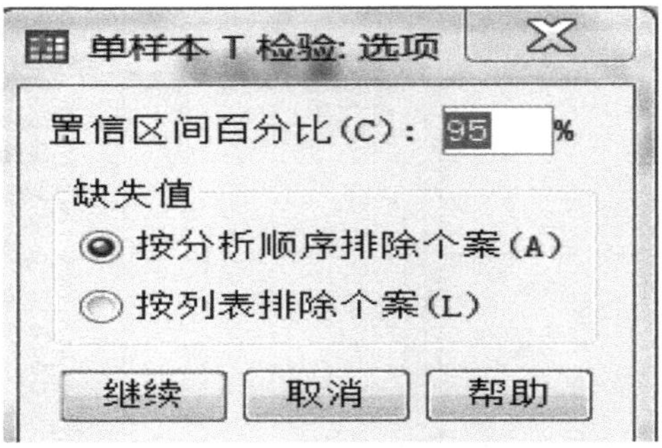

图6-8　图6-9

⑨将变量“体脂”放置于检验变量栏下，在下面的检验值框内输入“0”；单击 选项 按钮，打开如图6-9所示对话框；

⑩在图6-9所示对话框中的置信区间百分比栏内输入95%，单击 继续 按钮，返回主对话框；单击 确定 按钮，得到如表6-2所示的男子数据计算结果。

表6-2（1）　单个样本统计量

	N	均值	标准差	均值的标准误
体脂	13	18.1769	6.03243	1.67310

表6-2（2）　单个样本检验

	检验值 = 0					
	t	df	Sig.（双侧）	均值差值	差分的 95% 置信区间	
					下限	上限
体脂	10.864	12	.000	18.17692	14.5316	21.8223

重复⑥至⑩步，选择女子数据，得到如表6-3所示的女子数据计算结果。

表6-3（1）　单个样本统计量

	N	均值	标准差	均值的标准误
体脂	13	21.5308	4.84482	1.34371

表6-3（2）　单个样本检验

	检验值 = 0					
	t	df	Sig.（双侧）	均值差值	差分的 95% 置信区间	
					下限	上限
体脂	16.023	12	.000	21.53077	18.6031	24.4585

计算结果的统计解释与说明：

表6-1（1）显示男、女各组体脂含量百分比的统计量，表6-1（2）中选择假设方差相等同行中差分的95%的置信区间，其中下限=-7.783，上限为1.07504，也就是说所求的男、女体脂百分比总体均数之差的95%的置信区间为（-7.783，1.07504）。

表6-2显示男子体脂百分比总体均数95%的置信区间为（14.53，21.82）；

表6-3显示女子体脂百分比总体均数95%的置信区间为（18.60，24.46）。

思考与练习

1. 抽样误差的意义是什么？怎样计算简单随机抽样的抽样误差？

2. 点估计优良性评价标准有哪些？最常用的点估计有哪些？

3. 由“中国国民体质监测系统的研究”统计资料得到中国汉族城市10岁男孩的身高样本含量 $n_1=100$，$\bar{x}_1=138.8$ 厘米，$s_1=6.6$ 厘米；中国汉族乡村10岁男孩身高样本含量 $n_2=100$，$\bar{x}_2=134.9$ 厘米，$s_2=6.7$ 厘米。试分别求城市及乡村10岁男孩身高总体均值的99%的置信区间及城市与乡村10岁男孩身高总体均值差值的99%的置信区间。

4. 随机调查A篮球队在联赛中部分比赛场次，共投篮400次，投中180次，求其平均投篮命中率95%的置信区间。

推荐阅读参考文献

1. 冯士雍、施锡铨. 抽样调查—理论、方法与实践（第二章）[M]. 上海：上海科学技术出版社，1996.

2. 复旦大学. 概率论—数理统计分册（第一章，第三章，第五章）[M]. 北京：高等教育出版社，1985.

3. 王式安. 数理统计（第二章）[M]. 北京：北京理工大学出版社，1995.

4. 方积乾. 医学统计学与电脑实验（第三章）[M]. 上海：上海科学技术出版社，2001.

第七章　假设检验

本章提要

本章介绍假设检验的基本概念：无效假设与备择假设、小概率原则、显著性水平、两类错误、单侧检验与双侧检验、参数检验与非参数检验。单个总体均数的参数 t 检验法与非参数符号检验法；两个总体均数比较时如何区分独立组与成对组，两独立组均数比较的参数 t 检验法与 t' 检验法及非参数Wilcoxon秩和检验法，两成对组均数比较的参数 t 检验法与非参数符号检验法、Wilcoxon秩和检验法。并应用实例介绍了SPSS处理各种检验问题的过程。

上一章讲的区间估计是用样本指标（$\bar{x}$或p等）来估计总体参数（μ或π等）的大致范围，属于统计推断的内容，而假设检验和区间估计在原理上并无本质区别，只是考虑问题的角度不同。用区间估计的方法，若由样本数据估计的置信区间没有覆盖其个已知的总体参数，则可推断样本对应的总体参数与这个已知的总体参数有差别；而假设检验首先假定样本对应的总体参数与某个已知总体参数相同，然后根据样本统计量的分布规律分析样本数据，判断样本信息是否支持这种假设。在实际研究工作中，假设检验与区间估计各有其应用的意义，应结合使用。

第一节　假设检验的基本概念

先看几个例子。

例7-1：某运动鞋厂有一批鞋要出厂，按规定，次品率不得超过3%。现从这批产品中随机抽取50件进行检验，发现3件次品，试问这批产品能否出厂？

例7-2：某人研究经常参加锻炼是否会引起安静时脉搏的变化。他抽取某射箭队所有男运动员作为研究对象，由文献知正常成年男子安静时脉搏平均数为72次/分，射箭队20个男运动员安静时脉搏平均数为68.6次/分，标准差为6.4次/分，试问该射箭队男运动员的每分钟脉搏数与一般正常成年男子的每分钟脉搏数是否相同？

例7-3：某人研究两种运动方式对心脏功能能力的影响，第一种运动方式是太极拳，第二种运动方式是快走或慢跑。随机抽取了起始状况基本相同的300个受试者，太极拳组随机分配了160人，快走或慢跑组随机分配了140人，分别做了一年每周5次、每次1小时的运动实验后，太极拳组的F.C样本平均值$\bar{x}_1 = 9.32mets$，样本标准差$s_1 = 1.36mets$；快走或慢跑组的F.C样本平均值$\bar{x}_2 = 9.82mets$，样本标准差$s_2 = 1.46mets$。能否由此样本数据判断这两种运动方式对心脏功能能力的影响是否一样？

一、假设检验的意义

在体育训练中和科研中经常会遇到两个事物的比较问题，例如，判断一种新的训练方法是否与老的训练方法相同、看看受伤前后大白鼠的某种氨基酸是否发生变化了等。一种新的训练方法如果和老的训练方法一致，它的含义是对于起始条件相同的所有两组受训运动员（一组用老的训练方法、另一组使用新的训练方法）来说，如果每天的训练量与强度相同、每周训练次数相同且训练周期一样（假如都是一年），则最后的训练效果，也就是成绩也应该一样；但我们实验中只能找一部分运动员来做实验，这部分运动员就是样本，但一个训练周期完成后，你下结论却是针对所有可能的运动员而言的，也就是由两个样本均数的差别来推断两个总体均数是否存在差别。

两个样本统计量之间存在差异可能有两个原因引起，一个是差别由于随机因素造成的抽样误差（机会变异）引起，而样本来自同质的总体；另一个是其差别已超过了抽样误差（机会变异）所引起的范围，由条件误差引起，差别是本质性的。统计检验就是区分统计量之间的差别究竟是由条件误差还是抽样误差所引起的一种统计方法。

二、假设检验的建立

（一）假设检验的建立

进行科学研究或实验时，一般都有一种想法，这种想法就是“假设”。这些想法可以作为统计假设列出来，而且往往同时提出一对假设：无效假设 H_0 和备择假设 H_1，这一对假设是互相对立的事件（其概率和为1）。在建立假设检验的过程中，首先假设“无效假设”成立，这个“无效假设”也称为“零假设”（包含着不存在差别意义），用字母 H_0 表示，它是描述总体性质的一种想法，是指从样本观察到的差异只反映机会变异（由抽样误差引起）。这个“无效假设”提供了相对于“备择假设”的一个参考框架，而“备择假设”是“无效假设”的对立面，用 H_1 表示，它也是描述总体性质的另外一种想法，是指从一个样本观察到的差异是真实的（由条件误差引起）。

如例7-1的一对假设为 H_0：$\pi \leq 3\%$；H_1：$\pi > 3\%$；例7-2的一对假设为 H_0：$\mu = 72$；H_1：$\mu \neq 72$；例7-3的一对假设为 H_0：$\mu_1 = \mu_2$；H_1：$\mu_1 \neq \mu_2$。

（二）假设检验的原理

在实际工作中，假设可能有多种，但检验的思想却都是小概率原则（贝努里大数定律推论），即“概率很小的随机事件在个别试验中我们认为它是不可能发生”的原则，拒绝在一次具体的试验中竟然发生了小概率事件的不合理的假设。

一旦建立了无效假设 H_0 和备择假设 H_1，就要想办法检验这两个假设哪一个成立。

传统的统计方法是用一个公式（统计量）来检验这个假设，就是把这个统计量的值（由样本数据代入相应的公式算出的）同参考值相比较，参考值是在无效假设为真的情况下所期望的值（小概率条件下由概率值换算过来的统计量的临界值），这个值告诉你是否应该相信无效假设。

另一种方法是用统计软件计算无效假设 H_0 成立的概率 p［即 $p(H_0)$ 或 p_{H_0}］并将它和给定的小概率值 α（这个 α 叫显著性水平）比较。如果 $p(H_0) \leq \alpha$，表明无效假设 H_0 成立是个小概率事件、即 H_0 不可能合理地偶然取到，应该拒绝无效假设 H_0，认为无效假设 H_0 不真，反过来说明备择假设 H_1 成立是个大概率事件［$p(H_1) > 1-\alpha$］，我们接受 H_1 成立。另一方面，如果 $p(H_0) > \alpha$ 表明无效假设 H_0 成立这个事件是非小概率事件、可以偶然地取到，就不能拒绝无效假设 H_0，但绝不能因此接受无效假设 H_0，除非已测量了整个总体，否则没有足够的证据来肯定总体恰好为无效假设所描述的那种情况。

三、统计显著性和实际显著性

（一）统计显著性

统计上是否存在显著性是根据 $p(H_0)$ 值与显著性水平 α 比较来定的。一般情况下，应事先选定检验所用的显著性水平 α ，也就是前面所说的小概率，这个 α 是我们在检验中判断无效假设 H_0 是否是小概率事件的尺度。

另外，选择显著性水平 α 是控制犯错误风险的一种方式。也就是说，当你做出结论时，你愿意冒犯错误的风险有多大呢？例如：0.05的显著性水平意味着如果你收集100个样本，进行100次假设检验，你做出错误结论的次数大约为5次。这里所说的“错误”是当备择假设不正确时而你认为是正确的（或当无效假设正确时你却否定了它）。上面例7-2，“错误”意味着 $\mu=72$ 时，你认为 $\mu\neq72$ 。我们把这种“错误”称为第一类错误。进行假设检验时，通过选择显著性水平 α ，可以控制犯第一类错误的概率。

（二）选择显著性水平

显著性水平 α 的选择依赖于你想冒犯第一类错误的风险的大小。一般使用0.1、0.05和0.01，分别认为是“中等显著”“显著”“高度显著”，这是个传统的说法。这个显著性水平 α 不是越小越好，因为 α 是犯第一类错误的概率，根据你自身研究的需要来选择显著性水平 α 。如果你怀疑一条已建立的理论，你的零假设 H_0 便是“这条已建立的理论为真”，在这种情况下，如果零假设 H_0 是正确的，你想尽量小心不要拒绝它，因而选择较小的 α 。另一方面，如果你拒绝零假设 H_0 所造成的后果不是特别严重，则 α 水平可以取稍大一些。

（三）两类错误

第一类错误是当无效假设 H_0 为真时却否定了它。本书描述的假设检验是在一个事先给定的显著性水平 α 下来判断无效假设 H_0 出现的可能性，也就是固定犯第一类错误的概率 α 。还有另外一类错误，称之为第二类错误，用 β 表示，它是当无效假设 H_0 为假时却没有拒绝它发生的错误，当能够控制样本含量时，第二类错误通常也是能够控制的。表7-1概括了这些错误的类型。

表7-1 第一类错误和第二类错误

真实情况	所作决策	
	接受H_0	拒绝H_0
H_0真	正确	第一类错误
H_0不真	第二类错误	正确

（四）实际显著性

在体育科研中，实际显著性是由不同的运动项目、不同的研究决定的（以研究领域的常识为基础）。在有些情况下，差别从实际角度看是不显著的，而$p(H_0)$值表明是统计显著的，这种情况当样本含量n较大或数据的离散程度很小时易出现。而在有些情况下，$p(H_0)$值表明统计上是不显著的，而从实际角度来看则认为这种差别是显著的，这种情况易出现在n较小或数据的离散程度很大情形中。具体检验中，应根据统计显著性和常识来做出判断。

（五）单侧检验与双侧检验

双侧检验的目的是比较两个总体参数是否相等，而不管差别的方向，也就是不关心谁大谁小。单侧检验是当且仅当根据专业知识（对总体的了解）有充分的理由排除另一侧，即认为某一侧本来就是不可能的时候才会做出。

单侧检验的逻辑与方法与双侧检验并无本质性的区别，唯一改动的是概率值。双侧检验时是把显著性水平α（概率）平均分配于总体概率密度分布曲线图形的两侧，每边$\alpha/2$；而单侧检验时是把显著性水平α（概率）放在总体概率密度分布曲线图形的一侧，放在左侧时为左侧检验，放在右侧时为右侧检验。（图7-1～图7-3）

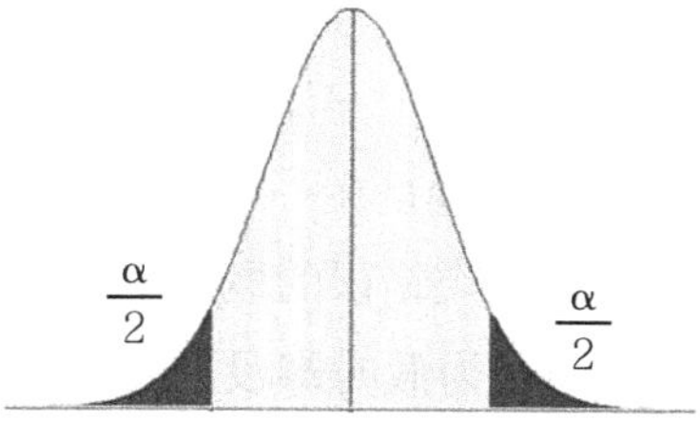

图7-1 双侧检验示意图

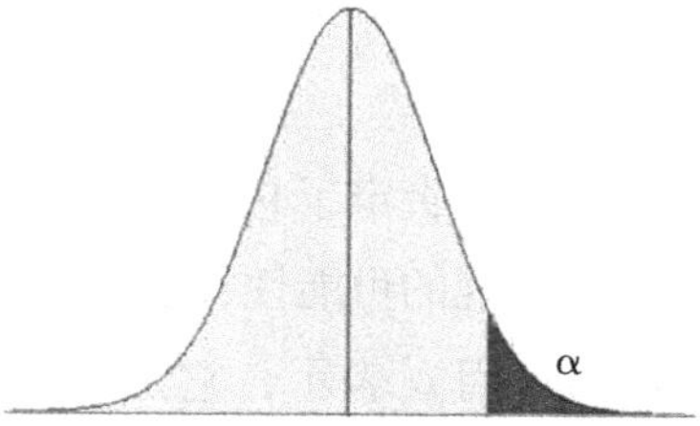

图7-2 单侧检验示意图（右侧）

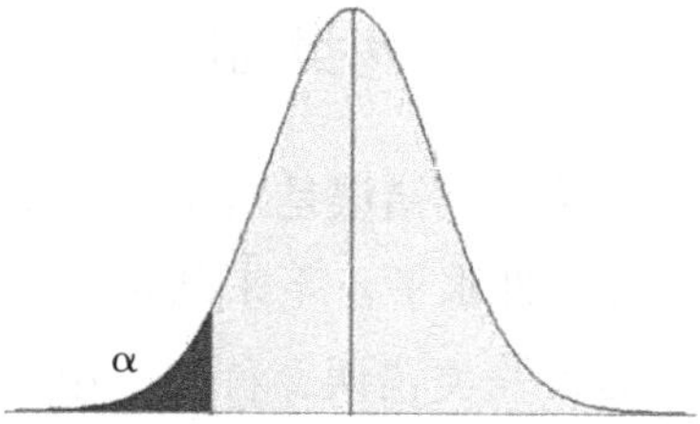

图7-3 单侧检验示意图（左侧）

四、参数检验和非参数检验

假设检验问题可分为两类。一类是参数假设检验问题，它的条件比较严格，一般是对总体的分布做了限制性的假定，也就是总体X的分布函数是特定的，在此条件下对其未知的参数θ提出各种统计假设，并给予检验。但是在许多实际工作中，总体分布的类型往往不知道，或者知道很少，这时参数检验方法就不适用了，例如只知道总体是连续型或离散型分布，因此需要另一类统计方法，这类方法不依赖于总体分布的具体形式，这类检验方法称为非参数检验方法。非参数方法对总体分布没有做严格的假定或根本不考虑总体的分布类型，同时这些方法不但适用于量化数据，也适用于低水平的非量化数据，如有序水平和列名水平的数据。非参数方法有如下优点：对总体分布类型不加要求，适用性强，被错误使用机会少；非参数方法计算简便，当所分析的数据量化水平较低时，是一种好的分析方法。

第二节　单个总体均数的假设检验方法

一、单个总体均数的参数检验方法

（一）单个总体均数的t检验方法

假设总体X服从正态分布$N(\mu,\sigma^2)$，从中随机抽取一个含量为n的样本，其中样本均值为$\bar{x}$，样本标准差为s，问总体均数μ是否等于已知数μ_0？

从第五章知，若X～$N(\mu,\sigma^2)$，则

$$t=\frac{\bar{x}-\mu}{s}\cdot\sqrt{n}\ \sim t(n-1) \tag{7-1}$$

1. 双侧检验

在$H_0:\mu=\mu_0$；H_1：$\mu\neq\mu_0$下，给定检验的显著性水平α，查书后附表2的t分布表，可得双侧临界值$t_{\alpha/2}(n-1)$，若$|t|\geq t_{\alpha/2}(n-1)$，则拒绝$H_0$，认为$\mu$与$\mu_0$有显著性差异（或者说$\mu$与$\mu_0$的差异有统计学意义）；若$|t|<t_{\alpha/2}(n-1)$，则接受$H_0$，认为$\mu$与$\mu_0$无显著性差异（或者说$\mu$与$\mu_0$的差异无统计学意义）。

2. 左侧检验

在H_0：$\mu\geq\mu_0$；H_1：$\mu<\mu_0$下，给定检验的显著性水平α，查书后附表2的t分布表，可得左侧临界值$-t_\alpha(n-1)$，若$t<-t_\alpha(n-1)$，则拒绝H_0，认为μ小于μ_0；若$t\geq -t_\alpha(n-1)$，则接受H_0，认为μ不小于μ_0。

3. 右侧检验

在H_0：$\mu\leq\mu_0$；H_1：$\mu>\mu_0$下，给定检验的显著性水平α，查书后附表2的t分布表，可得右侧临界值$t_\alpha(n-1)$，若$t\geq t_\alpha(n-1)$，则拒绝H_0，认为μ大于μ_0；若$t<t_\alpha(n-1)$，则接受H_0，认为μ不大于μ_0。

需要说明的是：

①在实际工作中，总体方差一般总是未知的，所以本书对方差已知时的U检验方法没有

介绍，因为此法不常用，是一个理论公式；

②在总体服从正态分布，总体方差未知，大样本时的正态性近似方法，总可用t检验方法解决，本书也不介绍；

③对总体分布形式未知，大样本时的近似U检验，本书没有介绍，它可用非参数方法解决；

④由于单侧检验与双侧检验原理相同，后面为节省篇幅，将不再特别单列单侧检验；

⑤在实际应用中，有时发生在$\alpha=0.05$水平下拒绝H_0，而在$\alpha=0.01$水平下接受H_0，这并不矛盾，因为样本数据只表明有95%的把握拒绝H_0，接受H_1，而没有99%的把握得到同样的结论。

下面由例7-2的解法来说明假设检验的步骤。

例7-2的解法。

解：设每分钟脉搏数服从正态分布，$\mu_0=72$，$\bar{x}=68.6$，n=20，s=6.4。

①建立检验假设H_0：$\mu=72$；H_1：$\mu\neq72$；

②选择并计算统计量$|t|=\left|\frac{\bar{x}-\mu}{s}\cdot\sqrt{n}\right|=\left|\frac{68.6-72}{6.4}\cdot\sqrt{20}\right|\approx2.38$；

③取显著性水平$\alpha=0.05$，查附表2得双侧临界值$t_{\alpha/2}(19)$=2.093；

④决策与结论：$|t|>t_{\alpha/2}$，拒绝H_0，可以认为有95%的把握保证男射箭队运动员每分钟脉搏数与一般成年男子的每分钟脉搏数不同。

经常参加锻炼会提高心脏机能，减少每分钟脉搏数（单侧检验一般把出现概率小的假设为H_0，而且一定有等号），本例也可采用下面的左侧检验来解：

①建立检验假设：$H_0:\mu\geq72$；$H_1:\mu<72$；

②选择并统计量：$t=\frac{\bar{x}-\mu}{s}\cdot\sqrt{n}=\frac{68.6-72}{6.4}\times\sqrt{20}\approx-2.38$；

③取显著性水平$\alpha=0.05$，查附表2得左侧临界值$-t_{0.05}$（19）=–1.729；

④决策与结论：$t<-t_{0.05}$，拒绝H_0，认为有95%的把握保证射箭队男运动员每分钟脉搏数少于72次。

例7-4：设某运动员的100米跑成绩服从正态分布，刚入队时，其平均值$\mu_0=11.2$秒，$\sigma_0=0.12$秒。经过一年训练后，随机抽测了10次，得到如下数据：10.80，10.90，10.92，11.12，11.10，11.00，10.78，10.90，10.75，10.95，能否认为他的成绩有了提高？

解：经计算得：$\bar{x}=10.922$秒，$s\approx0.126$秒，n=10，

①建立检验假设：$H_0:\mu\geq11.2$；$H_1:\mu<11.2$；

②选择并计算统计量：$t=\frac{\bar{x}-\mu}{s}\cdot\sqrt{n}=\frac{10.922-11.2}{0.126}\times\sqrt{10}\approx-6.97$；

③取显著性水平$\alpha=0.05$，查附表2得左侧临界值$-t_{0.05}$（9）=–1.833；

④决策与结论：$t<-t_{0.05}$（9），拒绝H_0，认为他的成绩有了提高。

（二）用SPSS软件进行单个总体均数t检验的实例

例7-5：数据同例7-4。

解：①建立数据文件，变量名为“百米成绩”，输入数据并存盘；

②选择分析 → 比较均值 → 单样本T检验，打开如图7-4所示对话框；

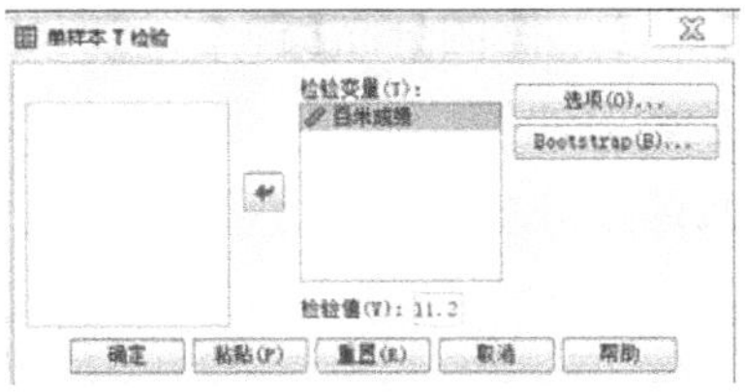

图7-4

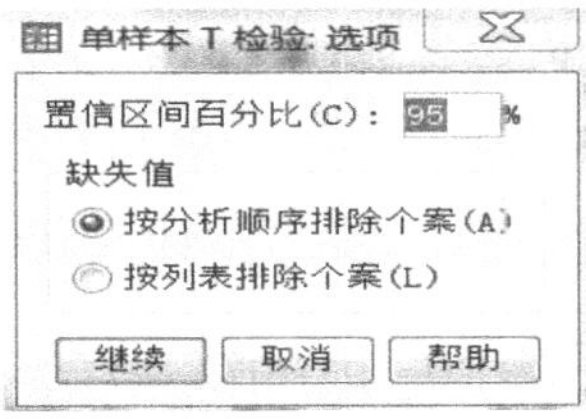

图7-5

③将变量“百米成绩”放置于检验变量栏下，在检验值框内键入11.2，单击 选项 按钮，打开如图7-5所示对话框；

④在如图7-5所示对话框中的置信区间百分比栏内输入95%，单击 继续 按钮，返回主对话框；

⑤单击 确定 按钮，得到如表7-2所示的计算结果。

表7-2（1）　单个样本统计量

	N	均值	标准差	均值的标准误
百米成绩	10	10.9220	.12621	.03991

表7-2（2）　单个样本检验

	检验值 = 11.2					
	t	df	Sig.（双侧）	均值差值	差分的 95% 置信区间	
					下限	上限
百米成绩	−6.965	9	.000	−.27800	−.3683	−.1877

计算结果的统计解释与说明：

表7-2（1）给出了变量“百米成绩”的基本统计量（平均值、标准差和标准误），表7-2（2）显示t=−6.965，df：自由度为9，Sig.（双侧）为0.000。与笔算不同的是，SPSS软件不是用t值和查表的临界值进行比较，而是直接算出了无效假设H_0成立的概率，表7-2（2）中$p(H_0)$ = Sig.（双侧）=0.000就是无效假设H_0成立时的概率，用这个数值与给定的显著性水平$\alpha = 0.05$比较，若大于0.05，接受H_0；小于0.05，则拒绝H_0。本例$p(H_0) = 0.000 < 0.05$，拒绝H_0，认为该运动员的百米成绩均值与$\mu_0 = 11.2$秒不同，由于其样本均值$\bar{x} = 10.922$秒<11.2秒，所以可认为其成绩有了提高。

二、单个总体均数的非参数检验方法

在抽取了一个样本 $x_1, x_2, \cdots, x_n$ 之后，人们很自然地想要知道它所代表的总体的“中心”在哪里。例如，在研究体育消费额时，自然要考虑“人均消费额”和“中等消费额”等概念，这与总体均数、中位数的统计推断有关。当知道总体是正态分布时，我们可用上面讲的t检验方法来进行，但t检验并不稳健，在不知道总体的分布类型，特别是小样本时，应用t检验就可能有风险，这时就需要考虑非参数检验方法了。

单个总体均数的非参数检验方法有多种，本书只介绍常用的符号检验法和游程检验。

（一）单个总体的符号检验法

符号检验法是较古老的非参数方法之一。它对总体分布的类型没有要求，而需知道的是，总体的分位点（特别是中位数）的位置是否为某一指定值。其过程基本为以下步骤：

①首先假设用于分析的样本来自一个中位数 M 未知的总体，样本数据用 $x_1, x_2, \cdots, x_n$ 表示；

②假定总体中位数为 M_0，即 $M = M_0$；

③以每个样本数据值减去 M_0，记下得到的差值符号（“+”，或“−”）；

④如果总体中位数 $M = M_0$，则n个差值 $x_i - M_0$ 计算出的符号中，“+”号与“−”号有大致相等的个数。否则，我们认为 $M \neq M_0$；

⑤根据给定的显著性水平和样本含量n，查附表7，得到两个临界值，如果“+”号或“−”号个数在两个临界值之间，认为 $M = M_0$，否则认为 $M \neq M_0$；

⑥如果出现 $x_i - M_0 = 0$ 的情况，一般是抛弃使 $x_i - M_0 = 0$ 的那个数据值，并相应减小样本含量n，按减小后的样本含量查表。

例7-6：在某小学随机抽取12位10岁男孩，测得其身高数据为（厘米）：128.1、144.5、150.1、145.2、138.2、134.1、152.2、143.1、124.3、147.9、142、150，试问该小学12岁男孩身高的中位数是否为141厘米。

解：身高数据较少，是否符合正态分布难以说清，选用符号检验法。

列出假设 H_0：中位数 M_d=141；H_1：$M_d \neq 141$。

作差值 x_i−141得：−12.9、3.5、9.1、4.2、−2.8、−6.9、11.2、2.1、−16.7、6.9、1、9

其中负值的个数 $n_- = 4$，正值个数 $n_+ = 8$，取显著性水平 $\alpha = 0.05$，查附表7得两个临界值 $r_1 = 3$，$r_2 = 9$，由于计算所得正号个数 n_+ 及负号个数 n_- 都在临界值之间，所以接受 H_0，认为该小学12岁男孩身高的中位数为141厘米。

（二）游程检验

1. 什么是游程检验

假定我们掷一枚硬币，出现正面记为“1”，出现反面记为“0”，这是一个贝努里试验。如果这个试验是随机的，则不大可能出现许多1或许多0连在一起，也不可能1和0交替出现得太频繁。下面为可能出现的一种结果：

0 0 0 0 0 0 0 1 1 1 1 1 1 0 0 0 0 0 1 1 1 1 0 0

如果称连在一起的0或1为一个游程（run），则上面这组数有3个0游程，两个1游程，一共是5个游程。这里0的总个数为 $n_1=13$，而1的总个数为 $n_2=10$。

游程过多或游程过少都会使我们怀疑样本的随机性，一个随机样本的游程应当是适当的。

总之，游程就是相同的事件或符号组成的序列，而这个序列前缀或后跟一个不同类型的事件或符号，或者前后什么也没有。在一个游程中，这些相同事件或符号的个数称为游程的长度。

游程检验是根据游程数所做的两分变量的随机性检验。

2. 游程检验的步骤

（1）假定样本数据值按先后顺序排列，并可以分为彼此互斥的两类，其中一类的数据值个数为 n_1，另一类的数据值个数为n_2，这样样本含量 $n=n_1+n_2$；

（2）按照样本数据值的排列顺序计算出游程数；

（3）附表8（1）和附表8（2）列出了 $n_1 \le 20$，$n_2 \le 20$ 可靠程度为95%条件下游程数量的下限和上限临界值，如果计算出的游程数小于等于下限或大于等于上限，就以95%的可能认为样本是非随机的；如果计算出游程数在查表所得的下限和上限临界值之间，就认为该样本是随机样本。

例7-7：校学生会组织通俗歌曲比赛，由20人组成的评委对歌手唱的每一首歌进行当场口头评分。为了了解后评分的评委在评分时是否受前面评委评分的影响，现就他们对某一歌手的评分进行研究。如果某一评分高于20个评分的中位数，就记为“0”，如果某一评分低于20个评分的中位数，就记“1”，数据如下：

9.80 9.50 9.90 9.30 9.40 9.95 9.45 9.95 9.85 9.90

9.50 9.70 9.95 9.65 9.90 9.95 9.65 9.80 9.70 9.75

解：计算出中位数 $M_d=9.775$，得到相应游程序列为：

0 1 0 1 1 0 1 0 0 0 1 1 0 1 0 0 1 0 1 1

共有14个游程，n=20，正常的情况0的游程数n_1=10，1的游程数n_2=10，查附表8（1）和附表8（2）得到下限临界值为6，上限临界值为16。计算得到的游程数在两个临界值之间，因此认为样本是随机的，即前面评分对后面的评分没有显著影响。

（三）用SPSS软件进行单个总体的非参数检验的实例

在SPSS软件中，单个总体的非参数检验方法目前只有Runs（游程检验），而且在样本含量n充分大时，符号检验法和游程检验法都可用标准正态u检验来近似计算。

例7-8：数据同例7-6。

解：

①建立数据文件，变量名为“身高”，输入数据并存盘；

②选择分析→非参数检验→旧对话框→游程，打开如图7-6所示对话框；将变量“身高”放置于检验变量栏中，在分点项下选择设定（自定义），在框内键入自定义值141，单击 确定 按钮，得到如表7-3所示的计算结果。

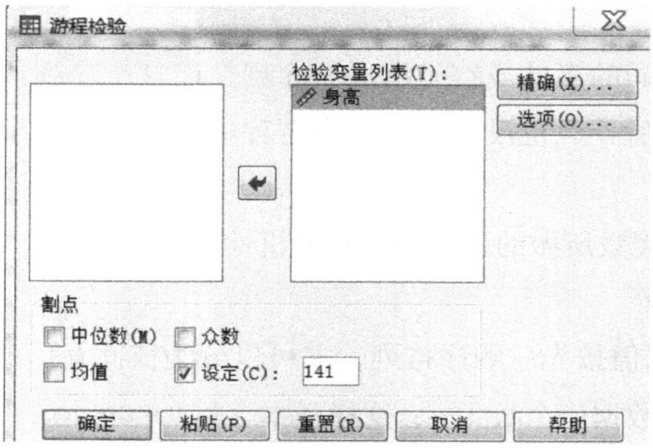

图7-6

表7-3　游程检验

	身高
检验值a	141.0000
案例总数	12
Runs 数	6
Z	.000
渐近显著性（双侧）	1.000

a. 用户指定的。

计算结果的统计说明与解释：

表7-3中检验值为141，案例总数（样本量）为12，有6个游程，标准正态Z值=0.000，渐进显著性（双侧）=1.000>$\alpha=0.05$，接受H_0，可以认为其身高的中位数为141厘米。

例7-9：数据同例7-7。

解：

①建立数据文件，变量名为“评分”，输入数据并存盘；

②选择分析→非参数检验→旧对话框→游程，打开如上例图7-6所示对话框，将变量“评分”放置于检验 栏中，在分点项下选择中位数、平均值，单击 确定 按钮得到如表

7-4所示的计算结果。

表7-4（1）　游程检验

	评分
检验值a	9.78
案例 <	10
案例≥检验值	10
案例总数	20
Runs 数	14
Z	1.149
渐近显著性（双侧）	0.251

a. 中值

表7-4（2）　游程检验2

	评分
检验值a	9.7275
案例 <	9
案例≥检验值	11
案例总数	20
Runs 数	15
Z	1.672
渐近显著性（双侧）	0.095

a. 均值

计算结果的统计说明与解释：

表7-4（1）给出了关于中位数的检验结果，渐进显著性（双侧）=0.251>C.05，接受H_0，认为前面评分对后面的评分没有显著影响。

表7-4（2）给出了关于平均数的检验结果，渐进显著性（双侧）=0.095>C.05，接受H_0，认为前面评分对后面的评分没有显著影响。

第三节　两个总体均数的假设检验方法

一、独立组与成对组的区分

研究中进行实验组和对照组两组比较时，或者想了解实验前后某个指标是否存在差别时，实际上是用样本数据来推断两组的总体均值是否相同。这是两种不同的情况，首先要区分两组数据是独立的还是成对的相关数据。

（一）独立组：数据的独立组包含对两组独立样本的测量。假设有北京市和上海市20岁青年男子身高数据的两组随机样本，两城市间任两人的身高数据毫不相干，我们的目的是比较两城市青年的总体平均身高是否相同，这样的样本就是独立组数据的样本。

（二）成对组：成对组包含多个个体的样本，样本的每个个体都包含成对的测量数据，也就是说对每个个体进行两种测量。成对组的典型例子是所谓“以前—以后”“实验前—实验后”的测量，分析的目的是判断从“以前”到“以后”或者“实验前”到“实验后”的均值是否存在变化。例如：20只大白鼠损伤前后某种氨基酸的变化情况。

二、两独立组均数比较的假设检验方法

（一）两总体方差相等（齐性）的假设检验方法

在进行两独立组均数的假设检验时，需要判断两总体的方差是否相等，使用的是F检验法。

设总体X～$N(\mu_1,\sigma_1^2)$，Y～$N(\mu_2,\sigma_2^2)$，$x_1,x_2,\ldots,x_n$和$y_1,y_2,\ldots,y_m$分别是从总体X，Y中随机抽取的相互独立的两个样本，欲检验假设H_0：$\sigma_1^2=\sigma_2^2$；H_1：$\sigma_1^2\neq\sigma_2^2$。

统计理论告诉我们，统计量$F=\dfrac{s_1^2}{s_2^2}\cdot\dfrac{\sigma_2^2}{\sigma_1^2}$服从F（m-1，n-1）分布，特别地，当$H_0$成立时，有$F=s_1^2/s_2^2$服从F（m-1，n-1）分布（$s_1^2$、$s_2^2$分别为各自的样本方差）。

在实际工作中，为方便查表，规定以较大的样本方差做分子，较小的样本方差做分母，有$F=s_{大}^2/s_{小}^2$，并编制了相应的方差齐性检验用F值表（见附表3），查表可得检验的单侧临界值$F_\alpha(n_1',n_2')$，其中n'_1为对应的较大样本方差的样本含量减1（自由度），n'_2为较小样本方差的样本含量减1（自由度）。

若$F<F_\alpha(n_1',n_2')$，则接受H_0，两总体方差无显著性差异；

若$F\geq F_\alpha(n_1',n_2')$，则拒绝$H_0$，两总体方差有显著性差异。

例7-10，某一减肥中心部分成员进行了半年每周三次的减肥训练后，体脂含量百分比数据如下（%）：

男子：13.3 19 20 8 18 22 20 31 21 12 16 12 24

女子：22 18 26 20 16 12 19 21.7 23.2 21 28 30 23

试问：男女体脂含量百分比数据方差是否有显著性差异？（$\alpha=0.05$）

解：由数据计算得到：

$\bar{x}_{男}=18.18$，$s_{男}^2\approx36.39$，$n_{男}=13$；$\bar{x}_{女}=21.53$，$s_{女}^2\approx23.47$，$n_{女}=13$

H_0：$\sigma_{男}^2=\sigma_{女}^2$；$H_1$：$\sigma_{男}^2\neq\sigma_{女}^2$

$$F=\frac{s_{大}^2}{s_{小}^2}=\frac{s_{男}^2}{s_{女}^2}=\frac{36.39}{23.47}\approx1.55$$

$\alpha=0.05$，查附表3的方差齐性检验F值表，其中$n'_{男}=12$，$n'_{女}=12$，得到$F_{0.05}(12,\ 12)=3.28$，$F<F_\alpha$，接受H_0，认为男女体脂含量百分比数据的方差齐同。

（二）两独立组均数比较的参数检验方法

两独立样本t检验是比较两独立数据组总体均值是否相等的一种参数检验方法。此检验的无效假设H_0是两组总体均值相等、备择假设H_1是两组总体均值不等，此检验又分成两种情况。

1. t -检验

要求满足如下条件：两组数据是独立的、每组样本数据来自正态分布总体、两独立组的总体方差相等。

检验步骤：$H_0: \mu_1 = \mu_2$；$H_1: \mu_1 \neq \mu_2$

检验统计量：

$$t = \frac{(\bar{x}_1 - \bar{x}_2) - (\mu_1 - \mu_2)}{\sqrt{\frac{(n_1-1)s_1^2 + (n_2-1)s_2^2}{n_1+n_2-2}\left(\frac{1}{n_1} + \frac{1}{n_2}\right)}} \sim t(n_1 + n_2 - 2) \tag{7-2}$$

取定显著性水平为α，查表得双侧临界值$t_{\alpha/2}(n_1 + n_2 - 2)$；

若满足$|t| \geq t_{\alpha/2}$时，拒绝无效假设，认为两总体均数有显著性差异（两总体均数的差异有统计学意义）；

若满足$|t| < t_{\alpha/2}$时，接受无效假设，认为两总体均数无显著性差异（两总体均数的差异无统计学意义）。

2. t'-检验

要求满足如下条件：两组数据是独立的、每组样本数据来自正态分布总体、两独立组的方差不相等。

检验步骤：$H_0: \mu_1 = \mu_2$；$H_1: \mu_1 \neq \mu_2$

检验统计量（校正的t检验）

$$t' = \frac{(\bar{x}_1 - \bar{x}_2) - (\mu_1 - \mu_2)}{\sqrt{\frac{s_1^2}{n_1} + \frac{s_2^2}{n_2}}} \tag{7-3}$$

$$t'_{\alpha/2} = \frac{\frac{s_1^2}{n_1} \cdot t_{\alpha/2}(n_1-1) + \frac{s_2^2}{n_2} \cdot t_{\alpha/2}(n_2-1)}{\frac{s_1^2}{n_1} + \frac{s_2^2}{n_2}}$$

取定显著性水平为α，查表得双侧临界值$t_{\alpha/2}(n_1-1)$、$t_{\alpha/2}(n_2-1)$，计算得到$t'_{\alpha/2}$，

若满足 $|t| \geq t'_{\alpha/2}$ 时，拒绝无效假设，认为两总体均数有显著性差异（两总体均数的差异有统计学意义）；

若满足 $|t| < t'_{\alpha/2}$ 时，接受无效假设，认为两总体均数无显著性差异（两总体均数的差异无统计学意义）。

例7–11（同例7–3）：某人研究两种运动方式对心脏功能能力的影响，第一种运动方式是太极拳，第二种运动方式是快走或慢跑。随机抽取了起始状况基本相同的300个受试者，太极拳组随机分配了160人，快走或慢跑组随机分配了140人，分别做了一年每周5次、每次1小时的运动实验后，太极拳组的F.C样本平均值$\bar{x}_1 = 9.32mets$，样本标准差$s_1 = 1.36mets$；快走或慢跑组的F.C样本平均值$\bar{x}_2 = 9.82mets$，样本标准差$s_2 = 1.46mets$。能否由此样本数

据判断这两种运动方式对心脏功能能力的影响是否一样？

解：$H_0:\sigma_1^2=\sigma_2^2$；$H_1:\sigma_1^2\neq\sigma_2^2$

$$F=\frac{s_{大}^2}{s_{小}^2}=\frac{1.46^2}{1.36^2}\approx 1.15$$

$\alpha=0.05$查附表3的方差齐性检验用F分布表，其中$n'_{大}=140-1=139$，$n'_{小}=160-1=159$，得到$F_{0.05}(139,159)$介于1.31至1.53之间［在Excel中使用F.INV函数可计算出F分布的单侧分位点值F.INV（0.05，139，159）≈1.3094］，$F<F_\alpha$，接受H_0，可认为方差具有齐同性。

下面我们检验它们的总体均数是否相等，

H_0：$\mu_1=\mu_2$；H_1：$\mu_1\neq\mu_2$

$$t=\frac{(\bar{x}_1-\bar{x}_2)-(\mu_1-\mu_2)}{\sqrt{\frac{(n_1-1)S_1^2+(n_2-1)S_2^2}{n_1+n_2-2}(\frac{1}{n_1}+\frac{1}{n_2})}}=\frac{9.32-9.82}{\sqrt{\frac{159\times1.36^2+139\times1.46^2}{140+160-2}\cdot\times\left(\frac{1}{140}+\frac{1}{160}\right)}}\approx -3.07$$

$\alpha=0.05$，查附表2的 t 分布表，得到$t_{0.05/2}(298)$介于1.965至1.972之间［在Excel中使用T.INV函数可计算出 t 分布的双侧分位点值T.INV（0.05，298）≈1.968］，总有$|t|\geq t_{\alpha/2}$，拒绝H_0，这两种运动方式对心脏功能能力的影响不一样。

例7-12：利用例7-10数据检验男女体脂含量百分比数据总体均数是否有显著性差异？（$\alpha=0.05$）

解：由例7-10知，$\sigma_{男}^2=\sigma_{女}^2$，用t检验，$H_0$：$\mu_{男}=\mu_{女}$；$H_1$：$\mu_{男}\neq\mu_{女}$

$$t=\frac{\bar{x}_{男}-\bar{x}_{女}}{\sqrt{\frac{(n_{男}-1)\cdot s_{男}^2+(n_{女}-1)\cdot s_{女}^2}{n_{男}+n_{女}-2}\times\left(\frac{1}{n_{男}}+\frac{1}{n_{女}}\right)}}=\frac{18.18-21.53}{\sqrt{\frac{12\times36.39+12\times23.47}{13+13-2}\times\left(\frac{1}{13}+\frac{1}{13}\right)}}\approx -1.56$$

$\alpha=0.05$，查附表2的t值表，得到$t_{0.05/2}(24)=2.064$。$|t|<t_{\alpha/2}$，接受H_0，认为男女体脂含量百分比数据的总体均数无显著性差异。

例7-13：随机抽取$n_1=10$个普通男性成年人和$n_2=20$个田径运动员，分别测定某项生化指标，一般人组的样本均数和标准差为$\bar{x}_1=3.12$和$s_1=2.21$，运动员组的样本均数和标准差为$\bar{x}_2=2.17$和$s_2=1.22$。试推断相应的两个总体均数是否相等。（$\alpha=0.05$）

解：属于两独立组均数比较问题，首先检验两总体方差是否相同。

H_0：$\sigma_1^2=\sigma_2^2$；H_1：$\sigma_1^2\neq\sigma_2^2$　$F=\frac{s_{大}^2}{s_{小}^2}=\frac{2.21^2}{1.22^2}\approx 3.28$

$\alpha=0.05$，查附表3得$F_{0.05}(9,\ 19)=2.88$，$F>F_\alpha$，拒绝H_0，两总体方差不相等。用t'检验判定两总体均数是否相等。

H_0：$\mu_1=\mu_2$；H_1：$\mu_1\neq\mu_2$

$$t'=\frac{\bar{x}_1-\bar{x}_2}{\sqrt{s_1^2/n_1+s_2^2/n_2}}=\frac{3.12-2.17}{\sqrt{2.21^2/10+1.22^2/20}}\approx 1.27$$

$\alpha=0.05$，查附表2，得 $t_{0.05/2}(9)=2.262$， $t_{0.05/2}(19)=2.093$，则

$$t'_{0.05/2}=\frac{\frac{2.21^2}{10}\times 2.262+\frac{1.22^2}{20}\times 2.093}{\frac{2.21^2}{10}+\frac{1.22^2}{20}}\approx 2.24$$

由于 $|t'|<t'_{0.05/2}$，所以接受 H_0，可以认为两总体均数无显著性差异。

3. 用SPSS软件进行两独立组均数参数检验的实例

例7-14：例7-12数据SPSS处理过程。

解：

①建立数据文件，变量名分别为“体脂”“性别”（设置值标签，1为男，2为女），输入数据并存盘；

②选择分析 → 比较均值 → 独立样本 t 检验，打开如图7-7所示对话框，将变量“体脂”放置于检验变量栏中，将变量“性别”放置于分组变量栏中，单击 [定义组] 按钮按钮，见图7-8，在图7-8所示对话框的组1栏中键入1，在组2栏中键入2，单击 [继续] 按钮，返回主对话框；

③单击 [确定] 按钮，得到如表7-5所示的计算结果。

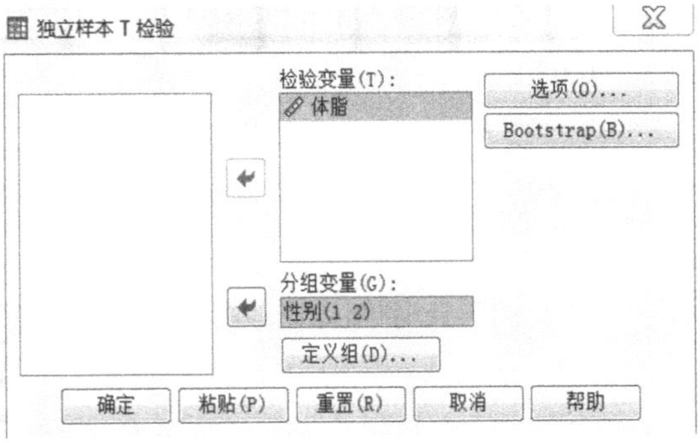

图7-7

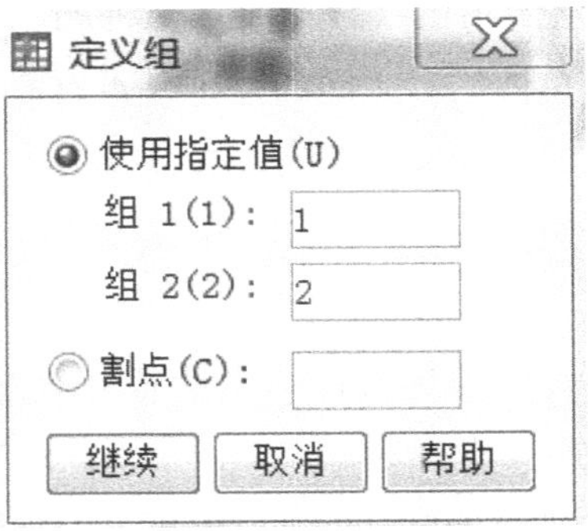

图7-8

表7-5（1）组统计量

	性别	N	均值	标准差	均值的标准误
体脂	男子	13	18.1769	6.03243	1.67310
	女子	13	21.5308	4.84482	1.34371

表7-5（2） 独立样本检验

		方差方程的 Levene 检验		均值方程的 t 检验						
		F	Sig.	t	df	Sig.（双侧）	均值差值	标准误差值	差分的 95% 置信区间	
									下限	上限
体脂	假设方差相等	.570	.458	−1.563	24	.131	−3.35385	2.14588	−7.78273	1.07504
	假设方差不相等			−1.563	22.932	.132	−3.35385	2.14588	−7.79367	1.08598

计算结果的统计说明与解释：

表7-5（1）给出基本描述统计量；

表7-5（2）给出了独立样本的t检验结果。首先要看其两总体方差是否相等，其中方差方程Levene检验（莱文方差齐性检验）的Sig.值（是两个总体方差相等的概率）为0.458，由于它大于0.05，所以判定两总体方差齐同；选取假设方差相等一行的计算结果（否则如果Sig＜0.05选择假设方差不相等一行的计算结果），本例t=−1.563，df（自由度）=24，Sig.（双侧）=0.131＞0.05［这里的Sig.（双侧）值是两个总体均值相等的概率］，可以认为男女体脂含量百分比数据的总体均数无显著性差异。后面相应还给出了体脂均值差值95%的置信区间。

例7-15：随机将20只大鼠平均分为甲、乙两组，甲组大鼠不接受任何处理（空白对照组），乙组中的每只鼠接受A种药物2mg/kg。分别测得两组大鼠的肌酐（μmol/l）数据，试检验两总体均数之间的差别是否有显著性（$\alpha=0.05$）。

甲组：548.1 327.1 512.8 238.2 344.7 539.2 592.3 689.5 335.9 610.2

乙组：751.2 601.3 998.7 831.0 822.1 645.3 495.1 698.4 636.5 724.5

解：

①建立数据文件，变量名分别为“肌酐”“组别”（甲组用1表示，乙组用2表示），输入数据并存盘；

②选择分析 → 比较均值 → 独立样本 t 检验，打开上例如图7-7所示对话框，将变量“肌酐”放置于检验变量栏中，将变量“组别”放置于分组变量栏中，单击 定义组 按钮，见图上例7-8，在图7-8所示对话框的组1栏中键入1，在组2栏中键入2，单击 确定 按钮，返回主对话框；单击 确定 按钮，得到如表7-6所示的计算结果。

表7-6（1）组统计量

	性别	N	均值	标准差	均值的标准误
肌酐	甲组	10	473.8000	150.26045	47.51653
	乙组	10	720.4100	141.06725	44.60938

表7-6（2） 独立样本检验

		方差方程的 Levene 检验		均值方程的 t 检验						
		F	Sig.	t	df	Sig.（双侧）	均值差值	标准误差值	差分的 95% 置信区间	
									下限	上限
肌酐	假设方差相等	.535	.474	−3.784	18	.001	−246.61000	65.17528	−383.53818	−109.68182
	假设方差不相等			−3.784	17.929	.001	−246.61000	65.17528	−383.57721	−109.64279

计算结果的统计说明与解释：

表7-6（2）中可以看出，两总体方差具有齐性（两总体方差相等的概率为Sig.=0.474＞0.05），从假设方差相等一行中看到t=-3.784，Sig.（双侧）=0.001＜0.05，说明甲、乙两组肌酐总体均数之间有显著性差异；与表7-6（1）中的样本统计量结合起来判断甲组（空白对照组）的肌酐均值低于乙组（服药组）的肌酐均值。

（三）两独立组均数比较的非参数检验方法

1. 两样本均数比较的Wilcoxon秩和检验法

Wilcoxon秩和检验是用于比较两个独立组总体均数是否相等的一种非参数检验，它提供了类似两样本t检验的一种非参数方法，有时也称Mann—Whitney U检验。此检验只需假定两样本独立，可用于有序尺度、区间尺度和比例尺度度量的各种变量。

设$x_1,x_2,\cdots,x_n$是从总体X中抽取的一个样本；$y_1,y_2,\cdots,y_m$是从总体Y中抽取的一个样本，两个样本是相互独立的。将两个样本数据混合在一起，按从小到大排序，每个数据相应得到一个秩次，最小为1，当有相同数据时，取所占秩次的平均数为每个相同数据的秩次，分别求出两个样本的秩次和T_x,T_y（秩和）。

由于T_x,T_y中只要有一个确定后，另一个就随之确定T_x,T_y= 1+2+3+⋯ +（m+n）不妨设$m\leqslant n$（在计算时取样本含量小的为总体X的样本），我们选用T_x做统计量，以减少计算量。

要检验的假设H_0：两总体具有相同分布，当H_0成立时，当m，n中至少一个小于10时，给定显著性水平α，附表9就显著性水平α和不同的m，n（$m\leqslant n$），给出了秩和T_x的临界值（T_1，T_2）。当$T_1<T_x<T_2$时，则认为两总体具有相同的分布，当$T_x\geqslant T_2$或$T_x\leqslant T_1$时，则认为两总体分布有显著性差异。

例7-16，少体校同年龄组10名体操与7名技巧的学生，训练一年后握力增长率如下表7-7所示，试问两队增长率是否相同？（α=0.05）

解：数据太少无法确定其总体的分布，无妨用非参数检验。

H_0：两队增长率相同；H_1：两队增长率不相同

列秩次表，见表7-7所示：

由于技巧人数少于体操人数选 X 为技巧总体：

$T_x = T_{技巧} = 1+14+2.5+6+4+9+12 = 48.5$

$m=7$，$n=10$，$\alpha=0.05$，查附表9，$T_1=46$，$T_2=80$，所以$46<T_x=48.5<80$，接受H_0，认为两总体具有相同分布，即两队握力增长无显著性差异。

表7-7

序　号	体 操		技 巧	
	增长率	秩次	增长率	秩次
1	12.2	2.5	11.7	1
2	14.4	7.5	17.7	14
3	14.4	7.5	12.2	2.5
4	15.1	10	14	6
5	15.3	11	12.3	4
6	17.1	13	14.7	9
7	18.7	15	15.8	12
8	13	5		
9	18.9	16		
10	20.1	17		

上述方法只给出了m，$n\leq10$ 的情况。当样本含量皆大于10时，可以利用T_x的分布渐近服从正态分布：

$$T_x \sim N\left(\frac{m(m+n+1)}{2},\frac{mn(m+n+1)}{12}\right) \tag{7-4}$$

这一特性，选取检验用统计量：

$$u=\left[T_x-\frac{m(m+n+1)}{2}\right]\Big/\sqrt{\frac{mn(m+n+1)}{12}} \tag{7-5}$$

u近似服从标准正态分布 N（0，1）。

例7-17：现从海淀区10岁男生中抽取15人测量其立定跳远成绩如下（厘米）：202，197，175，135，175，165，157，195，125，174，182，127，130，170，155：又从朝阳区抽取12个10岁男生测量其立定跳远成绩如下（厘米）：210，180，182，155，154，147，130，120，122，141，150，127。试问两区10岁男生立定跳远成绩是否相同（$\alpha=0.05$）？

解：由于n，m >10，使用渐近分布公式：列秩次表，如表7-8所示，选朝阳区数据秩次和为T_x

表7-8

序号	海淀区		朝阳区	
	成绩	秩次	成绩	秩次
1	202	26	210	27
2	197	25	180	21
3	175	19.5	182	22.5
4	135	8	155	13.5
5	175	19.5	154	12
6	165	16	147	10
7	157	15	130	6.5
8	195	24	120	1
9	125	3	122	2
10	174	18	141	9
11	182	22.5	150	11
12	127	4.5	127	4.5
13	130	6.5		
14	170	17		
15	155	13.5		

$T_x=140$，m=12，n=15，

$$u=\left[T_x-\frac{m(m+n+1)}{2}\right]\Big/\sqrt{\frac{mn(m+n+1)}{12}}=\left[140-\frac{12(12+15+1)}{2}\right]\Big/\sqrt{\frac{12\times15(12+15+1)}{12}}$$

$$=\frac{-28}{\sqrt{420}}\approx-1.37$$

$\alpha=0.05$，查附表1 得$u_{\alpha/2}=1.96$，$|u|<u_{\alpha/2}$，接受Ho，认为两区10岁男生立定跳远成绩无显著性差异。

2. 用SPSS进行两独立组均数比较的非参数检验实例

例7-18：例7-16的SPSS处理过程。

解：

①建立数据文件，变量名“增长率”及“组别”（1代表体操，2代表技巧），输入数据并存盘；

②选择分析→非参数检验→旧对话框→两个独立样本，打开如图7-9所示对话框；

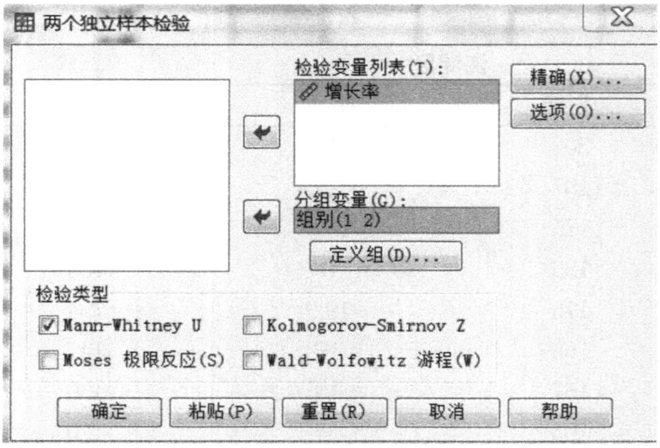

图7-9

③在图7-9所示对话框中，将变量“增长率”放置于检验变量栏下，将变量“组别”放置于分组变量栏下，并单击 定义组 按钮定义分组；在图7-9所示对话框的检验类型下有四种可选择的方法：Mann-Whitney U、Kolmogorov-Smirnov Z、Moses 极限反应、Wald-Wolfowitz 游程，本例选择Mann-Whitney（Wilcoxon秩和检验）；

④单击 确定 按钮，得到如表7-9所示的计算结果。

表7-9（1） 秩

	组别	N	秩均值	秩和
增长率	体操	10	10.45	104.50
	技巧	7	6.93	48.50
	总数	17		

表7-9（2）检验统计量[b]

	增长率
Mann-Whitney U	20.500
Wilcoxon W	48.500
Z	-1.417
渐近显著性（双侧）	.157
精确显著性[2*（单侧显著性）]	.161[a]

a. 没有对结果进行修正。b. 分组变量: 组别

计算结果的统计说明与解释：

表7-9（1）给出了秩统计量：秩均值、秩和。

表7-9（2）给出了检验结果，渐进显著性（双侧）=0.157 > 0.05， 接受 H_0，认为两总体具有相同的分布，即两队握力增长无显著性差异。

例7-19，例7-17的SPSS处理过程。

解：

①建立数据文件，变量名“立定跳远”及“组别”（设置值标签：1代表海淀区，2代表朝阳区），输入数据并存盘；

②选择分析→非参数检验→旧对话框→两个独立样本，打开如图7-9所示对话框；

③重复上例过程得到如表7-10所示计算结果。

表7-10（1）秩

	组别	N	秩均值	秩和
立定跳远	海淀区	15	15.87	238.00
	朝阳区	12	11.67	140.00
	总数	27		

表7-10（2）检验统计量[b]

	立定跳远
Mann-Whitney U	62.000
Wilcoxon W	140.000
Z	-1.367
渐近显著性（双侧）	.172
精确显著性[2*（单侧显著性）]	.183a

a. 没有对结果进行修正。b. 分组变量: 组别

计算结果的统计说明与解释：

从表7-10（2）中可看出渐进显著性（双侧）=0.172＞0.05，接受H_0，认为两区10岁男生立定跳远成绩无显著性差异。

三、两成对组（相关样本数据组）均数比较的假设检验方法

（一）两成对组总体均数比较的参数检验方法

1. 两成对组总体均数比较的t-检验方法

成对差值的t-检验是比较两成对组总体均数是否相等的一种参数检验方法。此检验的无效假设H_0是两组均值相等和备择假设H_1两组均值不等，其检验所需条件为：每对观测值与其他观测值独立、差值样本数据服从正态分布。

检验步骤：$H_0: \mu_d = \mu_1 - \mu_2 = 0$；$H_1: \mu_d \neq 0$

检验统计量：$t = \dfrac{(\bar{d} - \mu_d)}{S_d} \cdot \sqrt{n} \sim t(n-1)$　　（7-6）

其中：$d_i = x_{1i} - x_{2i}$，$\bar{d} = \frac{\sum(x_{1i} - x_{2i})}{n}$，$S_d^2 = \frac{\sum d_i^2 - (\sum d_i)^2/n}{n-1}$，若取定显著性水平$\alpha$，查表得$t_{\alpha/2}$。满足$|t| \geq t_{\alpha/2}$时，拒绝无效假设$H_0$；满足$|t| < t_{\alpha/2}$时，接受无效假设$H_0$。

例7-20：某一减肥中心部分成员进行了一年每周三次的减肥训练。其中13名男子训练前后体脂含量数据如表7-11所示，试问训练前后体脂有无显著性变化？（$\alpha = 0.05$）

解：列计算表，如表7-11所示，经计算得到$\sum d = 47.7, \sum d^2 = 319.49, n = 13$，$\bar{d} \approx 3.67$，

$$S_d^2 = \frac{\sum d_i^2 - (\sum d_i)^2/n}{n-1} = \frac{319.49 - 47.7^2/13}{12} \approx 12.04；\ S_d = 3.47$$

$H_0: \mu_d = \mu_1 - \mu_2 = 0$；$H_1: \mu_d \neq 0$

$$t = \frac{(\bar{d} - \mu_d)}{S_d} \cdot \sqrt{n} = \frac{3.67}{3.47} \cdot \sqrt{13} \approx 3.81$$

$\alpha = 0.05$，查附表2得$t_{0.05/2}(12) = 2.179$，$|t| > t_{\alpha/2}$，拒绝H_0，训练前后体脂有显著性变化，由于$\bar{d} > 0$，认为训练后男子组体脂有了显著性减少。

表7-11

序号	前x_1	后x_2	$d = x_1 - x_2$	d^2
1	14	13.3	0.7	0.49
2	25	19	6	36
3	18	20	−2	4
4	11	8	3	9
5	23	18	5	25
6	28	22	6	36
7	30	20	10	100
8	32	31	1	1
9	25	21	4	16
10	18	12	6	36
11	20	16	4	16
12	10	12	−2	4
13	30	24	6	36
总和Σ			47.7	319.49

例7-21：某人研究运动方式对反应时的影响。其中快走或慢跑组80个受试者训练了3个月，其训练前后的选择反应时数据如表7-12所示。能否由此样本数据判断经过快走或慢跑3个月的训练会改变人的选择反应时？（$\alpha = 0.05$）

表7-12

训练前	训练后	训练前	训练后	训练前	训练后	训练前	训练后
0.585	0.613	0.388	0.445	0.507	0.507	0.444	0.417
0.459	0.444	0.558	0.543	0.453	0.494	0.423	0.423
0.444	0.481	0.458	0.572	0.453	0.453	0.389	0.389
0.483	0.454	0.769	0.542	0.527	0.527	0.578	0.578
0.535	0.611	0.66	0.5	0.563	0.563	0.487	0.466
0.494	0.529	0.48	0.444	0.556	0.605	0.551	0.541
0.536	0.521	0.649	0.549	0.494	0.494	0.565	0.565
0.444	0.263	0.564	0.578	0.572	0.572	0.573	0.573
0.587	0.481	0.6	0.606	0.468	0.348	0.535	0.535
0.523	0.464	0.416	0.733	0.468	0.467	0.525	0.525
0.395	0.437	0.608	0.614	0.523	0.495	0.536	0.536
0.543	0.475	0.495	0.482	0.45	0.543	0.557	0.557
0.453	0.607	0.424	0.487	0.445	0.479	0.401	0.451
0.486	0.467	0.551	0.551	0.438	0.458	0.501	0.501
0.396	0.367	0.556	0.782	0.643	0.592	0.502	0.502
0.62	0.605	0.549	0.473	0.429	0.693	0.522	0.522
0.454	0.416	0.368	0.41	0.514	0.333	0.452	0.482
0.537	0.626	0.465	0.467	0.446	0.509	0.538	0.538
0.416	0.38	0.571	0.516	0.424	0.424	0.459	0.592
0.424	0.424	0.437	0.437	0.452	0.452	0.584	0.572

解：经计算得到$\sum d=-0.34, \sum d^2=0.53, n=80, \bar{d}\approx -0.0043$，

$$S_d^2=\frac{\sum d_i^2-(\sum d_i)^2/n}{n-1}=\frac{0.53-(-0.34)^2/80}{79}\approx 0.0067, S_d=0.082$$

$H_0: \mu_d=\mu_1-\mu_2=0$； $H_1: \mu_d \neq 0$

$$t=\frac{(\bar{d}-\mu_d)}{S_d}\cdot\sqrt{n}=\frac{-0.0043}{0.082}\cdot\sqrt{80}\approx -0.47$$

$\alpha=0.05$，查附表2得$t_{0.05/2}(79)=1.99$，$|t|<t_{\alpha/2}$，接受H_0，还不能得出经过快走或慢跑3个月的训练会改变人的选择反应时的结论。

2. 用SPSS软件进行两成对组均数比较 t 检验的实例

例7-22：例7-20数据的SPSS处理过程。

解：

① 建立数据文件：打开SPSS，进入SPSS的Data Editor窗口。首先建立两个变量“体脂1”（训练前体脂）、“体脂2”（训练后体脂），录入数据，并存盘：

② 选择分析→比较均值→配对样本T检验过程，打开如图7-10所示对话框，将变量“体

脂1”“体脂2”放置于成对变量（一次可同时对多个配对变量进行计算）栏中；

③ 按确定按钮，得到如表7-13所示的计算结果。

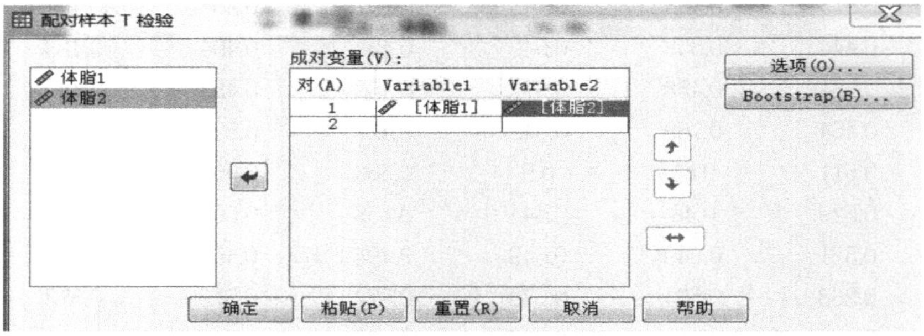

图7-10

计算结果的统计说明与解释：

表7-13（1）给出了成对变量的基本统计量，平均值、N（样本含量）、标准差、标准误。

表7-13（2）给出了变量“体脂1”“体脂2”的相关性检验结果，相关系数为0.884，Sig.=0.000（这个Sig.是两个总体不存在相关关系的概率），说明变量“体脂1”“体脂2”高度相关。

表7-13（3）给出了成对t检验的结果。均值：变量d的平均值 $\bar{d}=3.6692$，标准差：变量d的标准差$S_d=3.4697$。均值的标准误：变量d均值的标准误。差分的95%的置信区间：μ_d的95%的置信区间为（1.5725，5.7660），t=3.813，df：自由度12。Sig.（双侧）=0.002<0.05，拒绝无效假设H_0，训练前后体脂有显著性变化，由于$\bar{d}>0$，认为训练后男子组体脂有了显著性减少。

表7-13（1）　成对样本统计量

		均值	N	标准差	均值的标准误
对 1	体脂1	21.8462	13	7.34672	2.03761
	体脂2	18.1769	13	6.03243	1.67310

表7-13（2）　成对样本相关系数

		N	相关系数	Sig.
对 1	体脂1 & 体脂2	13	.884	.000

表7-13（3）　成对样本检验

		成对差分					t	df	Sig.（双侧）
		均值	标准差	均值的标准误	差分的 95% 置信区间				
					下限	上限			
对 1	体脂1- 体脂2	3.66923	3.46972	.96233	1.57250	5.76596	3.813	12	.002

例7-23：例7-21数据的SPSS处理过程。

解：

① 建立数据文件：打开SPSS，进入SPSS的Data Editor窗口。首先建立两个变量“反应时1”（训练前选择反映时）、“反应时2”（训练后选择反映时），录入数据，并存盘：

②选择分析→ 比较均值→ 配对样本T检验过程，打开如图7-10所示对话框，将变量“反应时1”“反应时2”放置于成对变量栏中；

③ 按确定按钮，得到如表7-14所示的计算结果。

表7-14　成对样本统计量

		均值	N	标准差	均值的标准误
对 1	反应时1	.5041	80	.07372	.00824
	反应时2	.5084	80	.08520	.00953

成对样本相关系数

		N	相关系数	Sig.
对 1	反应时1 & 反应时2	80	.475	.000

成对样本检验

		成对差分					t	df	Sig.（双侧）
		均值	标准差	均值的标准误	差分的 95% 置信区间				
					下限	上限			
对 1	反应时1 - 反应时2	-.00427	.08199	.00917	-.02252	.01397	-.466	79	.642

计算结果的统计说明与解释：

表7-14给出了检验的结果，t=-0.466，df =79，Sig.（双侧）=0.642 > 0.05，接受无效假设 H_0，经过3个月的快走或慢跑训练不会明显改变人的选择反映时。

（二）两成对组总体均数比较的非参数检验方法

1. 两成对组总体均数比较的符号检验法

当讨论两个总体的中位数是否一致时，可采用如下的符号检验。假定样本数据由 $(x_1, y_1), (x_2, y_2), \cdots, (x_n, y_n)$ n 对数据值组成，每对数据的量化水平至少是有序的。

对于每一对数据值 (x_i, y_i) 计算 $x_i - y_i$，记下差值符号；如果 $x_i = y_i$，就抛弃这一对数据，并相应缩小样本含量 n 。如果两个样本所在的总体的中位数之间的差异为零，则 n 个差值中，正号和负号的个数应大致相同，过少的正号个数或过少的负号个数都会使我们认为两个总体的中位数都有明显差异。这样我们可应用前面所讲的单个总体的符号检验法。

符号检验法对总体分布不做任何要求，遗弃了数据的真实数值代之以符号，只利用了部分的关于总体的信息，使得检验的精度较差，做出拒绝H_0的结果时更为可靠。

例7-24：为了比较甲、乙两个足球裁判在两场比赛中的执法水平，对24个观看过此两场比赛的球迷进行调查。表7-15给出了调查的数据结果。调查方法是由好到次给4分至1分表示球迷对裁判水平的评价。

表7-15

序号	甲	乙	分数差符号	序号	甲	乙	分数差符号
1	2	3	−	13	4	1	+
2	1	4	−	14	2	1	+
3	3	1	+	15	4	2	+
4	4	2	+	16	2	4	−
5	1	3	−	17	3	2	+
6	2	4	−	18	3	3	0
7	4	4	0	19	4	3	+
8	2	4	−	20	4	4	0
9	2	3	−	21	2	2	0
10	1	3	−	22	3	3	0
11	2	3	−	23	3	1	+
12	2	2	0	24	2	2	0

解：H_0：两裁判执法水平相同

列符号计算表算出“+”号的个数$n_+=8$，“−”号个数$n_-=9$，“0”的个数$n_0=7$。

取$\alpha=0.05$，查附表7（此时n为24−7=17）得临界值 的$r_1=5$，$r_2=12$。所以n_+及n_-在r_1与r_2之间，接受H_0，认为两裁判执法水平大致相同。

2. 两成对组均数比较的Wilcoxon秩和检验法

用符号检验法对配对数据进行检验时没有考虑差数的大小，因而丢失了部分信息。Wilcoxon提出了同时考虑差数大小的符号秩次检验法。他先把差数的绝对值从小到大排列，给每个差数以秩次，然后记上差数的符号。如两样本来自相同总体，则正秩和与负秩和应相近，如差数较大，则可能不是来自同一总体。在根据差数的绝对值求秩次时，如差数的绝对值相等，用所占秩次的平均数为秩，然后以原差数符号为秩次符号。如有一差数为0，则秩为 +0.5与 −0.5（1/2= 0.5，分别加以+，−号）；如有两差数为0，仍取平均秩次，+1.5和−1.5[（1+2）/2=1.5分别加以 +，−号]，依此类推。检验步骤如下：

（1）列出无效假设H_0：两样本来自同一总体；

（2）列出差数秩次表；

（3）计算正秩次之和T_+与负秩次之和T_-；

（4）选取统计量T=（T_+，T_-）的最小值，T值称为秩和；

（5）依据给定的显著性水平α与样本对数n，查表7-11（秩和检验表），得临界值 T_α，如$T>T_\alpha$，接受H_0，认为两样本来自同一总体，如$T\le T_\alpha$，则拒绝H_0，认为两样本来自不同总体。

在小样本时，可用成对秩和检验表（附表10）来判别。大样本时，由极限理论知T服从正态分布，即：

$$T \sim N[\frac{n(n+1)}{4},\frac{n(n+1)(2n+1)}{24}] \tag{7-7}$$

例7-25：为研究长跑对增强普通大学生心脏功能的效果，对某学校30名男生进行实验。经过5个月的长跑锻炼后看其晨脉是否变化。锻炼前后晨脉数据如表7-16所示（单位：次/分）。试问锻炼前后晨脉之间是否有显著性差异（$\alpha=0.05$）？

表7-16

序 号	锻炼前	锻炼后	差 数	符号秩次
1	70	48	22	29.5
2	76	54	22	29.5
3	56	60	−4	−7.5
4	63	64	−1	−2.5
5	63	48	15	26.5
6	49	65	−16	−28
7	58	54	4	7.5
8	60	65	−5	−10.5
9	65	50	15	26.5
10	67	58	9	19
11	68	60	8	18
12	70	72	−2	−4.5
13	75	62	13	25
14	60	48	12	24
15	62	58	4	7.5
16	72	66	6	13.5
17	54	49	5	10.5
18	59	52	7	16.5
19	70	60	10	21
20	56	60	−4	−7.5
21	60	54	6	13.5
22	62	68	−6	−13.5
23	58	52	6	13.5
24	71	60	11	23
25	50	50	0	0.5
26	59	52	7	16.5
27	66	68	−2	−4.5

续表

序　号	锻炼前	锻炼后	差　数	符号秩次
28	72	62	10	21
29	78	79	−1	−2.5
30	76	66	10	21

解：H_0：锻炼前后晨脉无变化

列符号秩次表如上，求得：

T+ = 383.5；T− = 81.5，T=81.5，本例n = 30，可用近似公式：

$$T \sim N\left[\frac{n(n+1)}{4}, \frac{n(n+1)(2n+1)}{24}\right]$$

$$u=\frac{T-\frac{n(n+1)}{4}}{\sqrt{\frac{n(n+1)(2n+1)}{24}}}=\frac{81.5-\frac{30\times31}{4}}{\sqrt{\frac{30\times31\times61}{24}}}=-3.106$$

查附表1得 $u_{\alpha/2}=1.96$，所以 $|u|>u_{\alpha/2}$ 拒绝 H_0，认为锻炼前后晨脉有显著性差异。

3. 用SPSS软件进行两成对组均数比较非参数检验的实例

例7−26，例7−24数据的SPSS处理过程。

解：

① 建立数据文件：打开SPSS，进入SPSS的数据编辑器。首先建立两个变量“甲”（对甲裁判的评分）、“乙”（对乙裁判的评分），录入数据，并存盘：

② 选择分析→非参数检验→旧对话框→两个相关样本，打开如图7−11所示对话框；

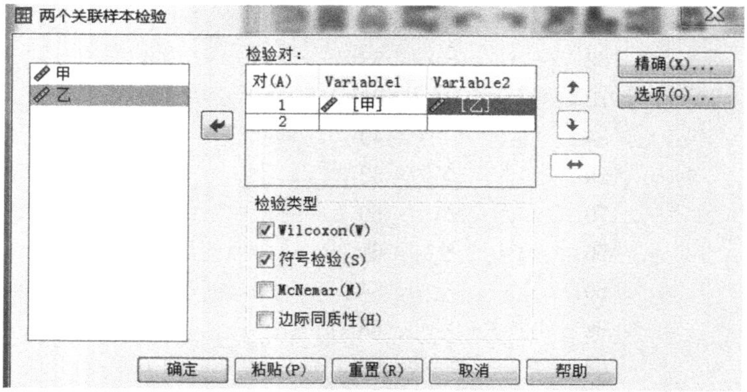

图7−11

③在如图7−11所示的对话框中，将变量“甲”“乙”放置于检验对栏中（一次可同时对多个配对变量进行计算）；在检验类型下选择Wilcoxon法和符号检验法；按确定按钮，得到如表7−17所示的计算结果。

表7-17（1） 秩

		N	秩均值	秩和
乙－甲	负秩	8[a]	8.88	71.00
	正秩	9[b]	9.11	82.00
	结	7[c]		
	总数	24		

检验统计量[b]

	乙－甲
Z	−.266[a]
渐近显著性（双侧）	.790

a. 基于负秩。b. Wilcoxon 带符号秩检验

表7-17（2） 频率

		N
乙－甲	负差分[a]	8
	正差分[b]	9
	结[c]	7
	总数	24

a. 乙<甲；b. 乙>甲；c. 乙=甲

检验统计量b

	乙－甲
精确显著性（双侧）	1.000a

a. 已使用的二项式分布。b. 符号检验

计算结果的统计说明与解释：

表7-17（1）给出了Wilcoxon 符号秩和检验的统计量和检验结果，其中渐进显著性（双侧）=0.790>0.05， 接受无效假设 H_0，认为两裁判执法水平大致相同。

表7-17（2）给出了符号检验的统计量和检验结果，其中精确显著性（双侧）=1.000>0.05， 接受无效假设 H_0，认为两裁判执法水平大致相同。

例7-27：例7-25数据的SPSS处理过程。

解：

① 建立数据文件：打开SPSS，进入SPSS的数据编辑器。首先建立两个变量“晨脉前”（锻炼前晨脉）、“晨脉后”（锻炼后晨脉），录入数据，并存盘：

②选择分析→非参数检验→旧对话框→两个相关样本，打开如图7-11所示对话框；

③在如图7-11所示的对话框中，将变量“晨脉前”“晨脉后”放置于检验对栏中；在检验类型下选择Wilcoxon法；按确定按钮，得到如表7-18所示的计算结果。

表7-18（1） 秩

		N	秩均值	秩和
晨脉后－晨脉前	负秩	20[a]	18.15	363.00
	正秩	9[b]	8.00	72.00
	结	1[c]		
	总数	30		

a. 晨脉后 < 晨脉前；b. 晨脉后 > 晨脉前；c. 晨脉后 = 晨脉前。

表7-18（2） 检验统计量[b]

	晨脉后－晨脉前
Z	–3.149[a]
渐近显著性（双侧）	.002

a. 基于正秩；b. Wilcoxon 带符号秩检验。

计算结果的统计说明与解释：

由表7–18可看出渐进显著性（双侧）=0.002<0.05，拒绝无效假设H_0，认为锻炼前后晨脉有显著性差异。

推荐阅读参考文献

1．高惠璇，等. SAS系统与基础统计分析（第六章、第七章）[M]. 北京：北京大学出版社，1995.

2．吴喜之. 非参数统计（第一章、第二章、第三章）[M]. 北京：中国统计出版社，1999.

3．郝成义、杜欢政. 统计分析与计算机应用（第十三章）[M]. 北京：中国统计出版社，1993.

思考与练习

1．假设检验能解决什么问题？其检验原理是什么？

2．假设检验中的两类错误是什么？

3．如何确定检验的显著性水平？

4．参数检验与非参数检验有何区别？

5．进行单个总体均数t检验需满足什么条件？进行两独立组均数t或t'检验需满足什么条件？

6．如何区分独立组与成对组样本数据？

7．进行单样本非参数检验的条件是什么？进行两个独立样本均数比较的非参数检验需满足什么条件？

8．由2000年中国国民体质监测报告得到中国城市老年男子60～64岁年龄段的平均体重为66.9公斤，标准差为9.7公斤。今从某小区随机抽取60个该年龄段老年人，得到体重平均数为65.2公斤，标准差为7.2公斤，试问该小区老年人的平均体重与全国城市老年人的平均体重有无显著性差异？（$\alpha=0.05$）

9．一公司在广告中宣称其减肥药在两个月内可以减肥6公斤，有20个人服用这种药两个月内体重减少量为（公斤）：6，2，6，5，7，2，5，6，4，5，3，-1，8，6，2，4，4，4，5，2，请问这种广告是否属实？（$\alpha = 0.05$）

10．已知某区10岁男生立定跳远的平均成绩为150.6厘米，从中随机抽测30人的立定跳远样本统计量为：$\bar{x}$=167.1厘米，S=25.4厘米。假设10岁男生立定跳远成绩服从正态分布，试检验这30名10岁男生立定跳远的成绩是否与该区的一样？（$\alpha = 0.05$）

11．有10个病人在进行了某种药物治疗前后的血压（单位：毫米汞柱收缩压）为：

服药前：148，167，156，162，151，170，161，144，171，161

服药后：128，140，147，152，156，150，137，132，178，138

（1）如果假设血压值服从正态分布，问药物是否有效？（$\alpha = 0.05$）

（2）如果不知血压值是否服从正态分布，问药物是否有效？（$\alpha = 0.05$）

12．在试验少量酒精对反应时间的影响时，测试了10个人喝了2杯啤酒前后的反应时间如下（单位：秒）：

喝酒前：0.74，0.85，0.84，0.66，0.81，0.55，0.33，0.76，0.46，0.64

喝酒后：0.82，0.68，0.62，0.87，0.81，0.75，0.80，0.78，0.77，0.86

分别利用参数与非参数检验方法由该数据说明酒精和反应时间是否有关？（$\alpha = 0.05$）

13．将条件相似的20名跳远运动员随机分成两组分别进行1年不同训练后，其成绩增长如下：

甲组：16，13，12，15，10，8，9，12，13，11

乙组：10，9，12，11，8，7，4，6，8，10

分别利用参数与非参数检验方法说明两种训练方法是否有显著性差异？（$\alpha = 0.05$）

14．为研究不同的运动方式对人体健康的影响，将30名男性受试者完全随机地分为两组。甲组15人进行快走或慢跑训练，乙组15人进行太极拳训练，时间为3个月，每周4次，每次40分钟（数据如下表）。受试者在试验前后各测量一次安静心率，请问试验前后两组安静心率分别是否存在显著性差异？比较两种运动方式心率变化是否存在显著性差异？（$\alpha = 0.05$）

	甲组（快走或慢走）		乙组（太极拳）	
编号	试验前	试验后	试验前	试验后
1	76	60	90	76
2	68	70	78	78
3	60	66	70	76
4	90	60	90	78
5	60	66	82	74
6	84	76	78	72
7	78	78	92	90
8	68	60	84	72
9	72	78	72	72
10	80	70	78	72
11	60	72	80	78
12	66	78	76	72
13	60	60	68	68
14	75	68	66	66
15	74	68	84	60

第八章　体育科研中多组比较问题的统计处理方法

本章提要

本章介绍了参数检验的单因素方差分析、双因素方差分析及非参数检验的Kruskal-Wallis单向评秩方差分析和中位数检验法。

前面我们已经介绍了两组均数比较问题的统计推断方法，在实际研究中，有时还需要进行3组均数或3组以上总体均数的比较。同两组均数比较问题的解决方法一样，不同的总体分布，需采用不同的分析方法，多组比较问题的参数检验方法对总体分布的假定条件比多组比较问题的非参数检验方法要严格得多。

第一节　多组总体均数比较的参数检验方法

一、方差分析概述

在体育运动中，某运动项目运动员成绩及教练员训练水平的高低，往往会受到许多因素的影响。如要提高运动员的运动成绩或改进教练员的训练方法，就要对影响运动员成绩或影响教练员训练方法的众多因素进行分析，确定哪些因素的影响是主要的，以及将这些因素控制在哪个水平就能使运动成绩提高。

作为影响训练结果（运动成绩）的因素有些是可控制的，这些可控制的因素，一般可以在有控制的重复该训练所获得的数据中得到反映。方差分析就是通过对试验所获得的数据间的差异，分析推断试验中各个因素所起作用的一种统计方法。或者说，方差分析是通过分析样本数据各项差异的来源以检验两个以上总体平均数是否有显著性差异的方法。方差分析属于参数检验方法。早在20世纪20年代英国统计学家费歇（R.A.Fisher，1890~1962）首先将该方法用到农业试验中，经过近百年的发展，其内容已十分丰富，目前在体育科学研究中也得到了广泛的用。

方差分析的内容很多，但进行各种方差分析一般都需满足以下3个条件：

第一，被检验的样本数据来自服从正态分布的总体；

第二，各总体的方差都相等；

第三，各样本是从各总体中随机抽取且是相互独立的。

在实际使用中，前两个条件的限制并非相当严格，只要总体数据是连续型的，而且不是非常明显的非正态或各总体方差相差不是特别大时，使用方差分析法进行检验的结果一般都被认为是合理的。

（一）方差分析的基本原理

1. 方差分析的基本原理

方差分析的基本原理是认为不同处理组的均数间的差别基本来源有两个：

（1）随机误差

随机误差称又为组内差异（Within Groups），反映了随机误差造成的差异大小。用每个样本数据与其各组平均值离差平方和表示，记作$SS_{组内}$（或者SS_E）、又叫组内平方和。

（2）实验条件

即不同的处理造成的差异，称为组间差异（Between Groups）。用各组平均值与总平均值离差的平方和表示，记作$SS_{组内}$。

2. 方差分析的检验统计量

组内均方：$MS_{组内}=\frac{SS_{组内}}{n-k}$，$n-k$为组内均方的自由度。

组间均方：$MS_{组间}=\frac{SS_{组间}}{k-1}$，$k-1$为组间均方的自由度。

检验统计量：$F=\frac{MS_{组间}}{MS_{组内}}$ （8-1）

无效假设H_0（各个处理作用相同，即各样本来自同一总体）为真时，F 统计量服从F（$k-1$，$n-k$）分布，当检验统计量F 大于临界值时则拒绝H_0。

（二）方差分析的分类

在实际工作中，当分析的因变量只有一个时，采用的是单因变量方差分析，内容包括：单因素方差分析、多因素方差分析及有交互作用的多因素方差分析；当分析的因变量多于一个时，采用多元方差分析。

本书只介绍单因变量方差分析。

二、单因素方差分析

（一）基本概念

由于试验条件的影响，在进行试验时，可能使试验结果表现出系统误差。称可控制的试验条件为因素，因素变化的各个等级为水平。如果在试验中只有一个因素在变化，其他可控制的条件不变，称它为单因素试验；若试验中变化的因素有两个，则称为双因素试验；若试验中变化的因素多于两个，称为多因素试验。单因素试验中，若只有两个水平，就是上一章中讲过的两个总体均数的比较问题。

首先让我们看一个例子。

例8-1：为了考察4种不同教法对立定跳远成绩的影响，在某学校抽取条件基本相似的16名学生，随机分成4组，每组4人，采用不同教法训练一学期后，其测验成绩如表8-1所示，问不同的训练方法对立定跳远成绩的影响是否相同（$\alpha=0.05$）？

表8-1　不同训练方法下的立定跳远成绩（cm）

重复 \ 成绩 \ 教法	A_1	A_2	A_3	A_4	总和
1	230	210	200	220	
2	190	240	180	250	
3	210	270	190	270	
4	130	200	150	260	
总和	760	920	720	1000	3400
平均 $\bar{x}_i$	190	230	180	250	$\bar{x}=212.5$

试验中唯一的可控制因素——教法用 A 表示。用4种不同教法训练所得立定跳远成绩，可以认为是对该教法所对应总体的一次抽样观察。因此对同一种教法四人训练的结果可看成是取自同一总体的含量为4的一个样本。每个训练成绩记为x_{ij}（$i,j=1,2,3,4$）。从表8-1中数据可以看出，不同教法的立定跳远成绩是有差异的。第2种和第4种教法训练的学生成绩明显好于另两种教法训练的成绩；此外，同一种教法训练的4名学生成绩之间也存在着差异。造成这些差异的原因有两方面：一是由于因素 A 的不同水平所引起的差异，称这类变差为组间差异或叫因素 A 的变差；另一方面是由于随机因素而引起的差异，叫抽样误差或组内差异。现在我们的问题是如何由试验数据来判定立定跳远成绩间的差异主要是由抽样误差造成的还是由不同教法 A 的变差造成的。

一般地，如在试验中只考察一个因素 A 对试验结果的影响，其他因素相对固定，且因素 A 在试验中取 k 个不同的水平，记为 A_1、A_2，…，A_k 这类试验称为 k 个水平的单因素试验。其数据结构如表8-2所示。

表8-2　单因素方差分析数据结构表

重复数 \ 观测值 \ 因素A	水平			
	A_1	A_2	…	A_k
1	x_{11}	x_{21}	…	x_{k1}
2	x_{12}	x_{22}	…	x_{k2}
.	…	…	…	…
.	x_{1r_1}	x_{2r_2}	…	x_{kr_k}
合计 T_i	T_1	T_2	…	T_k
平均 $\bar{x}_i$	$\bar{x}_1$	$\bar{x}_2$	…	$\bar{x}_k$

（二）单因素方差分析的前提条件

为进一步讨论，我们对该问题做如下的假设。

1. 对因素 A 的某一水平，比如第 i 个水平 A_i，进行试验得到的数据值 x_{i1}，x_{i2}，…，x_{ir_i} 看作是从正态总体 X_i [$X_i \sim N(\mu_i, \sigma^2)$] 中随机取出一个含量为 r_i 的样本，且 μ_i, σ^2 未知。这里要求 k 个总体的方差都相同，可见方差的齐同性是进行方差分析的前提。

2. 从不同总体中抽出的各组样本间毫无关系，即设这 k 个总体相互独立。

（三）单因素方差分析的检验步骤

如果要检验因素 A 的水平改变并不影响试验结果，则试验的全部结果 x_j 应来自同一正态总体，也即对应的X_1，X_2，…，X_k的总体均值 $\mu_1, \mu_2, \dots, \mu_k$ 都应相同，据此给出统计假设：

H_0：$\mu_1 = \mu_2 = \dots = \mu_k = \mu$；$H_1$：$\mu_1, \mu_2, \dots, \mu_k$ 不全相等。

检验统计量：
$$F = \frac{SS_A}{SS_E} \times \frac{n-k}{k-1}, \qquad (8\text{-}2)$$

其中：因素 A 的 k 个水平为 $A_1, A_2, \dots, A_k$，各水平的重复试验次数分别记为 $r_1, r_2, \dots, r_k$，试验的总次数$n = r_1 + r_2 + \dots + r_k$；

SS_A：组间平方和，反映了因素 A 引起的变差；

SS_E：组内平方和，反映了误差的作用；

$SS_总$（或 SS_T）总变差，反映了全部原始数据的离散程度；

$SS_总 = SS_A + SS_E$

其计算方法为：

$$\bar{x}_i = \frac{1}{r_i}\sum_{j=1}^{r_j} x_{ij}, \quad \bar{x} = \frac{1}{n}\sum_{i=1}^{k}\sum_{j=1}^{r_j} x_{ij}$$

总变差：$SS_总 = \sum_{i=1}^{k}\sum_{j=1}^{r_j} x_{ij}^2 - n \cdot \bar{x}^2$

组间平方和：$SS_A = \sum_{i=1}^{k} r_i \bar{x}_i^2 - n \cdot \bar{x}^2$

组内平方和：$SS_E = SS_总 - SS_A$ （8-3）

当 H_0 成立时，F 服从 F（$k-1$，$n-k$）分布，给定显著性水平 α，查附表4可得 F_α；当 $F \geq F_\alpha$，拒绝零假设；当 $F < F_\alpha$，接受零假设。

表8-3 单因素方差分析表

方差来源	平方和	自由度	均方	F 值
因素 A	SS_A	$k-1$	$SS_A/(k-1)$	F_A
误差E	SS_E	$n-k$	$SS_E/(n-k)$	
总和	$SS_总$	$n-1$		

（四）多重比较

方差分析中经 F 检验判定 H_0 不真，则说明各组平均数 μ_1、μ_2、…、μ_k 不全相等，这是对所有均数的整体而言的，但总的差异显著并不意味着每两个均数之间的差异都一定显著。如果还需要进一步知道各均值 μ_i 之间的差异，就要对相应的各均值的观察值 $\bar{x}_i$ 进行比较，显然该问题可通过两独立组均数的 t 检验解决，但 k 个水平两两比较需进行 $N=C_k^2=\dfrac{k!}{2!(k-2)!}$ 次，必然会使弃真错误的概率增大［如两独立组 t 检验的显著性水平为 α，统计理论表明，作 N 次检验后实际的显著性水平会变为 $1-(1-\alpha)^N$，它大大于 α］。多重比较检验可以解决这方面的问题。下面介绍两种常用的多重比较方法。

1. *LSD*法：又称最小显著差数法（Least-Significant difference）：目的是比较不同水平下某一对或几对总体均数是否有显著性差异，其步骤为：

H_0：$\mu_i=\mu_j$；H_1：$\mu_i\neq\mu_j$，$i\neq j$，i，$j=1,2,\ldots,k$。

统计量
$$T=\frac{\bar{x}_i-\bar{x}_j}{\sqrt{MS_E\cdot\left(\dfrac{1}{n_i}+\dfrac{1}{n_j}\right)}} \tag{8-4}$$

其中，$MS_E=\dfrac{SS_E}{n-k}$，$n=r_1+r_2+\ldots+r_k$；n_i、n_j 分别为 Ai、Aj 水平下的重复数。

当 H_0 成立时，$T\sim t(n-k)$，称 $LSD_\alpha=t_{\alpha/2}(n-k)\sqrt{MS_E\cdot\left(\dfrac{1}{n_i}+\dfrac{1}{n_j}\right)}$ 为最小显著差数，在给定显著性水平α下，查附表2的t分布表得到双侧临界值 $t_{\alpha/2}(n\text{-}k)$，若 $\left|\bar{x}_i-\bar{x}_j\right|\geq LSD_\alpha$，则拒绝 H_0，否则接受 H_0。该方法适用于各总体方差相等的情况，但它没有对犯第一类错误的概率问题加以控制。

2. 最小显著极差法（*LSR*法或Tukey法）

t 检验只适用于两个独立样本之间的均值检验，因而*LSD*法不适用同时对多个样本的所有均值间的差异比较，而由J.W.Tukey提出的q法满足了这方面的要求，其步骤为：

H_0：$\mu_i=\mu_j$；H_1：$\mu_i\neq\mu_j$，$i\neq j$，i，$j=1,2,\ldots,k$。

$$\text{统计量}\quad Q=\sqrt{2}T \tag{8-5}$$

当H_0 成立时，$Q\sim q(p,n-k)$，其中 p 为将全体均值按大小排序后，$\bar{x}_i$ 与 $\bar{x}_j$ 之间（包括 $\bar{x}_i$和$\bar{x}_j$在内）所含的均值的个数，并假定 $\bar{x}_i>\bar{x}_j$。

$$LSR_\alpha=q_\alpha(p,n-k)\cdot\sqrt{MS_E\cdot\left(\frac{1}{n_i}+\frac{1}{n_j}\right)\Big/2} \tag{8-6}$$

称 $LSR_{\alpha}=q_{\alpha}(p,n-k)\sqrt{MS_E\cdot\left(\frac{1}{n_i}+\frac{1}{n_j}\right)/2}$ 为$\bar{x}_i-\bar{x}_j$的最小显著极差。给定显著性水平α，查附表的q值表得到 $q_{\alpha}(p,n-k)$，若 $\bar{x}_i-\bar{x}_j\geq LSR_{\alpha}$，拒绝$H_0$，若 $\bar{x}_i-\bar{x}_j<LSR_{\alpha}$时，接受$H_0$。

*LSR*法对犯第一类错误的概率给予了较为有效的控制，它适用于各总体方差相等的情况。

上述两种多重比较法在$p=2$时，检验标准是一致的。当$p>2$时，一般地说，q法精度较 *LSD* 法要高一些。要注意的是，无论采用何种多重比较法，使用前都要先对假设进行方差分析，只有当检验的结果为拒绝H_0，才能进行多重比较。

下面用例8-1的解法来说明单因素方差分析的步骤。

解：

① 方差分析：H_0： $\mu_1=\mu_2=\mu_3=\mu_4$； H_1： μ_1,μ_2,μ_3,μ_4不全相等

$k=4$， $n=4+4+4+4=16$， $\bar{x}_1=190$， $\bar{x}_2=230$， $\bar{x}_3=180$， $\bar{x}_4=250$，

$\bar{x}=(230+190+...+260)/16=3400/16=212.5$

$SS_{总}=230^2+190^2+...+260^2-16\times212.5^2=24500$

$$SS_A=\sum_{i=1}^{k}r_i\bar{x}_i^2-n\cdot\bar{x}^2=4\times(190^2+230^2+180^2+250^2)-16\times212.5^2=13100$$

$$SS_E=SS_{总}-SS_A=24500-13100=11400$$

$$F=\frac{SS_A}{SS_E}\times\frac{n-k}{k-1}=\frac{13100\times(16-4)}{11400(4-1)}\approx4.60$$

查书后附表4（1）的F分布表（方差分析用），得 $F_{0.05}(3,12)=3.49$，$F=4.60>F_{0.05}(3,12)$，拒绝H_0，不同教法对学生立定跳远成绩有显著影响。

② 多重比较

第一种，用 *LSD* 法。

$$\sqrt{MS_E\cdot\left(\frac{1}{n_i}+\frac{1}{n_j}\right)}=\sqrt{\frac{SS_E}{n-k}\cdot\left(\frac{1}{n_i}+\frac{1}{n_j}\right)}=\sqrt{\frac{11400}{12}\times\left(\frac{1}{4}+\frac{1}{4}\right)}\approx21.794$$

查书后附表2得 $t_{0.05/2}(12)=2.179$， $LSD_{\alpha}=21.794\times2.179\approx47.50$

四个均值$\bar{x}_1$、$\bar{x}_2$、$\bar{x}_3$、$\bar{x}_4$之间的比较结果如表8-4所示

表8-4 例8-1各均值比较表

水平	$\bar{x}_i$	差数		
		$\bar{x}_i-\bar{x}_3$	$\bar{x}_i-\bar{x}_1$	$\bar{x}_i-\bar{x}_2$
A_4	250	70	60	20
A_2	230	50	40	
A_1	190	10		
A_3	180			

由表8-4可看出，$\bar{x}_4-\bar{x}_3=70$，$\bar{x}_4-\bar{x}_1=60$，$\bar{x}_2-\bar{x}_3=50$ 均大于 LSD_{α}，可见，A_4 与 A_3，A_4 与 A_1，A_2 与 A_3 间有显著性差异。

第二种，用 LSR 法。

查书后附表得 $q_{0.05}(2,12)=3.08$，$q_{0.05}(3,12)=3.77$，$q_{0.05}(4,12)=4.20$ 相应得到对应的 LSD_{α}，如表8-5所示。

表8-5　例8-1的 q_{α} 和 LSD_{α} 值

p	2	3	4
$q_{0.05}$	3.08	3.77	4.20
$LSR_{0.05}$	47.46	58.10	64.72

其中 $\sqrt{MS_E\cdot\left(\frac{1}{n_i}+\frac{1}{n_j}\right)\Big/2}=\sqrt{\frac{11400}{12}\times\left(\frac{1}{4}+\frac{1}{4}\right)\times\frac{1}{2}}\approx 15.41$

4个均值按大小顺序排列为 $\bar{x}_4$，$\bar{x}_2$，$\bar{x}_1$，$\bar{x}_3$。先比较 $\bar{x}_4$ 与 $\bar{x}_2$，$\bar{x}_2$ 与 $\bar{x}_1$，$\bar{x}_1$ 与 $\bar{x}_3$，此时 $p=2$（因为 $\bar{x}_4$ 与 $\bar{x}_2$ 间、$\bar{x}_2$ 与 $\bar{x}_1$ 间、$\bar{x}_1$ 与 $\bar{x}_3$ 间所含均值个数都是2），相应的 $LSR_{0.05}=47.46$，而 $\bar{x}_4-\bar{x}_2=20<47.46$，$\bar{x}_2-\bar{x}_1=40<47.46$，$\bar{x}_1-\bar{x}_3=10<47.46$，因而接受 H_0，即认为 A_4 与 A_2、A_2 与 A_1、A_1 与 A_3 均无显著性差异。

再来比较 $\bar{x}_4$ 与 $\bar{x}_1$、$\bar{x}_2$ 与 $\bar{x}_3$，此时 $p=3$（因为 $\bar{x}_4$ 与 $\bar{x}_1$ 间、$\bar{x}_2$ 与 $\bar{x}_3$ 间所含均值个数都是3），$q_{0.05}=3.77$，$LSR_{0.05}=58.10$ 而 $\bar{x}_4-\bar{x}_1=60>58.10$，$\bar{x}_2-\bar{x}_3=50<58.10$，故认为 A_4 与 A_1 间有显著性差异，A_2 与 A_3 间无显著性差异。

对 $\bar{x}_4$ 与 $\bar{x}_3$，$p=4$，$q_{0.05}=4.20$，$LSR_{0.05}=64.72$，但 $\bar{x}_4-\bar{x}_3=70>64.72$，故认为 A_4 与 A_3 间有显著性差异。

总之，差异显著的有 A_4 与 A_3、A_4 与 A_1，其余的均无显著性差异。

（五）用SPSS软件进行单因素方差分析的实例

例8-2：例8-1的SPSS处理过程

解：

①建立数据文件，定义变量 x 代表立定跳远成绩，变量组别（组别=1、2、3、4分别表示水平 A_1、A_2、A_3、A_4），输入数据并存盘。

②选择分析→比较均值→单因素ANOVA，打开单因素方差分析主对话框，如图8-1所示。

③在如图8-1所示的对话框中，将变量立定跳远成绩放置于因变量列表框下；再将变量组别放置于因子变量栏内。

在主对话框下方有3个按钮，依次是对比、两两比较、选项。

对比按钮：点击它，将激活均值多项式比较对话框，如图8-2所示。利用此对话框可进行多个均值的比较。例如，计算1*mean1-1*mean2+1*mean3-1*mean4的值，就是要检验水平1、水平3下实验的效应和与水平2、水平4下实验的效应和是否存在显著性差异（此项体育科研中一般不需要）。进行均值的多项式比较步骤为：

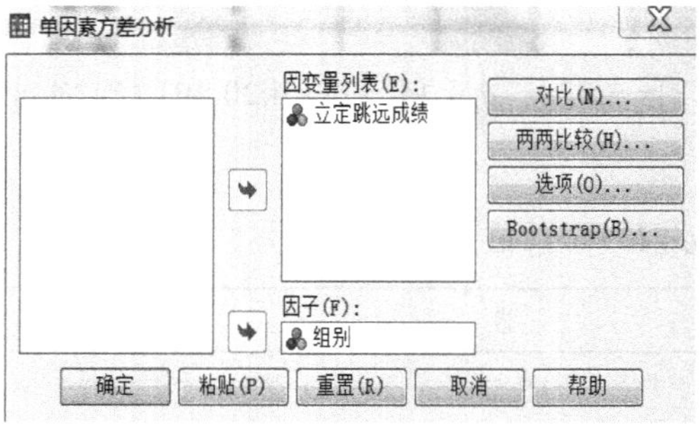

图8-1

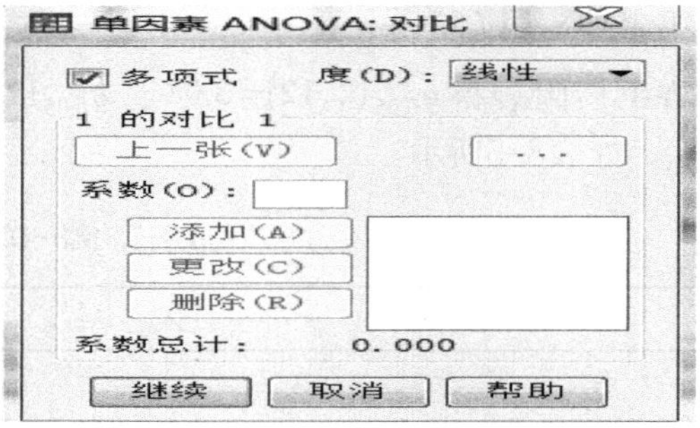

图8-2

第一步，选中对比复选项，激活其右边的度（D）参数框，单击该参数框右边的向下箭头可展开阶次菜单，线性（一次多项式）、二次项（二次多项式）、立方（三次多项式）、四此项（四次多项式）、五次项（五次多项式）。

第二步，为多项式指定各组均值的系数。方法是在系数框中输入一个系数，单击添加按钮，系数框的系数就进入下面的方框中，依次输入各组均值系数，这样在方形显示框中形成一列数值。如：1*均数1-1*均数2+1*均数3-1*均数4的输入法为，在度处选择线性，在系数框中依次输入1，-1，1，-1即可。因素变量分为几组（几个水平）就输入几个系数，若多项式中只包括部分组的系数，则其他未包括的组要输入系数0。使用“…”按钮，可以同时建立多个多项式。输入完毕后，单击继续按钮返回主对话框。

本例不需选择此项。

两两比较按钮：点击它，将激活多重比较对话框，如图8-3所示。在对话框中可选择均值多重比较的方法。

图8-3所示的可供选择的多重比较方法分为方差齐性（等方差）和方差不等两类；

假定方差齐性下有14种方法可供选择，我们常用的有：

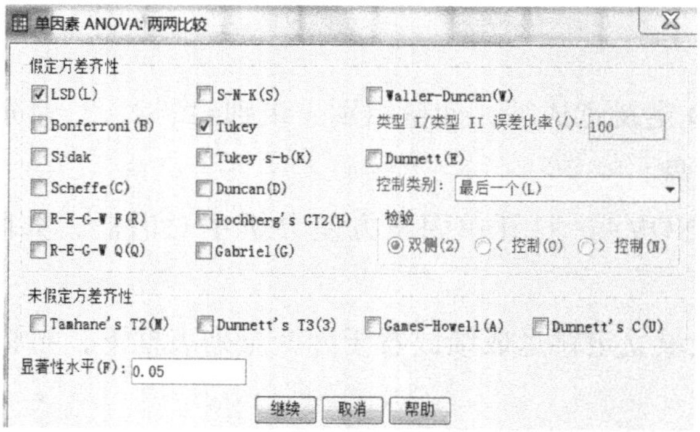

图8-3

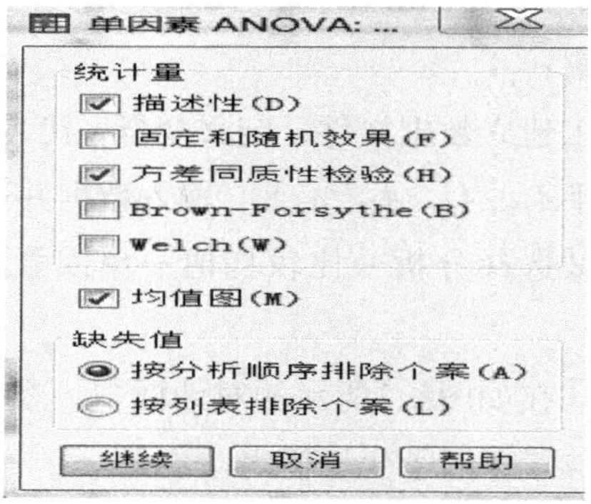

图8-4

LSD：最小显著差数法；Tukey：最小显著极差法（*LSR*）。

未假定方差齐性下有4种方法可供选择。

④本例选择*LSD*和Tukey法，在显著性水平框中输入0.05（系统默认值是0.05），单击 继续 按钮，返回主对话框。

选项 按钮：点击它，将激活输出统计量对话框，如图8-4所示，图8-4中常用的有：

描述性复选项，要求输出描述性统计量。

方差同质性检验复选项，它要求进行方差齐性检验，并输出检验结果，使用的是Levene检验法。

均值图，它表现了各组均值的变化。

缺失值：缺失值的处理方法。

⑤本例选择描述性、方差同质性检验及均值图，单击 继续 按钮，返回主对话框。

⑥单击 确定 按钮，得到如表8-6及图8-5的计算结果。

计算结果说明与解释

①表8-6（1）显示的是描述统计量，给出了4种水平下立定跳远成绩的平均值、标准差、标准误、总体均值95%的置信区间、最小值、最大值。

②表8-6（2）显示的是方差齐性检验结果显著性=0.532＞0.05，可接受方差齐性的假设。

③表8-6（3）显示了单因素方差分析表，组间平方和$SS_A=13100$，组内平方和$SS_E=11400$，总变差$SS_{总}=24500$，组间均方MS_A为4366.667，组内均方$MS_E=950$，$F=4.596$，显著性=0.023＜0.05，拒绝H_0，认为不同教法对学生立定跳远的成绩有显著影响。

④表8-6（4）给出了多重比较检验结果。其中Tukey的q法显示A_4与A_3在$\alpha=0.05$水平下有显著性差异，A_4与A_1在$\alpha=0.1$水平上有显著性差异；而*LSD*法显示，A_1与A_4、A_2与A_3、A_3与A_4在$\alpha=0.05$水平下有显著性差异。

⑤表8-6（5）显示在$\alpha=0.05$下第一均衡子集包含A_3、A_1、A_2，第二均衡子集包含A_1、A_2、A_4，每一均衡子集内均数在$\alpha=0.05$水平下无显著性差异，A_3与A_4分属第一、第二均衡子集，它们的均数间有显著性差异。

⑥图8-5给出了各组均数的散点图，从中可以看出各组均数的分布。

表8-6（1） 描述统计量

立定跳远成绩								
	N	均值	标准差	标准误	均值的 95% 置信区间		极小值	极大值
					下限	上限		
1	4	190.0000	43.20494	21.60247	121.2513	258.7487	130.00	230.00
2	4	230.0000	31.62278	15.81139	179.6811	280.3189	200.00	270.00
3	4	180.0000	21.60247	10.80123	145.6257	214.3743	150.00	200.00
4	4	250.0000	21.60247	10.80123	215.6257	284.3743	220.00	270.00
总数	16	212.5000	40.41452	10.10363	190.9646	234.0354	130.00	270.00

表8-6（2） 方差齐性检验

立定跳远成绩			
Levene 统计量	df1	df2	显著性
.771	3	12	.532

表8-6（3） ANOVA

立定跳远成绩					
	平方和	df	均方	F	显著性
组间	13100.000	3	4366.667	4.596	.023
组内	11400.000	12	950.000		
总数	24500.000	15			

表8-6（4） 多重比较

因变量：立定跳远成绩

	（I）组别	（J）组别	均值差（I-J）	标准误	显著性	95% 置信区间	
						下限	上限
Tukey HSD	1	2	−40.00000	21.79449	.305	−104.7057	24.7057
		3	10.00000	21.79449	.967	−54.7057	74.7057
		4	−60.00000	21.79449	.072	−124.7057	4.7057
	2	1	40.00000	21.79449	.305	−24.7057	104.7057
		3	50.00000	21.79449	.154	−14.7057	114.7057
		4	−20.00000	21.79449	.796	−84.7057	44.7057
	3	1	−10.00000	21.79449	.967	−74.7057	54.7057
		2	−50.00000	21.79449	.154	−114.7057	14.7057
		4	−70.00000*	21.79449	.033	−134.7057	−5.2943
	4	1	60.00000	21.79449	.072	−4.7057	124.7057
		2	20.00000	21.79449	.796	−44.7057	84.7057
		3	70.00000*	21.79449	.033	5.2943	134.7057

续表

	（I）组别	（J）组别	均值差（I-J）	标准误	显著性	95% 置信区间	
						下限	上限
LSD	1	2	−40.00000	21.79449	.091	−87.4861	7.4861
		3	10.00000	21.79449	.655	−37.4861	57.4861
		4	−60.00000*	21.79449	.018	−107.4861	−12.5139
	2	1	40.00000	21.79449	.091	−7.4861	87.4861
		3	50.00000*	21.79449	.041	2.5139	97.4861
		4	−20.00000	21.79449	.377	−67.4861	27.4861
	3	1	−10.00000	21.79449	.655	−57.4861	37.4861
		2	−50.00000*	21.79449	.041	−97.4861	−2.5139
		4	−70.00000*	21.79449	.007	−117.4861	−22.5139
	4	1	60.00000*	21.79449	.018	12.5139	107.4861
		2	20.00000	21.79449	.377	−27.4861	67.4861
		3	70.00000*	21.79449	.007	22.5139	117.4861

*. 均值差的显著性水平为 0.05。

表8-6（5）　立定跳远成绩

	组别	N	alpha = 0.05 的子集	
			1	2
Tukey HSDa	3	4	180.0000	
	1	4	190.0000	190.0000
	2	4	230.0000	230.0000
	4	4		250.0000
	显著性		.154	.072

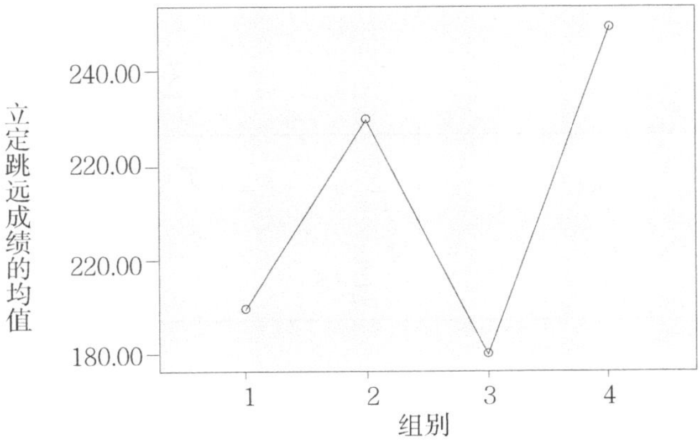

图8-5

三、双因素方差分析

在实际工作中遇到的多数情况是同时考察几个因素对试验指标的影响，这就需要进行多因素方差分析，本书仅讨论双因素情况。

设因素 A 取 k 个不同的水平 A_1，A_2，…，A_k；因素B取 m 个不同水平B_1，B_2，…，B_m。这样因素A与B共有$k \cdot m$个水平组合 $A_i B_j(i=1,2,\cdots,k;\ j=1,2,\cdots,m)$。设在$A_i B_j$水平组合下的试验结果为$x_{ij}$，各 x_{ij} 相互独立且服从正态分布 $N(\mu_j,\sigma^2)$，$(i=1,2,\cdots,k;j=1,2,\cdots,m)$。

由于存在两个因素，这就可能产生一种新情况：两个因素对试验指标的影响是否就等于两个因素分别对试验指标影响的叠加？例如，会不会产生这样的情况，将分别使试验指标达到最大的两个因素的水平搭配到一起，反而会使试验指标值下降。这种各个因素的不同水平的搭配对试验指标所产生的新的影响称为交互作用，如果没有影响称为无交互作用。

（一）无交互作用的双因素方差分析

表8-7　双因素无交互作用试验数据表

指标 因素B / 因素A	B_1	B_2		B_m	行和 $\sum_{j=1}^{m} x_{ij}$	行平均 $\bar{x}_{i.}$
A_1	x_{11}	x_{12}		x_{1m}	$\sum_{j=1}^{m} x_{1j}$	$\frac{1}{m}\sum_{j=1}^{m} x_{1j}$
A_2	x_{21}	x_{22}		x_{2m}	$\sum_{j=1}^{m} x_{2j}$	$\frac{1}{m}\sum_{j=1}^{m} x_{2j}$
⋮	⋮	⋮	⋮	⋮	⋮	⋮
A_k	x_{k1}	x_{k2}	…	x_{km}	$\sum_{j=1}^{m} x_{kj}$	$\frac{1}{m}\sum_{j=1}^{m} x_{kj}$
列和 $\sum_{i=1}^{k} x_{ij}$	$\sum_{i=1}^{k} x_{i1}$	$\sum_{i=1}^{k} x_{i2}$	…	$\sum_{i=1}^{k} x_{im}$	总和 $T=\sum_{i=1}^{k}\sum_{j=1}^{m} x_{ij}$	
列平均 $\bar{x}_{.j}$	$\frac{1}{k}\sum_{i=1}^{k} x_{i1}$	$\frac{1}{k}\sum_{i=1}^{k} x_{i2}$	…	$\frac{1}{k}\sum_{i=1}^{k} x_{im}$		总平均 $\bar{x}=\frac{1}{km}\sum_{i=1}^{k}\sum_{j=1}^{m} x_{ij}$

1. 检验步骤

因为无交互作用，两个因素对试验指标的影响等于每个因素的影响的叠加，其计算步骤如下：

记：$\overline{x}=\frac{1}{km}\sum_{i=1}^{k}\sum_{j=1}^{m}x_{ij}$；$\overline{x}_{\bullet j}=\frac{1}{k}\sum_{i=1}^{k}x_{ij}$，$(j=1,2,\ldots,m)$；$\overline{x}_{i\bullet}=\frac{1}{m}\sum_{j=1}^{m}x_{ij}$，$(i=1,2,\ldots,k)$

总变差 $SS_T=SS_A+SS_B+SS_E$

$$SS_T=\sum_{i=1}^{k}\sum_{j=1}^{m}\left(x_{ij}-\overline{x}\right)^2=\sum_{i=1}^{k}\sum_{j=1}^{m}x_{ij}^2-k\cdot m\overline{x}^2$$

$$SS_A=\sum\sum\left(\overline{x}_{i.}-\overline{x}\right)^2=m\sum_{i=1}^{k}\overline{x}_{i.}^2-k\cdot m\overline{x}^2$$

$$SS_B=\sum\sum\left(\overline{x}_{.j}-\overline{x}\right)^2=k\sum_{j=1}^{k}\overline{x}_{.j}^2-k\cdot m\overline{x}^2$$

$$SS_E=\sum\sum\left(x_{ij}-\overline{x}_{i.}-\overline{x}_{.j}+\overline{x}\right)^2=SS_T-SS_A-SS_B \qquad (8-7)$$

其中SS_T：总变差，反映了全部数据的波动程度；SS_A：反映因素 A 引起的变差，称为因素 A 的变差平方和；SS_E：反映因素 B 引起的变差，称为因素 B 的变差平方和；SS_E：反映了误差的作用，称为误差的变差平方和。

给出统计假设H_0：因素 A，因素 B 的影响不显著。

在H_0成立时，统计量：

$$F_A=\frac{SS_A}{SS_E}\cdot(m-1)\sim F[(k-1),(k-1)(m-1)]$$

$$F_B=\frac{SS_B}{SS_E}\cdot(k-1)\sim F[(m-1),(k-1)(m-1)] \qquad (8-8)$$

给出显著性水平 α，从样本数据算出 F_A、F_B；查表得到相应各因素对应的 $F_{A\alpha}$，$F_{B\alpha}$，当：

$F_A\geq F_{A\alpha}$时，认为因素 A 影响显著；$F_A<F_{A\alpha}$时，认为因素 A 影响不显著。

$F_B\geq F_{B\alpha}$时，认为因素 B 影响显著；$F_B<F_{B\alpha}$时，认为因素 B 影响不显著。

表8-8　无交互作用双因素方差分析表

方差来源	平方和	自由度	均方	F 值
因素 A	SS_A	k-1	$SS_A/(k-1)$	F_A
因素 B	SS_B	m-1	$SS_B/(m-1)$	F_B
误差 E	SS_E	（k−1）（m−1）	$SS_E/(k-1)(m-1)$	
总和	SS_T	$km-1$		

2. 用SPSS软件进行双因素方差分析的实例

例8−3：对运动员在不同距离和间歇时间的重复跑后进行血乳酸的测定结果如表8−9所示，请问：重复跑的距离和间歇时间对运动员的血乳酸含量的影响是否有显著性差异？

（ $\alpha=0.05$ ）

表8-9　例8-2数据表

血乳酸含量 / 间歇时间 A \ 距离 B	4×100米	4×200米	4×300米	4×400米
2'	176	179	193	260
3'	160	170	180	250
4'	152	160	175	240

解：本例我们使用双因素无交互作用方差分析方法

①定义变量血乳酸、间歇时间（值标签取1、2、3分别表示2分、3分、4分的间歇时间），距离（值标签取1、2、3、4分别表示 4×100米 、 4×200米 、 4×300米 、 4×400米 ），输入数据，如图8-6所示，并存盘；

②选择分析 → 一般线性模型 → 单因变量 ，打开如图8-7所示对话框；

	血乳酸	间歇时间	距离
1	176.0	2分	4*100米
2	179.0	2分	4*200米
3	193.0	2分	4*300米
4	260.0	2分	4*100米
5	160.0	3分	4*100米
6	170.0	2分	4*200米
7	180.0	2分	4*300米
8	250.0	2分	4*100米
9	152.0	3分	4*100米
10	160.0	3分	4*200米
11	175.0	3分	4*300米
12	240.0	3分	4*100米

图8-6

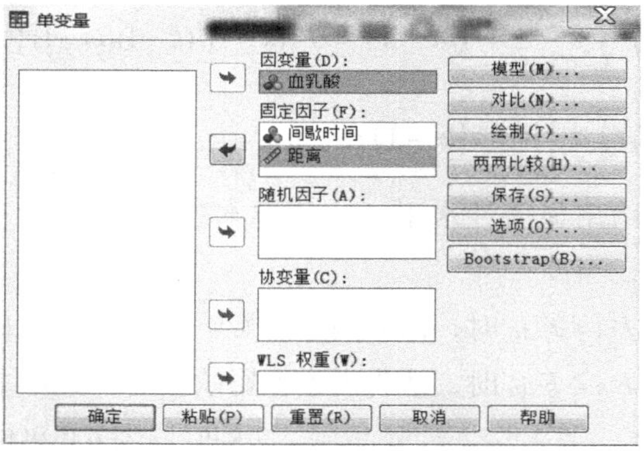

图8-7

③将变量血乳酸放置于因变量框中，将变量间歇时间、距离放置于固定因子栏中。

④单击[模型]按钮，打开如图8-8所示对话框，图8-8所示对话框中，指定模型：全因子（建立因素全模型，包括所有因素变量的主效应和所有的交互作用）、设定（用户自定义模型，单击此项将激活下面各操作框）两项。

本例选择设定，因子与协变量下端矩形框中分别单击[间歇时间]、[距离]，再点击向右箭头按钮将间歇时间、距离两个变量拉进模型框内；在构建项类型下选择主效应（无交互作用时的主效应）。平方和分解方法选择TypeⅢ， 模型中含有截距项不选，单击[继续]按钮返回主对话框。

⑤单击[两两比较]（多重比较），打开如图8-9所示的对话框，在此对话框的因子下端矩

形框中分别单击[间歇时间]、[距离]，再点击向右箭头按钮，将变量间歇时间、距离放置于两两比较下端矩形框中；假定方差齐性下选择LSD、Tukey，单击[继续]按钮返回主对话框。

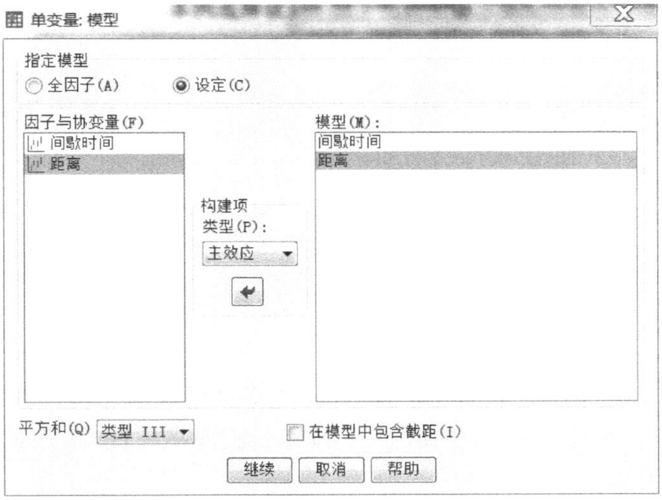

图8-8

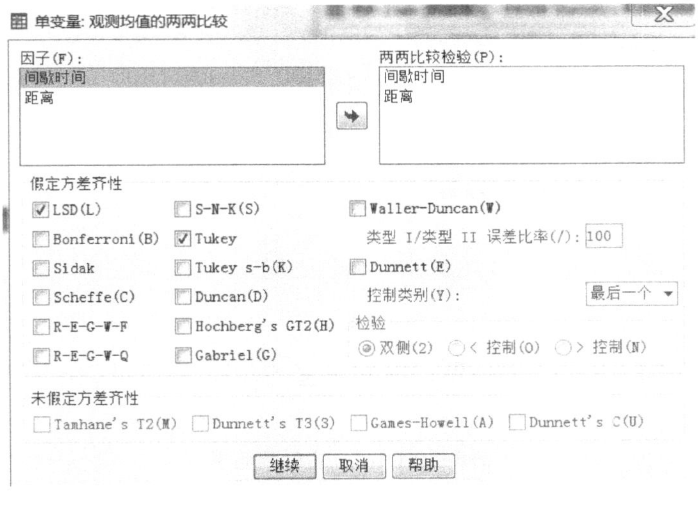

图8-9

⑥单击[选项]按钮，打开如图8-10所示的对话框，在因子与因子交互下端矩形框中分别选择间歇时间、距离再点击向右箭头，将变量间歇时间、距离分别放置于显示均值 下端矩形框中，在输出下选择描述性统计量、方差齐性检验，单击[继续]按钮返回主对话框。

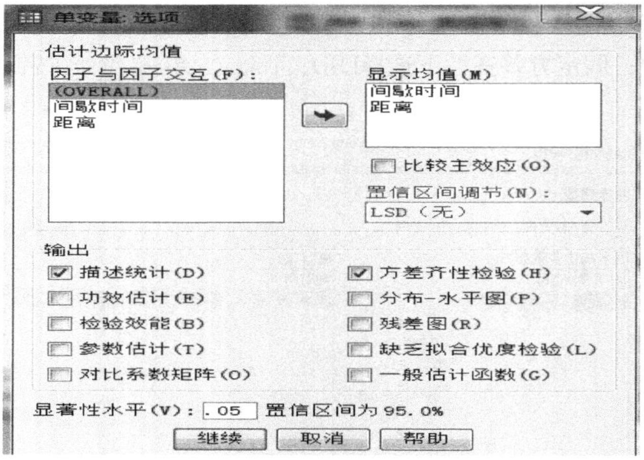

图8-10

⑦单击[绘图]按钮，打开如图8-11所示交互效应图按钮，将间歇时间放置于水平轴栏中，将距离放置于单图s栏中，单击[添加]按钮，将间歇时间*距离放置于图框中，单击[继续]按钮返回主对话框；

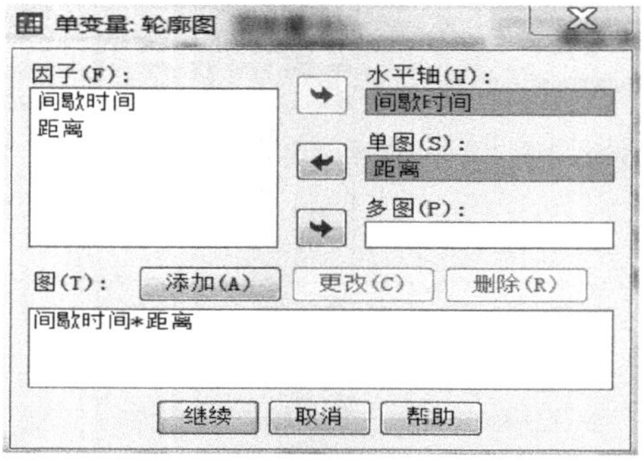

图8-11

⑧单击[继续]按钮，回到主对话框，单击[确定]按钮，得到如表8-10所示的计算结果。

表8-10（1） 主体间因子

		值标签	N
间歇时间	1	2分	4
	2	3分	4
	3	4分	4
距离	1	4*100米	3
	2	4*200米	3
	3	4*300米	3
	4	4*400米	3

表8-10（2） 描述性统计量

因变量：血乳酸				
间歇时间	距离	均值	标准 偏差	N
2分	4*100米	176.000	.	1
	4*200米	179.000	.	1
	4*300米	193.000	.	1
	4*400米	260.000	.	1
	总计	202.000	39.3700	4
3分	4*100米	160.000	.	1
	4*200米	170.000	.	1
	4*300米	180.000	.	1
	4*400米	250.000	.	1
	总计	190.000	40.8248	4
4分	4*100米	152.000	.	1
	4*200米	160.000	.	1
	4*300米	175.000	.	1
	4*400米	240.000	.	1
	总计	181.750	39.9865	4
总计	4*100米	162.667	12.2202	3
	4*200米	169.667	9.5044	3
	4*300米	182.667	9.2916	3
	4*400米	250.000	10.0000	3
	总计	191.250	37.2659	12

表8-10（3） 误差方差等同性的 Levene 检验[a]

因变量：血乳酸

F	df1	df2	Sig.
.	11	0	.

检验零假设，即在所有组中因变量的误差方差均相等。

a. 设计：间歇时间 + 距离。

表8-10（4） 主体间效应的检验

因变量：血乳酸

源	III 型平方和	df	均方	F	Sig.
模型	454172.500a	6	75695.417	20185.444	.000
间歇时间	829.500	2	414.750	110.600	.000
距离	14424.250	3	4808.083	1282.156	.000
误差	22.500	6	3.750		
总计	454195.000	12			
a. R 方 = 1.000（调整 R 方 = 1.000）					

表8-10（5） 1. 间歇时间

因变量：血乳酸

间歇时间	均值	标准 误差	95% 置信区间	
			下限	上限
2分	202.000	.968	199.631	204.369
3分	190.000	.968	187.631	192.369
4分	181.750	.968	179.381	184.119

2. 距离

因变量：血乳酸

距离	均值	标准 误差	95% 置信区间	
			下限	上限
4*100米	162.667	1.118	159.931	165.402
4*200米	169.667	1.118	166.931	172.402
4*300米	182.667	1.118	179.931	185.402
4*400米	250.000	1.118	247.264	252.736

表8-10（6） 多个比较

因变量：血乳酸

	（I）间歇时间	（J） 间歇时间	均值差值（I-J）	标准 误差	Sig.	95% 置信区间	
						下限	上限
Tukey HSD	2分	3分	12.000*	1.3693	.000	7.799	16.201
		4分	20.250*	1.3693	.000	16.049	24.451
	3分	2分	-12.000*	1.3693	.000	-16.201	-7.799
		4分	8.250*	1.3693	.002	4.049	12.451
	4分	2分	-20.250*	1.3693	.000	-24.451	-16.049
		3分	-8.250*	1.3693	.002	-12.451	-4.049
LSD	2分	3分	12.000*	1.3693	.000	8.649	15.351
		4分	20.250*	1.3693	.000	16.899	23.601
	3分	2分	-12.000*	1.3693	.000	-15.351	-8.649
		4分	8.250*	1.3693	.001	4.899	11.601
	4分	2分	-20.250*	1.3693	.000	-23.601	-16.899
		3分	-8.250*	1.3693	.001	-11.601	-4.899

基于观测到的均值。
误差项为均值方（错误）= 3.750。
*. 均值差值在 .05 级别上较显著。

表8-10（7）　血乳酸

	间歇时间	N	子集		
			1	2	3
Tukey HSDa，b	4分	4	181.750		
	3分	4		190.000	
	2分	4			202.000
	Sig.		1.000	1.000	1.000

已显示同类子集中的组均值。基于观测到的均值。误差项为均值方（错误）= 3.75C。
a. 使用调和均值样本大小 = 4.000。b. Alpha = .05。

表8-10（8）　多个比较

因变量：血乳酸

	（I）距离	（J）距离	均值差值（I-J）	标准 误差	Sig.	95% 置信区间	
						下限	上限
Tukey HSD	4*100米	4*200米	-7.000*	1.5811	.017	-12.473	-1.527
		4*300米	-20.000*	1.5811	.000	-25.473	-14.527
		4*400米	-87.333*	1.5811	.000	-92.807	-81.860
	4*200米	4*100米	7.000*	1.5811	.017	1.527	12.473
		4*300米	-13.000*	1.5811	.001	-18.473	-7.527
		4*400米	-80.333*	1.5811	.000	-85.807	-74.860
	4*300米	4*100米	20.000*	1.5811	.000	14.527	25.473
		4*200米	13.000*	1.5811	.001	7.527	18.473
		4*400米	-67.333*	1.5811	.000	-72.807	-61.860
	4*400米	4*100米	87.333*	1.5811	.000	81.860	92.807
		4*200米	80.333*	1.5811	.000	74.860	85.807
		4*300米	67.333*	1.5811	.000	61.860	72.807
LSD	4*100米	4*200米	-7.000*	1.5811	.004	-10.869	-3.131
		4*300米	-20.000*	1.5811	.000	-23.869	-16.131
		4*400米	-87.333*	1.5811	.000	-91.202	-83.464
	4*200米	4*100米	7.000*	1.5811	.004	3.131	10.869
		4*300米	-13.000*	1.5811	.000	-16.869	-9.131
		4*400米	-80.333*	1.5811	.000	-84.202	-76.464
	4*300米	4*100米	20.000*	1.5811	.000	16.131	23.869
		4*200米	13.000*	1.5811	.000	9.131	16.869
		4*400米	-67.333*	1.5811	.000	-71.202	-63.464
	4*400米	4*100米	87.333*	1.5811	.000	83.464	91.202
		4*200米	80.333*	1.5811	.000	76.464	84.202
		4*300米	67.333*	1.5811	.000	63.464	71.202

基于观测到的均值。误差项为均值方（错误）= 3.750。
*. 均值差值在 .05 级别上较显著。

表8-10（9） 血乳酸

	距离	N	子集			
			1	2	3	4
Tukey HSDa，b	4*100米	3	162.667			
	4*200米	3		169.667		
	4*300米	3			182.667	
	4*400米	3				250.000
	Sig.		1.000	1.000	1.000	1.000

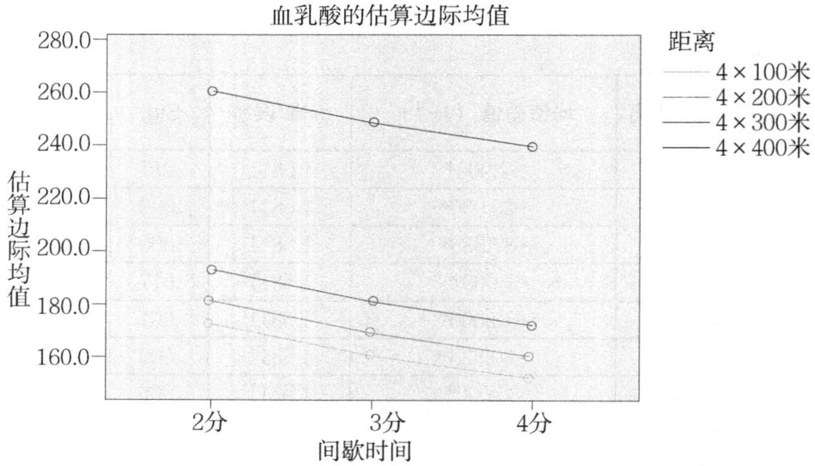

图8-12

计算结果的统计解释与说明：

①表8-10（1）显示因素间歇时间有3个水平、因素距离有4个水平，及各水平下的重复数。

②表8-10（2）给出了因素间歇时间、距离各水平下因变量血乳酸的样本统计量。

③表8-10（3）显示了方差齐性的检验结果，由于每组实验没有重复数，df2=0，所以此例无法进行检验（注意：原则上该例不适合做双因素方差分析，需加大样本量才能使用双因素方差分析。）

如果Sig.≤0.05可认为两个因素各水平下的方差不齐同，Sig.＞0.05可认为两个因素各水平下的方差齐同。

④表8-10（4）给出了方差分析表，因素间歇时间的F=110.60，Sig.=0.000＜0.05，可认为因素间歇时间效应显著，即不同间歇时间下血乳酸含量有显著性差异；因素距离的F=1282.156，Sig.=0.000＜0.05，因素距离的效应也显著，即不同距离下的血乳酸含量也有显著性差异。

⑤表8-10（5）分别给出了因素间歇时间、因素距离不同水平下的因变量血乳酸的样本

统计量（与②不同）。

⑥表8-10（6）给出了因素间歇时间不同水平下的两种多重比较结果，结果显示各水平间都有显著性差异（$\alpha=0.05$）。

⑦表8-10（7）显示了间歇时间的不同水平下的血乳酸的均值属于不同的均衡子集，表示间歇时间的不同水平下血乳酸的均值有显著性差异。

⑧表8-10（8）给出了因素距离不同水平下的两种多重比较结果，结果显示各水平间都有显著性差异。

⑨表8-10（9）显示了距离的不同水平下的血乳酸的均值属于不同的均衡子集，表示距离的不同水平下血乳酸的均值有显著性差异。

⑩图8-12显示的交互效应图中四条均值线基本平行，表示因素间歇时间与距离无交互作用，因此使用无交互作用双因素方差分析是合理的。

（二）有交互作用的双因素方差分析

1. 因素间交互作用的概念

设有两个因素A和B，它们各取两个水平A_1、A_2和B_1、B_2，这时共有四种不同的水平组合，其试验结果见图8-13。

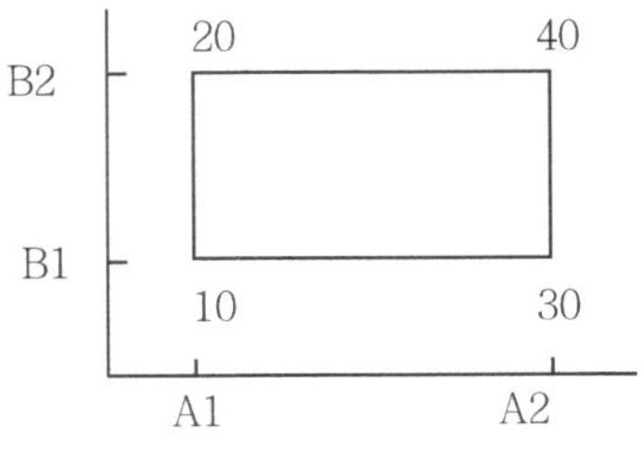

图8-13

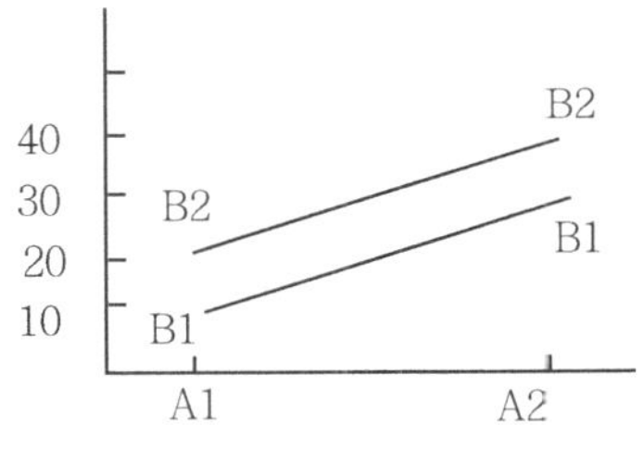

图8-14

设y为因变量，当$B=B_1$时，A_1变到A_2使Y增加30−10=20；类似地，当$B=B_2$时，A_1变到A_2使Y也增加40−20=20。也就是说，A对Y的影响与B取什么水平无关。同样地，当B从B_1变到B_2时，Y增加20−10=10（或40−30=10），与A取的水平无关，这时我们称A和B之间没有交互作用。

判断A和B之间有无交互作用，选用图8-14的作图方法更为直观，当图中的两条直线平行时（或接近平行时）判断A和B之间没有交互作用。图8-15和图8-16给出了一个有交互作用的例子，它们的含义和作图方法同图8-13与图8-14。

交互作用在体育运动实践中是大量存在的。

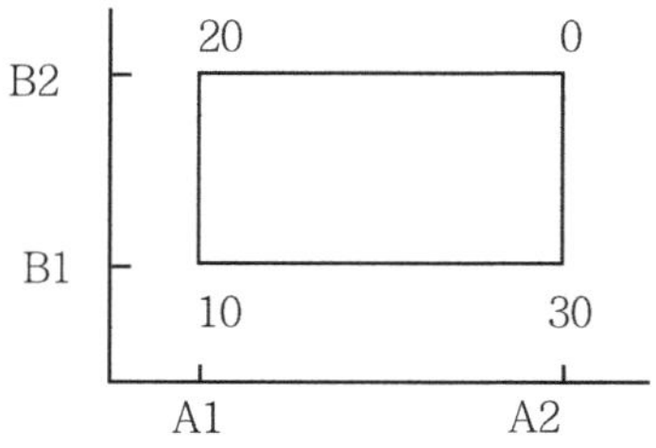

图8-15

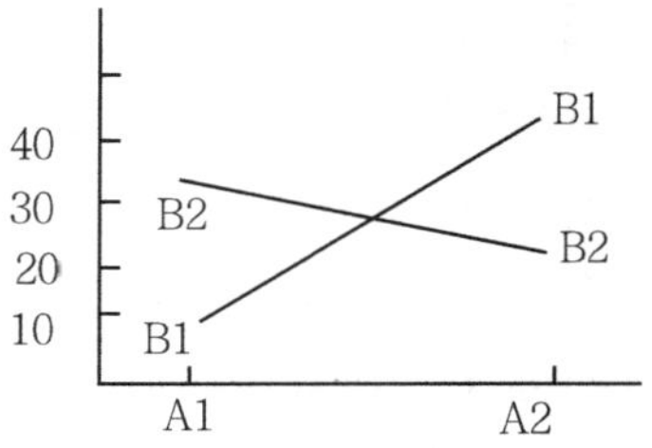

图8-16

2. 有交互作用的双因素方差分析方法及步骤

为了研究交互作用对试验结果的影响，需对A_i与B_j的每种组合进行多次重复试验。如果对一个组合$A_i B_j$只做一次试验，这时得到的结果x_{ij}如果偏高或偏低就很难判定这种偏离是因为交互作用的影响还是由于随机误差的作用。为此我们假定对每一种组合均做r次重复试验（不重复亦可）。试验结果记为 x_{ijt}， $t=1,2,\ldots$， r 。

一般地，双因素有重复试验的数据可列成表8-11：

记因素A和因素B的交互作用为$A\times B$

$$H_0:\begin{cases}H_{01}:\ \text{因素}A\text{的影响不显著}\\H_{02}:\ \text{因素}B\text{的影响不显著}\\H_{03}:\ \text{因素}A\text{与}B\text{交互作用}A\times B\text{影响不显著}\end{cases}$$

总变差：$SS_T=\sum\sum\sum(x_{ijt}-\bar{x})^2$ ， $SS_T=SS_A+SS_B+SS_{A\times B}+SS_E$

SS_A：因素A的变差平方和，　　SS_B：因素B的变差平方和

$SS_{A\times B}$：A与B交互作用的变差平方和，　　SS_B：误差平方和

H_0成立时，$F_A=\dfrac{SS_A/(k-1)}{SS_E/km(r-1)}\sim F[(k-1),km(r-1)]$

$$F_B=\frac{SS_B/(m-1)}{SS_E/km(r-1)}\sim F[(m-1),km(r-1)]$$

$$F_{A\times B}=\frac{SS_{A\times B}/(k-1)(m-1)}{SS_E/km(r-1)}\sim F[(k-1)(m-1),km(r-1)]\qquad(8\text{-}9)$$

表8-11 双因素有交互作用试验数据表

因素B / 因素 A	B_1	B_2	…	B_m	行和	行平均
A_1	x_{111}	x_{121}	…	x_{1m1}		
	x_{112}	x_{122}	…	x_{1m2}		
	⋮	⋮	…	⋮		
	x_{11r}	x_{12r}	…	x_{1mr}		
列平均	$\bar{x}_{11.}$	$\bar{x}_{12.}$	…	$\bar{x}_{1m.}$		$\bar{x}_{1..}$
A_2	x_{211}	x_{221}	…	x_{2m1}		
	x_{212}	x_{222}	…	x_{2m2}		
	⋮	⋮	…	⋮		
	x_{21r}	x_{22r}	…	x_{2mr}		
列平均	$\bar{x}_{21.}$	$\bar{x}_{22.}$	…	$\bar{x}_{2m.}$		$\bar{x}_{2..}$
⋮	⋮	⋮	…	⋮		⋮
A_k	x_{k11}	x_{k21}	…	x_{km1}		
	x_{k12}	x_{k22}	…	x_{km2}		
	⋮	⋮	…	⋮		
	x_{k1r}	x_{k2r}	…	x_{kmr}		
列平均	$\bar{x}_{k1.}$	$\bar{x}_{k2.}$	…	$\bar{x}_{km.}$		$\bar{x}_{k..}$
						$\bar{x}$

表8-12 双因素有交互作用方差分析表

方差来源	平方和	自由度	均方	F
A	SS_A	$k-1$	$SS_A/(k-1)$	F_A
B	SS_B	$m-1$	$SS_B/(m-1)$	F_B
$A\times B$	$SS_{A\times B}$	$(k-1)(m-1)$	$SS_{A\times B}/(k-1)(m-1)$	$F_{A\times B}$
误差E	SS_E	$km(r-1)$	$SS_E/km(m-1)$	
总和	SS_T	$kmr-1$		

3. 用SPSS软件进行双因素方差分析的实例

例8-4：某人为研究不同膳食及不同的运动方式对大鼠体脂含量百分比的影响，给大鼠以普通膳食与高脂膳食，并分别采用温水游泳、冷水游泳与冷水浸泡三种运动方式，实验中采用随机分组的方式，8周后测量其体脂百分比，数据如表8-13所示，试由数据分析因素膳食及运动方式对大鼠体脂百分比的影响如何？（ $\alpha=0.05$ ）

表8-13

编号	膳食种类	训练方式	体脂含量	编号	膳食种类	训练方式	体脂含量
1	普通	温水游泳	20.77	24	高脂	温水游泳	31.54
2	普通	温水游泳	22.72	25	高脂	温水游泳	31.83
3	普通	温水游泳	23.96	26	高脂	温水游泳	32.33
4	普通	温水游泳	24.55	27	高脂	温水游泳	37.63
5	普通	温水游泳	28.6	28	高脂	温水游泳	38.87
6	普通	温水游泳	31.71	29	高脂	温水游泳	42.29
7	普通	温水游泳	32.57	30	高脂	温水游泳	43.05
8	普通	温水游泳	33.21	31	高脂	温水游泳	43.88
9	普通	冷水游泳	16.75	32	高脂	温水游泳	49.87
10	普通	冷水游泳	18.12	33	高脂	冷水游泳	19.63
11	普通	冷水游泳	18.76	34	高脂	冷水游泳	20.28
12	普通	冷水游泳	21.43	35	高脂	冷水游泳	21.79
13	普通	冷水游泳	21.46	36	高脂	冷水游泳	22.13
14	普通	冷水游泳	21.48	37	高脂	冷水游泳	28.95
15	普通	冷水游泳	21.93	38	高脂	冷水游泳	32.65
16	普通	冷水游泳	23.45	39	高脂	冷水浸泡	24.88
17	普通	冷水浸泡	21.06	40	高脂	冷水浸泡	26.27
18	普通	冷水浸泡	21.63	41	高脂	冷水浸泡	27.83
19	普通	冷水浸泡	23.27	42	高脂	冷水浸泡	28.07
20	普通	冷水浸泡	25.23	43	高脂	冷水浸泡	30.01
21	普通	冷水浸泡	29.3	44	高脂	冷水浸泡	32.42
22	普通	冷水浸泡	32.07	45	高脂	冷水浸泡	34.66
23	普通	冷水浸泡	36.23	46	高脂	冷水浸泡	36.68

解：本例选择有交互作用的双因素方差分析

①建立数据文件，变量“膳食种类”（1为普通膳食，2为高脂膳食）、变量“训练方式”（1为温水游泳，2为冷水游泳，3为冷水浸泡）、变量“体脂含量”表示体脂含量百分比。分别输入数据并存盘，如图8-17所示。

	膳食种类	训练方式	体脂含量
1	1	1	20.77
2	1	1	22.72
3	1	1	23.96
4	1	1	24.55
5	1	1	28.60
6	1	1	31.71
7	1	1	32.57
8	1	1	32.21
9	1	2	16.75
10	1	2	18.12
11	1	2	18.76
12	1	2	21.43

图8-17

②选择分析 → 一般线性模型 → 单变量打开如图8-18所示对话框，将变量“体脂含量”放置于因变量栏下，将变量“膳食种类”“训练方式”放置于固定因子框中。

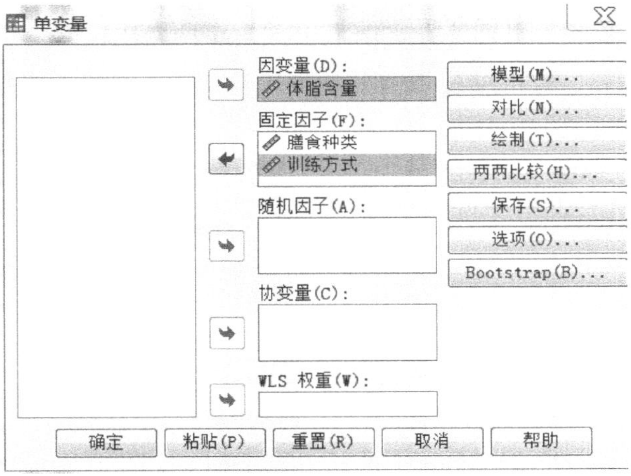

图8-18

③单击模型按钮，在指定模型下选择全模型，平方和（分解平方和方法）选择类型Ⅲ，选择在模型中包括截距项，如图8-19所示，单击继续按钮，返回主对话框。

④单击绘制按钮，打开如图8-20所示交互效应图的对话框，将变量“膳食种类”放入水平轴栏中，将变量“训练方式”放入单图栏中并单击添加按钮，单击继续按钮，返回主对话框。

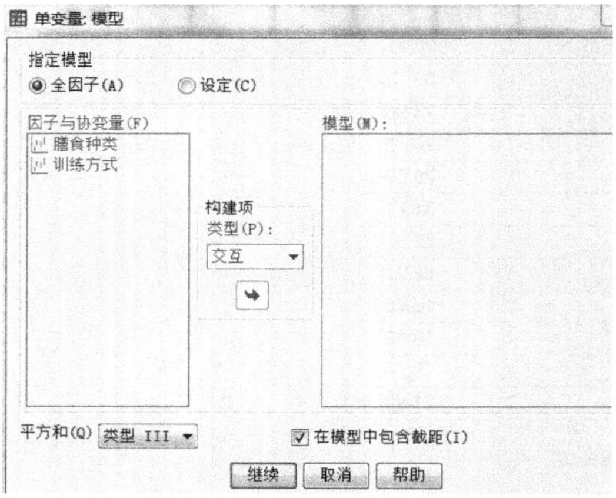

图8-19

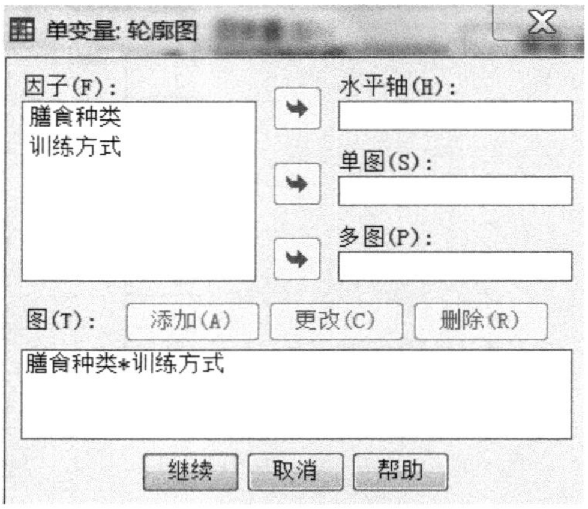

图8-20

⑤单击[两两比较]（多重比较）按钮，打开如图8-21所示的多重比较对话框，在此框中的因子下端矩阵框中单击变量[训练方式]，将其放置于两两比较检验变量框中，假定方差齐性下选择*LSD*和Tukey法，单击[继续]按钮，返回主对话框（“膳食种类”只有两个水平，无须做多重比较）。

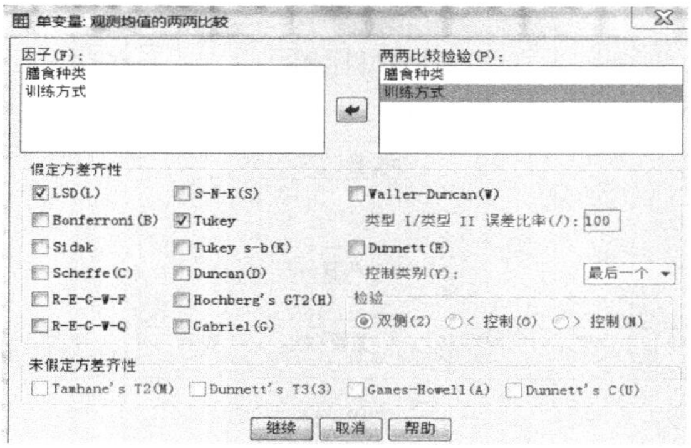

图8-21

⑥单击[确定]按钮，打开如图8-22所示的对话框，将变量“膳食种类”“训练方式”及“膳食种类*训练方式”放置于显示均值下端矩形框中，并在输出下选择描述统计、功效估计（列出每个估计效应大小和每个估计值的偏eta平方，eta平方统计量描述每个因素对总变差贡献的大小，eta平方越大对总变差贡献也越大）、检验效能（每个效应和每个参数估计值的检验效能）、方差齐性检验；单击[继续]按钮，返回主对话框。

⑦单击[确定]按钮，得到如表8-14所示的计算结果。

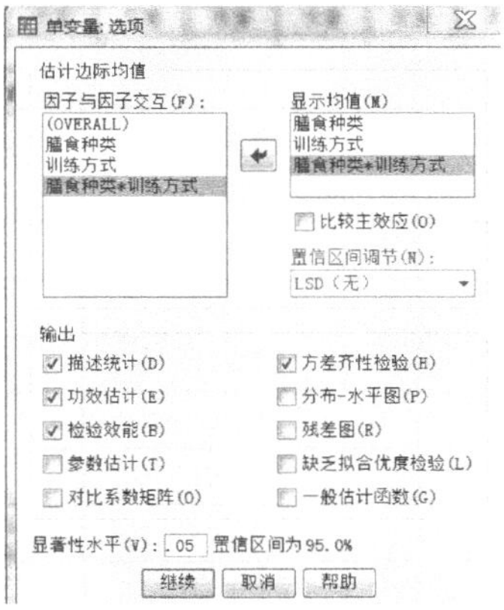

图8-22

计算结果的统计解释与说明：

①表8-14（1）显示了膳食种类、训练方式二因素各种水平下的样本例数。

②表8-14（2）显示了不同膳食种类、训练方式下体脂含量的样本统计量。

③表8-14（3）给出了各因素不同水平交叉的体脂含量数据的Levene方差齐性检验结果，Sig.=0.087>0.05，可认为方差具有齐性。

④表8-14（4）给出了双因素有交互作用的方差分析表。因素膳食种类、训练方式及膳食种类*训练方式（交互作用）在α=0.05水平下对体脂含量皆有显著性影响，且交互作用影响显著。

E_{ta}平方：E_{ta}^2（训练方式）> E_{ta}^2（膳食种类）> E_{ta}^2（交互作用）

可以认为各因素对总变量的贡献是因素训练方式>因素膳食种类>因素交互作用。从观察效能来看交互作用的效能小于1，最好增加一些观察会更能说明问题。

⑤表8-14（5）、（6）给出了训练方式及二因素各水平交叉组合下体脂含量的描述性统计量。

⑥表8-14（7）给出了Tukey法、*LSD*法的多重比较结果，显示各水平交叉组合下体脂含量皆有显著性差异。

⑦表8-14（8）显示不同训练方式下的体脂含量均值属于不同的均衡子集，结果同⑥。

⑧图8-23给出的体脂含量边缘均值交互效应图显示二因素具有交互作用（3条线不平行）。

表8-14（1）主体间因子

		值标签	N
膳食种类	1	普通膳食	23
	2	高脂膳食	23
训练方式	1	温水游泳	17
	2	冷水游泳	14
	3	冷水泡	15

表8-14（2） 描述性统计量

因变量：体脂含量

膳食种类	训练方式	均值	标准 偏差	N
普通膳食	温水游泳	27.1363	4.70774	8
	冷水游泳	20.4225	2.27410	8
	冷水泡	26.9700	5.73509	7
	总计	24.7504	5.30248	23
高脂膳食	温水游泳	39.0322	6.35051	9
	冷水游泳	24.2383	5.29718	6
	冷水泡	30.1025	4.15196	8
	总计	32.0670	8.03072	23
总计	温水游泳	33.4341	8.20490	17
	冷水游泳	22.0579	4.17339	14
	冷水泡	28.6407	5.03313	15
	总计	28.4087	7.67826	46

表8-14（3） 误差方差等同性的 Levene 检验a

F	df1	df2	Sig.
2.084	5	40	.087

检验零假设，即在所有组中因变量的误差方差均相等。

a. 设计：截距 + 膳食种类 + 训练方式 + 膳食种类 * 训练方式

表8-14（4） 主体间效应的检验

因变量：体脂含量

源	Ⅲ型平方和	df	均方	F	Sig.	偏 Eta 方	非中心 参数	观测到的幂b
校正模型	1680.714a	5	336.143	13.829	.000	.634	69.144	1.000
截距	35432.100	1	35432.100	1457.673	.000	.973	1457.673	1.000
膳食种类	446.320	1	446.320	18.362	.000	.315	18.362	.987
训练方式	877.159	2	438.579	18.043	.000	.474	36.086	1.000
膳食种类 * 训练方式	190.253	2	95.127	3.913	.028	.164	7.827	.672
误差	972.292	40	24.307					
总计	39777.489	46						
校正的总计	2653.006	45						

a. R 方 = .634（调整 R 方 = .588）

b. 使用 alpha 的计算结果 = .05

表8-14（5）　1. 膳食种类

因变量：体脂含量

膳食种类	均值	标准 误差	95% 置信区间	
			下限	上限
普通膳食	24.843	1.030	22.761	26.925
高脂膳食	31.124	1.043	29.016	33.232

表8-14（5）　2. 训练方式

因变量：体脂含量

训练方式	均值	标准 误差	95% 置信区间	
			下限	上限
温水游泳	33.084	1.198	30.663	35.505
冷水游泳	22.330	1.331	19.640	25.021
冷水泡	28.536	1.276	25.958	31.115

表8-14（6）　3. 膳食种类＊训练方式

因变量：体脂含量

膳食种类	训练方式	均值	标准 误差	95% 置信区间	
				下限	上限
普通膳食	温水游泳	27.136	1.743	23.613	30.659
	冷水游泳	20.423	1.743	16.900	23.945
	冷水泡	26.970	1.863	23.204	30.736
高脂膳食	温水游泳	39.032	1.643	35.711	42.354
	冷水游泳	24.238	2.013	20.170	28.306
	冷水泡	30.103	1.743	26.580	33.625

表8-14（7）　多个比较

因变量：体脂含量

	（I）训练方式	（J）训练方式	均值差值（I-J）	标准 误差	Sig.	95% 置信区间	
						下限	上限
Tukey HSD	温水游泳	冷水游泳	11.3763*	1.77935	.000	7.0455	15.7070
		冷水泡	4.7935*	1.74652	.024	.5426	9.0443
	冷水游泳	温水游泳	−11.3763*	1.77935	.000	−15.7070	−7.0455
		冷水泡	−6.5828*	1.83214	.002	−11.0421	−2.1235
	冷水泡	温水游泳	−4.7935*	1.74652	.024	−9.0443	−.5426
		冷水游泳	6.5828*	1.83214	.002	2.1235	11.0421

续表

	（I）训练方式	（J）训练方式	均值差值（I-J）	标准 误差	Sig.	95% 置信区间	
						下限	上限
LSD	温水游泳	冷水游泳	11.3763*	1.77935	.000	7.7801	14.9725
		冷水泡	4.7935*	1.74652	.009	1.2636	8.3233
	冷水游泳	温水游泳	-11.3763*	1.77935	.000	-14.9725	-7.7801
		冷水泡	-6.5828*	1.83214	.001	-10.2857	-2.8799
	冷水泡	温水游泳	-4.7935*	1.74652	.009	-8.3233	-1.2636
		冷水游泳	6.5828*	1.83214	.001	2.8799	10.2857

表8-14（8） 体脂含量

训练方式		N	子集		
			1	2	3
Tukey HSDa，b，c	冷水游泳	14	22.0579		
	冷水泡	15		28.6407	
	温水游泳	17			33.4341
	Sig.		1.000	1.000	1.000

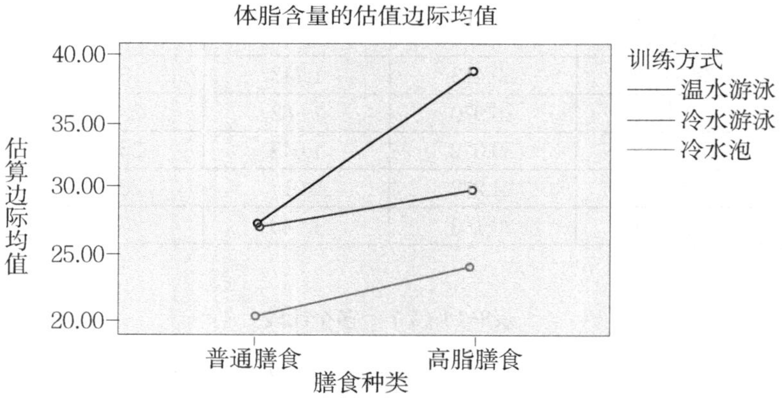

图8-23

第二节 k个独立样本均数比较的非参数检验

一、Kruskal-wallis单向评秩方差分析

1. Kruskal-wallis检验的原理

Kruskal-wallis单向评秩方差分析是类似于单因素方差分析（ANOVA）的非参数检验，是检验k个独立的样本是否来自同一总体。先看一个例子。

例8-5：在一项运动减肥试验中，有3种运动方式，运动3个月后减肥效果如表8-15所示。

表8-15

运动方式	1	2	3
3个月后减少的重量（单位：斤	4.1	7.2	9.2
	3.8	5.2	5.1
	3.2	5.3	7.0
	3.8	5.8	8.7
	3.1	6.5	4.8
n_i	5	5	5

从这组试验数据中能否得出3种运动方式的减肥效果是相同的（α=0.05）？

如果各个水平下的总体数据是相互独立、等方差且服从正态分布的假定条件下，我们可以用上节的单因素方差分析（ANOVA）来解决，它是一种参数检验方法。而相应的非参数检验方法，并不需要那么强的正态分布条件，仅仅假定这k个样本是连续型分布，而且所有的样本观测值在样本内和样本间是独立的就可以了。实际应用中，Kruskal-Wallis检验可用于有序尺度、区间尺度及比例尺度度量的各种变量。

Kruskal-Wallis检验的思想类似于上章介绍的两样本Wilcoxon秩和检验。把多个样本混合起来后求秩，再按不同的样本分别求秩和；在计算所有数据在混合后的样本中的秩时，如果有相同的观测值（Ties即结点），则和以前一样取秩的平均值。记观测值 R_{ij}，对每一个样本所有观测值的秩求和得到 $R_i=\sum_{j=1}^{n_j}R_{ij}$，$i=1,2,\ldots,k$，再找到它们在每组中的平均值 $\overline{R}_i=R_i/n_i$，如果这些 $\overline{R}_i$ 相差很大，就可以认为它们不是来自同一总体，选取的检验统计量为：

$$H=\frac{12}{N(N+1)}\cdot\sum_{i=1}^{k}n_i\left(\overline{R}_i-\overline{R}\right)^2=\frac{12}{N(N+1)}\cdot\sum_{i=1}^{k}\frac{R_i^2}{n_i}-3(N+1) \qquad (8\text{-}10)$$

式8-10中 $\overline{R}$ 为所有观测值的秩平均值，$\overline{R}=\sum_{i=1}^{k}R_i/N_i=(N+1)/2$，$N$ 为总的样本含量 $N=\sum_{i=1}^{k}n_i$。

当样本含量较小，只有3组时，可查3组比较的秩和检验界值表（附表11）确定临界值 H_α，当 $H\geq H_\alpha$，拒绝 H_0，当 $H<H_\alpha$，接受 H_0。当样本含量较大时，或组数 $k>3$，则所计算的 H 值的极限分布为 $\chi^2(k-1)$，由 χ^2 分布表确定临界值。

2. Kruskal-wallis检验的实例

例8-6：为提高教学质量，某学校对教师的上课情况进行评分，分成3组：校评课组、系评课组，学生评课组。现有15名教学水平相近教师的得分如表8-16所示，试问3个评课组

的评分标准是否有显著性差异？（ α =0.05 ）

解：H_0：3 个评课组评分相同

列秩次表，求秩和，如表8-16所示：

$R_1 = 38.5$， $n_1 = 5$，$R_2 = 47$，$n_2 = 5$， $R_3 = 34.5$， $n_3 = 5$

表8-16

编 号	得 分			秩 次		
	校 组	系 组	学生组	校 组	系 组	学生组
1	10	12	9	11	15	8
2	6	9	8	1	8	5
3	7.5	6.5	8.5	4	2	6
4	11	9	7	12.5	8	3
5	9.8	11.5	11	10	14	12.5
秩 和				38.5	47	34.5

$$N = n_1 + n_2 + n_3 = 15$$

$$H = \frac{12}{N(N+1)} \sum_{i=1}^{k} \frac{R_i^2}{n_i} - 3(N+1)$$

$$= \frac{12}{15 \times 16} \times \left(\frac{38.5^2}{5} + \frac{47^2}{5} + \frac{34.5^2}{5} \right) - 3(15+1) = \frac{12}{15 \times 6} \times \frac{4881.5}{5} - 48 = 0.815$$

查附表11的三组比较秩和检验表，有 $n_1 = n_2 = n_3 = 5$， $N = 15$， α =0.05， $H_\alpha = 5.78$

$H < H_\alpha$，接受 H_0， 即三个评课组的评分无显著性差异。

3. 用SPSS进行Kruskal-wallis检验的实例

例8-7：例8-6数据的SPSS处理过程。

解：

①建立数据文件，定义变量“评分”表示各评课组所评分数、“组别”（1代表校评课组、2代表系评课组、3代表学生评课组），如图8-24所示，输入数据并存盘；

	评分	组别	变量
1	10.0	1	
2	6.0	1	
3	7.5	1	
4	11.0	1	
5	9.8	1	
6	12.0	2	
7	9.0	2	
8	6.5	2	
9	9.0	2	
10	11.5	2	
11	9.0	3	
12	8.0	3	
13	8.5	3	
14	7.0	3	
15	11.0	3	

图8-24

②选择分析→非参数检验→K个独立样本的，打开如图8-25所示对话框；

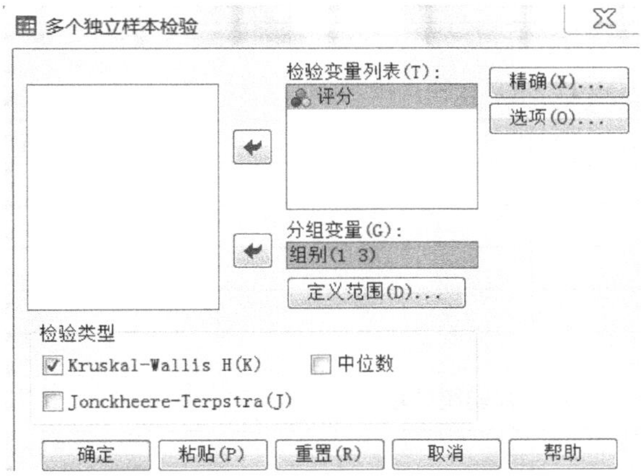

图8-25

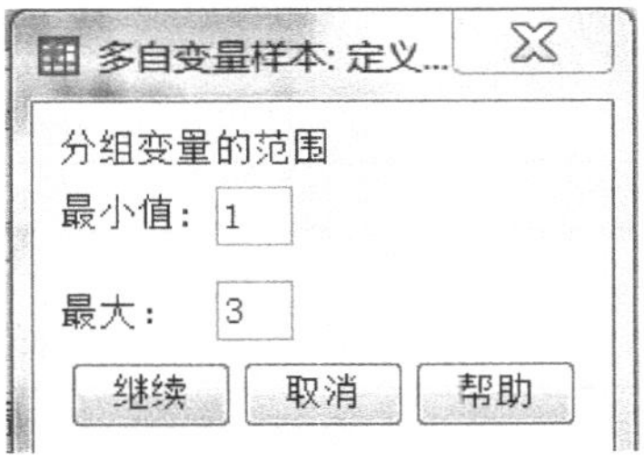

图8-26

③在如图8-25所示对话框中，将变量“评分”放置于检验变量列表框中，将变量“组别”放置于分组变量栏中，并单击定义范围，打开如图8-26所示对话框；

④在如图8-26所示对话框的分组变量的范围下，最小值栏中输入1，最大值栏中输入3，单击继续按钮，返回主对话框；

⑤在如图8-25所示对话框的检验类型下选择Kruskal-Wallis H法，单击选项按钮，打开如图8-27所示的对话框，在图8-27所示的对话框的统计量下选择描述性，单击继续按钮，返回主对话框；

⑥单击确定按钮，得到如表8-17所示的计算结果。

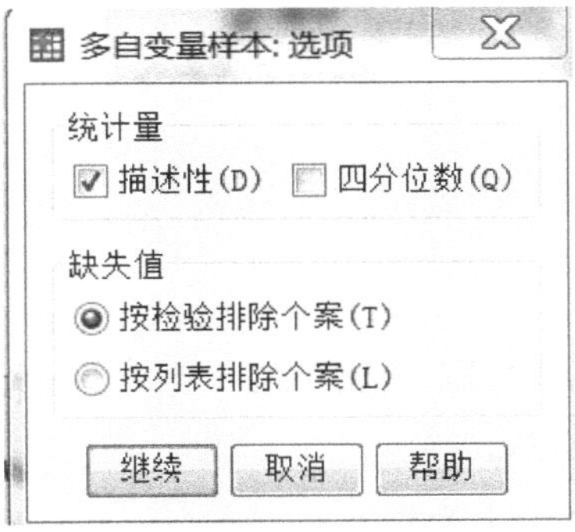

图8-27

表8-17（1） 描述性统计量

	N	均值	标准差	极小值	极大值
评分	15	9.053	1.8439	6.0	12.0
组别	15	2.00	.845	1	3

表8-17（2） 秩

	组别	N	秩均值
评分	校评课组	5	7.70
	系评课组	5	9.40
	学生评课组	5	6.90
	总数	15	

表8-17（3） 检验统计量[a,b]

	评分
卡方	.822
df	2
渐近显著性	.663

a. Kruskal Wallis 检验
b. 分组变量: 组别

计算结果的统计说明与解释

①表8-17（1）中给出了基本描述统计量（注意此例的组别变量的描述统计量无实际意义）。

②表8-17（2）中给出了各组的秩平均值与样本量。

③表8-17（3）中给出了检验结果 χ^2=0.882（H=0.882，与手算有误差，因为有结点时统计量H的计算需要调整），渐进显著性=0.663>0.05，接受 H_0， 即三个评课组的评分无显著性差异。

二、中位数检验

1. 中位数检验的原理

中位数（Median）检验用于检验 k 个独立组（容量不一定相等）是否来自同一总体，或者来自具有相同中位数的一些总体。

为了应用中位数检验，首先将 k 个样本数据合在一起，并确定其公共中位数。如果某一数据大于中位数，则用一个加号代替该数据；如果数据小于公共中位数，则用减号代替。

将所得各组分类结果填入一份 $k\times2$ 表中，表中数字代表 k 组中的每一组内加号与减号的频数。为了检验零假设“就中位数而言 k 个样本来自同一个总体”，由下面公式计算 χ^2 值：

$$\chi^2=\sum_{i=1}^{r}\sum_{j=1}^{k}\frac{\left(A_{ij}-T_{ij}\right)^2}{T_{ij}} \qquad (8\text{-}11)$$

式8-11中，A_{ij}是第j列第i行的实际观察事例数；T_{ij}是在H_0成立时，预期分入第j列第i行的理论观察事例数；$\sum_{i=1}^{r}\sum_{j=1}^{k}$是表示对$k\times r$所有的格子求和。

可以证明，在H_0成立时，由上面公式计算的χ^2抽样分布可以用$df=(k-1)(r-1)$的卡方分布作近似，此处k是列数，r是行数。在中位数检验中，$r=2$，因此

$(k-1)(r-1)=(k-1)(2-1)=(k-1)$

对于事先给定的显著性水平α和对于观察值$df=k-1$，观测值χ^2等于或大于显著性水平下给出的值，则可以拒绝H_0。

2. 用SPSS进行中位数检验的实例

例8-8：例8-6数据进行中位数检验的SPSS处理过程。

解：

①、②、③、④、⑤、⑥步同例8-7，只是在第⑤步中选择Median，得到表8-18所示的计算结果。

表8-18（1）　频率

校评课组		组别		
		系评课组	学生评课组	
评分	> 中值	3	2	1
	<= 中值	2	3	4

表8-18（2）　检验统计量b

	评分
N	15
中值	9.000
卡方	1.667a
df	2
渐近显著性	.435

a. 6 个单元 (100.0%) 具有小于 5 的期望频率。单元最小期望频率为 2.0

b. 分组变量: 组别

计算结果的统计说明与解释：

①表8-18（1）给出了各组中大于及小于等于中位数（中值）的数据个数。

②表8-18（2）给出了中位数（中值）为9，χ^2=1.667，自由度为2，渐进显著性=0.435 >0.05，接受H_0，即3个评课组的评分无显著性差异。

例8-9：例8-5数据进行Kruskal-wallis检验及中位数检验的SPSS处理过程。

解：

①建立数据文件，定义变量“减重量”表示每个受试者运动3个月后体重的减少量、“组别”（1代表运动方式1、2代表运动方式2、3代表运动方式3），如图8-28所示，输入数据并存盘；

	减重量	组别
1	4.1	运动方式1
2	3.8	运动方式1
3	3.2	运动方式1
4	3.8	运动方式1
5	3.1	运动方式1
6	7.2	运动方式2
7	5.2	运动方式2
8	5.3	运动方式2
9	5.8	运动方式2
10	6.5	运动方式2
11	9.2	运动方式3
12	5.1	运动方式3
13	7.0	运动方式3
14	8.7	运动方式3
15	4.8	运动方式3

	减重量	组别
1	4.1	运动方式1
2	3.8	运动方式1
3	3.2	运动方式1
4	3.8	运动方式1
5	3.1	运动方式1
6	7.2	运动方式2
7	5.2	运动方式2
8	5.3	运动方式2
9	5.8	运动方式2
10	6.5	运动方式2
11	9.2	运动方式3
12	5.1	运动方式3
13	7.0	运动方式3
14	8.7	运动方式3
15	4.8	运动方式3

图8-28

②选择分析→非参数检验→K个独立样本，打开如图8-25所示对话框；

③在如图8-25所示对话框中，将变量“减重量”放置于检验变量框中，将变量“组别”放置于分组变量栏中，并单击定义范围，打开如图8-26所示对话框；

④在如图8-26所示对话框的定义变量的范围下，最小值栏中输入1，最大值栏中输入3，单击继续按钮，返回主对话框；

⑤在如图8-25所示对话框的检验类型下选择Kruskal-Wallis H法及中位数法，单击继续按钮，返回主对话框，如图8-29所示；

⑥单击确定按钮，得到如表8-19所示的计算结果。

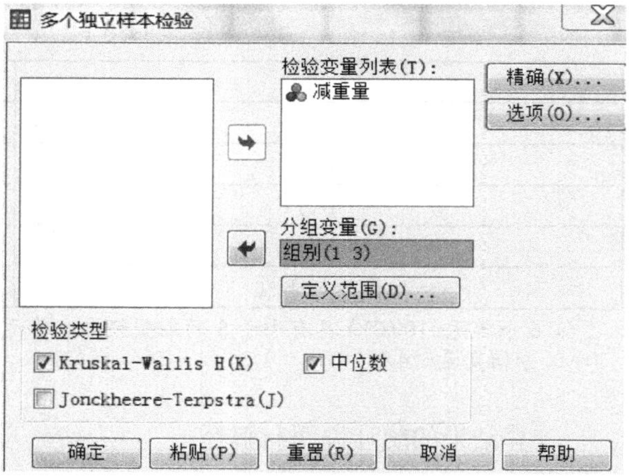

图8-29

表8-19（1）　秩

	组别	N	秩均值
减重量	运动方式1	5	3.00
	运动方式2	5	10.20
	运动方式3	5	10.80
	总数	15	

表8-19（2）　检验统计量[a,b]

	减重量
卡方	9.437
df	2
渐近显著性	.009

a. Kruskal Wallis 检验
b. 分组变量: 组别

表8-19（3）　频率

		组别		
		运动方式1	运动方式2	运动方式3
减重量	> 中值	0	4	3
	<= 中值	5	1	2

表8-19（4）　检验统计量[b]

	减重量
N	15
中值	5.200
卡方	6.964a
df	2
渐近显著性	.031

a. 6 个单元 (100.0%) 具有小于 5 的期望频率。单元最小期望频率为 2.3。
b. 分组变量: 组别。

计算结果的统计说明与解释

①表8-19（1）（2）显示了Kruskal-Wallis H法的计算结果。表8-19（1）中给出了各组的秩平均值与样本量。表8-19（2）中给出了检验结果，χ^2=9.437，渐进显著性=0.009<0.05，拒绝H_0，即3种运动方式的减肥效果有显著性差异。

②表8-19（3）（4）显示了中位数法的计算结果。表8-19（3）给出了各组中大于及小于等于中位数的数据个数。表8-19（4）给出了中位数为5.2，χ^2=6.964，自由度为2，渐进显著性=0.031＜0.05，拒绝H_0，即3种运动方式的减肥效果有显著性差异。

推荐阅读参考文献

1. 吴喜之. 非参数统计（第四章）[M]. 北京：中国统计出版社，1999.
2. 王式安. 数理统计（第四章）[M]. 北京：北京理工大学出版社，1995.
3. 王苏斌，郑海淘、邵谦谦. SPSS统计分析（第六章）[M]. 北京：机械工业出版社，2003.
4. 胡良平. 现代统计学与SAS应用（第二篇第五章）[M]. 北京：军事医学科学出版社，2000.

思考与练习

1. 多组比较问题有几种处理方法?
2. 试述方差分析的原理，它能解决什么问题?
3. 单因素方差分析与Kruskal-Wallis单向评秩方差分析有什么区别?
4. 什么是交互作用?
5. 从同等条件的学生中，随机抽取19人，分成4组，分别进行4种不同运动项目的训练，一学期后进行握力测验，数据如下，试问不同运动项目对握力是否有显著性影响（$\alpha=0.05$）？

项目 握力 重复	田径	球类	武术	游泳
1	6.5	8.3	10.3	8.4
2	7.8	7.2	11.4	6.2
3	6.1	8.6	9.2	5.3
4	8.2	6.2	8.8	7.3
5	4.1	5.2		
6	4.1			

6.使用两种药物A和B治疗缺铁性贫血，其中0代表不用药，1代表用药，治疗一个月后病人红细胞增加数用x代表（单位：百万/mm^3），数据如下表，请做双因素方差分析（$\alpha=0.05$）。

x	A	B	x	A	B
0.8	0	1	1.3	1	0
0.9	0	1	1.2	1	0
0.7	0	1	1.1	1	0
0.9	0	1	2.1	1	1
1.1	0	1	2.2	1	1
1	0	1	2	1	1

第九章　体育科研中如何使用率的检验

本章提要

本章介绍单个总体率的检验方法、两个总体率的检验方法、McNemar配对设计检验、$r \times c$列联表的独立性检验及齐性检验方法，并用一些具体的实例介绍了SPSS软件处理这些问题的方法。

第一节　单个总体率的假设检验

一、单个总体率假设检验的原理

对于名义（定类）尺度度量的变量，其总体有时只能划分为两类，如：性别中男和女、患病与否、足球比赛中射门的成功与失败、排球比赛中拦网的成功与否等。对于这种情况，从总体中抽取的所有可能结果要么是对立分类中的其中一类，要么是其中的另一类，其频数的分布是二项分布，其检验问题就是单个总体率的假设检验。

设总体率为π，从中抽取一个含量为n的样本，其样本率为p，能否由此样本判断总体率$\pi=\pi_0$？

据此我们给出无效假设H_0：$\pi=\pi_0$，备择假设H_1：$\pi\neq\pi_0$，在无效假设H_0成立的条件下，据中心极限定理，当n足够大（一般n至少大于50）且np及$n(1-p)$皆大于5时，有：

$$u=\frac{p-\pi_0}{\sqrt{\pi_0(1-\pi_0)/n}}\sim N(0,1) \tag{9-1}$$

对于选定的显著性水平α，查书后的标准正态分布表可得双侧临界值$u_{\alpha/2}$，当$|u|\geqslant u_{\alpha/2}$时，拒绝$H_0$；当$|u|<u_{\alpha/2}$时，接受$H_0$。

在实际应用时，如果使用手工计算，利用式9-1即可；如果使用SPSS软件，则可以通过Binomial过程实现。

二、单个总体率假设检验的实例

例9-1：某射击运动员打多向飞碟的命中率为88%，赛前半年进行了系统的训练，在比赛时打150靶，命中140靶，能否认为赛前训练获得了成功？（$\alpha=0.05$）

解：我们用单侧检验，$n=150$，$p=140/150\approx 93.33\%$

H_0：$\pi=88\%$；H_1：$\pi>88\%$

$$u=\frac{p-\pi_0}{\sqrt{\pi_0(1-\pi_0)/n}}=\frac{0.9333-0.88}{\sqrt{0.88\times 0.12/150}}\approx 2.0$$

$\alpha=0.05$时，查附表1得单侧临界值$u_\alpha=1.64$，$u>u_\alpha$，拒绝H_0，可以认为赛前训练获得了成功。

三、用SPSS软件进行单个总体率检验的实例

例9-2：数据同例9-1的SPSS处理过程。

解：

①建立数据文件，定义变量 x（ $x=1$ 表示击中， $x=0$ 表示未中）、变量 f 表示频数，输入数据，如图9-1所示，存盘；

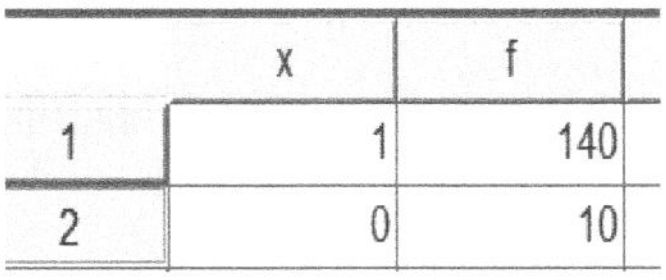

图9-1

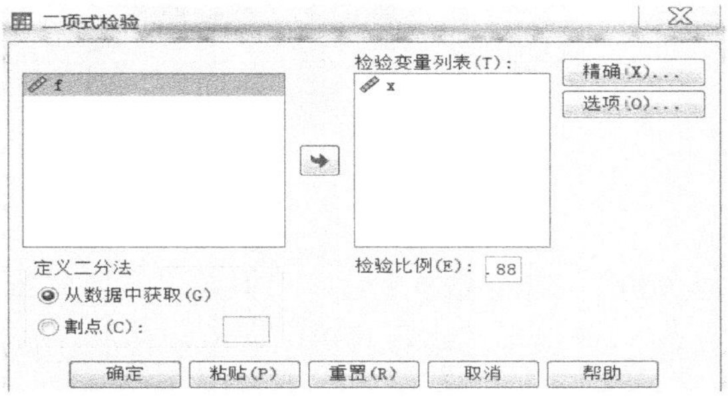

图9-2

②选择数据 → 加权个案，对 f 进行加权；

③选择分析 → 非参数检验 → 二项式（二项分布），打开如图9-2所示对话框，在此对话框内将变量 x 放置于检验变量栏中，并将检验比例框中的值改为0.88；

④单击 确定 按钮，得如表9-1所示的计算结果。

表9-1 二项式检验

		类别	N（靶）	观察比例	检验比例	渐近显著性（单侧）
x	组 1	1	140	.93	.88	.023a
	组 2	0	10	.07		
	总数		150	1.00		

a. 基于 Z 近似值。

计算结果的统计说明与解释：

表9-1中类别中有两个值1和0，其中取1（击中）为140靶，取0（未中）为10靶，观测比例（样本率）分别为0.93和0.07，检验比例（检验概率）为0.88，渐进显著性（单侧）概率为0.023，小于 $\alpha=0.05$，拒绝 H_0，可以认为比赛成绩较半年前成绩有了提高。

例9-3：有40人接受了一项关于是否喜欢看足球比赛的抽样调查，男性用0表示，女性用1表示，数据如下，问该调查中的性别比例是否正常（男女比例各为0.5）？ $(\alpha=0.05)$

性别：0 1 0 0 1 1 1 0 0 0 1 1 0 0 1 1 0 0 0 1 0 0 1 0 0 0 0 1 0 0 0 0 1 1 0 0 1 1 0 0

解：

①建立数据文件，定义变量 sex 表示性别（0表示男、1表示女），输入数据，如图9-3所

示，并存盘；

	sex		sex		sex		sex
1	.00	11	1.00	21	.00	31	.00
2	1.00	12	1.00	22	.00	32	.00
3	.00	13	.00	23	1.00	33	1.00
4	.00	14	.00	24	.00	34	1.00
5	1.00	15	1.00	25	.00	35	.00
6	1.00	16	1.00	26	.00	36	.00
7	1.00	17	.00	27	.00	37	1.00
8	.00	18	.00	28	1.00	38	1.00
9	.00	19	.00	29	.00	39	.00
10	.00	20	1.00	30	.00	40	.00

图9-3

②选择分析 → 非参数检验 → 二项式（二项分布），打开如图9-4所示对话框，在此对话框内将变量*sex*放置于检验变量栏中，并将检验比例框中的值设置为0.5；

③单击[确定]按钮，得如表9-2所示的计算结果。

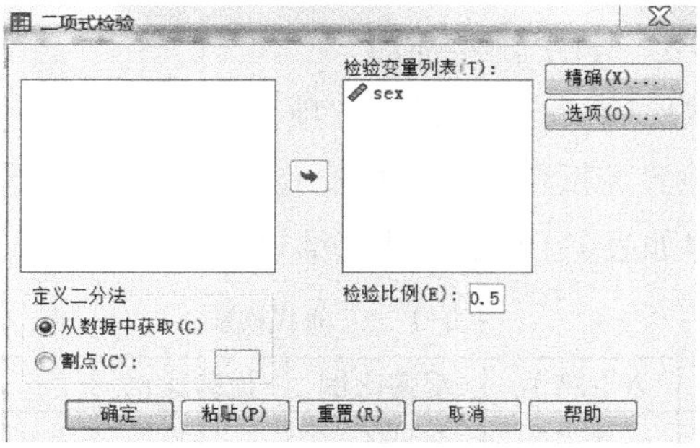

图9-4

表9-2　二项式检验

		类别	N	观察比例	检验比例	渐近显著性(双侧)
sex	组 1	男	25	.63	.50	.154a
	组 2	女	15	.38		
	总数		40	1.00		

a. 基于 Z 近似值。

计算结果的统计说明与解释：

表9-2显示接受调查的男性有25人，占总调查人数的63%，女性为15人，占总调查人数的38%（此处比例皆为四舍五入值）。渐进显著性（双侧）=0.154大于α=0.05，接受H_0，认为该项调查男女比例属于正常。

第二节　两个总体率的假设检验

设从总体率为 π_1 的总体中随机抽取一个含量为 n_1 的样本，其样本率为 p_1；从总体率为 π_2 的总体中随机抽取一个含量为 n_2 的样本，其样本率为 p_2，如何由样本数据检验两个总体率 π_1 是否与 π_2 相等呢?

上述问题属于两个总体率的假设检验问题，解决的方法有多种，本书只介绍正态U检验法与 χ^2 检验法。

一、两个总体率的正态U检验法

1. 检验原理

H_0：$\pi_1=\pi_2$；H_1：$\pi_1\neq\pi_2$

在 H_0 成立时，由中心极限定理［一般 n_1、n_2 都要大于50，且 n_1p_1、$n_1(1-p_1)$、n_2p_2、$n_2(1-p_2)$ 都要大于5］得到：

$$u=\frac{p_1-p_2}{S_{p_1-p_2}}\approx N(0,1) \qquad (9\text{–}2)$$

式9–2中，$S_{p_1-p_2}=\sqrt{p_c(1-p_c)(\frac{1}{n_1}+\frac{1}{n_2})}$，$p_c$ 叫合并的样本率，$p_c=\frac{n_1\cdot p_1+n_2\cdot p_2}{n_1+n_2}$。

对于选定的显著性水平 α，查书后的标准正态分布表可得双侧临界值 $u_{\alpha/2}$，当 $|u|\geqslant u_{\alpha/2}$ 时，拒绝 H_0；当 $|u|<u_{\alpha/2}$ 时，接受 H_0。

2. 两个总体率正态U检验的实例

例9–4：某人研究甲、乙二排球队在联赛中的表现，各抽样10场比赛，得到如下数据，甲队拦网550次，成功332次；乙队拦网520次，成功268次。请问两队拦网成功率是否相同？（α =0.05）

解：$P_1=332/550\approx0.6036$，$P_2=268/520\approx0.5154$，$P_c=\frac{332+268}{550+520}\approx0.5607$

H_0：$\pi_1=\pi_2$；H_1：$\pi_1\neq\pi_2$

$$u=\frac{p_1-p_2}{S_{p_1-p_2}}=\frac{0.6036-05154}{\sqrt{0.5607\times(1-0.5607)\times(\frac{1}{550}+\frac{1}{520})}}\approx2.9$$

α =0.05，查表 $u_{\alpha/2}=1.96$，$|u|>u_{\alpha/2}$ 拒绝 H_0，两队拦网成功率有显著性差异。

3. 用SPSS软件进行两个总体率正态U检验的实例

在SPSS软件中，进行两个总体率正态U检验是由Compute过程来完成的，由于其计算并不比手工计算简单，在此不做介绍，有兴趣的读者可参看参数估计一章。

二、两个总体率的χ^2检验

（一）两个总体率χ^2检验的原理

类似于例9-4情形的二项分类的资料可整理成表9-3的格式。

表9-3 二项分类样本资料格式

属性X的分类	属性Y的分类 1	属性Y的分类 2	合计
1	A_{11}	A_{12}	n_{r1}
2	A_{21}	A_{22}	n_{r2}
合计	n_{c1}	n_{c2}	n

表9-3中，观察频数A_{11}、A_{12}、A_{21}、A_{22}写在四个格子中，是整个表的基本数字，故这种资料称为四格表或2×2列联表。

其中$n_{c1}=A_{11}+A_{21}$，$n_{c2}=A_{12}+A_{22}$，$n_{r1}=A_{11}+A_{12}$，$n_{r2}=A_{21}+A_{22}$，

$n=A_{11}+A_{12}+A_{21}+A_{22}$（总频数即样本量）。

前面我们已用正态近似法对两个总体率进行了U检验，卡尔.皮尔逊（K.Pearson，1857—1936）在1899年证明了在H_0：$\pi_1=\pi_2$成立的条件下，$U^2=\chi^2\sim\chi^2(1)$分布，其中：

$$\chi^2=\sum\frac{(A_{ij}-T_{ij})^2}{T_{ij}}, \tag{9-3}$$

或者用2×2列联表专用公式：

$$\chi^2=\frac{(A_{11}\cdot A_{22}-A_{12}\cdot A_{21})^2\cdot n}{n_{c1}\cdot n_{c2}\cdot n_{r1}\cdot n_{r2}}, \tag{9-4}$$

式9-3中，A_{ij}称为实际观察频数（也叫实际数）、T_{ij}称为理论期望频数（也叫理论数）：

$$T_{ij}=\frac{n_{ri}\cdot n_{cj}}{n},\quad i, j=1, 2, \tag{9-5}$$

i, j分别表示四格表中各个格子的行号和列号，即T_{ij}等于与其同行的合计数乘以与其同列的合计数之积除以总频数。所计算的理论频数的行（列）合计数应与原数据中相应的行（列）合计数相等。

在这里，用公式9-3、9-4做检验和用式9-2做检验是完全等价的。

注意，当$n\geqslant40$，若有$1\leqslant T_{ij}<5$时，式9-3、式9-4计算的χ^2值偏大，必须加以校正，称为连续性校正，对应于式9-3的校正公式为：

$$\chi^2=\sum\frac{(|A_{ij}-T_{ij}|-0.5)^2}{T_{ij}} \quad (9-6)$$

对应于式9-4的校正公式为：

$$\chi^2=\frac{(|A_{11}\cdot A_{22}-A_{12}\cdot A_{21}|-n/2)^2\cdot n}{n_{c1}\cdot n_{c2}\cdot n_{r1}\cdot n_{r2}} \quad (9-7)$$

校正后的 χ^2 值要比未校正的 χ^2 值小些，可以证明，校正式9-6和式9-7是等价的。不失一般性，式9-2的统计量亦可做连续性校正，其结果也等价于式9-6与式9-7，校正方法为，假定 $p_1>p_2$，则用 $p_1=(A_{11}+0.5)/n_{r1}$ 和 $p_2=(A_{21}-0.5)/n_{r2}$ 代入便可得到校正的U统计量。

上述 χ^2 检验或校正公式都是近似的（大样本 $n\geqslant 40$ 时），但当$n<40$或至少有一个理论数 $T_{ij}<1$时，即使采用上述校正公式效果也不理想，就必须采用Fisher精确检验法（由于实际使用较少，本书不做介绍）。

（二）两个总体率 χ^2 检验的实例

例9-5：资料同例9-4。

解：H_0：$\pi_1=\pi_2$；H_1：$\pi_1\neq\pi_2$

首先列成四格表如表9-4所示。

表9-4

	拦网成功	拦网失败	合计
甲队	332（308.41）	218（241.59）	550
乙队	268（291.59）	252（228.41）	520
合计	600	470	1070

解法一

用式9-3，求理论数并将其列入表9-2相应格子的括号内。

$$T_{11}=\frac{550\times600}{1070}\approx308.41，T_{21}=\frac{520\times600}{1070}\approx291.59$$

$$T_{12}=\frac{550\times470}{1070}\approx241.59，T_{22}=\frac{520\times470}{1070}\approx228.41$$

$$\chi^2=\sum\frac{(A_{ij}-T_{ij})^2}{T_{ij}}=\frac{(332-308.41)^2}{308.41}+\frac{(218-241.59)^2}{241.59}+\frac{(268-291.59)^2}{291.59}+\frac{(252-228.41)^2}{228.41}\approx8.45$$

选定 $\alpha=0.05$，查书后附表6的 χ^2 值表得 $\chi^2_{0.05}(1)=3.84$，则 $\chi^2>\chi^2_{0.05}$，拒绝 H_0，认为两队拦网成功率有显著性差异。

解法二用式9-4

$$\chi^2=\frac{(332\times252-218\times268)^2\times1070}{600\times470\times550\times520}\approx8.45,\quad \chi^2>\chi^2_{0.05}(1)=3.84\text{，结论同上。}$$

（三）用SPSS软件进行两个总体率χ^2检验的实例

例9-6：例9-4的SPSS处理过程。

解：

①建立数据文件，定义变量“队别”，（值标签：1为甲队，2为乙队）；变量“拦网”，（值标签：1为成功，0为失败），输入数据，其中部分数据如图9-5所示，存盘。

②选择分析 → 描述统计 → 交叉表，打开如图9-6所示主对话框。

③将变量“队别”放置于行栏中，将变量拦网放置于列栏中。

④单击 统计量 按钮，打开如图9-7所示对话框，在其中选择Chi-square（χ^2检验）统计量，单击 继续 按钮，返回主对话框。

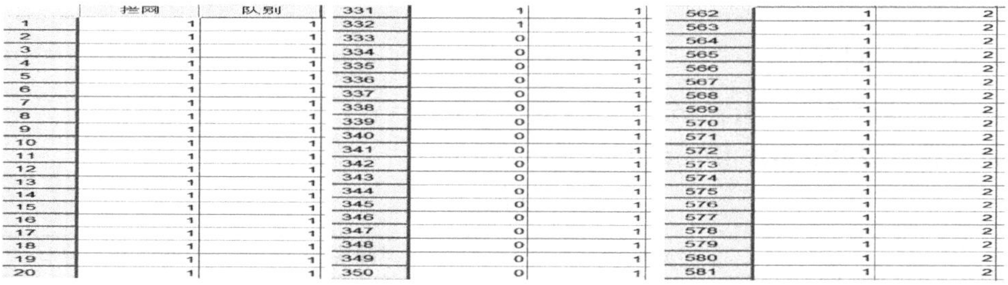

	拦网	队别
1	1	1
2	1	1
3	1	1
4	1	1
5	1	1
6	1	1
7	1	1
8	1	1
9	1	1
10	1	1
11	1	1
12	1	1
13	1	1
14	1	1
15	1	1
16	1	1
17	1	1
18	1	1
19	1	1
20	1	1
331	1	1
332	1	1
333	0	1
334	0	1
335	0	1
336	0	1
337	0	1
338	0	1
339	0	1
340	0	1
341	0	1
342	0	1
343	0	1
344	0	1
345	0	1
346	0	1
347	0	1
348	0	1
349	0	1
350	0	1
562	1	2
563	1	2
564	1	2
565	1	2
566	1	2
567	1	2
568	1	2
569	1	2
570	1	2
571	1	2
572	1	2
573	1	2
574	1	2
575	1	2
576	1	2
577	1	2
578	1	2
579	1	2
580	1	2
581	1	2

图9-5

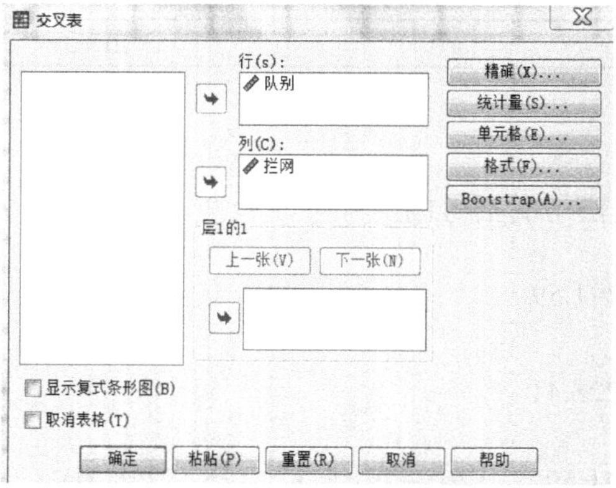

图9-6

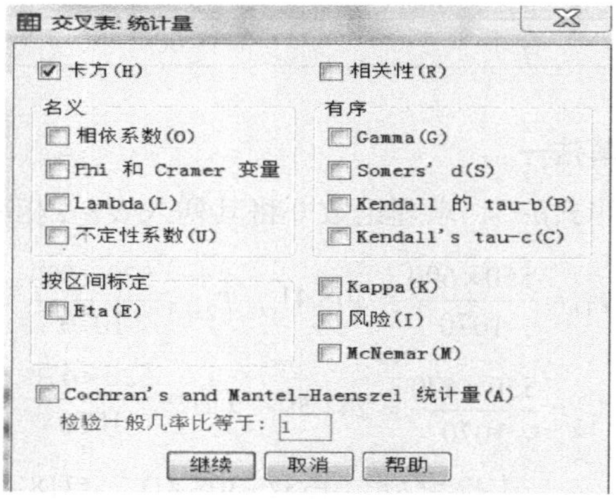

图9-7

⑤单击 单元格 按钮，打开如图9-8所示对话框，在计数下选择观察值（实际数）、期望值（理论数），在百分比下选择行（行百分数）、列（列百分数）、总（总百分数），单击 继续 按钮返回主对话框。

⑥单击 确定 按钮，得到如表9-5所示的计算结果。

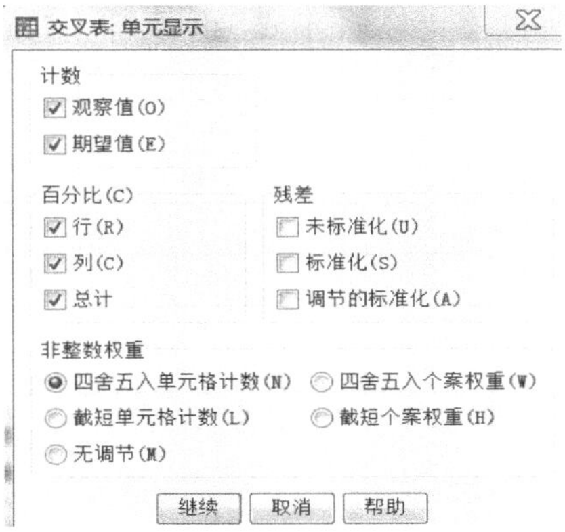

图9-8

表9-5（1）　案例处理摘要

	案例					
	有效的		缺失		合计	
	N	百分比	N	百分比	N	百分比
队别＊拦网	1070	100.0%	0	.0%	1070	100.0%

表9-5（2）　队别＊拦网 交叉制表

			拦网		合计
			失败	成功	
队别	甲队	计数	218	332	550
		期望的计数	241.6	308.4	550.0
		队别 中的	39.6	60.4	100.0
		拦网 中的	46.4	55.3	51.4
		总数的	20.4	31.0	51.4
	乙队	计数	252	268	520
		期望的计数	228.4	291.6	520.0
		队别 中的	48.5	51.5	100.0
		拦网 中的	53.6	44.7	48.6
		总数的	23.6	25.0	48.6
合计		计数	470	600	1070
		期望的计数	470.0	600.0	1070.0
		队别 中的	43.9	56.1	100.0
		拦网 中的	100.0	100.0	100.0
		总数的	43.9	56.1	100.0

表9-5（3） 卡方检验

	值	df	渐进 Sig.（双侧）	精确 Sig.(双侧)	精确 Sig.(单侧)
Pearson 卡方	8.452a	1	.004		
连续校正b	8.097	1	.004		
似然比	8.460	1	.004		
Fisher 的精确检验				.004	.002
线性和线性组合	8.444	1	.004		
有效案例中的 N	1070				

a. 0 单元格(.0%) 的期望计数少于 5。最小期望计数为 228.41。
b. 仅对 2x2 表计算

计算结果的统计说明与解释：

①表9-5（1）显示了有效数据、缺失值及样本量的情况；

②表9-5（2）显示了各格子理论数（期望的计数）与实际数（计数）的情况，以及实际数占所在行、所在列及总频数的百分比情况；

③表9-5（3）显示了卡方检验结果，其中Pearscn 卡方（χ^2 值）为8.452，渐进Sig.（双侧）=0.004 < 0.05，表明两个总体率有显著性差异。

连续性校正（连续性校正 χ^2 值）为8.097，渐进Sig.（双侧）=0.004 < 0.05，Likelihood Ratio（似然比值）为8.460，p=0.004， Fisher' s Exact Test（费歇精确检验）的p=0.004。

使用检验结果时应注意选择哪种方法，与前面讲述的一样，对列联表资料而言，当最小理论数大于或等于5，且$n>40$时，使用皮尔逊检验就可以了；当1≤最小理论数<5且$n>40$时一般使用连续性校正 χ^2 值（Continuity Correction）；当最小理论数小于1，或者$n<40$时，则使用费歇精确检验结果（Fisher' s Exact Test）。

（四）独立性 χ^2 检验与一致性 χ^2 检验的区别

两个分类变量（每个变量各有两个分类）进行交叉分类所形成的双向表，称为2×2列联表（四格表）。根据不同的研究目的，完全随机设计的四格表资料一般可进行两种不同的 χ^2 检验，一种是独立性检验，另一种是一致性检验（或者叫齐性检验）。

独立性检验方法是为了判断两种分类属性是否存在关联性，如果一种属性的概率分布与另一种属性的概率分布无关，则称这两种属性相互独立；否则称这两种属性间存在关联性。

独立性检验的统计假设为，H_0：属性 X 与 Y 互相独立；H_1：属性 X 与 Y 互相关联。

齐性检验或一致性检验的数据形式和独立性检验相同，但统计概念是完全不同的。齐性检验的统计假设为，H_0：每个总体具有相同的分布；H_1：每个总体的分布不同。

下面用两个例子加以说明。

例9-7：为研究色盲与性别的关系，调查了1000人，结果如表9-6所示，试问色盲是否与性别互相独立（$\alpha=0.05$）？

表9-6

	男	女
正常	442	514
色盲	38	6

解：本例属于独立性检验问题。

①建立数据文件，定义变量“性别”（值标签：1代表男，2代表女）、“色盲”（值标签：1代表正常、2代表患色盲）、“频数”，输入数据，如图9-9所示，存盘。

	性别	色盲	频数
1	1	1	442
2	1	2	38
3	2	1	514
4	2	2	6

图9-9

②选择数据 加权个案，对变量“频数”进行加权。

③选择分析 → 描述统计 → 交叉表，打开如图9-10所示对话框，将变量“性别”放置于行栏中，将变量“色盲”放置于列栏中。

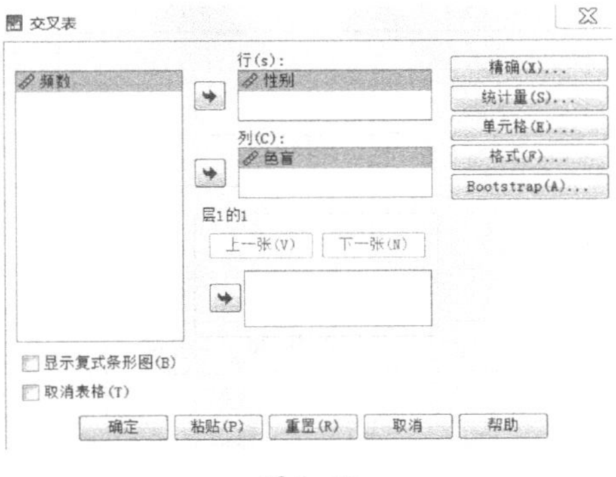

图9-10

④单击 统计量 按钮，打开如图9-11所示对话框，选择卡方（χ^2统计量），单击 继续 按钮，返回主对话框。

⑤单击 单元格 按钮，打开如图9-12所示对话框，选择观察值（实际数）和期望值（理论数），单击 继续 按钮，返回主对话框。

⑥单击 确定 按钮，得到如表9-7所示的计算结果。

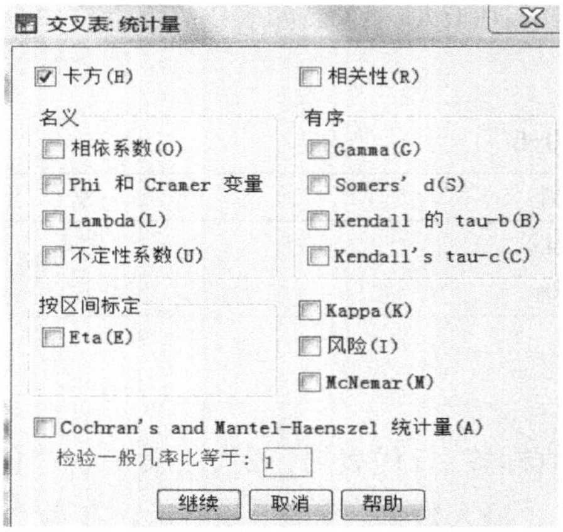

图9-11

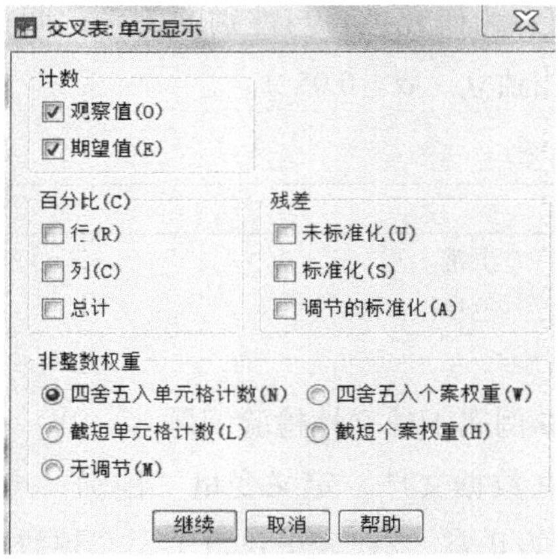

图9-12

表9-7（1） 案例处理摘要

	案例					
	有效的		缺失		合计	
	N	百分比	*N*	百分比	*N*	百分比
性别 * 色盲	1000	100.0%	0	.0%	1000	100.0%

表9-7（2） 性别* 色盲 交叉制表

			色盲		合计
			正常	色盲	
性别	男	计数	442	38	480
		期望的计数	458.9	21.1	480.0
	女	计数	514	6	520
		期望的计数	497.1	22.9	520.0
合计		计数	956	44	1000
		期望的计数	956.0	44.0	1000.0

表9-7（3） 卡方检验

	值	df	渐进 Sig.(双侧)	精确 Sig.(双侧)	精确 Sig.(单侧)
Pearson 卡方	27.139a	1	.000		
连续校正b	25.555	1	.000		
似然比	29.773	1	.000		
Fisher 的精确检验				.000	.000
线性和线性组合	27.112	1	.000		
有效案例中的 N	1000				

a. 0 单元格(.0%) 的期望计数少于 5。最小期望计数为 21.12。
b. 仅对 2x2 表计算

计算结果的统计说明与解释

①表9-7（1）显示本例样本含量为1000，无缺失值；

②表9-7（2）给出了列联表；

③表9-7（3）给出了 χ^2 检验结果，没有格子理论数小于5，最小的理论数是21.1，$n=1000>40$，选择Pearson 卡方统计量结果即可，这里 $\chi^2=27.139$，渐进Sig.（双侧）$=0.000<0.05$，认为色盲与性别不互相独立（男性比例较大）。

例9-8：某校高中一年级男、女生达到体育锻炼标准的情况如表9-8所示，试问男、女生达标率是否一致（$\alpha=0.05$）？

表9-8

	达标	未达标
男生	62	48
女生	52	38

解：该题属于一致性检验问题

①建立数据文件，定义变量“性别”（1代表男生，2代表女生）、“达标”（1代表达标、2代表未达标）、变量“频数”，输入数据，存盘。

②、③、④、⑤、⑥步与上例基本相同，③步是将“性别”放置于行栏中，将变量“达标”放置于列栏中，提交后得到如表9-9所示的计算结果。

表9-9　性别* 达标 交叉制表

			达标		合计
			达标	未达标	
性别	男生	计数	62	48	110
		期望的计数	62.7	47.3	110.0
	女生	计数	52	38	90
		期望的计数	51.3	38.7	90.0
合计		计数	114	86	200
		期望的计数	114.0	86.0	200.0

卡方检验

	值	df	渐进 Sig. (双侧)	精确 Sig.(双侧)	精确 Sig.(单侧)
Pearson 卡方	.040a	1	.841		
连续校正b	.003	1	.954		
似然比	.040	1	.841		
Fisher 的精确检验				.886	.477
线性和线性组合	.040	1	.841		
有效案例中的 N	200				

a. 0 单元格(.0%) 的期望计数少于 5。最小期望计数为 38.70。
b. 仅对 2x2 表计算。

计算结果的统计说明与解释：由表9-9看到，没有格子理论数小于5，最小的理论数是38.70，$n=200>40$，选择Pearson 卡方统计量结果即可，这里 $\chi^2=0.04$，渐进Sig.（双侧）$=0.841>0.05$，接受 H_0，可认为男、女生达标率是一致的。

（五）配对设计2×2表（四格表）资料的McNemar检验

四格表资料除了上述两种 χ^2 检验以外，还有一种McNemar检验方法比较常用，它适用于配对设计的四格表资料中。

表9-10 配对设计的表格式

	甲 法		合计
乙法	0	1	
0	a	b	$a+b$
1	c	d	$c+d$
合计	$a+c$	$b+d$	$n=a+b+c+d$

表9-10中，n个受试对象（或样本）分别用甲、乙两种方法来测定，每种方法测定结果有两个，分别用0或1表示，并按（甲、乙）测定结果分类计数、按（0，0）、（0，1）、（1，0）、（1，1）4种情况出现的例数分别计为a、b、c、d，这种设计称为配对设计。该试验设计的目的是为检验甲、乙两种处理方法之间是否有显著性差异。

在无效假设 H_0：甲、乙两种处理方法无显著性差异（$\pi_1=\pi_2$）成立的条件，其检验的校正统计量 $\chi^2 \sim \chi^2(1)$，其中，

$$\chi^2=\frac{(|b-c|-1)^2}{b+c} \tag{9-8}$$

这一检验又称为McNemar检验。

必须注意，McNemar检验与两个独立样本比率检验是有差别的，两个独立样本比率检验是两组完全随机化设计，而McNemar用于随机配对设计（类似于两独立组和两成对组的t检验方法）。对于配对设计的四格表资料，研究者要想了解两种方法的关联性，可做独立性检验；如果要想了解两种处理方法间的差别（一致性）可进行McNemar检验。

例9-9：在某项研究中，研究者设计了两个问题，这两个问题欲从两个不同角度反映人的同种心理特征，肯定答案得1分，否定答案得0分，对260个人进行了测验，测验结果如表9-11所示，数据能否反映两个问题是一致的？（$\alpha=0.05$）

表9-11

A题	B题		合计
	1	0	
1	172	8	180
0	12	68	80
合计	180	86	260

解：这是一个配对试验设计，想了解两种问题（方法）间的一致性，用McNemar检验方法。

H_0： $\pi_A = \pi_B$ ； H_1： $\pi_A \neq \pi_B$

$$\chi^2 = \frac{(|b-c|-1)^2}{b+c} = \frac{(|8-12|-1)^2}{8+12} = \frac{9}{20} = 0.45$$

$\alpha = 0.05$，查表 $\chi^2_{0.05}(1) = 3.84$， $\chi^2 < \chi^2_{0.05}(1)$，接受 H_0，可以认为两个问题是一致的。

McNemar方法在SPSS软件中也是通过Crosstabs过程实现的，本例操作步骤同例9-7，只是在第④步的统计量的子对话框中选择McNemar方法即可。

①建立数据文件，定义变量“A题”（值标签：1代表肯定答案，0代表否定答案）、“B题”（值标签：1代肯定答案、0代表否定答案）、变量“频数”，输入数据，如图9-13所示，存盘。

	A题	B题	频数
1	1	1	172
2	1	0	8
3	0	1	12
4	0	0	68

图9-13

图9-14

②选择数据 → 加权个案，对变量“频数”进行加权。

③选择分析 → 描述统计 → 交叉表，打开如图9-14所示对话框，将变量“A题”放置于行栏中，将变量“B题”放置于列栏中。

④单击 统计量 按钮，打开如图9-15所示对话框，选择McNemar，单击 继续 按钮，返回主对话框。

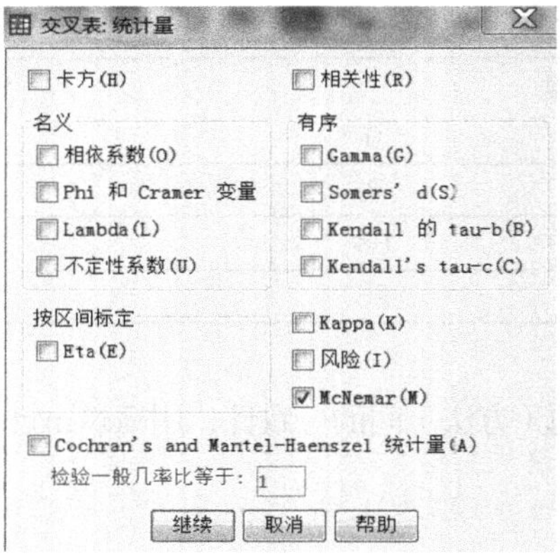

图9-15

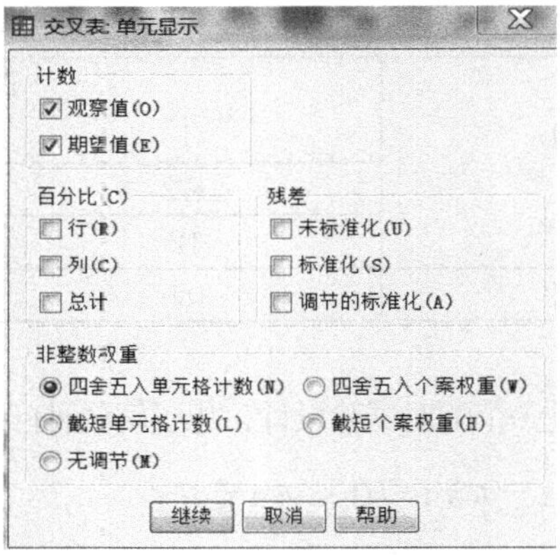

图9-16

⑤单击 单元格 按钮，打开如图9-16所示对话框，选择观察值（实际数）和期望值（理论数），单击 继续 按钮，返回主对话框。

⑥单击 确定 按钮，得到如表9-12所示的计算结果。

表9-12　A题* B题 交叉制表

			B题		合计
			否定	肯定	
A题	否定	计数	68	12	80
		期望的计数	23.4	56.6	80.0
	肯定	计数	8	172	180
		期望的计数	52.6	127.4	180.0
合计		计数	76	184	260
		期望的计数	76.0	184.0	260.0

卡方检验

	值	精确 Sig.(双侧)
McNemar 检验		.503a
有效案例中的 N	260	

a. 使用的二项式分布。

计算结果的统计说明与解释：由表9-12，有效的样本含量为260，精确Sig.（双侧）=0.503 > 0.05，接受 H_0，可以认为数据反映出两个问题是一致的。

第三节　二维列联表齐性和独立性的χ^2检验

所谓二维列联表就是常说的$r\times c$表，上节介绍的2×2表（四格表）是最简单的$r\times c$表，其行数与列数皆为2，我们这里讨论的$r\times c$表是当行（row）或列（column）大于2，或者当行与列都大于2的资料.

与2×2表（四格表）一样，$r\times c$表检验使用的是Pearsonχ^2检验，它分为独立性检验和齐性检验两类。

一、$r\times c$列联表的独立性检验

首先给出X，Y列联表独立性检验的一般格式。

设（X，Y）是二维随机变量，X可取c个值：$x_1,x_2,\cdots,x_c$，Y可取r个值：$y_1,y_2,\cdots,y_r$，则（X，Y）可取$r\cdot c$个值，对（x_i,y_i）的n次观察中取（x_i,y_i）的次数记为A_{ij}（实际数），则二维列联表的一般格式如表9-13所示（实际工作中，$X=x_i$可以用i表示，$Y=y_i$可以用j表示）。

表9-13中，$n_{cj}=\sum\limits_{i=1}^{c}A_{ij}$，即$n_{cj}$为表中第$j$列的和，$j=1,2,\cdots,r$；$n_{ri}=\sum\limits_{j=1}^{r}A_{ij}$，即$n_{ri}$为表中第$i$行的和，$i=1,2,\cdots,c$；$n=\sum\limits_{i=1}^{c}\sum\limits_{j=1}^{r}A_{ij}$，即$n$为表中所有实际数的和。

表9-13

Y / X	1	2	…	r	行和
1	A_{11}	A_{12}	…	A_{1r}	n_{r1}
2	A_{21}	A_{22}	…	A_{2r}	n_{r2}
⋮	⋮	⋮	⋮	⋮	.
c	A_{c1}	A_{c2}	…	A_{cr}	n_{rc}
列和	n_{c1}	n_{c2}	…	n_{cr}	n

$r\times c$列联表的独立性检验，其检验无效假设H_0为：X、Y相互独立，即$p_{ij}=p_{i\bullet}p_{\bullet j}$，这里的$p_{i\bullet}$和$p_{\bullet j}$分别是落入观测值落入$A_i$和$B_j$范围的概率；其备择假设$H_1$为：$X$、$Y$不独立（相关联）、即$H_0$不成立。检验统计量为：

$$\chi^2=\sum_{i、j}\frac{(A_{ij}-T_{ij})^2}{T_{ij}} \tag{9-9}$$

式9-9中A_{ij}为实际数、T_{ij}为理论数、$T_{ij}=n_{ri}\cdot n_{cj}/n$，$i=1,2,\cdots,c$，$j=1,2,\cdots,r$。

而更常用的简便公式为：

$$\chi^2 = n \cdot (\sum \frac{A_{ij}^2}{n_{ri} \cdot n_{cj}} - 1) \text{，} \tag{9-10}$$

式9-10中的 n_{ri} 为与实际数 A_{ij} 同行的合计数， n_{cj} 为 A_{ij} 同列的合计数。

在 H_0 成立的条件下， $\chi^2 \sim \chi^2((r-1)(c-1))$ ，其中 $(r-1)(c-1)$ 为 χ^2 统计量的自由度。

二、r×c表的齐性检验

$r \times c$列联表齐性检验的数据形式和$r \times c$列联表的独立性检验相同，但统计概念是完全不同的。所谓齐性检验是检验若干总体是否有相同的分布。这类问题描述如下：设有c个离散总体，每个总体均取r个值，不失一般性这些值可以用1，2，…，r 表示，设第 i 个总体（ $i=1,2,\cdots,c$ ）取值为 j（ $j=1,2,\cdots,r$ ）时的观察次数（实际数）记为 A_{ij} ，则$r \times c$列联表齐性检验的数据格式如表9-14所示。

表9-14

值 总体	1	2	…	r	行和
1	A_{11}	A_{12}	…	A_{1r}	n_{r1}
2	A_{21}	A_{22}	…	A_{2r}	n_{r2}
⋮	⋮	⋮	…	⋮	.
c	A_{c1}	A_{c2}	…	A_{cr}	n_{rc}
列和	n_{c1}	n_{c2}	…	n_{cr}	n

表9-14中 n_{cj} 为表中第j列的和， $j=1,2,\cdots,r$ ； n_{ri} 为表中第i行的和， $i=1,2,\cdots,c$ ； n 为表中所有实际数的和。

表9-14的形式和表9-13相同，但统计概念是不同的，两者的差别在于齐性检验数据，各行数据值（实际数）彼此是独立的，可人为控制观察第几个总体，去掉任何一行数据均不会影响问题的性质和处理方法，只是自由度变小了而已。而对独立性检验数据来说，各行数据并不是独立的，不能去掉任何一行数据，去掉了数据就不完全，就成为基于不完全数据的独立性检验，是完全不同的统计问题①。

$r \times c$列联表齐性检验的检验假设为，对$i=1,2,\cdots,c$， H_0： $p_{i1}=p_{i2}=\cdots=p_{ir}$； H_0：等式不全成立，这里 p_{ij} 为个体进入实际数 A_{ij} 所对应格子的概率。

在 H_0成立条件下， $\chi^2 \sim \chi^2((r-1)(c-1))$

$$\chi^2=\sum_{i、j}\frac{(A_{ij}-T_{ij})^2}{T_{ij}}=n(\sum\frac{A_{ij}^2}{n_{ri}\cdot n_{cj}}-1) \quad (9-11)$$

此检验统计量与$r\times c$列联表独立性检验的统计量的形式一样，但问题不一样。

三、$r\times c$列联表齐性和独立性检验的实例

例9-10，为检验某种治疗运动性损伤药物的疗效是否与患者的年龄有关，抽查了300名患者，疗效分为“显著”“一般”和“较差”3级，而年龄分为儿童、中青年和老年3组，调查结果如表9-15所示。（$\alpha=0.05$）

表9-15

疗效	年龄			
	儿童	中青年	老年	行和
显著	58	38	32	128
一般	28	44	45	117
较差	23	18	14	55
列和	109	100	91	300

解：本例属于独立性检验问题，变量疗效这个总体分成3类，每类缺一不可。

H_0：疗效与患者的年龄独立；H_1：疗效与患者的年龄相关联。

$$\chi^2=n\cdot(\sum\frac{A_{ij}^2}{n_{ri}\cdot n_{cj}}-1)=300\times(\frac{58^2}{128\times109}+\frac{28^2}{117\times109}+\frac{23^2}{55\times109}+\frac{38^2}{128\times100}+\frac{44^2}{117\times100}$$
$$+\frac{18^2}{55\times100}+\frac{32^2}{128\times91}+\frac{45^2}{117\times91}+\frac{14^2}{55\times91}-1)\approx13.59$$

$\alpha=0.05$，自由度$(r-1)(c-1)=(3-1)(3-1)=4$，查书后附表6得$\chi^2_{0.05}(4)=9.49$，则有$\chi^2>\chi^2_{0.05}(4)$，拒绝H_0，有充分理由认为疗效与年龄有关。

例9-11：某人做了一项关于运动服装品牌的调查，调查中询问479个不同年龄段的消费者首选购买3种品牌的哪一个，数据如表9-16所示，此数据能否表明不同年龄段的人购买各种品牌服装的概率是齐同的（$\alpha=0.05$）？

表9-16

年龄段	品牌1	品牌2	品牌3	行和
≤35	83	70	45	198
36～55	91	86	15	192
>55	41	38	10	89
列和	215	194	70	479

解：本例属于齐性检验问题，变量年龄段中，去掉任何一行数据仍不影响问题的性质及处理方法。

H_0：不同年龄段人购买各种品牌运动服装的概率是齐同的；H_1：不同年龄段人购买各种品牌运动服装概率不一致。

$$\chi^2 = n\cdot(\sum\frac{A_{ij}^2}{n_{ri}\cdot n_{cj}}-1) = 479\times(\frac{83^2}{198\times215}+\frac{91^2}{192\times215}+\frac{41^2}{89\times215}+\frac{70^2}{198\times194}+\frac{86^2}{192\times194}$$
$$+\frac{38^2}{89\times194}+\frac{45^2}{198\times70}+\frac{15^2}{192\times70}+\frac{10^2}{89\times70}-1)\approx18.65$$

$\alpha=0.05$，自由度 $(r-1)(c-1)=(3-1)(3-1)=4$，查书后附表6得 $\chi^2_{0.05}(4)=9.49$，则有 $\chi^2>\chi^2_{0.05}(4)$，拒绝 H_0，不同年龄段人购买各种品牌运动服装的概率不同。

四、r×c列联表检验的注意事项

（1）对$r\times c$列联表进行检验时，不论是独立性检验，还是齐性检验，都要求不能有1/5以上的格子中的理论数小于5，或者不能有一个格子的理论数小于1，否则将导致错误的结论。出现以上情况时，可将出现这类格子的行或列的实际数与其相邻的行或列的实际数进行合并，然后计算合并后的理论数，直到满足检验对数据的要求为止。当然这种合并应以专业上的可行性为基础，如果专业上认为这种合并是不可行的，则不能进行这种合并。

（2）对$r\times c$列联表的齐性检验来说，如果检验结果拒绝 H_0，说明被比较的几个总体就不同的取值之间概率不同，但这是就所有的总体来说的，不能据此做出任何两个总体（组别）间的概率都不同，如果要想了解究竟哪两个总体就不同的取值之间的概率不同，可以进行分割χ^2检验（去掉一行或几行数据后的χ^2检验）。

（3）对$r\times c$列联表的独立性检验来说，如果检验结果拒绝 H_0，一般是不能进行分割性检验的。如果去调任何一行数据，就成了基于不完全数据的独立性检验，统计问题的性质将发生改变。

五、用SPSS软件进行r×c列联表检验的实例

例9–12：数据同例9–10的SPSS处理过程。

①建立数据文件，定义变量“疗效”（1为显著、2为一般、3为较差）、“年龄段”（1为儿童、2为中青年、3为老年）、变量“频数”，输入数据，如图9–17所示，存盘。

②选择数据 → 加权个案，对变量“频数”进行加权。

③选择分析 → 描述统计 →交叉表；打开如图9–18所示对话框。

	疗效	年龄段	频数
1	1	1	58
2	1	2	38
3	1	3	32
4	2	1	28
5	2	2	44
6	2	3	45
7	3	1	23
8	3	2	18
9	3	3	14

图9-17

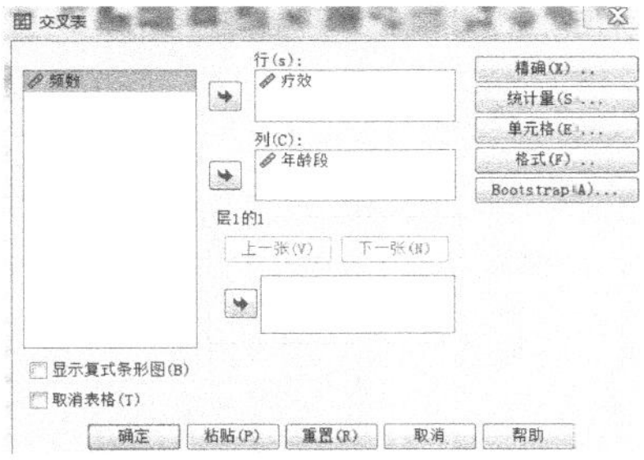

图9-18

④将变量“疗效”放置于行栏中，将变量“年龄段”放置于列栏中。

⑤单击[统计量]按钮，打开如图9-19所示对话框，选择卡方，单击[继续]按钮返回主对话框；

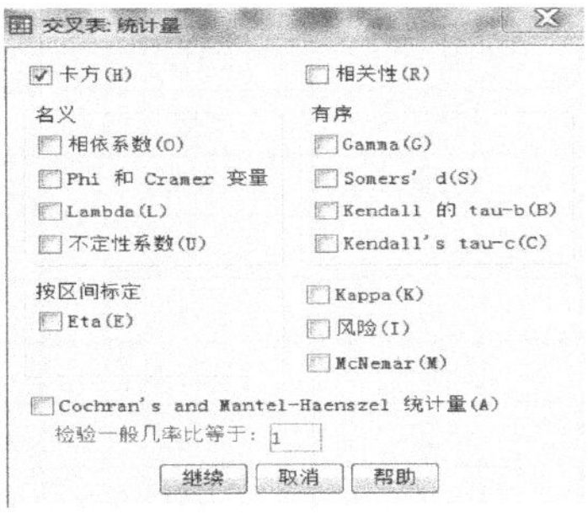

图9-19

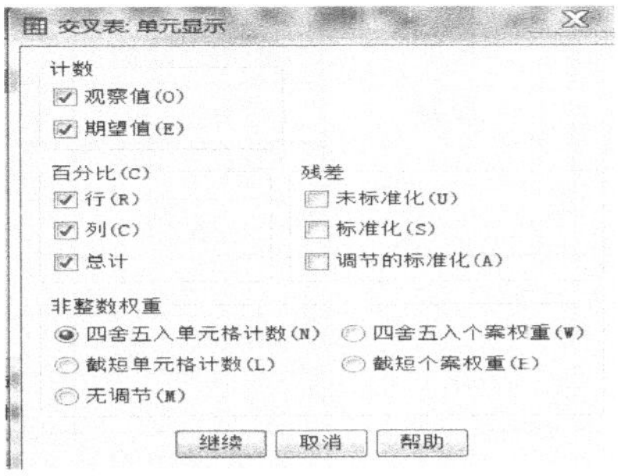

图9-20

⑥单击[单元格]按钮，打开如图9-20所示对话框，选择观察值、期望值、行百分比、列百分比、总百分比五个统计量，单击[继续]按钮，返回主对话框。

⑦单击[确定]按钮，得到如表9-17所示的计算结果

计算结果的统计说明与解释：由表9-17看到，没有格子理论数小于5，最小的理论数是16.68，n=300 > 40，选择Pearson卡方统计量结果即可，这里 $\chi^2 = 13.586$，渐进Sig.（双侧）=0.009 < 0.05，拒绝 H_0，可认为疗效与年龄有关。

表9-17 疗效* 年龄段 交叉制表

			年龄段			合计
			儿童	中青年	老年	
疗效	显著	计数	58	38	32	128
		期望的计数	46.5	42.7	38.8	128.0
		疗效中的	45.3	29.7	25.0	100.0
		年龄段中的	53.2	38.0	35.2	42.7
		总数的	19.3	12.7	10.7	42.7
	一般	计数	28	44	45	117
		期望的计数	42.5	39.0	35.5	117.0
		疗效中的	23.9	37.6	38.5	100.0
		年龄段中的	25.7	44.0	49.5	39.0
		总数的	9.3	14.7	15.0	39.0
	较差	计数	23	18	14	55
		期望的计数	20.0	18.3	16.7	55.0
		疗效中的	41.8	32.7	25.5	100.0
		年龄段中的	21.1	18.0	15.4	18.3
		总数的	7.7	6.0	4.7	18.3
合计		计数	109	100	91	300
		期望的计数	109.0	100.0	91.0	300.0
		疗效中的	36.3	33.3	30.3	100.0
		年龄段中的	100.0	100.0	100.0	100.0
		总数的	36.3	33.3	30.3	100.0

卡方检验

	值	df	渐进 Sig. (双侧)
Pearson 卡方	13.586a	4	.009
似然比	13.937	4	.008
线性和线性组合	1.449	1	.229
有效案例中的 N	300		

a. 0 单元格(.0%) 的期望计数少于 5。最小期望计数为 16.68。

推荐阅读参考文献

1. 祁国鹰. 体育用多元分析（第一章）[M]. 北京：北京体育大学出版社，1998.
2. 杨振海. 拟合优度检验（第三章）[M]. 合肥：安徽教育出版社，1994.
3. 吴喜之. 非参数统计（第七章）[M]. 北京：中国统计出版社，1999.
4. 方积乾. 医学统计学与电脑实验（第六章）[M]. 上海：上海科学技术出版社，2001.

思考与练习

1．$r\times c$列联表检验的独立性及齐性检验方法有何区别?

2．完全随机设计的四格表资料与配对设计的四格表资料检验方法有何不同?

3．在进行完全随机设计的四格表资料检验时，选取适宜公式原则是什么?

4．某地调查中小学生视力减退情况，在受检的348名小学生中有41人视力减退，在受检的226名中学生中，有44人视力减退。问该地中、小学生视力减退的差异是否显著（$\alpha=0.05$）?

5．为观察药物A、B治疗某病的疗效，将100个该病患者随机分成两组，一组40人服A药；另一组60人服B药。结果发现，服A药的40人中有30人治愈；服B药的60人中有11人治愈。问两药对该病的治愈率是否有显著性差异（$\alpha=0.05$）?

6. 为调查年龄是否与视力有关，某人进行了抽样调查，数据如表9-19所示，请进行统计分析（$\alpha=0.05$）。

表9-19

视力	5～10岁	11～20岁	21～40岁	41岁以上
0.6以下	4	9	39	147
0.7~0.9	11	37	22	94
1.0~1.2	143	317	182	139
1.5以上	411	1183	355	160

7. 将205份受检品的每份平分成两份，分别采用两种不同的检验方法检验其对某种物质的反应，结果为阴性与阳性，资料如表9-20所示，试分析一下这两种方法是否有显著性差异（$\alpha=0.05$）

表9-20

甲法	乙法	
	阳性	阴性
阳性	36	34
阴性	2	133

8. 为检验某种疗法对不同病种的治愈率是否相同，某人进行了调查，数据如表9-21所示，试由数据分析对不同病种来说，该疗法的治愈率是否一致（$\alpha=0.05$）?

表9-21

病种	显效	好转	无效	不明
扭挫伤	530	143	35	40
腰肌劳损	189	123	35	7
风湿性关节炎	341	248	84	29
类风湿性关节炎	29	54	13	1
骨性关节炎	64	38	11	2

9.为研究患慢性气管炎与吸烟量的关系，调查了272人，数据如表9-22所示，试问患慢性气管炎是否与吸烟量独立（ $\alpha=0.05$ ）？

表9-22

	吸烟量（支/日）		
	0～9	10～19	20～
患者人数	22	98	25
非患者人数	22	89	16

第十章 相关与回归

本章提要

本章介绍了连续型变量、定序变量、定类变量及多个连续型变量的相关分析方法，一元及多元线性回归分析方法，路径分析方法，并用实例介绍了相应的SPSS处理过程。

在体育科研中，经常需要分析两种事物或现象之间的关系，如百米跑成绩与跳远成绩间有无关系，如果有，其关系如何，百米跑成绩提高0.03秒，跳远成绩将会受到何种影响呢？对于这类变量间关系的研究就属于相关与回归问题。

第一节　相关分析

一、线性相关

（一）变量间的两种关系

在统计学中，事物或现象之间的关系是通过变量间的关系反映出来的。变量间的关系分为确定性关系和非确定性关系两类，确定性关系即函数关系，非确定性关系就是相关关系。

1. 函数关系

函数关系反映着变量之间存在着严格的依存关系，在这种关系中，对于变量 x 的每一个数值，都可以通过对应法则 $y=f(x)$ 使变量 y 有一个确定的值与 x 相对应（反之亦然），此时称变量 x 、y 有函数关系。例如，圆面积 S 对于圆半径 R 的依存关系可用一个确定的对应法则（函数式）$S=\pi R^2$ 反映出来。

两个变量如果有函数关系，知道其中一个变量的值，另外一个变量的值就会被确定。

2. 相关关系

当研究的两个事物或现象之间，既存在着相互影响、相互制约的数量关系，又不像函数关系那样，能由一个变量的数值精确地求出另一个变量的数值来，这类变量间的关系称为相关关系，简称相关。

在体育运动中，存在着许多相关关系，如身高与体重之间的关系、百米跑成绩与跳远成绩之间的关系、现代五项运动中的游泳成绩与越野跑成绩之间的关系，等等。

在实际中，由于测量误差的存在，变量间的函数关系往往以相关关系表现出来，相关又可分为线性相关与非线性相关。

（二）相关系数的意义

1. 散点图

为了考察两个连续型随机变量 X 和 Y 之间是否存在某种程度的线性关系，可以对 n 个研究对象同时测量 n 对 x 和 y 数据，也就是从总体中随机抽取 n 对观察值，记为

(x_1, y_1)、$(x_2, y_2), \cdots, (x_n, y_n)$，这就是讨论两个连续型变量线性相关的样本。

考察相关性最简单而直观的办法是散点图。

在XOY直角坐标系上，(x_1, y_1)、$(x_2, y_2), \cdots, (x_n, y_n)$这$n$对观察值分别代表$n$个点，便构成了一幅散点图，如图10-1所示。

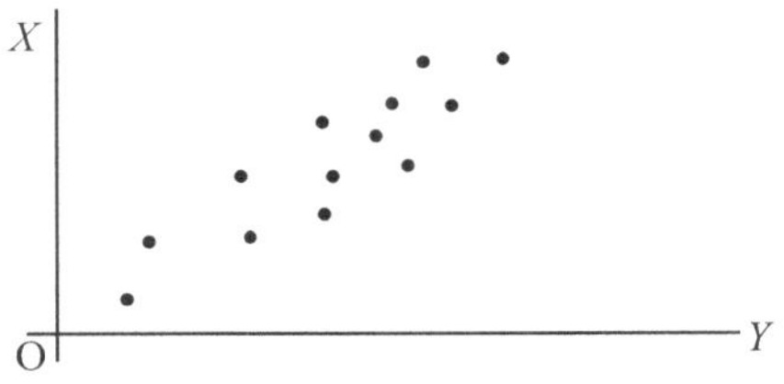

图10-1 散点图

2. 相关系数的意义

对于两个连续型变量来说，我们常用Pearson 积矩相关系数这个统计指标来描述两个变量之间直线关系的密切程度和相关方向。

样本相关系数一般用r表示、总体相关系数一般用ρ表示。

相关系数没有单位，其取值范围为$-1 \leqslant \rho \leqslant 1$（$-1 \leqslant r \leqslant 1$），若变量间的直线关系越密切，则$|\rho|$越接近于1；当变量之间的直线关系越不密切$|\rho|$越接近0。

（1）相关

若两个变量同时趋于同一方向变化，即当x增加（或减少）时，y也相应具有增加（或减少）的趋势时，则称为正相关，此时$0 < r < 1$；若此时所有点都在同一条直线上，$r = 1$，称为完全正相关，如图10-2所示。

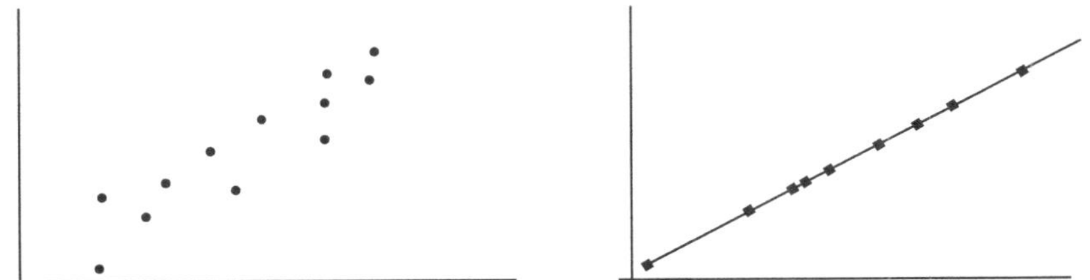

（1）正相关，$0 < r < 1$　　（2）完全正相关，r=1

图10-2 正相关

（2）负相关

若两个变量间，当x增加（或减少）时，y却具有减少（或增加）的趋势时，称为负相关，此时，$-1 < r < 0$；若此时所有点都在同一条直线上，$r = -1$，称为完全负相关，如图10-3所示。

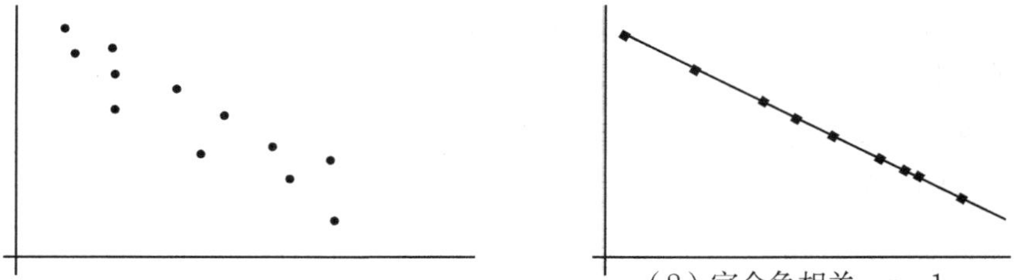

（1）负相关，$-1<r<0$　　（2）完全负相关，$r=-1$

图10-3　负相关

（3）完全无关

当两个变量 x 与 y 之间，y 值的变化不受 x 值变化的影响时（反之亦然），我们称 x 与 y 完全无关，此时 $\rho=0$。

但须注意的是 x 与 y 完全无关（零相关）时，两个变量无任何关系，必定有 $\rho=0$；但反过来 $\rho=0$ 只表示 x 与 y 之间无直线相关关系，并不能保证两变量间无其他非线性关系。如图10-4所示。

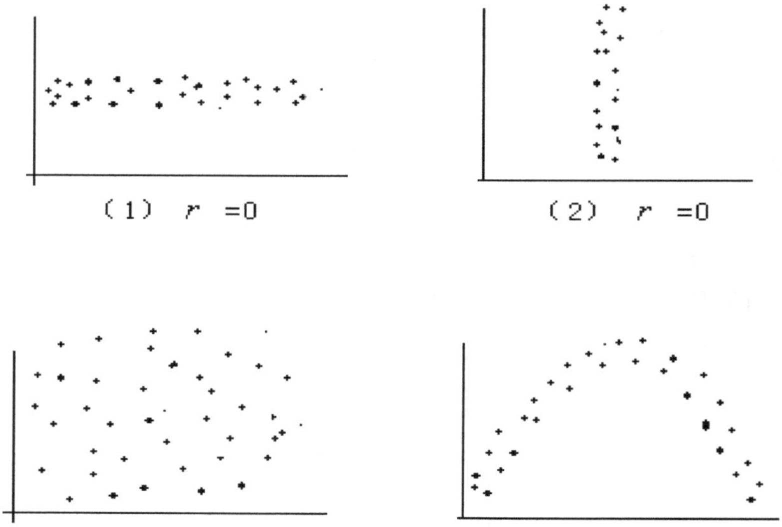

（1）$r=0$　　（2）$r=0$　　（3）$r=0$　　（4）$r=0$

图10-4　无直线相关

（三）相关系数的计算

1. 公式

在实际工作中，我们通常只计算样本相关系数 r。其公式为：

$$r=\frac{L_{xy}}{\sqrt{L_{xx}\cdot L_{yy}}}=\frac{\sum xy-\sum x\cdot\sum y/n}{\sqrt{[\sum x^2-(\sum x)^2/n]\cdot[\sum y^2-(\sum y)^2/n]}} \qquad (10\text{–}1)$$

式10-1中：$L_{xx}=\sum(x-\bar{x})^2=\sum x^2-(\sum x)^2/n$，是变量$X$的离均差平方和；

$L_{yy}=\sum(y-\bar{y})^2=\sum y^2-(\sum y)^2/n$，是变量$Y$的离均差平方和；

$L_{xy}=\sum(x-\bar{x})(y-\bar{y})=\sum xy-\sum x\cdot\sum y/n$，是变量$X$、$Y$的离均差积和。

相关系数是一个没有单位的纯数，它有如下特点：

①互换两个变量以后，相关系数保持不变；

②某一变量的所有值都增加同一数值后，相关系数保持不变；

③某一变量的所有值都乘以同一正数后，相关系数保持不变。

2. 计算相关系数的实例

例10-1：为讨论父子身高间线性相关程度，某教师在大学一年级中随机抽取了16名男生，分别调查了他们及他们父亲的身高数据，如表10-1所示，计算父子间身高的相关系数。

表10-1　　单位（cm）

编号	1	2	3	4	5	6	7	8	9	10	11	12	13	14	15	16
父高x	165	170	172	168	169	175	172	170	176	181	175	172	180	174	175	169
子高y	173	180	178	173	176	185	183	181	174	182	185	180	173	180	182	178

解：列计算表，如表10-2所示。

表10-2　　单位（cm）

编号	x	y	x^2	y^2	$x\cdot y$
1	165	173	27225	29929	28545
2	170	180	28900	32400	30600
3	172	178	29584	31684	30616
4	168	173	28224	29929	29064
5	169	176	28561	30976	29744
6	175	185	30625	34225	32375
7	172	183	29584	33489	31476
8	170	181	28900	32761	30770
9	176	174	30976	30276	30624
10	181	182	32761	33124	32942
11	175	185	30625	34225	32375
12	172	180	29584	32400	30960
13	180	173	32400	29929	31140
14	174	180	30276	32400	31320
15	175	182	30625	33124	31850
16	169	178	28561	31684	30082
$\sum$	2763	2863	477411	512555	494483

$\sum x = 2763$ ， $\sum x^2 = 477411$ ， $\sum y = 2863$ ， $\sum y^2 = 512555$ ， $\sum x \cdot y = 494483$ ， $n = 16$

$L_{xy} = \sum xy - \sum x \cdot \sum y / n = 494483 - 2763 \times 2863/16 \approx 78.68$

$L_{xx} = \sum x^2 - (\sum x)^2 / n = 477411 - 2763^2/16 \approx 275.44$

$L_{yy} = \sum y^2 - (\sum y)^2 / n = 512555 - 2863^2/16 \approx 256.94$

$$r = \frac{L_{xy}}{\sqrt{L_{xx} \cdot L_{yy}}} = \frac{78.68}{\sqrt{275.44 \times 256.94}} \approx 0.30$$

例10-2：10名18岁女孩身高（厘米）与体重（公斤）数据如表10-3所示，求身高与体重的相关系数。

表10-3

身高（cm）	169.6	166.8	157.1	181.1	158.4	165.5	166.7	156.5	168.1	165.3
体重（kg）	65	58.2	56	62	53	52.4	56.8	49.2	55.6	60

解：列计算表，如表10-4所示。

$\sum x = 1655.1$ ， $\sum x^2 = 274407.67$ ， $\sum y = 568.2$ ，

$\sum y^2 = 32485.24$ ， $\sum x \cdot y = 94257.68$ ， $n = 10$

$L_{xy} = \sum xy - \sum x \cdot \sum y / n = 94257.68 - 1655.1 \times 568.2/10 \approx 214.90$

$L_{xx} = \sum x^2 - (\sum x)^2 / n = 274407.67 - 1655.1^2/10 \approx 472.07$

$L_{yy} = \sum y^2 - (\sum y)^2 / n = 32485.24 - 568.2^2/10 \approx 200.12$

$$r = \frac{L_{xy}}{\sqrt{L_{xx} \cdot L_{yy}}} = \frac{214.90}{\sqrt{472.07 \times 200.12}} \approx 0.70$$

表10-4

编号	身高 x	体重 y	x^2	y^2	$x \cdot y$
1	169.6	65	28764.16	4225	11024
2	166.8	58.2	27822.24	3387.24	9707.76
3	157.1	56	24680.41	3136	8797.6
4	181.1	62	32797.21	3844	11228.2
5	158.4	53	25090.56	2809	8395.2
6	165.5	52.4	27390.25	2745.76	8672.2
7	166.7	56.8	27788.89	3226.24	9468.56
8	156.5	49.2	24492.25	2420.64	7699.8
9	168.1	55.6	28257.61	3091.36	9346.36
10	165.3	60	27324.09	3600	9918
Σ	1655.1	568.2	274407.67	32485.24	94257.68

（四）相关系数的假设检验

1. 检验的基本原理

在实际工作中，不能简单地由$|r|$的大小对两个变量间的关系做出判断。因为$r \neq 0$存在着两种可能：第一，样本是由零相关（$\rho = 0$）的总体中抽出的，$r \neq 0$是由抽样误差所致，此时，即使$|r|$值较大，也不能认为两变量是相关的；第二，样本是由线性相关（$\rho = 0$）的总体中抽出的，$r \neq 0$是由条件误差所致，此时，即使$|r|$较小，也应认为两变量存在线性相关关系。

从同一总体中抽出不同的样本会得到不同的样本相关系数，为弄清样本信息所反映的相关是抽样误差所致还是两总体确有相关关系（条件误差所致），必须对样本相关系数进行显著性检验。

检验的无效假设H_0：$\rho = 0$（两总体不存在线性相关关系）；H_1：$\rho \neq 0$（两总体存在线性相关关系）。若检验结果得到$p(H_0) > \alpha$（即H_0成立条件下的概率大于选定的显著性水平α），认为r与$\rho = 0$的差别无显著性意义，两变量间不存在线性相关关系；若检验结果得到$p(H_0) \leqslant \alpha$（即H_0成立条件下的概率小于等于选定的显著性水平α），认为r与$\rho = 0$的差别有显著性意义，两变量间存在线性相关关系。

2. 检验方法

相关系数的显著性检验有t检验和查r临界值表两种方法。

（1）t检验法

在H_0：$\rho = 0$成立条件下，检验统计量$t \sim t\,(n-2)$，其中：

$$t = \frac{r\sqrt{n-2}}{\sqrt{1-r^2}} \tag{10-2}$$

选定显著性水平α，查本书附表2得到双侧临界值$t_{\alpha/2}(n-2)$，若$|t| \geqslant t_{\alpha/2}$，则拒绝$H_0$，认为两个变量存在线性相关关系；若$|t| < t_{\alpha/2}$，则接受$H_0$，认为两个变量不存在线性相关关系。

例10-3：试对例10-1计算得到的相关系数r进行显著性检验（$\alpha = 0.05$）。

解：$r = 0.30$，$n = 16$

H_0：$\rho = 0$；H_1：$\rho \neq 0$

$$t = \frac{r\sqrt{n-2}}{\sqrt{1-r^2}} = \frac{0.30 \times \sqrt{16-2}}{\sqrt{1-0.30^2}} \approx 1.18$$

$\alpha = 0.05$，查t值表得$t_{\alpha/2}(14) = 2.145$，$|t| < t_{\alpha/2}$，接受H_0，认为两总体不存在线性相关关系。

例10-4：试对例10-2计算得到的相关系数r进行显著性检验（$\alpha = 0.05$）。

解：$r = 0.70$，$n = 10$

H_0：$\rho=0$；H_1：$\rho\neq 0$

$$t=\frac{r\sqrt{n-2}}{\sqrt{1-r^2}}=\frac{0.70\times\sqrt{10-2}}{\sqrt{1-0.70^2}}\approx 2.77$$

$\alpha=0.05$，查 t 值表得 $t_{\alpha/2}(8)=2.306$，$|t|>t_{\alpha/2}$，拒绝 H_0，认为两总体存在线性相关关系。

（2）查表法

为了给使用者提供方便，统计学家根据 t 分布表求出 r 的不同显著性水平下的临界值，列成相关系数界值表（附表12），使用者对相关系数进行显著性检验时，只需根据选定的显著性水平，在相应自由度下直接查表获得临界值 r_α，通过 r 与 r_α 的比较获得检验结果，判断方法如下：

若 $|r|<r_\alpha$，$p(H_0)>\alpha$，两变量不存在线性相关关系（相关不显著）；

若 $|r|\geqslant r_\alpha$，$p(H_0)\leqslant\alpha$，两变量存在线性相关关系（相关显著）。

例10-3用查表法对相关系数 r 进行检验时，自由度 $n'=n-2=14$，查附表12得 $r_{0.05}=0.497$，$|r|=0.30<r_{0.05}$，两变量不存在线性相关关系。

例10-4用查表法对相关系数 r 进行检验时，自由度 $n'=10-2=8$，查附表12得 $r_{0.05}=0.632$，$|r|=0.70>r_{0.05}$，两变量存在线性相关关系。

注意：如果经过检验表明两个连续型变量存在线性相关关系，当：

$|r|\geqslant 0.7$ 称为高度相关；$0.7>|r|\geqslant 0.4$ 叫中度相关；$|r|<0.4$ 叫低度相关。

二、定序变量的相关分析

上述的相关系数又称Pearson积矩相关系数，它是用来度量两个连续型随机变量的线性关系的，而在体育科学研究中，有些变量并不连续，甚至是只能用定序尺度来度量，但仍需讨论它们之间的关系，Spearman秩相关系数 r_s（等级相关系数）和Kendall τ 和谐系数可以解决这方面的问题。严格地说，传统的Pearson积矩相关系数度量的是两个变量 X 和 Y 间的线性关系，而 r_s 和 τ 和谐系数则度量更广义的单调（不一定线性）关系，近年来人们多称 r_s 和 τ 为联系（或关联）的度量，而不是相关。

（一）Spearman秩相关系数

1. 公式

设 x 和 y 至少是两个定序尺度度量的变量，要研究它们所代表的二元变量 x 和 y 是否存在关联关系，从总体中随机抽取 n 对观察值，记为 (x_1,y_1)，$(x_2,y_2),\cdots,(x_n,y_n)$，将 n 对观察值中所有 x_i 在 x 样本中由小到大编秩（首先将 n 对观察值由小到大排序，每一序号即为相应的秩次），所有 y_i 在 y 样本中由小到大编秩，如果数值相同时取平均秩次。记 x_i 的秩为

R_i（$i=1,2,\cdots n$）、y_i的秩为S_i（$i=1,2,\cdots,n$），$d_i^2=(R_i-S_i)^2$，$\bar{R}=\frac{1}{n}\sum_{i=1}^{n}R_i$，$\bar{S}=\frac{1}{n}\sum_{i=1}^{n}S_i$，则Spearman等级相关系数定义为：

$$r_s=\frac{\sum_{i=1}^{n}(R_i-\bar{R})(S_i-\bar{S})}{\sqrt{\sum_{i=1}^{n}(R_i-\bar{R})^2\cdot\sum_{i=1}^{n}(S_i-\bar{S})^2}} \quad (10\text{-}3)$$

如果在没有打结时（x_i或y_i中出现秩次相同时叫打结），r_s也可用下面公式计算：

$$r_s=1-\frac{6\sum_{i=1}^{n}d_i^2}{n(n^2-1)} \quad (10\text{-}4)$$

注意：$-1\leqslant r_s\leqslant 1$。

Spearman秩相关系数的基本思想是利用两变量秩次排列的一致性来描述其关联程度，如果$r_s=1$表示两变量秩次排列完全一致，即完全正关联（正相关）；如果$r_s=1$表示两变量的秩次排列完全相反，即完全负关联（负相关）。

2. 检验

在抽样过程中由于抽样误差的存在，计算出的Spearman秩相关系数也需要进行检验，其原理同Pearson积矩相关系数。

H_0：x和y不存在关联关系；H_1：x和y存在关联关系。对于$n\leqslant 100$，在H_0成立条件下可查书后附表13的等级相关系数界值表（Spearman秩相关系数界值表），若$|r_s|\geqslant r_{\alpha/2}$，则拒绝$H_0$，若$|r_s|<r_{\alpha/2}$，则接受$H_0$。

注意：查表时，n为样本量。

当$n>100$时，可利用r_s的极限分布进行检验，$u=r_s\cdot\sqrt{n-1}\sim N(0,1)$

3. Spearman秩相关系数的实例

例10-5：表10-5列出了1936年至1980年各届奥运会男子400米、1500米的运动成绩，试检验它们之间的关系（$\alpha=0.05$）。

表10-5 （单位：秒）

年代	1936	1948	1952	1956	1960	1964	1968	1972	1976	1980
400米	46.5	46.2	45.9	46.7	44.9	45.1	43.8	44.7	44.3	44.6
1500米	227.8	229.8	225.2	221.2	215.6	218.1	214.9	216.3	219.2	218.4

解：分别将10届奥运会的400米、1500米成绩列出秩次，并计算，如表10-6所示。

$\sum_{i=1}^{10}d_i^2=48$，$n=10$

$$r_s = 1 - \frac{6\sum_{i=1}^{n} d_i^2}{n(n^2-1)} = 1 - \frac{6 \times 48}{10 \times (10^2-1)} \approx 0.71$$

$\alpha = 0.05$，查本书附表13的Spearman等级相关系数界值表得 $r_{0.05/2} = 0.648$，则 $|r_s| > r_{0.05/2}$，拒绝 H_0，表明历届奥运会400米与1500米成绩间存在正关联关系。

表10-6

年代	400米（x）	1500米（y）	R_i（x）	S_i（y）	$d_i = R_i - S_i$	d_i^2
1936	46.5	227.8	9	9	0	0
1948	46.2	229.8	8	10	−2	4
1952	45.9	225.2	7	8	−1	1
1956	46.7	221.2	10	7	3	9
1960	44.9	215.6	5	2	3	9
1964	45.1	218.1	6	4	2	4
1968	43.8	214.9	1	1	0	0
1972	44.7	216.3	4	3	1	1
1976	44.3	219.2	2	6	−4	16
1980	44.6	218.4	3	5	−2	4
Σ						48

（二）Kendall τ和谐系数

1. 公式

Kendall τ和谐系数也是一种关联性的度量方法，其使用条件与Spearman等级相关系数相似。

若 $x_i > x_j$ 时，必有 $y_i > y_j$；或 $x_i < x_j$ 时，必有 $y_i < y_j$，则称（x_i, y_j）是和谐（Concordant）的，或叫协同的。

和谐的定义等价说法，如果 $(x_i - x_j)(y_i - y_j) > 0$，则（$x_i, y_j$）是和谐的，或者说它们有相同的倾向；反之如果 $(x_i - x_j)(y_i - y_j) < 0$，则称（$x_i, y_j$）是不协同的。

Kendall τ和谐系数定义为：

$$\tau = \frac{2(n_c - n_d)}{n(n-1)} = 1 - \frac{4}{n(n-1)} \cdot n_d \qquad (10\text{–}5)$$

式10–5中 n_c 表示协同对子的数目、n_d 为不协同对子的数目。

注意：$-1 \leqslant \tau \leqslant 1$。如 $\tau = 1$，表示所有对子都是协同的；如果 $\tau = -1$，表示所有的对子都是不协同的。

在实际应用中，可采用下面的方法计算 n_c 与 n_d。

第一步，首先将所有 x_i 与 y_i 在各自样本中分别求秩次，得到秩次序列 (R_1, S_1)，$(R_2, S_2), \cdots, (R_n, S_n)$；

第二步，把诸 x_i 的秩次自小到大排列后，得到相对应 y_i 的秩次排列，形成一个新的秩次排列，$(1, h_1)$，$(2, h_2), \cdots, (n, h_n)$，这里 h_i 为重新排列后的 S_i；

第三步，把 h_i 与其后面的每一个 h_j（$j > i$）相比较，记 p_i 为 h_i 小于 h_j 的个数，q_i 为 h_j 大于 h_j（$j > i$）的个数，则 $n_c = \sum_{i=1}^{n} p_i$，$n_d = \sum_{i=1}^{n} q_i$。

2. 检验

对于$n \leqslant 40$，书后附表14给出了Kendall τ 检验临界值表，在相应的显著性水平下，可查到对应的临界值 τ_α，若 $|\tau| \geq \tau_\alpha$，则说明 X 与 Y 关联；若 $|\tau| < \tau_\alpha$，x 与不存在关联关系。

当 $n > 40$ 时，可利用极限分布进行检验，

$$u = (n_c - n_d) \cdot \sqrt{\frac{18}{n(n+1)(2n+5)}} \sim N(0,1)$$

3. Kendall τ 和谐系数的实例

例10-6：数据同例10-5，求400米与1500米的 τ 和谐系数并进行检验（$\alpha = 0.05$）。

解：利用表10-6列出表10-7；

表10-7

年代	400米（x）秩次	1500米（y）秩次	p_i	q_i
1968	1	1	9	0
1976	2	6	4	4
1980	3	5	4	3
1972	4	3	5	1
1960	5	2	5	0
1964	6	4	4	0
1952	7	8	2	1
1948	8	10	0	2
1936	9	9	0	1
1956	10	7	0	0
$\sum$			33	12

$$n_c = \sum_{i=1}^{n} p_i = 33, \quad n_d = \sum_{i=1}^{n} q_i = 12$$

$$\tau = \frac{2(n_c - n_d)}{n(n-1)} = \frac{2 \times (33-12)}{10(10-1)} = \frac{42}{90} \approx 0.4667$$

选定 $\alpha = 0.05$，查书后的附表Kendall τ 检验临界值表，得 $\tau_{0.05} = 0.467$，$|\tau| = 0.4667 < \tau_{0.05}$，说明400米成绩与1500米成绩无关联关系。

注意：一般情况下 r_s 与 τ 是不相等的，r_s 的绝对值一般要大于 τ 的绝对值。Kendall和Stuart（1973）指出，当检验两变量间的独立性（关联性）时，r_s 和 τ 在 H_0 成立条件下是渐近等价的。

三、定类变量间的相关分析

在体育社会科学研究中，质的研究方法占有重要的位置，而质的研究方法在统计学中主要指的是有关定类变量的研究。做变量间的相关分析时，也要首先分清变量或资料的类型，采用的是哪种度量尺度。定类变量的相关系数一般有美国芝加哥大学社会学系教授古德曼（Goodman）的Lamda（λ）法、古德曼和克拉斯科尔的Tau（τ）法，以及Pearson列联系数（r_p）法。对于二维变量的 $r \times c$ 列联表资料，若变量 X 分为 r 类，变量 Y 分为 c 类，当用 χ^2 检验法拒绝了两个变量性分布相互独立的无效假设 H_0 后（认为两个变量之间相关联），可进行两变量（属性 X 和 Y）间的相关（关联）分析。

表10-8列出了二维变量 $r \times c$ 列联表的一般格式。

表10-8　二维变量 $r \times c$ 列联表格式

Y \ X	1	2	…	r	行和
1	A_{11}	A_{12}	…	A_{1r}	n_{r1}
2	A_{21}	A_{22}	…	A_{2r}	n_{r2}
⋮	⋮	⋮	⋮	⋮	.
c	A_{c1}	A_{c2}	…	A_{cr}	n_{rc}
列和	n_{c1}	n_{c1}	…	n_{cr}	$n=\sum_{i=1}^{c}\sum_{j=1}^{r}A_{ij}$

a. 表中各项含义见第九章。

（一）Lamda（λ）法

$$\lambda=\frac{\sum A_0-n_{r0}}{n-n_{r0}} \tag{10-6}$$

式10-6中，A_0 为 X 的每一分类中实际数的最大值（每一列实际数的最大值），n_{r0} 为行和中的最大值（n_{r1}、n_{r2} … n_{rc} 中的最大值），n 为格子中所有实际数的和。

λ 系数在0 和1之间取值，λ 值越大，表示 X 和 Y 的相关程度越高。

（二）Tau（τ）法

$$\tau = \frac{\sum_{i=1}^{c}\sum_{j=1}^{r}\frac{A_{ij}^2}{n_{cj}} - \sum_{i=1}^{c} n_{ri}^2 \Big/ n}{n - \sum_{i=1}^{c} n_{ri}^2 \Big/ n} \tag{10-7}$$

式10-7中，A_{ij} 为每个格子的实际数，n_{cj} 为每个实际数所对应的列和，n_{ri} 为行和，n 为格子中所有实际数的和。

τ 系数在0和1之间取值，τ 值越大，说明 X 和 Y 之间的相关程度越高。

（三）Pearson列联系数（r_p）

$$r_p = \sqrt{\chi^2/(n+\chi^2)} \tag{10-8}$$

式10-8中，n 为格子中所有实际数的和，χ^2 为由式9-9或9-10计算得到的Pearson χ^2 统计量。

r_p 在0和1之间取值，0表示变量 X 和 Y 完全独立，1表示变量 X 和 Y 完全关联，r_p 值越大，两变量相关程度越高。

两变量交互分类时，习惯上把有意要考察或预测变量叫因变量，记作 Y，其分组放在表侧的位置。另一变量为自变量，记作 X，其分组时放在表头的位置。

例10-7，为研究色盲与性别的关系，调查了1000人，结果如表10-9所示，请问色盲与性别关联性如何？（此例数据同例9-7）

表10-9

	男	女	行和
正常	442	514	956
色盲	38	6	44
列和	480	520	1000

解：此例在第九章例9-7中经独立性检验表明色盲与性别存在关联关系，分别采用Lamda（λ）法、Tau（τ）法和Pearson列联系数法度量其相关性。这里显然性别为自变量。

①Lamda（λ）法：

$$\lambda = \frac{\sum A_0 - n_{r0}}{n - n_{r0}} = \frac{(442+514)-956}{1000-956} = 0$$

②Tau（τ）法：

$$\tau = \frac{\frac{442^2+38^2}{480} + \frac{514^2+6^2}{520} - \frac{956^2+44^2}{1000}}{1000 - \frac{956^2+44^2}{1000}} \approx 0.027$$

③Pearson列联系数法：

由例9–7得 $\chi^2 = 27.139$， $n = 1000$

$r_p = \sqrt{27.139/(1000+27.139)} \approx 0.163$

虽经检验色盲与性别存在关联关系，但从λ值、τ值及r_p值来看，其关联性非常低。

四、多个连续型变量间的相关分析

在体育科学研究中，研究两个连续变量间的线性相关关系，可用Pearson相关系数法；研究一个连续型变量与多个连续型变量间的线性相关关系，可用复相关系数或偏相关系数；研究多个连续型随机变量与多个连续型随机变量之间的相关关系，可用典型相关分析法（典型相关分析法已超出本书范围，不再详述。有兴趣的读者可查阅这方面的参考书）。

（一）复相关系数

复相关系数是用来表示因变量 y 与自变量$x_1, x_2, \cdots, x_k$之间线性关系密切程度的指标，用R表示，$0 \leqslant R \leqslant 1$， R^2 也称为判定系数或决定系数，下一节再加详述。

（二）偏相关系数

在多变量的情况下，变量间的相关关系是很复杂的，这是因为任意两个变量之间都可能存在着相关关系。这时，用Pearson简单相关系数往往不能正确地说明两个变量之间的真正关系。如果需要真正表示两个变量之间的相关关系，那么必须在消除其他变量影响的情况下，计算这两个变量间的相关系数。这种相关系数称为偏相关系数。例如，有三个变量 x_1, x_2, x_3 彼此存在着相关关系，消除 x_3 的影响后，可计算 x_1, x_2 对 x_3 的偏相关系数，记作 $r_{12,3}$，它可以由x_1, x_2, x_3 的简单相关系数 r_{12}, r_{13}, r_{23} 按下面公式计算而得：

$$r_{12,3} = \frac{r_{12} - r_{13} \cdot r_{23}}{\sqrt{(1-r_{13}^2)(1-r_{23}^2)}} \quad （10–9）$$

类似地 x_1, x_2 在消除 x_3, x_4 的影响后的偏相关系数 $r_{12,34}$ 可用下式计算：

$$r_{12,34} = \frac{r_{12,3} - r_{14,3} \cdot r_{24,3}}{\sqrt{(1-r_{14,3}^2)(1-r_{24,3}^2)}} \quad （10–10）$$

偏相关系数的数值和简单相关系数的数值常常是不同的，在计算简单相关系数时，所有其他自变量不予考虑，在计算偏相关系数时，要考虑其他自变量对因变量的影响，只不过把其他自变量当作常数处理了。

例10–8：测得10名10岁男生的足长 x_1 、小腿长 x_2 和身高 y 如表10–10所示，求分别消除足长、小腿长及身高的影响后，小腿长与身高、足长与身高及足长与小腿长之间的偏相关系数。

表10-10 单位：cm

编号	x_1	x_2	y	x_1^2	x_2^2	y^2	$x_1 \cdot x_2$	$x_1 \cdot y$	$x_2 y$
1	21	33	140	441	1089	19600	693	2940	4620
2	20	32	133	400	1024	17689	640	2660	4256
3	20	30	130	400	900	16900	600	2600	3900
4	19	29	131	361	841	17161	551	2489	3799
5	21	32	137	441	1024	18769	672	2877	4384
6	20	31	133	400	961	17689	620	2660	4123
7	19	32	135	361	1024	18225	608	2565	4320
8	21	33	138	441	1089	19044	693	2898	4554
9	20	31	139	400	961	19321	620	2780	4309
10	21	34	141	441	1156	19881	714	2961	4794
Σ	202	317	1357	4086	10069	184279	6411	27430	43059

由表10-10可算出 $L_{11}=5.6$ ，$L_{22}=20.1$

$L_{yy}=134.1$ ，$L_{1y}=18.6$ ，$L_{2y}=42.1$ ，$L_{12}=7.6$

$$r_{1y}=\frac{L_{1y}}{\sqrt{L_{11}\cdot L_{yy}}}=\frac{18.6}{\sqrt{5.6\times134.1}}\approx0.6787$$

$$r_{2y}=\frac{L_{2y}}{\sqrt{L_{22}\cdot L_{yy}}}=\frac{42.1}{\sqrt{20.1\times134.1}}\approx0.8109$$

$$r_{12}=r_{21}=\frac{L_{12}}{\sqrt{L_{11}\cdot L_{22}}}=\frac{7.6}{\sqrt{5.6\times20.1}}\approx0.7163$$

$$r_{y1,2}=\frac{r_{y1}-r_{y2}\cdot r_{12}}{\sqrt{(1-r_{y2}^2)(1-r_{12}^2)}}=\frac{0.6787-0.8109\times0.7163}{\sqrt{(1-0.8109^2)(1-0.7163^2)}}\approx0.24$$

$$r_{y2,1}=\frac{r_{y2}-r_{y1}\cdot r_{21}}{\sqrt{(1-r_{y1}^2)(1-r_{21}^2)}}=\frac{0.8109-0.6787\times0.7163}{\sqrt{(1-0.6787^2)(1-0.7163^2)}}\approx0.63$$

$$r_{12,y}=\frac{r_{12}-r_{1y}\cdot r_{2y}}{\sqrt{(1-r_{1y}^2)(1-r_{2y}^2)}}=\frac{0.7163-0.6787\times0.8109}{\sqrt{(1-0.6787^2)(1-0.8109^2)}}\approx0.39$$

五、用SPSS软件处理相关分析的实例

例10-9：例10-1数据的SPSS处理过程。

解：

①建立数据文件，定义变量名“父高”表示父亲身高，“子高”表示儿子身高，输入数据并存盘。

②选择分析 → 相关 → 双变量，打开如图10-5所示对话框。

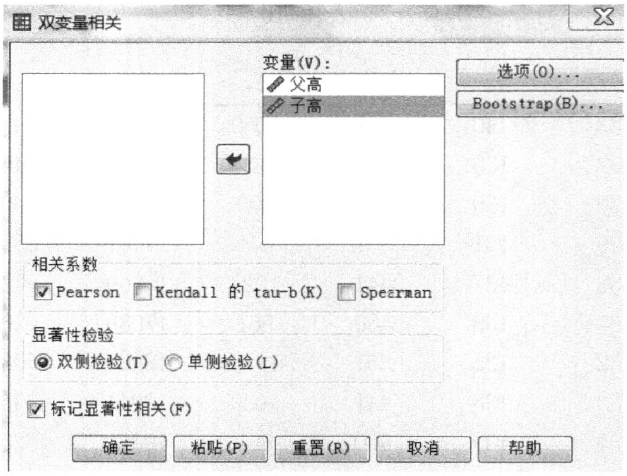

图10-5

③将变量“父高”“子高”放置于变量框中，并在相关系数下选择Pearson，显著性检验下选择双侧检验，选择标记显著性相关（相关系数检验有显著性差异时标记*号），单击 确定 按钮得到如表10-11所示的计算结果。

表10-11 相关性

		父高	子高
父高	Pearson 相关性	1	.296
	显著性（双侧）		.266
	N	16	16
子高	Pearson 相关性	.296	1
	显著性（双侧）	.266	
	N	16	16

计算结果的统计解释与说明。

表10-11显示父高与子高的相关系数（Pearson 积矩相关系数）r=0.296，p（H_0)=显著性（双侧）=0.266＞0.05，接受H_0，两变量不存在相关关系，N=16（样本含量）。

例10-10：例10-2数据SPSS处理过程。

解：步骤同上例，结果如表10-12所示。

表10-12显示身高和体重的相关系数为0.699，$p(H_0)=0.024<0.05$，拒绝H_0，两变量存在显著相关关系。

表10-12 相关性

		身高	体重
身高	Pearson 相关性	1	.699*
	显著性（双侧）		.024
	N	10	10
体重	Pearson 相关性	.699*	1
	显著性（双侧）	.024	
	N	10	10

*. 在 0.05 水平（双侧）上显著相关。

例10-11：例10-5数据SPSS处理过程。

解：

①建立数据文件，定义变量名 x 表示400米运动成绩，y 表示1500米的运动成绩，输入数据并存盘。

②选择分析 → 相关 → 双变量打开如图10-6所示对话框。

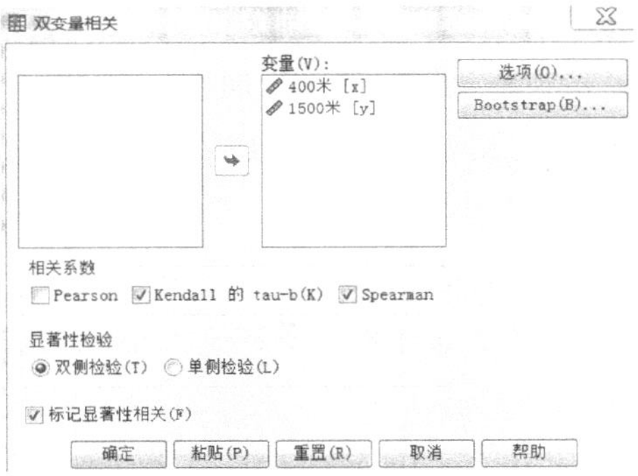

图10-6

③将变量 x、y 放置于变量框中，并在相关系数下选择Kendall的tau-b及Spearman，单击 确定 按钮得到如表10-13所示的计算结果。

表10-13 相关系数

			400米	1500米
Kendall 的 tau_b	400米	相关系数	1.000	.467
		Sig.（双侧）	.	.060
		N	10	10
	1500米	相关系数	.467	1.000
		Sig.（双侧）	.060	.
		N	10	10

续表

			400米	1500米
Spearman 的 rho	400米	相关系数	1.000	.709*
		Sig.（双侧）	.	.022
		N	10	10
	1500米	相关系数	.709*	1.000
		Sig.（双侧）	.022	.
		N	10	10

*. 在置信度（双测）为 0.05 时，相关性是显著的。

计算结果的统计解释与说明。

表10-13显示Kendall的 tau-b（τ 值）=0.467，$p=0.06>0.05$，表示两变量在 $\alpha=0.05$ 水平下不存在关联关系。

Spearman的 rho（r_s）=0.709，$p=0.022<0.05$，表示两变量存在秩关联关系。

例10-12：例10-7数据的SPSS处理过程。

解：

①打开数据文件“卡方检验2.sav”（此数据文件在，例9-7中建立）。

②选择数据→加权个案对变量“频数”进行加权。

③选择分析→描述统计→交叉表打开如图10-7所示对话框。

④在图10-7所示对话框中将变量“性别”“色盲”分别放置于行、列框内，单击 统计量 按钮，打开如图10-8所示对话框。

⑤在图10-8所示对话框的名义下选择相依系数（Pearson列联系数）、Lamda（λ），单击 继续 按钮返回主对话框。

⑥单击 确定 按钮得到如表10-14所示的计算结果。

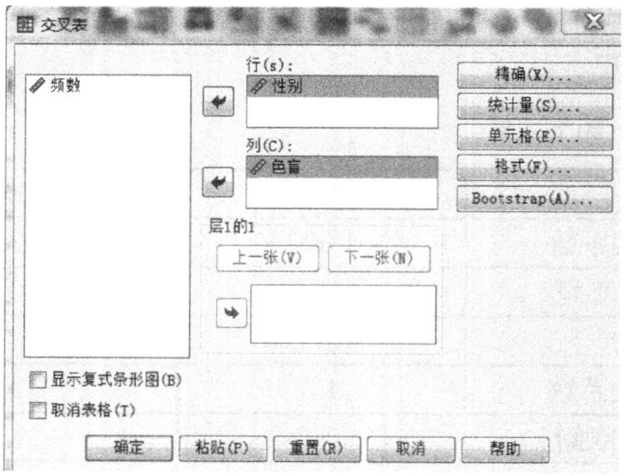

图10-7

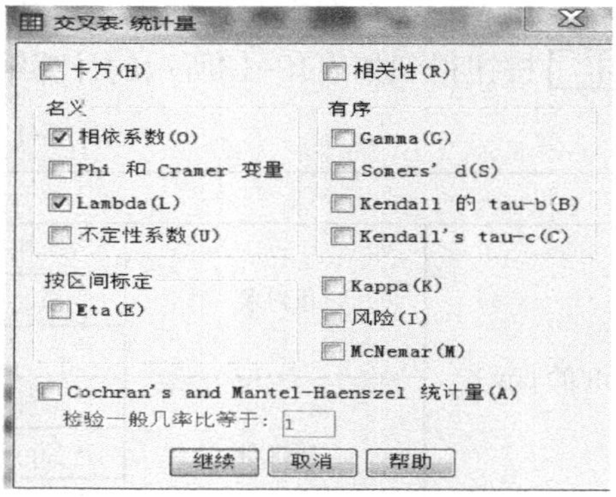

图10-8

计算结果的统计解释与说明。

①表10-14（1）显示当“色盲”作为因变量（“性别”作为自变量）时，Lamda（λ）=0.000，Goodman and Kruskal tau（τ）=0.027；

②表10-14（2）显示相依系数（Pearson列联系数）=0.163。

表10-14（1）　方向度量

			值	渐进标准误差a	近似值 Tb	近似值 Sig.
按标量标定	Lambda	对称的	.061	.012	4.831	.000
		性别 因变量	.067	.013	4.831	.000
		色盲 因变量	.000	.000	.c	.c
	Goodman 和 Kruskal tau	性别 因变量	.027	.007		.000d
		色盲 因变量	.027	.008		.000d

a. 不假定零假设。
b. 使用渐进标准误差假定零假设。
c. 因为渐进标准误差等于零而无法计算。
d. 基于卡方近似值。

表10-14（2）　对称度量

		值	近似值 Sig.
按标量标定	相依系数	.163	.000
有效案例中的 N		1000	

例10-13：例10-8数据的SPSS处理过程。

解：

①建立数据文件，定义变量“足长”“小腿长”“身高”，输入数据并存盘；

②选择分析→相关→偏相关，打开如图10-9所示对话框；

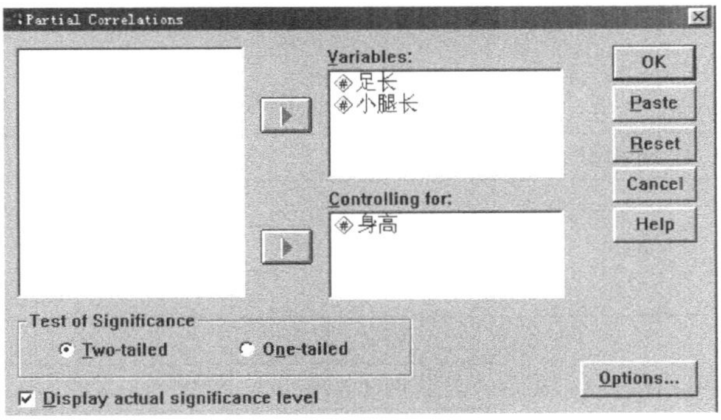

图10-9

③在图10-9所示对话框中将变量“足长”“小腿长”分别放置于变量框下，将变量

“身高”放置于控制变量，单击 确定 按钮，得到如表10-15所示的计算结果。

表10-15　相关性

控制变量			足长	小腿长
身高	足长	相关性	1.000	.386
		显著性（双侧）	.	.305
		df	0	7
	小腿长	相关性	.386	1.000
		显著性（双侧）	.305	.
		df	7	0

计算结果的统计解释与说明。

表10-15显示在排除了身高的影响后（身高为控制变量）足长与小腿长的偏相关系数为0.386，df表示自由度为7，p = 显著性（双侧）$= 0.305 > 0.05$，表明身高与小腿长偏相关系数不显著。

重复③步，分别将“足长”与“小腿长”作为控制变量，得到如表10-15（1）、表10-15（2）所示的计算结果。

表10-15（1）　相关性

控制变量			小腿长	身高
足长	小腿长	相关性	1.000	.634
		显著性（双侧）	.	.067
		df	0	7
	身高	相关性	.634	1.000
		显著性（双侧）	.067	.
		df	7	0

表10-15（2）　相关性

控制变量			身高	足长
小腿长	身高	相关性	1.000	.240
		显著性（双侧）	.	.535
		df	0	7
	足长	相关性	.240	1.000
		显著性（双侧）	.535	.
		df	7	0

第二节　线性回归分析

上节相关关系中的线性相关用于描述两个连续型随机变量 x 与 y 之间线性联系的程度，结论所反映的是它们相互之间的关系，两变量并无主次之分。而有的相关现象间会存在着某种因果关系，如田径项目中跳远成绩地提高常导致百米成绩的提高；居民收入水平地提高会导致其体育消费额地提高；现代五项运动中游泳成绩地提高会带来越野跑成绩地下降，等等。随着所研究问题的进一步深入，研究者通常更感兴趣于存在因果关系的变量中一个变量（原因变量）如何定量地影响另一个变量（结果变量）的取值，而这里所述的因果关系往往无法用精确的数学表达式描述，只有通过对大量观察数据的统计处理，才能找到它们之间的关系和规律。这种分析两个以上连续型变量在数值上线性依存关系的统计方法称为线性回归。这里两变量的地位是不同的，其中 x 为自变量（independent variable），也称为解释变量，可随机取值；而 y 被视为依赖 x 而变化的量，称为反应变量，或称为因变量（dependent variable）。在实际研究中，只有一个因变量及一个自变量的线性回归称为一元线性回归；只有一个因变量但有多个自变量的线性回归称为多元线性回归；而存在多个因变量及多个自变量的线性回归称为多对多线性回归。

为什么叫回归分析呢？很早以前，英国统计学家高尔顿（Sir Francis Galton1822-1911）与其弟子卡尔・皮尔逊（Karl Pearson1857-1936）和A．Lee注意到一个有趣的现象，即父亲高，儿子也高，父亲矮，儿子也矮，但儿子离平均水平更近些，即子代身高向均数回归。这是很自然的，否则，岂不一代比一代无限制地远离平均值而导致身高两极分化，当时高尔顿称上述现象为“普遍回归法则”，以后统计学中就沿用了“回归”一词。

线性回归主要解决下面几个问题：

① 分析所得到的统计数据，找出变量间的数学表达式，即建立回归模型；

② 对回归模型及其参数进行估计和检验，确定回归模型的效果；

③ 利用确定的回归模型分析影响因素对预测对象的影响程度，进行预测并分析预测结果的误差范围及精度。

本书仅讨论只有一个因变量的线性回归问题。

一、一元线性回归分析

在研究两个变量之间的关系时，一般是先将两个变量的 n 对观察值所对应的点在直角坐标系中做出散点图，看看两个变量关系是否存在直线趋势。当两变量具有直线相关关系，如果从专业知识角度分析两个变量间存在因果关系时，常把其中的原因变量叫自变量，用 x 表示，而把结果变量（依赖于 x 而变化的量）叫因变量，用 y 表示，这时可采用一元线性回归分析法。

（一）模型的求法

1. 理论回归模型

从理论上讲因变量 y 与自变量 x 的线性关系可用下式表示：

$$y = \alpha + \beta x + \varepsilon \qquad (10\text{–}11)$$

式10–11中，α 和 β 是固定的但未知的参数，α 是常数项，β 是理论回归系数；ε 是随机误差项，它可由多种因素引起，是不可观测的。对于每一组可以观察到的因变量、自变量数值（x_i，y_i），式10–11可以表示成：

$$y_i = \alpha + \beta x_i + \varepsilon_i \qquad (10\text{–}12)$$

其中，假定各个 ε_i 是相互独立的，服从总体均值为0，总体方差为 σ^2 的正态分布。

2. 实际回归模型的求法

通过有限的样本数据得到式10–11中参数α 和 β 的精确值是不可能的，而只能得到α 的估计值α 和 β 的估计值 b，依照不同的准则或方法，可以得到不同的估计值a 和 b。常用的估计方法是最小二乘法，其准则是，选择的参数α 和 β 的估计值 a 和 b 要满足使因变量 y 的观测值 y_i 与估计值 $\hat{y}_i$ 之间的离差平方和最小，即：

$$\sum_{i=1}^{n}(y_i - \hat{y}_i)^2 = \sum_{i=1}^{n} e_i^2 = \min \qquad (10\text{–}13)$$

式10–13中，$\hat{y}_i = a + b x_i$（或 $\hat{y} = a + bx$）叫回归直线模型，α 叫截距，b 叫回归系数；$e_i = y_i - \hat{y}_i$ 是因变量的实际观测值与估计值间的残差，也叫回归余项，它是由于用 $a + bx$ 估计因变量 y 的数值造成的。

采用最小二乘法得到的计算公式为：

$$\begin{cases} b = \dfrac{L_{xy}}{L_{xx}} \\ a = \bar{y} - b \cdot \bar{x} \end{cases} \qquad (10\text{–}14)$$

式10–14中，$L_{xx} = \sum_{i=1}^{n}(x_i - \bar{x})^2$，$L_{xy} = \sum_{i=1}^{n}(x_i - \bar{x})(y_i - \bar{y})$。

例10–14：表10–16为15个家庭人均月收入与家庭年体育消费额的数据，试求由人均月收入推测家庭体育消费额的回归方程。

表10–16

人均月收入 x（元）	体育消费额 y（元）	x^2	y^2	$x \cdot y$
1600	1900	2560000	3610000	3040000
1668	2700	2782224	7290000	4503600
2100	3970	4410000	15760900	8337000

续表

人均月收入 x（元）	体育消费额 y（元）	x^2	y^2	$x \cdot y$
2000	1050	4000000	1102500	2100000
1850	2120	3422500	4494400	3922000
1800	2330	3240000	5428900	4194000
5000	5400	25000000	29160000	27000000
1720	1200	2958400	1440000	2064000
1750	2590	3062500	6708100	4532500
1650	2980	2722500	8880400	4917000
1600	1200	2560000	1440000	1920000
1800	1420	3240000	2016400	2556000
1700	2200	2890000	4840000	3740000
5000	4590	25000000	21068100	22950000
1900	1550	3610000	2402500	2945000
求和 33138	37200	91458124	115642200	98721100

解：列计算表10-16，由表中得到：

$\sum x = 33138$，$\sum y = 37200$，$\sum x^2 = 91458124$，$\sum y^2 = 115642200$，$\sum x \cdot y = 98721100$，$n = 15$

$$L_{xy} = \sum xy - \sum x \cdot \sum y / n = 98721100 - 33138 \times 37200/15 = 16538860$$

$$L_{xx} = \sum x^2 - (\sum x)^2/n = 91458124 - 33138^2/15 = 18249654.4$$

$$L_{yy} = \sum y^2 - (\sum y)^2/n = 115642200 - 37200^2/15 = 23386200$$

$$r = \frac{L_{xy}}{\sqrt{L_{xx} \cdot L_{yy}}} = \frac{16538860}{\sqrt{18249654.4 \times 23386200}} \approx 0.801$$

选 $\alpha = 0.05$，查书后附表12的相关系数界值表，得 $r_\alpha(13) = 0.514$，$r > r_\alpha$，人均月收入与家庭体育消费额之间确实存在相关关系，且由消费常识知道，人均月收入的增加，会导致家庭体育消费额的增加，现求其回归方程。

$$b = \frac{L_{xy}}{L_{xx}} = \frac{16538860}{18249654.4} \approx 0.906$$

$$a = \bar{y} - b \cdot \bar{x} = \frac{\sum y}{n} - b \times \frac{\sum x}{n} = \frac{37200}{15} - 0.906 \times \frac{33138}{15} \approx 478.46$$

所以由人均月收入推测家庭体育消费额的回归方程为：$\hat{y} = 478.46 + 0.906x$

这个模型表明，对这个15个家庭来说，每个家庭人均月收入每增加1元钱，平均每年就有0.906元用于体育消费。

（二）回归模型检验

统计理论告诉我们，利用样本数据建立回归模型时，我们实际上做了这样几种假定：

①变量 x 与 y 存在线性关系；

②回归余项间独立；

③回归余项服从正态分布，即 $e_i \sim N(0,\sigma^2)$，$i=1,2,\cdots,n$。

在这种条件下得到的估计值 a、b 分别是参数 α、β 的最小方差无偏估计，但尽管这些估计值是较理想和实用的，但此回归模型是否合理以及回归模型的优劣需要被评价，回归模型的检验就是用各种统计检验方法来判别模型的实用性。

1. 回归方程的检验（方差分析）

其基本思路是，若不做回归，因变量 Y 的总变差（反映 Y 值的波动性）就是它的总离均差平方和：

$$L_{YY}=\sum_{i=1}^{n}(y_i-\bar{y})^2 \tag{10-15}$$

L_{YY} 可以看作是由于随机误差引起的；引入回归以后，由于给定 x 的数值，可用 $\hat{y}=a+bx$ 来估计与 x 值相对应 y 的平均水平，这时 y 的总变差中有一部分是由 x 值的不同导致 $\hat{y}$ 的不同而引起的，这部分称为回归平方和，用 U 表示，U 可看作由于 x 对 y 的线性影响（回归关系）对 y 的总变差所产生的贡献。

$$U=\sum_{i=1}^{n}(\hat{y}_i-\bar{y})^2\text{，自由度为}1 \tag{10-16}$$

剩下来 x 的回归（x 对 y 的线性影响）所不能解释的那部分变差称为残差平方和或剩余平方和，用 Q 表示，Q 可看作排除了 x 对 y 的线性影响以后，其他一切随机因素对 y 的总变差所产生的贡献。

$$Q=\sum_{i=1}^{n}(y_i-\bar{y})^2\text{，自由度为 }n-2 \tag{10-17}$$

其中 L_{YY}、U、Q 之间满足下列关系：

$$L_{YY}=U+Q \tag{10-18}$$

计算如下统计量：

$$F=\frac{U/1}{Q/(n-2)}=\frac{U}{Q}\cdot(n-2)\sim F(1,n-2) \tag{10-19}$$

如果两变量 x 与 y 间存在回归关系，回归的贡献应大于随机误差的贡献，大到何种程度时可以认为有统计学意义呢？用下面的显著性检验来判断。

对给定的显著性水平 α，查本书附表 F 分布表（方差分析用）得到临界值 $F\alpha$，若 $F\geqslant F_\alpha$，则认为回归方程是显著的（两变量存在回归关系）；若 $F<F_\alpha$，则认为回归方程不显著（两变量不存在回归关系）。计算时，常用如下公式：

$$U = b \cdot L_{xy} = b^2 \cdot L_{xx} = L_{xy}^2 / L_{xx} \qquad (10\text{–}20)$$

上述回归方程检验问题常总结于方差分析表（简称ANOVA）中，由表10–17给出。

表10-17 方差分析表（ANOVA）

来源	平方和Sum of Squares	自由度 df	均方差Mean Square	F
回归Regression	U	1	$U/1$	$\dfrac{U/1}{Q/(n-2)}$
剩余Residual	Q	$n-2$	$Q/(n-2)$	
总Total	L_{yy}	$n-1$		

例10–15，对例10–14中所求的回归方程效果进行检验（$\alpha = 0.05$）。

解：$L_{YY} = \sum y^2 - (\Sigma y)^2/n = 115642200 - 37200^2/15 = 23386200$

$U = b \cdot L_{xy} = 0.906 \times 16538860 \approx 14984207.2$，$Q = L_{YY} - U = 8401992.8$

$$F = \frac{U}{Q} \cdot (n-2) = \frac{14984207.2}{8401992.8} \times 13 \approx 23.2$$

查书后附表的方差分析表，得 $F_{0.05}(1,13) = 4.67$，$F > F_\alpha$，方程效果显著。

2. 回归系数的检验

建立回归方程后，不仅可以用方差分析法检验回归方程的效果是否显著，还可以通过与其等价的回归系数的 t 检验方法得到判别。

H_0：$\beta = 0$；H_1：$\beta \neq 0$

$$t_b = \frac{b}{S_b}, \qquad (10\text{–}21)$$

式10–21中，S_b 是样本回归系数 b 的标准差，$S_b = \dfrac{S_Y}{\sqrt{L_{xx}}}$；$S_Y = \sqrt{Q/(n-2)}$ 是回归的剩余标准差。

在 H_0 成立条件下，$t_b \sim t(n-2)$。给定显著性水平 α，查本书附表2可得双侧临界值 $t_{\alpha/2}(n-2)$，若 $|t_b| \geq t_{\alpha/2}$，拒绝 H_0，说明回归系数是显著的（两变量存在回归关系）；若 $|t_b| < t_{\alpha/2}$，则回归系数不显著（两变量不存在回归关系）。

注意到上一节对线性相关系 ρ 的假设检验时可计算一个 t 值（参考式10–2）可以证明，对于同一份资料，$t_b = t$，即线性相关系数的 t 检验与线性回归的 t 检验是等价的。

例10–16，对例10–14中所求的回归方程的回归系数 b 进行检验（$\alpha = 0.05$）。

解：H_0：$\beta = 0$

$L_{xx} = 18249654.4$，$b = 0.906$，$S_Y = \sqrt{Q/(n-2)} = \sqrt{\dfrac{8401992.8}{13}} \approx 803.93$

$$t_b = \frac{b}{S_b} = \frac{0.906}{803.93} \times \sqrt{18249654.4} \approx 4.81$$

$\alpha = 0.05$，查本书附表t分布表得$t_{\alpha/2}(13) = 2.16$，$t_b > t_{\alpha/2}$，说明总体回归系数不为0，两变量间存在线性回归关系。

3. D.W检验

上面的两个检验，能够对模型的线性假设的合理性加以识别。对回归余项正态分布的假设，要求并不十分严格，因为它来自大量的、对因变量Y影响很小的不重要因素，因而当样本量较大，其他假设得到满足时，可以认为回归余项服从正态分布。但是，对回归余项线性独立的假设是严格的。如果回归余项之间不是相互独立的，存在明显的自相关关系，则应用最小二乘法就会产生许多问题，如回归系数的估计值虽然还是无偏的，但其方差不再是最小的；t检验、F检验的应用条件也不能严格满足了。

D.W检验，即序列的自相关检验是对回归余项的线性独立假设进行的检验。如果经检验说明回归余项间不存在自相关关系（线性独立），则能保证回归模型的适用性。

其检验的无效假设H_0为，回归余项间的自相关系数$\rho = 0$，统计量d为：

$$d = \frac{\sum_{i=2}^{n}(e_i - e_{i-1})^2}{\sum_{i=1}^{n} e_i^2}, \tag{10-22}$$

给定显著性水平α，样本量n和自变量的个数k，可查书后附表15的D.W检验表，得到下限值d_L和上限值d_U。将计算的d与d_L、d_U比较，可以判定接受或拒绝H_0，其判定标准如下：

若$d_L < d < 4 - d_U$，不能拒绝H_0，回归余项无序列相关；

若$0 < d < d_L$，拒绝H_0，回归余项有正序列相关；

若$4 - d_L < d < 4$，拒绝H_0，回归余项有负序列相关；

若$d_L \leqslant d \leqslant d_U$或$4 - d_U \leqslant d \leqslant 4 - d_L$，则检验没有结论，即回归余项有无序列相关无法判定。

只有经D.W检验表明回归余项无序列相关时，回归模型才可以用于预测。其他情况下，D.W检验不能通过，应分析查找原因，重新建立模型。

导致回归余项序列相关主要有以下几种原因。第一，数学模型选择不适当，即变量间不是线性关系而建立了线性模型；第二，模型中包含的自变量数目不适合，某些不可忽略的重要影响因素没有引到模型中，而模型中却包含了某些不必要的因素；第三，滞后作用的影响，即因素间的因果关系由于滞后作用的影响，不一定在同时期表现出来（这一点在体育消费研究中尤其应给予注意）。

例10-17：对例10-14中所求的回归方程进行D.W检验。

解：计算模型回归余项的D.W值，见表10-18。

$d=\{[710.4658-(-27.9088)]^2+(1588.963-710.4658)\ +\cdots+[-649.786-(-419.179)]^2\}$

$\div[(-27.9088)^2+710.4658^2+\cdots+(-649.786)^2]$

$=18648229\div8397757.8\approx2.22$

取 $\alpha=0.01$，$n=15$，自变量个数 $k=1$，查本书附表15的D.W表，得到 $d_L=1.08$，$d_U=1.36$，$1.36=d_U<d=2.22<4-d_U=4-1.36=2.64$，回归余项不存在序列相关。

表10-18

	x	实际值 y	预测值 $\hat{y}$	误差 e
1	1600	1900	1927.909	−27.909
2	1668	2700	1989.534	710.466
3	2100	3970	2381.037	1588.963
4	2000	1050	2290.411	−1240.410
5	1850	2120	5124.473	−34.473
6	1800	2330	2109.160	220.840
7	5000	5400	5009.179	390.821
8	1720	1200	2036.660	−836.660
9	1750	2590	2063.847	526.153
10	1650	2980	1973.222	1006.778
11	1600	1200	1927.909	−727.909
12	1800	1420	2109.160	−689.160
13	1700	2200	2018.534	181.466
14	5000	4590	5009.179	−419.179
15	1900	1550	2199.786	−649.786

4. 回归剩余标准差的检验

（1）回归剩余标准差的检验

回归残差 $e_i=y_i-\hat{y}_i$ 有助于衡量回归模型拟合样本数据的程度。应用线性回归分析，计算回归的剩余标准差，可检验预测模型的优劣。回归剩余标准差记作 S_Y：

$$S_Y=\sqrt{\frac{\Sigma(Y-\hat{Y}_i)^2}{n-2}}=\sqrt{\frac{Q}{n-2}} \qquad (10\text{–}23)$$

S_Y 越接近于0，说明模型对样本数据的偏差越小，预测的可靠程度（精度）越高；S_Y 数值越大，模型偏离样本数据越大，用于预测的可靠程度就越差；S_Y 是预测精度的标志。在实际问题中，S_Y 往往较大，为评价预测模型的优劣，通常采用指标 $S_Y/\bar{y}$。当 $S_Y/\bar{y}$ 小于15%时，可以认为预测模型较好。

例10–18：对例10–14所求的回归方程计算其剩余标准差并评价其优劣。

解：$S_Y=\sqrt{\frac{Q}{n-2}}\approx 803.93$，$\bar{y}=\frac{\sum y}{n}=\frac{37200}{15}=2480$，$\frac{S_Y}{\bar{y}}=\frac{803.93}{2480}\approx 32.42\%>15\%$

说明样本实际值与模型回归预测值之间的差异较大，预测模型的预测效果较差。

（2）回归模型预测值的置信区间

对于一个回归方程，S_Y 越小，方程对 y 的预测的精度越高。统计理论表明，相对于每一个已知的 x_0，y 的真值 y_0 近似服从以 $\hat{y}_0$（$\hat{y}_0=a+bx_0$）为中心、以 S_Y 为标准差的正态分布。根据正态分布的性质，对于每一个确定的 x_0，y 的真值 y_0 的95%的置信区间为：（$\hat{y}_0-1.96S_Y$，$\hat{y}_0+1.96S_Y$）；y 的真值 y_0 的99%的置信区间为：（$\hat{y}_0-2.58S_Y$，$\hat{y}_0+2.58S_Y$）。

5. 拟合优度检验

前面我们在回归方程检验（方差分析）中已介绍了 $L_{YY}=U+Q$，其中 L_{YY} 表示 Y 的总变差，U 表示回归平方和，Q 表示剩余平方和。从式10–24中可看出，回归平方和在总变差中的比重能够反映回归模型对样本数据的拟合程度。拟合优度检验是通过计算拟合优度 R^2（也称判定系数）来判定回归模型对样本数据的拟合程度，从而评价预测模型的优劣。

$$R^2=\frac{U}{L_{YY}}=1-\frac{Q}{L_{YY}} \qquad (10\text{–}24)$$

R 也叫复相关系数（在多元回归分析中，R 反映因变量 y 与自变量 $x_1, x_2, \cdots, x_k$ 之间的相关程度）。显然 $0\leqslant R^2\leqslant 1$。一般情况下，$R^2$ 越接近于1，表明回归平方和占总平方和的比重越大，回归模型对样本数据拟合程度越高，模型对预测越有意义。通常 R^2 在0.8以上，可以认为拟合优度较高。

在一元线性回归分析中，拟合优度 R^2 就是变量 x 与 y 之间线性相关系数 r 的平方。

例10–19，求例10–14数据回归方程的拟合优度。

解：

$$R^2=\frac{U}{L_{YY}}=\frac{14984207.2}{23386200}\approx 0.641$$

二、多元线性回归分析

体育研究中的许多现象，往往不能只由一个影响因素加以解释。如1500米跑运动员的成绩，不仅与步频、步幅有关，还会受到力量、耐力、体力分配等多个因素的影响；居民家庭体育消费水平会受到家庭人均收入、消费观念、对体育活动的爱好等多个因素的影响。根据现象之间的相关关系，建立一个因变量与多个自变量的回归模型，当变量间的结构关系在未来无大的变动时，以自变量的值（或控制值）求得预测对象的未来值，称为多元线性回归分析法。其原理与一元线性回归分析法基本相同，只是由于自变量地增多，加大了计算量，且当各因素之间的关系复杂时，自变量地选择十分困难。但各种计算机软件在这方面为我们提供了方便，使多元线性回归分析法在体育科研中得以广泛的应用。

（一）模型的求法

1. 理论回归模型

预测对象作为因变量y，诸影响因素为自变量x_j $(j=1,2,\cdots,k)$， y与各个x_j之间存在的线性关系，从理论上可用下式表示：

$$y=\beta_0+\beta_1x_1+\beta_2x_2+\cdots+\beta_kx_k+\varepsilon, \qquad (10\text{–}25)$$

式10–25中，β_0是回归常数项，也叫截距；β_j $(j=1,2,\cdots,k)$虽未知但均为某一固定数值，称为回归系数；ε是除x_j $(j=1,2,\cdots,k)$以外的、可忽略的随机因素（或无法考虑到的因素），称为随机干扰项。

式10–25只表示理论上诸影响因素与预测对象（因变量）之间的线性关系。$\beta_0,\beta_1,\beta_2,\cdots,\beta_k$是无法得到其精确值的，唯一可行的办法是，通过对因变量y及自变量x_j $(j=1,2,\cdots,k)$的大量抽样观察得到样本数据（$y_1,x_{11},x_{21},\cdots,x_{k1}$）、（$y_2,x_{12},x_{22},\cdots,x_{k2}$），$\cdots$，（$y_n,x_{1n},x_{2n},\cdots,x_{kn}$），由此样本数据经统计学处理，得到其估计值。

2. 实际回归模型的求法

根据一定的估计准则，对因变量y和诸自变量x的实际观察值经过统计学处理，得到$\beta_0,\beta_1,\beta_2,\cdots,\beta_k$的估计值$b_0,b_1,b_2,\cdots,b_k$，则$y$与诸$x_j$之间的线性关系可表示为：

$$y=b_0+b_1x_1+b_2x_2+\cdots+b_kx_k+e \qquad (10\text{–}26)$$

式10–26中，b_0是实际得到的回归常数；b_j $(j=1,2,\cdots,k)$是实际得到的回归系数；e是回归余项，也称为残差项。若有n个实际观察值（样本数据），因变量y的每一个观察值与相应的诸x_j观察值之间的线性关系表示为：

$$y_i=b_0+b_1x_{1i}+b_2x_{2i}+\cdots+b_kx_{ki}+e_i \ (i=1,2,\cdots,n), \qquad (10\text{–}27)$$

在求回归系数时一般采用的是最小二乘法，其准则为，得到的$b_0,b_1,b_2,\cdots,b_k$要满足使因变量y的观察值y_i与回归估计值$\hat{y}_i$之间的离差平方和达到最小，即$\sum\limits_{i=1}^{n}e_i^2=\sum\limits_{i=1}^{n}(y_i-\hat{y}_i)^2$达到最小。其中，$\hat{y}_i=b_0+b_1x_{1i}+b_2x_{2i}+\cdots+b_kx_{ki}$叫回归估计值；$e_i=y_i-\hat{y}_i$是实际观察值$\hat{y}_i$与回归估计值间的离差。

求多元回归方程的回归系数一般采用矩阵代数方法，依靠计算机软件完成。

式10–27写成矩阵形式$Y=Xb+e$，其中：

$$Y=\begin{pmatrix}y_1\\y_2\\\vdots\\y_n\end{pmatrix}\quad b=\begin{pmatrix}b_1\\b_2\\\vdots\\b_k\end{pmatrix}\quad e=\begin{pmatrix}e_1\\e_2\\\vdots\\e_n\end{pmatrix}\quad X=\begin{pmatrix}1&x_{11}&x_{21}&\cdots&x_{k1}\\1&x_{12}&x_{22}&\cdots&x_{k2}\\\vdots&\vdots&\vdots&\cdots&\vdots\\1&x_{1n}&x_{2n}&\cdots&x_{kn}\end{pmatrix}$$

b是所求的估计向量；e是残差向量，相互独立服从正态分布，$e\sim N(0,\sigma^2I)$；I为$n\times n$阶单位阵；X是已知的$n\times(k+1)$阶常数矩阵，由自变量的样本数据构成；Y是已知的

$n\times1$阶常数矩阵，由因变量的样本数据构成。

利用最小二乘法得到的回归系数的估计值（向量）为：

$$b=\begin{pmatrix}b_1\\b_2\\\vdots\\b_k\end{pmatrix}=(X'X)^{-1}X'Y \tag{10-28}$$

式10-28中X'是矩阵X的转置矩阵，$(X'X)^{-1}$是矩阵（$X'X$）的逆矩阵。

注意：在求多元回归方程的回归系数时，要求自变量x_j $(j=1,2,\cdots,k)$之间不能存在线性关系，在应用中应多加注意。

多元线性回归模型的回归系数b_j $(j=1,2,\cdots,k)$的含义为，当其他自变量保持不变，第j个自变量每变动一个单位，引起因变量的平均变动量。所求的b_j的符号和大小与其所代表的实际意义是否相符，是评价回归模型的一条经济准则。只有回归系数的符号和大小与客观实际基本一致，且这种结构关系在预测时不会有大的改变时，所建立的回归模型才适用于预测。如果所求的回归系数b_j的符号与客观实际变化相反，应考虑如下情况存在：一是某些自变量的取值范围太窄（样本量小）；二是模型中可能漏掉了某些重要因素；三是可能自变量间存在线性相关关系。

（二）回归模型的检验

多元线性回归模型与一元线性回归模型一样，求出回归系数后，只有通过各种检验，模型才可用于预测。

1. 回归方程的检验（方差分析）

其检验的无效假设H_0为：方程不显著（$b_1=b_2=\cdots=b_k=0$）；备择假设H_1为：方程是显著的（$b_1,b_2,\cdots,b_k$不全为0），检验统计量为：

$$F=\frac{U/k}{Q/(n-k-1)} \tag{10-29}$$

其中$U=\sum\limits_{i=1}^{n}(\hat{y}_i-\overline{y})^2$叫回归平方和；$Q=\sum\limits_{i=1}^{n}(y_i-\hat{y}_i)^2$叫剩余平方和；$L_{YY}=\sum\limits_{i=1}^{n}(y-\overline{y})^2$叫总变差；满足$L_{YY}=U+Q$。

在H_0成立条件下，$F\sim F(k,n-k-1)$。在选定的显著性水平α下，查书后的F分布表（方差分析用），得到$F_\alpha(k,n-k-1)$，若$F\geqslant F_\alpha$，拒绝H_0，方程显著；若$F<F_\alpha$，接受H_0，线性回归方程效果不显著。

2. 回归系数的显著性检验

多元线性回归方程的回归系数b_j $(j=1,2,\cdots,k)$的检验是用来测定在其他变量保持不变时，自变量x_j与因变量y之间是否存在线性关系的。若b_j在一定显著性水平α下，x_j的

变化能很好地解释 Y 的变化，变量 x_j 可以保留在回归模型中；若 b_j 不显著（与0无显著不同），表明 x_j 的变化无助于解释 Y 的变化，x_j 是否留在回归模型中应值得考虑。其检验方法是采用 t 检验进行的。

回归系数 b_j 的 t 值：

$$t_{bj}=\frac{b_j}{S_{bj}}\ (j=0,1,2,\cdots,k) \tag{10-30}$$

S_{bj} 是回归系数 b_j 的标准差，$S_{bj}=\sqrt{C_{jj}\cdot\frac{Q}{n-k-1}}$；$C_{jj}$ 是矩阵 $(X'X)^{-1}$ 主对角线上的元素。

在 H_0 成立（$b_j=0$）条件下，$t_{bj}\sim t(n-k-1)$，给定显著性水平 α，查 t 分布表得到 $t_{\alpha/2}(n-k-1)$，若 $|t_{bj}|\geqslant t_{\alpha/2}(n-k-1)$，则回归系数 b_j 显著不为0；若 $|t_{bj}|<t_{\alpha/2}$，则回归系数 b_j 不显著。

3. 拟合优度检验

与一元回归分析一样，在多元线性回归中也使用判定系数 R^2 来解释回归模型中自变量引起的变差（回归平方和 U）在因变量总变差（L_{YY}）中所占比率。

$$R^2=\frac{U}{L_{YY}}=1-\frac{Q}{L_{YY}} \tag{10-31}$$

R 叫复相关系数，表示因变量 Y 与诸 X_j 间的线性相关关系，其值在0～1之间，其值越接近于1，表示线性关系越强；其值越接近于0，表示线性关系越差。在进行回归分析时，是用 R^2 来作为判定回归效果有效性的指标，而不是 R，R^2 值越大，回归方程的拟合效果越好。

在多元线性回归中，判定系数 R^2 的值随着进入回归方程的自变量的个数（或样本含量 n 的大小）的增加而增大，为了消除自变量的个数及样本量的大小对判定系数的影响，采用调整的 $\overline{R^2}$，其公式为：

$$\overline{R^2}=1-\frac{n-1}{n-k-1}(1-R^2) \tag{10-32}$$

注意：在多元线性回归中，常将 R^2 与 $\overline{R^2}$ 结合使用，以说明回归效果的有效性，$\overline{R^2}<R^2$，且 $\overline{R^2}$ 可能为负值。

（三）异方差问题

在多元线性回归模型的基本假设中，假定随机误差项具有相同的方差，即对于所有样本点，$D(\varepsilon_i)$ 为常数，$(i=1,2,\cdots,n)$。但在体育科研实践中，需要建立实际回归模型时，经常存在方差不等的现象，即有 $D(\varepsilon_i)\neq D(\varepsilon_j)$，当 $i\neq j$ 时。这就是多元回归分析中的异方差问题。

1. 异方差产生的原因

体育社会现象是错综复杂的，因而在建立回归模型时，经常会出现某一因素或一些因素随着解释变量（自变量）观测值的变化而对被解释变量（因变量）产生不同的影响，导致随机误差项产生不同的方差；当样本数据为时间序列数据时也会出现异方差，因为此时随机误差项会随时间而变化；异常值（离群点）会寻致异方差；用样本平均数作为样本数据时也会出现异方差；等等。

2. 异方差带来的问题

当做多元回归分析时存在异方差问题时，仍用普通的最小二乘法求回归系数，将会使最小二乘法的使用的有效性遭到破坏。会使得到的回归系数估计值虽是无偏的，但不满足渐近有效性，并使得参数的显著性检验失效，使得到的回归方程效果不理想。

3. 异方差的诊断方法

关于异方差的诊断，统计学家进行了大量的研究，目前，已有很多种方法问世，但没有一种最权威的方法。常见的诊断方法有残差图分析法、数据变换法、加权最小二乘法、基于得分统计量的异方差检验法，等等，在此只介绍常用的残差图分析法。

残差图分析法是一种直观、方便的分析方法，它以残差e为纵坐标，以任何其他的量为横坐标画散点图。常用的横坐标有：以拟合值为横坐标、以x_i为横坐标、以观测时间或序号为横坐标。一般情况下，当模型满足所有假定时，残差图上的n个点的散布应是随机、无任何规律的。如果回归模型存在异方差，残差图上的点的散布会呈现出一定的趋势。残差图分析法缺点是凭主观判断有其随意性。

对一般诊断目的而言，下面几种预测值$\hat{y}_i$—残差e_i的残差图是很有效的[1]。这种残差图是对（$\hat{y}_i$，e_i），$(i=1,2,\cdots,n)$作散点图，这里$\hat{y}_i=b_0+b_1x_{1i}+b_2x_{2i}+\cdots+b_kx_{ik}$。

①形如图10-10（a）所示的$\hat{y}_i-e_i$残差图表示残差依赖于预测值，此时回归模型中还应包含更多的自变量，或者需要做一些变换，才能使得到的回归方程更理想。

②形如图10-10（b）所示的$\hat{y}_i-e_i$残差图表示$\hat{y}$值越大，e的变异越大；$\hat{y}$值越小，e的变化也越小，此时随机误差项的方差不是常数，需要对模型进行变换或用加权最小二乘法求出理想的回归方程。

③形如图10-10（c）所示的$\hat{y}_i-e_i$残差图形成一个水平带，意味着等方差且残差不依赖于$\hat{y}$。

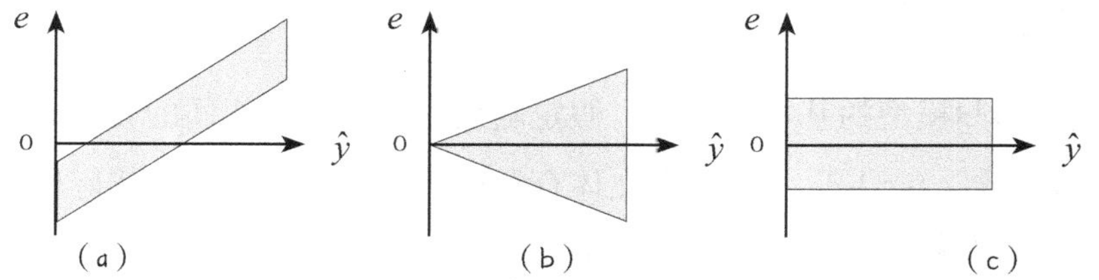

图10-10

[1] 王学仁，王松佳.实用多元统计分析[M].上海：上海科学技术出版社，1990.

4. 异方差问题的处理方法

当进行回归分析时诊断出存在异方差性时，不宜用普通最小二乘法求回归方程，必须对原来的模型进行变换，使变换后模型的随机误差项满足同方差的假定，然后才能得到理想的回归模型。在SPSS软件中提供了加权最小二乘法（Weighted Least Square，即WLS）。

（四）多重共线性问题

在求多元线性回归方程时，假定自变量（解释变量）之间不存在密切的线性关系，如果两个自变量或更多个自变量间具有高度线性相关，则称它们存在多重共线性（Multi-Collinearity）。

1. 多元共线性问题产生的原因

多重共线性问题在体育研究中常常会遇到。例如，要研究百米跑运动员的运动成绩，影响百米跑运动成绩的因素有很多，如步幅、步频、起跑时间、加速跑时间、途中跑时间、终点冲刺跑时间等，这些因素显然对运动员百米跑成绩产生重要影响，而它们之间又有很强的相关性。又如在居民体育消费额的回归分析中，选择家庭收入、家庭储蓄、家庭人口、前期消费额等作为自变量时，这些自变量间也存在很强的相关性。

从这些例子可以看出，在研究体育运动、社会经济现象等问题时，由于问题本身的复杂性，涉及的因素很多，在建立回归方程时，往往很难在众多的因素中找到一组互不相关又对因变量有显著影响的自变量，会不可避免地出现多重共线性问题。

2. 多重共线性的影响

当多重共线性存在时，任何一个自变量的回归系数，依赖于包括在模型中的其他自变量，所以回归系数并不反映方程中任何一具体自变量对因变量的影响，且其方差较大，使回归系数不能令人满意。

存在多重共线性时，一个自变量引起总离差平方和的减少必须看作是与包括在同一方程中的其他自变量相关联。此外多重共线性还会影响预测值的方差，但其效果不太明显。

3. 多重共线性的识别

（1）非正式方法

在进行多元回归分析中，如果下列情况存在时往往表明存在多重共线性：

①模型中增加或删除一个自变量，回归系数值会发生较大变化；

②回归模型的 F 检验通过，而有的回归系数的 t 检验未通过；

③一些重要的自变量在回归方程中没有通过显著性检验；

④有些自变量的回归系数值的符号与实际经验相反时；

⑤自变量的相关阵中，两个自变量的相关系数较大时。

（2）正规识别方法

上述五种办法是直观但非正式方法，有很大的局限性，但在实际中常被应用。识别多重共线性还有一些正式的量化方法。

①判定系数法

设有 k 个自变量的回归模型为：$\hat{y}=b_0+b_1x_1+b_2x_2+\cdots+b_kx_k$ 为诊断多重共线性，使模型中每一个自变量分别作为其他自变量的因变量构造 k 个回归方程：

$x_1=f(x_2,x_3,\cdots,x_k)$； $x_2=f(x_1,x_3,\cdots,x_k)$； …；

$x_i=f(x_1,x_2,\cdots,x_{i-1},x_{i+1},\cdots,x_k)$； …； $x_k=f(x_1,x_2,\cdots,x_{k-1})$

对上述 k 个方程进行线性回归，并计算各个方程的判定系数 R^2，若这些判定系数中的最大者接近1，比如说 R_i^2，则说明该自变量 x_i 可以用其他自变量线性表示，表明存在多重共线性。

②特征值法

设（ $X'X$ ）的特征值为 $\lambda_1,\lambda_2,\cdots,\lambda_k$，若有 r 个特征值近似等于0，则回归方程的自变量间有 r 个共线关系，且共线关系的系数向量就是近似为0的特征值对应的特征向量。

③条件数

设（ $X'X$ ）的特征值为 $\lambda_1,\lambda_2,\cdots,\lambda_k$，则条件数 k 定义为：

$k=$（最大特征值 / 最小特征值）$^{1/2}$，大的 k 值意味着共线性，一般认为若条件数 k 大于15则表明可能存在多重共线性问题，若大于30则表明存在严重的多重共线性问题。

④方差膨胀因子

设 $C=(C_{ij})=(X'X)^{-1}$，R_i 为 x_i 对其余 $k-1$ 个自变量的复相关系数，则 $C_{ij}=1/(1-R_i^2)$，$(i=1,2,\cdots,k)$，C_{ij} 被称为方差膨胀因子（Variance Inflation Factor，即VIF）。VIF的大小反映了自变量间是否存在多重共线性，因此由它来度量多重共线性的严重程度。经验表明，当VIF≥10时，就说明自变量间有严重的多重共线性。

⑤容忍度

容忍度是方差膨胀因子的倒数。$Tolerance=1-R_i^2$，其取值范围在0~1，越接近于0表示多重共线性越强；越接近于1表示多重共线性越弱。

4. 消除多重共线性的方法

进行多元回归分析中，如果发现了多重共线性，可采用下面几种常用方法消除多重共线性。

删除共线性组中与因变量 Y 相关系数小，而与其他自变量高度相关的变量，然后重建回归方程；增大样本含量；采用岭回归、主成分回归和偏最小二乘法一类有偏估计的方法；等等。

（四）序列相关问题

多元线性回归方程也需进行残差的自相关（D.W）检验；其方法同一元线性回归分析一

样，在此不做介绍。

（五）自变量的选择问题

在多元回归分析中，由于因变量会受到众多因素的共同影响，需要由多个解释变量（自变量）解释，但当所有的自变量都进入回归方程时，并不是每一个自变量对回归方程的作用都有统计学意义（显著性意义），而我们总是希望能够找到一个“最好”的回归方程来进行分析和预报，要求这个“最好”的回归方程内的自变量对回归都有显著性意义，而未引入回归方程的自变量对回归都没有统计学意义，这就涉及自变量的选择问题。

1. 选择自变量的统计学标准

①残差平方和最小，等价于复相关系数或判定系数最大。此标准的缺点是每增加一个自变量，残差平方和总会减少一些，复相关系数或判定系数总会增大一些。此标准倾向于选择所有的变量，此类标准的应用较为有限。

②残差均方 $Q/(n-k-1)$ 或剩余标准差最小，等价于调整的 $\overline{R^2}$ 最大。

③其他的还有 C_p 准则（C_p 统计量最小）、AIC准则，等等。（有兴趣的读者可查有关书籍）

2. 变量的选择方法

根据上述准则选择自变量的算法主要有向前选择法（Forward）、向后削去法（Backward）、逐步回归法（Stepwise），其中逐步回归法最为常用，但其所得的回归方程不一定是“最优”的，而只是较好的。多数统计软件以偏回归平方和（partial sum of squares regression）的大小作为每一步剔选变量时的依据，它表示在原有回归方程基础上引入或剔除某一自变量之后所增加或减少的那部分回归平方和，其值达到多大时能够决定引入或剔除该变量可通过 F 检验来判定。

①向前选择法（Forward）：向前选择法的初始模型中没有变量，自变量由少到多一个一个引入回归方程。对每个自变量，将偏回归平方和最大又能使 F 检验拒绝 H_0 者入选为第一个自变量；规定一个界值 $F_{引入}$，接着将余下的变量中偏回归平方和最大又能使 F 检验拒绝 H_0 者入选为第二个自变量……如此不断引入新的变量，直到再不能拒绝 H_0 为止。

②向后削去法（Backward）：自变量由多到少一个一个从方程中剔除。首先对全部后选变量作总的回归，每次剔除一个偏回归平方和最小又能使 F 检验不能拒绝 H_0 者，直到再不能剔除为止。

③逐步回归法（Stepwise）：逐步回归法是向前选择法和向后削去法策略的综合。向前选择法的策略是变量不断进入回归方程的过程，变量一旦进入回归方程就不会被剔除出去。随着变量的不断引入，由于自变量间存在一定的多重共线性，使得某些已经进入回归方程的自变量的回归系数不再显著，这样造成最终的回归方程可能包含一些不显著的自变量。逐步回归法是在向前选择法策略的基础上，结合向后削去法，在每个变量进入方程后

再次判断是否存在应该剔除出方程的变量，直到方程外无可引入的变量而方程内也没有可以剔除的变量时为止。

三、线性回归分析问题的SPSS处理实例

例10-20：例10-14数据的SPSS处理过程。

解：

① 建立数据文件，定义变量“人均月收入”、变量“体育消费额”，输入数据并存盘。

② 选择分析 → 回归 → 线性，打开如图10-11所示对话框。

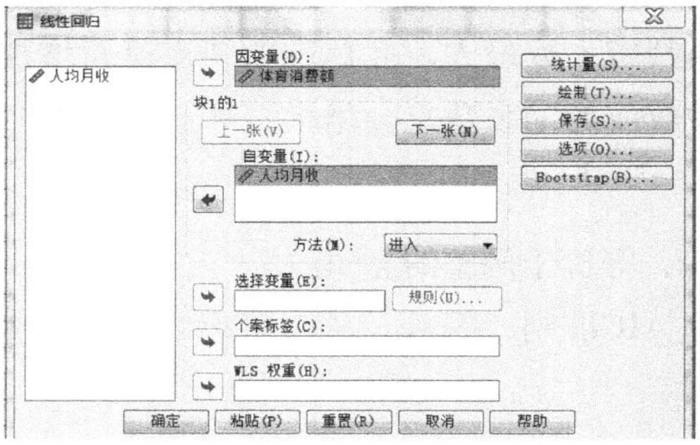

图10-11

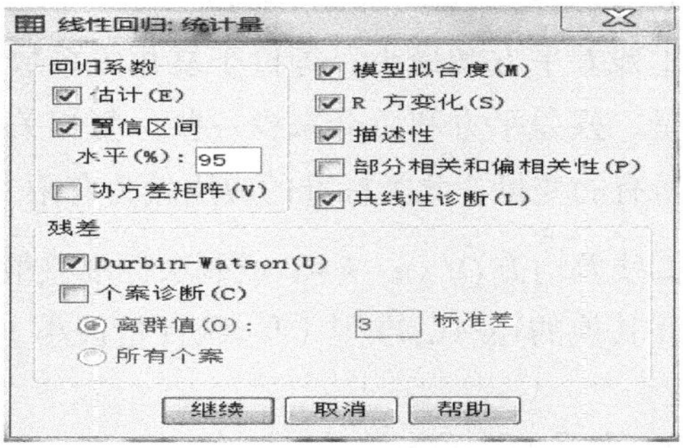

图10-12

③将变量“体育消费额”放置因变量栏下，将变量“人均月收入”放置于自变量栏下，单击 统计量 按钮，打开如图10-12所示对话框。

④在图10-12所示对话框中回归系数下选择估计（输出与回归系数相关的估计量，包括回归系数的估计值及其标准误、标准化回归系数、回归系数显著性检验的 t 值和双侧显著性检验的p值等）、置信区间（输出非标准化回归系数95%的置信区间）、模型拟合度（输出判定系数、调整的判定系数、估计值的标准误及方差分析表）、R^2变化（输出每个自变量进入方程后引起的 R^2 和 F 值、方差分析 p 值的变化量）、描述性（输出变量的均值、标准差、相关系数矩阵及单侧检验的 p 值）、共线性诊断（输出各自变量的容忍度、方差膨胀因子、特征值、条件数和共线性的诊断表）、残差下选择Durbin-Watson（序列的自相关诊断）；单击 继续 按钮回到主对话框。

⑤单击 确定 按钮，得到如表10-19所示的计算结果。

表10-19（1） 描述性统计量

	均值	标准 偏差	N
体育消费额	2480.0000	1292.45613	15
人均月收	2209.2000	1141.72972	15

表10-19（2） 相关性

		体育消费额	人均月收
Pearson 相关性	体育消费额	1.000	.801
	人均月收	.801	1.000
Sig.（单侧）	体育消费额	.	.000
	人均月收	.000	.
N	体育消费额	15	15
	人均月收	15	15

表10-19（3） 输入/移去的变量[b]

模型	输入的变量	移去的变量	方法
1	人均月收a	.	输入

a. 已输入所有请求的变量。
b. 因变量：体育消费额。

表10-19（4） 模型汇总[b]

模型	R	R 方	调整R方	标准估计的误差	更改统计量					Durbin-Watson
					R 方更改	F 更改	df1	df2	Sig. F 更改	
1	.801a	.641	.613	803.72966	.641	23.203	1	13	.000	2.221

a. 预测变量：(常量)，人均月收。
b. 因变量：体育消费额

表10-19（5） Anova[b]

模型		平方和	df	均方	F	Sig.
1	回归	1.499E7	1	1.499E7	23.203	.000a
	残差	8397757.802	13	645981.369		
	总计	2.339E7	14			

a. 预测变量：(常量)，人均月收。
b. 因变量：体育消费额。

表10-19（6） 系数[a]

模型		非标准化系数		标准系数	t	Sig.	B 的 95.0% 置信区间		共线性统计量	
		B	标准 误差	试用版			下限	上限	容差	VIF
1	(常量)	477.899	464.567		1.029	.322	−525.736	1481.535		
	人均月收	.906	.188	.801	4.817	.000	.500	1.313	1.000	1.000

a. 因变量：体育消费额。

表10-19（7） 共线性诊断[a]

模型	维数	特征值	条件索引	方差比例	
				(常量)	人均月收
1	1	1.895	1.000	.05	.05
	2	.105	4.242	.95	.95

a. 因变量：体育消费额。

表10-19（8） 残差统计量[a]

	极小值	极大值	均值	标准 偏差	N
预测值	1927.9088	5009.1792	2480.0000	1034.69948	15
残差	−1240.41125	1588.96313	.00000	774.49328	15
标准 预测值	−.534	2.444	.000	1.000	15
标准 残差	−1.543	1.977	.000	.964	15

a. 因变量：体育消费额。

计算结果的统计说明与解释：

①表10-19（1）显示的是各个变量的平均数、标准差及样本量。

②表10-19（2）显示的是各变量间的相关系数及其双侧检验结果。

③表10-19（3）显示的是回归分析所用的方法是进入法。

④表10-19（4）显示的是模型的拟合情况。复相关系数 R =0.801，判定系数 R^2 =0.641，调整的判定系数 $\overline{R^2}$=0.613，D.W=2.221（序列的自相关检验值）。

⑤表10-19（5）显示的是回归方程的方差分析表，F=23.203，P=0.00，说明模型（所求的回归方程）是显著的。

⑥表10-19（6）显示的是模型的回归系数、标准化的回归系数及其对应的检验值、回归系数95%的置信区间、多重共线性统计量（此例只有一个自变量，不存在多重共线性，可以不做多重共线性诊断，方差膨胀因子和容忍度皆为1）；回归系数是显著的，由此得出回归方程为 $\hat{y}=477.899+0.906x$ 。

⑦表10-19（7）显示的是多重共线性诊断表（本例此表无用，也可不计算此项）。

⑧表10-19（8）显示的是残差的统计结果，主要显示预测值、标准化的预测值、残差和标准化的残差等统计量的最大值、最小值、均数和标准差。

例10-21：某人测量了20个中年男子的下列指标：年龄、身高、体重、胸围、腰围、臀围，数据如表10-20所示，试建立预测体重的回归方程。

解：① 建立数据文件，定义变量性别、年龄、身高、体重、胸围、腰围、臀围，输入数据并存盘。

表10-20

性别	年龄（岁）	身高（厘米）	体重（千克）	胸围（厘米）	腰围（厘米）	臀围
男	45	179.1	68	89	79	100
男	43	175.8	75.3	93.9	87.6	94.7
男	45	172.7	70.3	92	92.3	95.2
男	41	173.5	74.8	96.9	90	97.5
男	48	162.2	72	97.5	92.3	94.2
男	46	173.7	62.4	84.6	72.3	91.2
男	44	164.2	63.5	89.5	81.8	92
男	47	181.8	89.9	103	98	103
男	47	177.3	98.4	108.1	106.4	110.7
男	45	181.1	79.1	95	86	104
男	48	169.2	67	89.8	77.6	92.5
男	41	175.1	86.8	103.1	102.9	103.2
男	47	180.6	86	103.5	102	98.9
男	42	177.3	83.7	100.5	94.5	98.4
男	45	171	74.6	96.7	83	95.5
男	42	166.2	72.7	91.8	94.5	93.4
男	44	174.6	73.3	95.5	84	94.1
男	41	169.8	70.9	90.5	80.3	94.5
男	43	168.1	72.6	95.9	92.5	94.3
男	48	183	79.5	96.7	89.6	90.4

② 选择分析 → 回归 → 线性，打开如图10-13所示对话框。

③将变量体重放置于因变量栏下，将变量年龄、身高、胸围、腰围、臀围放置于自变量栏下，方法选择进入（全部引入法），单击统计量按钮，打开如图10-14所示对话框。

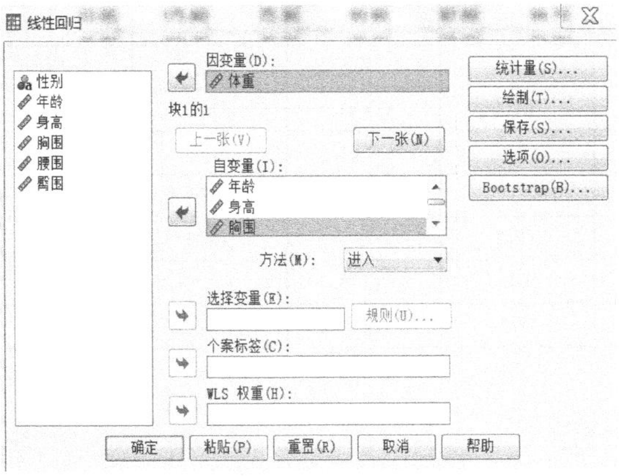

图10-13

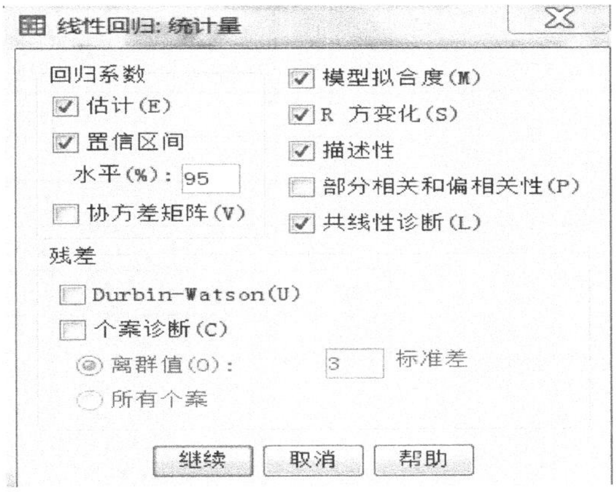

图10-14

④在图10-14所示对话框中选择估计（输出与回归系数相关的估计量，包括回归系数的估计值及其标准误、标准化回归系数、回归系数显著性检验的t值和双侧显著性检验的p值等）、置信区间（输出非标准化回归系数95%的置信区间）、模型拟合度（输出判定系数、调整的判定系数、估计值的标准误及方差分析表）、R^2变化（输出每个自变量进入方程后引起的R^2和F值、方差分析p值的变化量）、描述性（输出变量的均值、标准差、相关系数矩阵及单侧检验的P值）、共线性诊断（输出各自变量的容忍度、方差膨胀因子、特征值、条件数和共线性的诊断表）。单击 继续 按钮回到主对话框。

⑤单击 确定 按钮，得到如表10-21所示的计算结果。

表10-21（1）　描述性统计量

	均值	标准 偏差	N
体重	76.0400	9.13947	20
年龄	44.6000	2.43656	20
身高	173.8150	5.93990	20
胸围	95.6750	5.86451	20
腰围	89.3300	9.02634	20
臀围	96.8850	5.13843	20

表10-21（2）　相关性

		体重	年龄	身高	胸围	腰围	臀围
Pearson 相关性	体重	1.000	.102	.574	.945	.851	.795
	年龄	.102	1.000	.204	.102	-.018	.010
	身高	.574	.204	1.000	.398	.249	.486
	胸围	.945	.102	.398	1.000	.891	.704
	腰围	.851	-.018	.249	.891	1.000	.619
	臀围	.795	.010	.486	.704	.619	1.000
Sig.（单侧）	体重	.	.335	.004	.000	.000	.000
	年龄	.335	.	.194	.334	.470	.483
	身高	.004	.194	.	.041	.145	.015
	胸围	.000	.334	.041	.	.000	.000
	腰围	.000	.470	.145	.000	.	.002
	臀围	.000	.483	.015	.000	.002	.

续表

		体重	年龄	身高	胸围	腰围	臀围
N	体重	20	20	20	20	20	20
	年龄	20	20	20	20	20	20
	身高	20	20	20	20	20	20
	胸围	20	20	20	20	20	20
	腰围	20	20	20	20	20	20
	臀围	20	20	20	20	20	20

表10-21（3）　输入／移去的变量[b]

模型	输入的变量	移去的变量	方法
1	臀围, 年龄, 身高, 腰围, 胸围a	.	输入

a. 已输入所有请求的变量。
b. 因变量：体重。

表10-21（4）　模型汇总

模型	R	R 方	调整 R 方	标准 估计的误差	更改统计量				
					R 方更改	F 更改	df1	df2	Sig. F 更改
1	.979a	.959	.944	2.15749	.959	65.391	5	14	.000

a. 预测变量：(常量), 臀围, 年龄, 身高, 腰围, 胸围。

表10-21（5）　Anova[b]

模型		平方和	df	均方	F	Sig.
1	回归	1521.901	5	304.380	65.391	.000a
	残差	65.167	14	4.655		
	总计	1587.068	19			

a. 预测变量：(常量), 臀围, 年龄, 身高, 腰围, 胸围。
b. 因变量：体重。

表10-21（6）　系数[a]

模型		非标准化系数		标准系数	*t*	Sig.	B 的 95.0% 置信区间		共线性统计量	
		B	标准 误差	试用版			下限	上限	容差	VIF
1	(常量)	−113.926	16.140		−7.059	.000	−148.543	−79.310		
	年龄	−.006	.214	−.002	−.028	.978	−.466	.454	.898	1.114
	身高	.328	.100	.213	3.269	.006	.113	.544	.688	1.454
	胸围	.929	.219	.596	4.238	.001	.459	1.399	.148	6.744
	腰围	.161	.128	.159	1.263	.227	−.113	.435	.184	5.422
	臀围	.308	.145	.173	2.128	.052	−.002	.619	.442	2.260

a. 因变量：体重。

表10-21（7）　共线性诊断[a]

模型	维数	特征值	条件索引	方差比例					
				(常量)	年龄	身高	胸围	腰围	臀围
1	1	5.988	1.000	.00	.00	.00	.00	.00	.00
	2	.008	27.228	.01	.07	.01	.00	.12	.00
	3	.002	53.963	.02	.63	.04	.00	.07	.15
	4	.001	81.515	.32	.23	.06	.00	.07	.63
	5	.001	106.379	.62	.00	.70	.07	.03	.15
	6	.000	122.947	.04	.06	.19	.92	.71	.07

a. 因变量: 体重。

计算结果的统计说明与分析：

①表10-21（1）显示的是各个变量的平均数、标准差及样本量。

②表10-21（2）显示的是各变量间的相关系数及其双侧检验结果：在显著性水平α为0.05下，从中可看出除变量年龄外，其他变量与体重都有显著的相关关系；但身高与胸围、身高与臀围、胸围与腰围、胸围与臀围、腰围与臀围间也存在着显著的相关关系。

③表10-21（3）显示的回归分析所用的方法是输入法（全部变量引入回归方程）。

④表10-21（4）显示的是模型的拟合情况。复相关系数R=0.979，判定系数R^2=0.959，调整的判定系数$\overline{R^2}$=0.944，p=0.00，说明模型（所求的回归方程）是显著的。

⑤表10-21（5）显示的是回归方程的方差分析表，回归平方和为1521.901，自由度为5，剩余平方和为65.167，自由度为14，相应的均方F=65.391，P=0.000，说明模型（所求的回归方程）是显著的。

⑥表10-21（6）显示的各列数据项依次是模型的回归系数、回归系数的标准误差、标准化的回归系数、回归系数显著性检验中t检验统计量的值及其对应的概率P值、自变量（解释变量）的容忍度和方差膨胀因子（多重共线性诊断统计量）。可以看到在显著性水平α为0.05下，除身高、胸围两个变量外，年龄和腰围的回归系数显著性检验的概率P值明显大于显著性水平α，他们与体重的线性关系是不显著的，臀围处于临界状态，而回归方程中不应该保留年龄和腰围这两个变量，因此目前的模型是不可用的，应重新建立模型。从容忍度和方差膨胀因子看，自变量间的多重共线性关系不太严重。

⑦表10-21（7）显示的是多重共线性诊断表，各列的含义依次是：特征值、条件索引（条件数）、方差比例（各特征值解释各解释变量的方差比）。从特征值看，只有一个特征值较大（5.988），其他5个特征值都接近于0，说明可能存在5个共线关系（从相关系数检验中可看出，在显著性水平α为0.05下，身高与胸围、身高与臀围、胸围与腰围、胸围与臀围、腰围与臀围间存在着显著的相关关系）：从条件数也可看到5个条件数大于10（其中有两个大于100），也说明变量间存在着严重的共线关系；从方差比来看，第6个特征值既能解释胸围方差的92%，也能解释腰围方差的71%，解释身高的方差的19%，也可说明这些变

量间存在着严重的多重共线性。

通过以上分析可知，由于存在着严重的多重共线性，必须重建回归方程，我们采用逐步回归法让SPSS自动完成自变量的选择，从中选择最合适的模型，并进行残差分析进行异方差诊断。计算的步骤如下：

①在图10-13所示对话框中将变量体重放置于因变量栏下，将变量年龄、身高、胸围、腰围、臀围放置于自变量栏下，方法：选择逐步（逐步回归法），单击 统计量 按钮，在图10-14所示对话框中选择估计、模型拟合度、共线性诊断，单击 继续 按钮回到主对话框。

②在主对话框中单击 绘制 按钮打开如图10-15所示对话框，将左边框中*ZPRED（标准化预测值）放置于X轴框中，将*ZRESID（标准化残差）放置于Y轴框中，单击 继续 按钮回到主对话框。

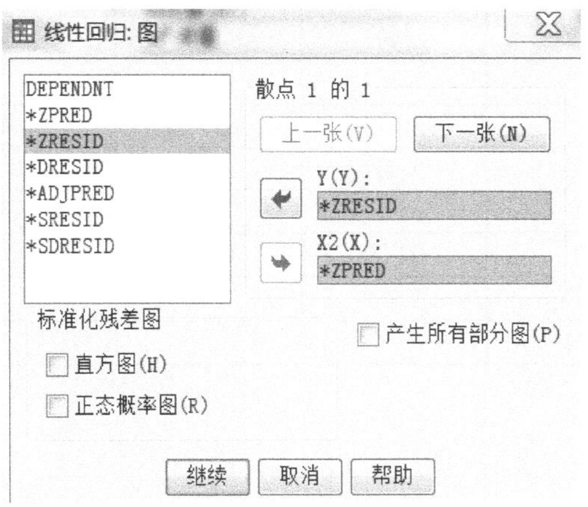

图10-15

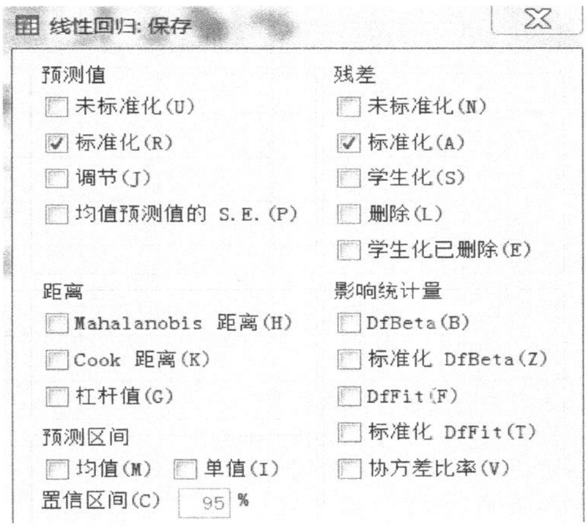

图10-16

③单击 保存 按钮打开如图10-15所示对话窗，该窗口将回归分析的某些结果以SPSS变量的形式保存到数据编辑窗口中。在预测值下选择标准化预测值，在残差下选择标准化残差，单击 继续 按钮回到主对话框。

④单击 确定 按钮，并对标准化残差（*ZRESID）进行非参数检验［以确定其是否服从正态分布，由非参数检验旧对话框 1-样本（K-S）进行］，得到如表10-22所示的计算结果。

表10-22（1） 输入/移去的变量[a]

模型	输入的变量	移去的变量	方法
1	胸围	.	步进（准则：F-to-enter 的概率 <= .050，F-to-remove 的概率 >= .100）。
2	身高	.	步进（准则：F-to-enter 的概率 <= .050，F-to-remove 的概率 >= .100）。
3	臀围	.	步进（准则：F-to-enter 的概率 <= .050，F-to-remove 的概率 >= .100）。

a．因变量：体重

表10-22（2）　模型汇总[d]

模型	R	R 方	调整 R 方	标准 估计的误差
1	.945a	.893	.887	3.07599
2	.969b	.939	.932	2.37905
3	.977c	.954	.945	2.13571

a. 预测变量：(常量)，胸围。
b. 预测变量：(常量)，胸围，身高。
c. 预测变量：(常量)，胸围，身高，臀围。
d. 因变量：体重。

表表10-22（3）　Anovad

模型		平方和	df	均方	F	Sig.
1	回归	1416.757	1	1416.757	149.735	.000a
	残差	170.311	18	9.462		
	总计	1587.068	19			
2	回归	1490.850	2	745.425	131.704	.000b
	残差	96.218	17	5.660		
	总计	1587.068	19			
3	回归	1514.088	3	504.696	110.649	.000c
	残差	72.980	16	4.561		
	总计	1587.068	19			

a. 预测变量：(常量)，胸围。
b. 预测变量：(常量)，胸围，身高。
c. 预测变量：(常量)，胸围，身高，臀围。
d. 因变量：体重。

表10-22（4）　系数[a]

模型		非标准化系数		标准系数	t	Sig.	B 的 95.0% 置信区间		共线性统计量	
		B	标准 误差	试用版			下限	上限	容差	VIF
1	（常量）	−64.836	11.533		−5.622	.000	−89.066	−40.606		
	胸围	1.472	.120	.945	12.237	.000	1.220	1.725	1.000	1.000
2	（常量）	−113.853	16.220		−7.019	.000	−148.075	−79.631		
	胸围	1.327	.101	.851	13.078	.000	1.113	1.541	.842	1.188
	身高	.362	.100	.235	3.618	.002	.151	.574	.842	1.188
3	（常量）	−116.804	14.620		−7.989	.000	−147.796	−85.811		
	胸围	1.156	.118	.742	9.786	.000	.906	1.407	.500	2.001
	身高	.295	.095	.192	3.111	.007	.094	.496	.758	1.320
	臀围	.320	.142	.180	2.257	.038	.019	.620	.454	2.205

a. 因变量：体重。

表10-22（5）　已排除的变量[d]

模型		Beta In	t	Sig.	偏相关	共线性统计量		
						容差	VIF	最小容差
1	年龄	.005a	.067	.948	.016	.990	1.011	.990
	身高	.235a	3.618	.002	.660	.842	1.188	.842
	腰围	.043a	.248	.807	.060	.206	4.854	.206
	臀围	.258a	2.779	.013	.559	.504	1.985	.504
2	年龄	−.035b	−.557	.585	−.138	.958	1.044	.815
	腰围	.176b	1.318	.206	.313	.193	5.189	.173
	臀围	.180b	2.257	.038	.491	.454	2.205	.454
3	年龄	−.016c	−.281	.783	−.072	.935	1.069	.443
	腰围	.160c	1.341	.200	.327	.192	5.206	.157

a. 模型中的预测变量:（常量），胸围。
b. 模型中的预测变量:（常量），胸围，身高。
c. 模型中的预测变量:（常量），胸围，身高，臀围。
d. 因变量: 体重。

表10-22（6）　共线性诊断[a]

模型	维数	特征值	条件索引	方差比例			
				(常量)	胸围	身高	臀围
1	1	1.998	1.000	.00	.00		
	2	.002	33.506	1.00	1.00		
2	1	2.997	1.000	.00	.00	.00	
	2	.002	38.300	.12	.97	.05	
	3	.001	74.382	.88	.03	.95	
3	1	3.996	1.000	.00	.00	.00	.00
	2	.002	42.507	.15	.35	.06	.05
	3	.001	67.838	.08	.64	.00	.86
	4	.001	87.457	.77	.01	.94	.09

a. 因变量: 体重。

表10-22（7）　残差统计量[a]

	极小值	极大值	均值	标准 偏差	N
预测值	61.3813	95.8516	76.0400	8.92686	20
残差	−2.87388	4.49973	.00000	1.95986	20
标准 预测值	−1.642	2.219	.000	1.000	20
标准 残差	−1.346	2.107	.000	.918	20

a. 因变量: 体重。

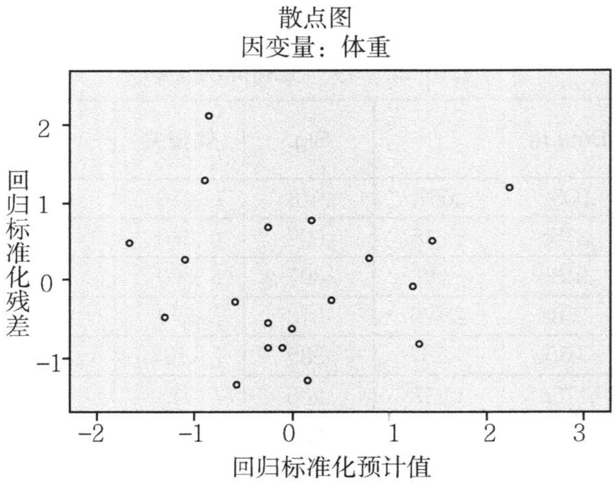

图10−17

表10-22（8） 单样本 Kolmogorov-Smirnov 检验

		Standardized Residual
N		20
正态参数a,b	均值	.0000000
	标准差	.91766294
最极端差别	绝对值	.116
	正	.116
	负	−.071
Kolmogorov-Smirnov Z		.521
渐近显著性(双侧)		.949

a. 检验分布为正态分布。
b. 根据数据计算得到。

计算结果的统计说明与分析：

①表10−22（1）显示变量的引入与剔除及其标准（$F_{入} \le 0.05$，$F_{出} \ge 0.1$）。最先引入的自变量是胸围，建立了模型1；第二步引入变量身高，没有自变量被剔除，建立了模型2；第三步引入变量臀围，没有自变量被剔除，建立了模型3。

②表10−22（2）显示了各模型的拟合情况。随着变量的引入，模型1、2、3的复相关系数、判定系数、调整的判定系数都逐渐增大，但增大的幅度逐渐减小，说明与该模型相关的自变量胸围是因变量体重最好的预测变量，其次为身高、臀围。

③表10−22（3）显示各模型的方差分析结果。模型3的 p 值为0.000<0.05，认为因变量体重与三个自变量胸围、身高、臀围间存在线性关系。

④表10−22（4）显示了各模型的回归系数、标准化的回归系数及其对应的检验值、容忍度和方差膨胀因子。模型1、2、3建立的多元线性回归方程分别为：

$\hat{体重} = -64.836 + 1.472胸围$；

$\hat{体重} = -113.853 + 1.327胸围 + 0.362身高$；

$\hat{体重} = -116.804 + 1.156胸围 + 0.295身高 + 0.32臀围$。

各自变量对应回归系数在显著性水平α为0.05下都有显著性意义，容忍度和方差膨胀因子并没有显示自变量胸围、身高、臀围间存在严重的多元共线性关系。

⑤表10-22（5）显示各模型所剔除的自变量的情况。例如，对模型1来说，如果将剔除的变量年龄保留在模型中，其标准化的回归系数为0.05，但回归系数的检验是不显著的（概率p值为0.948）；如果将剔除的变量身高保留在模型中，其标准化的回归系数为0.235，回归系数的检验是显著的（概率p值为0.002）；如果将剔除的变量腰围保留在模型中，其标准化的回归系数为0.043，但回归系数的检验是不显著的（概率p值为0.807）；如果将剔除的变量臀围保留在模型中，其标准化的回归系数为0.258，其回归系数的检验是显著的（概率p值为0.013）；所以剔除变量年龄和腰围是合理的，但还需引入变量身高和臀围。其他依此类推。

⑥表10-22（6）显示各模型的多重共线性诊断表。模型2、3的条件数都显示存在严重的多重共线性关系；但从方差比来看，模型3的第3个特征值解释了胸围方差的64%，又能解释臀围方差的86%，多重共线性关系更为严重，而模型2的方差比并没有表示出存在严重的多重共线性；因而选择模型2作为回归模型更为合理一些。

⑦表10-22（7）显示的是残差的统计结果，包括：因变量的预测值、标准化预测值、残差和标准化残差的最小值、最大值、平均数和标准差。

⑧图10-17给出了因变量体重标准化残差与标准化预测值之间的残差图。从图中看出点的散布基本上是随机、无任何规律，也无任何趋势，因而主观上可判断无异方差性。

⑨表10-22（8）显示的是标准化残差非参数检验结果，从中可看出标准化残差基本服从正态分布（概率p值为0.949>0.05），可认为数据满足线性回归分析模型的前提要求。

综上所述，所求线性模型为：$\hat{体重} = -113.853 + 1.327(胸围) + 0.362(身高)$。

第三节 路径分析

路径分析是遗传学家Swell Wright在解释遗传学中的因果关系时于1918—1921年提出来的一种方法。现在已在自然科学及社会研究中得到了广泛的应用。人们习惯上把基于最小二乘法的传统路径分析称为路径分析，而把基于极大似然法的路径分析称为“结构方程模型”（Structural Equation Model）。

一、路径分析的基本原理

当一个变量 X_1 在时间上先于另一个变量 X_2 时，可以假设 X_1 引起 X_2，若用图形表示可写为 $X_1 \rightarrow X_2$，在这种关系中允许存在误差 ε_2，于是其路径图如图10–18所示：

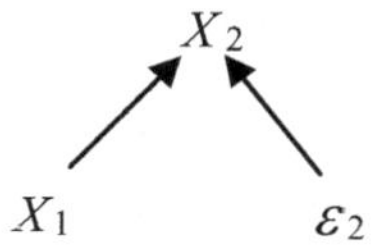

图10–18

借助一个线性模型 $X_2 = \beta_0 + \beta_1 X_1 + \varepsilon_2$，其中 X_1 在模型中是只当作“原因”而从未当“结果”看待的自变量，它不受其他变量的影响，而 X_1 和 X_2 之间因果关系的概念要求排除一切可能的原因因素。在统计上，假定 X_1 与 ε_2 不相关，这里 ε_2 表示一切认为能够影响 X_1 和 X_2 的未观测变量的总效应（误差）。

特别地，回归模型 $X_2 = \beta_0 + \beta_1 X_1 + \varepsilon_2$ 可用标准化的形式记为：

$$Z_2 = p_{21} Z_1 + p_{2\varepsilon}\varepsilon \tag{10–33}$$

这里 $p_{21} = \rho_{12}$，（ρ_{12} 为变量 X_1 和 X_2 间相关系数，p_{21} 为变量 Z_1、Z_2 间相关系数），$p_{21}^2 + p_{2\varepsilon}^2 = 1$；$\varepsilon$ 是标准化误差，p_{21}、$p_{2\varepsilon}$ 称为路径系数。

从数学上讲，假定 X_2 引起 X_1，或者假定存在一个新的公共变量（例如 F_3）以解释 X_1 和 X_2 之间的相关性，这同样是合乎逻辑的。在后一种情况中，X_1 和 X_2 之间是伪相关（不是因果相关，需借助一个中间变量），其路径图如图10–19所示：

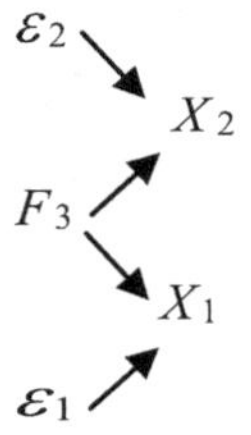

图10–19

这里我们允许在这个关系式中再次出现误差，利用标准化变量，上面路径图的线性模型为：

$$\begin{aligned} Z_1 &= p_{13} F_3 + p_{1\varepsilon_1}\varepsilon_1 \\ Z_2 &= p_{23} F_3 + p_{2\varepsilon_2}\varepsilon_2 \end{aligned} \tag{10–34}$$

其中标准化误差 ε_1 和 ε_2 互不相关，与其他变量以及 F_3 也不相关。因此路径系数与相关系数有以下关系：

$\rho_{12} = p_{13} \cdot p_{23}$，$\rho_{12}$ 为变量 X_1 和 X_2 间的相关系数；

$p_{13}^2+p_{1\varepsilon_1}^2=1$，$p_{23}^2+p_{2\varepsilon_2}^2=1$ 及

$\rho_{13}=p_{13}$，ρ_{13} 为变量 Z_1、F_3 间的相关系数；

$\rho_{23}=p_{23}$，ρ_{23} 为变量 Z_2、F_3 间的相关系数。

式10-34中所假定的因果关系模型与式10-33中的模型是不同的，因此，相关系数和路径系数间的关系也不同。

路径分析包括两个主要部分：画路径图、分解相关系数为简单路径和复合路径的路径系数之和。这些特征使我们能够直接或间接地去度量一个变量对另一个变量的效应。

二、路径分析的基本步骤

我们举一个实例来说明路径分析的步骤：

例10-22：关于成绩资本和地位获得——我国优秀运动员群体社会流动的研究（钟秉枢，1998）。研究者对我国23、24届奥运会参赛选手中的270人进行了调查。选择以下6个变量：X_1（入队文化水平）、X_2（始训年龄）、X_3（入队年龄）、X_4（入国家队前训练年限）X_5（入国家队后训练年限）、Y（运动成绩）。欲分析前5个因素（运动经历）对运动成绩的影响。

实际上，应用多元线性回归分析方法不难得到如下回归方程：

$$\hat{Y}'=-0.440X_1'-0.301X_2'+0.186X_3'-0.087X_4'+0.118X_5'$$

方程中的 X_1'，X_2'，…，X_5' 是标准化以后的自变量，系数为SPSS软件计算得到的标准回归系数。这些系数的大小可以反映各自变量对因变量 Y' 直接作用的大小。根据专业知识，我们知道入队文化水平对入队年龄、入国家队前训练年限、入国家队后训练年限是有影响的，并对运动成绩产生间接作用，但多元回归无法解决此类问题。

路径分析方法能通过建立路径图、分解相关系数为简单路径和复合路径系数之和等来分析自变量对因变量的直接和间接作用。路径分析主要包括以下几个步骤。

（一）设计路径图

1. 根据研究目的和专业知识把所有自变量（除因变量外）分成两类

一类是不受其他自变量影响、在模型中只当作“原因”而从未当“结果”看待的自变量，如例10-22中的入队文化水平（X_1）、始训年龄（X_2）；另一类是受其他变量影响，既可以是“原因”，又可以是“结果”的自变量，也称中间变量，如例10-22中的入队年龄（X_3）、入国家队前训练年限（X_4）。

2. 路径

用径直的箭头表示路径，路径图按下述规则绘制。第一，从每个起点（原因变量）往每个结果变量画直箭头；第二，每个结果变量都联系着一个误差（剩余系数、残差系

数），从误差向结果变量画直箭头；第三，每对原因变量之间画直线双箭头，表示其有非零相关。

3. 路径系数

在路径分析中，选用的分析方法是多元回归分析方法（SPSS中选择回归 → 线性），而"路径系数"就是回归方程模型中所求出的"标准化回归系数"（Standardized Regression Coefficients）。在多元回归中使用的方法是进入（全部引入法Enter），也就是让所有参与回归分析的变量，同时进入方程。

4. 残差系数

残差系数又叫误差或剩余系数，表示自变量X_1，X_2，…以外的因素对因变量的影响，即不能被模型解释的部分。在路径图中，结果变量和每个中间变量都附一个剩余系数。剩余系数用ε表示，$\varepsilon=\sqrt{1-R^2}$；其中R为以结果变量为因变量，其他有关变量（中间变量）为自变量时的复相关系数。

根据以上步骤，例10-22的路径图可如下设计：由专业知识，影响运动员运动成绩（Y）的因素有入队文化水平（X_1），始训年龄（X_2）、入队年龄（X_3）、入国家队前训练年限（X_4）、入国家队后训练年限（X_5）。而入队年龄受始训年龄和入队文化水平的影响；入国家队前训练年限又受始训年龄的影响；入国家队后训练年限又受入国家队前训练年限的影响。此时入队年龄、入国家队前训练年限、入国家队后训练年限可以看成中间变量。将变量间的复杂关系画成路径图，如图10-20所示。

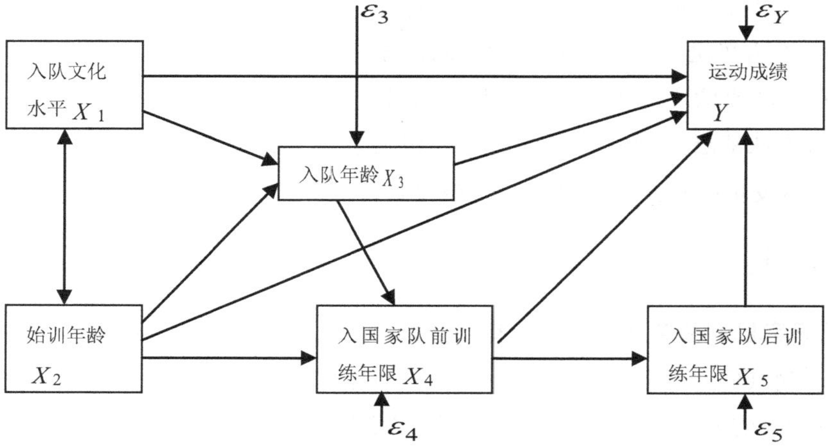

图10-20　影响运动成绩的路径图[2]

注意：因果模型结构的初始图中通常包括直接影响与间接影响。在直接影响中如果路径系数达到显著（SPSS所求回归模型的标准化回归系数的检验），表示两个变量间有直接

[2]　钟秉枢. 成绩资本和地位获得[M]. 北京：北京体育大学出版社，1998：105.

的因果关系存在；在间接影响中如果路径系数达到显著，表示两个变量有间接的因果关系存在。

如果用 p_{ij}（i:表示结果变量 X_i，j:表示原因变量 X_j）或 p_{Yj}（Y：表示因变量，j:表示原因变量 X_j）表示路径系数。如 p_{31} 表示 X_1 对 X_3 的直接影响，p_{Y1} 表示 X_1 对 Y 的直接影响。自变量对因变量的间接影响等于该路径上各个路径系数的乘积，如图10-20中，X_2（始训年龄）经 X_3（入队年龄）对 Y（运动成绩）的间接影响 $= p_{32} \cdot p_{Y3}$。

（二）建立路径方程并计算统计量

根据路径图可以建立全部子模型的路径方程，称为原因结构模型（Causal Structure Model）。图10-20的路径图可以分解为4个子模型，如图10-21所示。

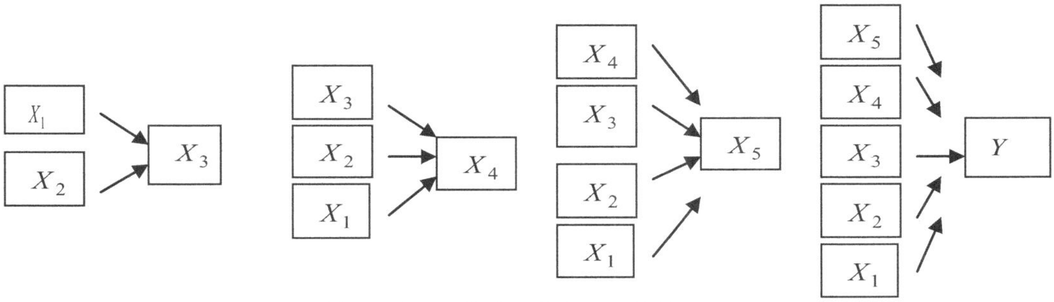

图10-21　一般线性多重回归模型

据此得到：

$X'_3 = p_{31}X'_1 + p_{32}X'_2 + \varepsilon_3$；$X'_4 = p_{43}X'_3 + p_{42}X'_2 + p_{41}X'_1 + \varepsilon_4$

$X'_5 = p_{54}X'_4 + p_{53}X'_3 + p_{52}X'_2 + p_{51}X'_1 + \varepsilon_5$

$Y' = p_{Y1}X'_1 + p_{Y2}X'_2 + p_{Y3}X'_3 + p_{Y4}X'_4 + p_{Y5}X'_5 + \varepsilon_Y$

利用SPSS软件，把结果变量作为因变量、原因变量作为自变量，利用Enter法（全部引入法）分别计算得到4个标准化的回归方程及相应的路径系数（标准回归系数）和剩余系数 ε（$\varepsilon = \sqrt{1-R^2}$），并用多元回归中标准回归系数的检验方法逐一检验各路径系数与零的差异是否显著，删除各回归方程中无统计学意义的路径系数所对应的路径后（$a = 0.05$），重新建立路径方程并路径系数及剩余系数如下：

$X'_3 = 0.310X'_1 + 0.598X'_2 + 0.513$；$X'_4 = -0.860X'_2 + 0.855X'_3 + 0.823$

$X'_5 = -0.336X'_2 - 0.653X'_4 + 0.895$

$Y' = -0.440X'_1 - 0.301X'_2 + 0.186X'_3 - 0.087X'_4 + 0.118X'_5 + 0.936$

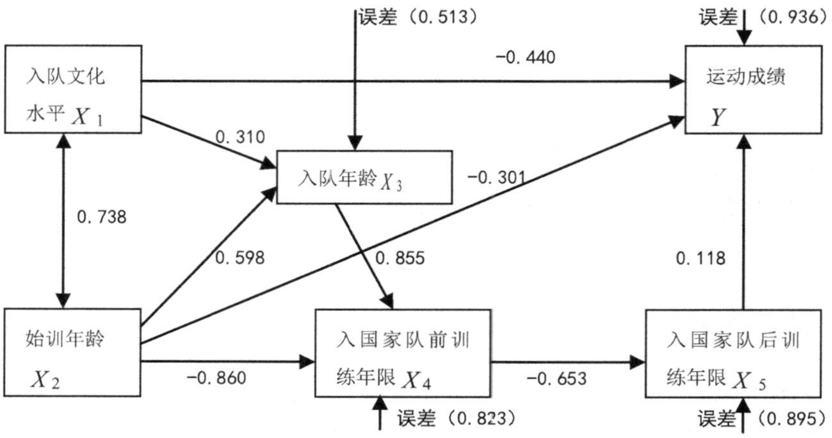

图10-22　影响运动成绩的路径图[3]

（三）对结果的统计学解释

由于路径系数是标准化回归系数，系数之间可直接比较大小。通过对直接影响以及间接影响的分析比较，并结合计算得到的剩余系数（误差）ε 及决定系数 R^2，可以对整个模型及模型中各变量间的关系做出合理的解释。

例10-22中影响运动成绩路径系数见表10-23所示。

表10-23　影响运动成绩的路径系数 p_{ij} 表

变量	X_1	X_2	X_3	X_4	X_5
X_1（入队文化水平）					
X_2（始训年龄）	0.738**				
X_3（入队年龄）	0.310**	0.598**			
X_4（入国家队前训练年限）	-0.093	-0.860**	0.855**		
X_5（入国家队后训练年限）	0.167	-0.336**	0.191	-0.653**	
Y（运动成绩）	-0.440**	-0.301*	0.186	-0.087	0.118

注："*"表示在0.05水平下显著，"**"表示在0.01水平下显著

1. 直接影响

各自变量到因变量 Y（运动成绩）的路径系数反映了直接影响。如 X_2（始训年龄）对 Y（运动成绩）的直接影响为-0.301。从直接影响看，其大小顺序为：X_1（入队文化水平）、X_2（始训年龄）、X_3（入队年龄）、X_5（入国家队后训练年限）、X_4（入国家

[3]　钟秉枢. 成绩资本和地位获得[M]. 北京：北京体育大学出版社，1998：105.

队前训练年限）。

（1）运动员开始训练的年龄越大，文化程度就越高，入队年龄也就越大。

（2）运动员入队年龄越小，入国家队后到入国家队之前的训练年限就越短；而入国家队后到入国家队之前的训练年限还受运动员开始训练年龄的影响，开始训练的年龄越大，入国家队后到入国家队之前的训练年限就越短。

（3）入国家队年龄和入国家队后到入国家队之前的训练年限这两个变量对运动成绩的直接影响很小或几乎没有影响，故图中省略了箭头。

（4）入国家队后到入国家队之前的训练年限越长，入国家队后的训练年限就越短，而入国家队后的训练年限对运动成绩影响很小。

（5）运动员开始训练的年龄越小，文化程度越低，运动成绩就越好。

2. 间接影响

由于 X_3、X_4、X_5 作为中间变量时标准化回归系数都不显著，所以不存在间接作用的影响。

3. 总结

综上所述，运动员的文化程度和始训年龄在上述运动经历变量中成了最能预测运动成绩的变量。但图中残差效果总体上较大，说明运动成绩由上述年限变量以外的因素决定的程度还是很强的，运动经历只是内在动力因子的组成部分之一。路径分析样本中所有的运动员都是国家队队员，都参加了奥运会，都取得了优异的运动成绩，但是每个运动员的运动经历不尽相同。[4]

三、应用路径分析的注意事项

（一）直接作用和间接作用

原因变量A对结果变量B的影响有两种情况。若原因变量A直接通过单箭头对结果变量B具有因果影响，称为A对B有直接作用；若A对B的作用是间接地通过其他变量C起作用，称A对B有间接作用，C称为中间变量，中间变量可有多个且变量间的间接作用常常由多种路径复合而成。

对每一个原因变量，存在以下几种可能的中间结果。

1. 没有间接作用

如果以中间变量C为因变量，以与C有关的所有原因变量为自变量做回归（Enter法）时，某个原因变量A的标准回归系数不显著或者以最终结果变量为因变量，以中间变量及所有原因变量为自变量做回归（Enter法）时，中间变量的标准化回归系数不显著时，则说明

[4]　钟秉枢. 成绩资本和地位获得[M]. 北京：北京体育大学出版社，1998：106.

原因变量A不存在间接作用。

2. 部分间接作用

如果以中间变量C为因变量，以与C有关的所有原因变量为自变量作回归时，某个原因变量A的标准化回归系数显著且以最终结果变量为因变量，以中间变量及所有原因变量为自变量做回归时，中间变量的标准化回归系数也是显著的，则说明该原因变量A存在部分间接作用。

3. 完全间接作用

如果以中间变量C为因变量，以与C有关的所有原因变量为自变量作回归时，某个原因变量A的标准化回归系数显著且以最终结果变量为因变量，以中间变量及所有原因变量为自变量做回归时，原因变量A的标准化回归系数不显著，说明该原因变量A存在完全的间接作用。

（二）递归路径模型及应用条件

1. 递归路径模型

因果关系结构全部为单向链条关系、无反馈作用的模型称为递归模型。一般研究中只讨论递归路径模型，一般研究中只讨论递归路径模型。无反馈作用意味着，各结果变量与其原因变量的误差项之间或各两个结果变量的误差项之间必须相互独立。与递归模型相对立的另一类模型叫非递归模型，如果一个模型不包括非递归模型的特征，则它便是递归路径模型。

非递归模型包括以下 4 种情况之一：第一，模型中任何两个变量之间存在着双向因果关系；第二，模型中某变量存在自相关（见本章第二节）；第三，变量间虽然没有双向因果关系，但顺着某一变量及随后变量的路径循序前进，经过若干变量后，又能返回这一起始变量；第四，结果变量的误差项与其他有关原因变量相关，或者不同原因变量的误差项之间存在相关。

2. 递归路径模型的应用条件

在实际应用路径模型时需要满足下述一些条件。

（1）首先要求模型中各变量的函数关系为线性、可加；否则不能采用回归方法估计路径系数。如果自变量之间存在交互作用，把交互项看作一个单独的变量，此时要求它与其他变量的函数关系同样满足线性、可加。

（2）模型中各变量一般要求定距尺度度量的变量。尽管路径分析中通常会使用名义数据，但不能使用超过一个值的虚拟变量，因为这会违反递归性要求。

（3）每一结果变量的误差项不得与其前置变量相关，同时也不得与其他结果变量及其误差项相关。这是对模型递归性的要求。另外，模型不考虑原因变量的相关性，即不对原因变量的相关性进行分析。

（4）模型中的因果关系必须为单向，不得包括各种形式的反馈作用。这同样是对模型递归性的要求。

（5）各变量均为可观测变量，并且各变量的测量不能存在误差。

（6）变量间的多重共线性程度不能太高，否则路径系数估计值的误差将会很大。

（7）需要足够的样本量。克兰（Kline，1998）建议样本量的个数应该是需要估计的参数个数的10倍（20倍更加理想）。

（三）分解相关系数问题

路径分析是从分解相关系数发展而来的，因此分解相关系数是路径分析的重要部分。通过对原因变量和结果变量的相关系数分解，可透彻分析造成相关关系的原因。

在实际应用过程中，相关系数的分解是非常麻烦的，Swell Wright提供了从路径图的直接分解规则。他认为，对于一个递归性的路径模型，任何两个变量的相关系数都可以表示成连接这两点之间的所有复合路径之和；而这个复合路径是按下述三个规则选取的（Wright规则）：

（1）这个复合路径没有闭合环路。

（2）在这个复合路径中的箭头取向是不可有“先向前，再向后”，也就是说该路径链上不止两个箭头时，要“先向后”尽可能多的次数，“再向前”尽可能少的次数。

（3）对于有多个双箭头的链，只可以取最远距离的一个双箭头。

有兴趣的读者可参阅何晓群编著的中国人民大学出版社出版的《多元统计分析》。在此用图10-23所示 6 个变量路径图相关系数的分解方法作为本章结束。

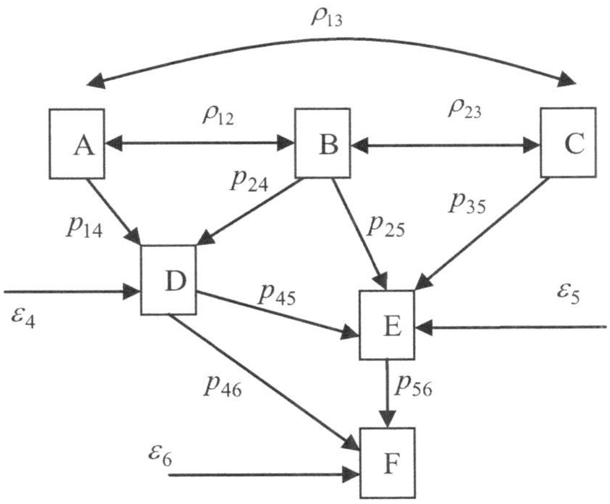

图10-23

以图10-23为例，下面采用Wright规则对两个变量的相关系数进行分解。如果要对A，D的相关系数分解，从图上看出，A，D之间存在两条链，AD及ABD，所以 $\rho_{AD}=\rho_{14}=p_{14}+\rho_{12}\times p_{24}$ ；如果对C，D之间的相关系数进行分解，C，D之间同样存在两条链：CAD和CBD，链CED违反规则（2），链CBAD则违反规则（3），所以$\rho_{CD}=\rho_{34}=\rho_{13}p_{14}+\rho_{23}\times p_{24}$。对于D，F的相关系数$\rho_{DF}$（$\rho_{46}$），首先有直接作用$p_{46}$，其次D通过E对F的间接作用$p_{45}p_{56}$，再次存在路径DBEF，路径DABEF，DACEF以及DBCEF，反映伪相关部分和未析部分。这样，可以把D，F的相关系数分解为：

$$\rho_{DF}=\rho_{46}=p_{46}+p_{45}p_{56}+p_{24}p_{25}p_{56}+p_{14}\rho_{21}p_{25}p_{56}+p_{14}\rho_{31}p_{35}p_{56}+p_{24}\rho_{32}p_{35}p_{56}$$

其他相关系数可用同样的方法进行分解。

推荐阅读参考文献

1．T.P.海特曼斯波格. 基于秩的统计推断[M]. 杨永信，译. 长春：东北师范大学出版社，1995：221-232.

2．吴喜之. 非参数统计（第六章）[M]. 北京：中国统计出版社，1999.

3．张彦. 社会统计学——原理与方法（第九章）[M]. 南京：南京大学出版社，1998.

4．易丹辉. 统计预测——方法与应用（第一、二章）[M]. 北京：中国统计出版社，2001.

5．张明立. 常用体育统计方法（第十一章）[M]. 北京：北京体育大学出版社，1990.

6. 何晓群. 多元统计分析（第十章）[M]. 北京：中国人民大学出版社，2004.

7. 方积乾. 医学统计学与电脑实验（第二十一章）[M]. 上海：上海科学技术出版社，1997.

8. 薛薇. SPSS统计分析方法及应用（第八章）[M]. 北京：电子工业出版社，2004.

9. 王学仁，王松桂. 实用多元统计分析（第六章）[M]. 上海：上海科学技术出版社，1990.

10.钟秉枢. 成绩资本和地位获得[M]. 北京：北京体育大学出版社，1998.

思考与练习

1．变量间的关系有几种？它们之间的区别与联系如何？

2．讨论变量间的相关关系有哪几种方法？如何区分？

3．进行多元回归分析时应注意哪些问题？

4．怎样进行路径分析？使用中应注意哪些问题？

5．测得10名9岁男孩的身高（厘米）与体重（公斤）数据如下：

编号	1	2	3	4	5	6	7	8	9	10
身高X（厘米）	123	127	129	125	138	131	127	130	128	143
体重Y（千克）	19.8	24	23	25.3	24.8	25	24.3	26.3	22.6	34.2

（1）求其相关系数，并进行显著性检验（α=0.05）；

（2）试求由身高推测体重的回归方程；

（3）请对所求出回归方程的效果进行评价（α=0.05）；

（4）若某9岁男孩的身高为130厘米，试推测其体重是多少？并求推测值的95%的置信区间。

6. 测得某年级10名学生的引体向上和30秒俯卧撑成绩如下，分别求Pearson积矩相关系数、Spearman秩相关系数、Kendall τ和谐系数并进行检验（α=0.05）。

编号	1	2	3	4	5	6	7	8	9	10
引体向上X（个）	5	6	8	7	10	6	11	5	5	7
俯卧撑Y（个）	7	11	10	7	14	9	14	7	6	5

7. 在对10个非同卵生兄弟所做的一项心理测验的分数如下，请问这些卵生兄弟的分数是否相关（$\alpha=0.05$）？

1	2	3	4	5	6	7	8	9	10
218	139	178	189	46	166	237	254	145	211
378	122	92	40	217	172	182	123	223	48

8. 已知12名成年男子身高、体重、胸围、腰围数据如下：

序号	身高（厘米）	体重（公斤）	胸围（厘米）	腰围（厘米）	序号	身高（厘米）	体重（公斤）	胸围（厘米）	腰围（厘米）
1	168.2	68	89	79	7	164.2	63.5	89.5	81.8
2	175.8	75.3	93.9	87.6	8	181.8	89.9	103	98
3	172.7	70.3	92	92.3	9	177.3	98.4	108.1	106.4
4	173.5	74.8	96.9	90	10	181.1	79.1	95	86
5	162.2	72	97.5	92.3	11	169.2	67	89.8	77.6
6	173.7	62.4	84.6	72.3	12	175.1	86.8	103.1	102.9

（1）分别求身高、身高、体重、胸围、腰围间的相关系数，并进行显著性检验（$\alpha=0.05$）。

（2）试求由身高推测体重的一元回归方程、由胸围推测体重的一元回归方程并对所求出的回归方程效果进行评价（$\alpha=0.05$）。

（3）用SPSS软件用多元回归的方法试建立预测体重的回归方程。

9. 今测得15名9岁男生足长（厘米，x_1）、小腿长（厘米，x_2）和身高（厘米，y）的数据如下，试做二元线性回归分析（$\alpha=0.05$）。

	1	2	3	4	5	6	7	8	9	10	11	12	13	14	15
x^1	19	19	18	19	22	18	21	20	22	21	19	20	21	20	19
x^2	29	28	26	27	29	27	32	33	30	33	28	28	31	30	30
y	123	127	129	125	138	128	143	133	140	137	129	125	135	135	129

第十一章 试验设计

本章提要

本章主要介绍了正交试验设计的定义，正交试验设计的用法。

第一节　试验设计简介

统计学研究的内容总体上可分为3类：如何合理有效地获得数据资料，即试验或调查的设计和研究；如何利用获得的样本数据绘制统计图、表来描述样本分布状况或者找出数据的分布特征；如何利用得到的数据资料对所关心的问题做出精确可靠的推论，即统计的推断。试验或调查设计的内容十分丰富，是研究多因素问题的重要方法，已普遍应用于体育科学研究的许多领域中，第二章已介绍了一些内容。在体育教学和训练中常常要针对素质不同的运动员采用合理的训练方法，对专项运动水平不同的运动员应当采用不同的训练强度、训练密度等；在运动生理学和运动医学中研究几种不同药物的最佳配方，等等。这些问题的解决经常要求做许多试验，这就存在着如何安排试验和如何分析试验结果的问题。如果试验安排得当，经过次数不多的试验，就能找出最佳的组合搭配方法来；如果试验安排得不好，经过多次试验往往还得不到满意的结果。再有，在体育运动中，我们的研究对象往往都是人，而人的重要特点是不可重复试验，一批运动员如果采用了不正确的训练方法，就会使运动生命提前结束。因此，体育运动的特点更要求我们合理有效地去设计试验。

试验设计有许多种方法，在随机试验中，最常用的是正交试验设计。它主要是利用现成的规范化的表——正交表来科学地挑选试验条件，合理地安排试验。正交试验设计的优点是能从多种试验条件中，选出有代表性的少数几个试验，获得最好的或较好的试验条件或训练方法。本章主要以实用的角度出发介绍正交试验设计的基本思想和方法，不探讨数学原理。

一、因素与水平

在试验中，影响试验结果的原因有很多，我们称影响试验结果的原因为因素，用大写字母A，B，C…表示。因素可以是定量的，也可以是定性的。试验设计中的因素必须是可以在试验中加以调节和控制的因素。因素对试验结果的影响主要表现在因素所处的状态发生变化时，试验结果也发生变化。试验中因素所处的状态为水平，用大写字母加脚标表示该字母所表示的因素的不同水平，例如，A_1，A_2，A_3等。方差分析是根据试验结果来判定各因素对试验结果的效应是否显著，正交试验设计则是要讨论如何设计各因素所处的水平，使因素水平合理搭配，在试验次数尽可能少的情况下，找出各因素的最佳搭配方法。

例11-1：假设100米成绩可能与平均步长A、训练力量时蹲杠重量B、每周训练次数C、每次训练强度D有关。为了寻求最佳教法，以尽快提高学生100米跑成绩，随机在某校抽取一批素质基本相同的学生进行试验。根据以往训练经验，确定因素水平的3个不同水平，如表11-1所示。

表11-1　例11-1因素水平表

因素＼水平	1	2	3
A：100米平均步长（米）	1.80	1.90	2.05
B：蹲杠重量（公斤）	100	110	120
C：每周训练次数	3	4	5
D：训练强度	6×100	4×200	4×300

本例中有4个因素，每个因素各三个水平。如果进行试验条件的组合，将会有$3^4=81$种，也就是说每种组合方式选一名学生进行训练的话，就需要81人，在实际中不用说比较各种组合方式的优劣，就是试验的可行性都值得怀疑，因为试验的时间、经费都得不到满足。那么，如何进行少量试验，来找到最佳训练方法呢？让我们借助“正交表”试试看。

二、正交表

正交表用符号$L_p(n^m)$表示，其中，p表示试验次数，在表中表示行数，m表示最多可安排的因素数，在表中表示列数，n表示因素的水平数，“L”表示正交表。

$L_4(2^3)$是最小的正交表，最多可安排3个因素，每个因素2个水平，做4次试验，如表11-2所示。

表11-2　$L_4(2^3)$

试验号＼水平＼列号	1	2	3
1	1	1	1
2	1	2	2
3	2	1	2
4	2	2	1

表11-2有4行3列，由数字“1”和“2”组成，有两个性质。

（1）每一列的数字“1”和“2”出现次数相等，都是两次；

（2）任意两列横方向形成的数字对中，（1，1），（1，2），（2，1），（2，2）都各出现一次，也就是说任意两列，数字“1”和“2”之间的搭配是均衡的。

表11-3　$L_9(3^4)$

试验号 \ 水平 \ 列号	1	2	3	4
1	1	1	1	1
2	1	2	2	2
3	1	3	3	3
4	2	1	2	3
5	2	2	3	1
6	2	3	1	2
7	3	1	3	2
8	3	2	1	3
9	3	3	2	1

$L_9(3^4)$如表11-3所示，有9行4列，由数字“1”，“2”，“3”组成，它最多可安排4个因素，每个因素3个水平，做9次试验。它也有两个性质：

（1）每列中数字“1”，“2”，“3”出现的次数均相同，皆为3次；

（2）任意两列横向形成的9个数字对各出现一次，说明搭配是均衡的。

有时各个因素的水平不完全相同，这时试验可选择混合正交表。混合正交表$L_8(4^1\times2^4)$如表11-4所示。

表11-4　$L_8(4^1\times2^4)$

试验号 \ 水平 \ 列号	1	2	3	4	5
1	1	1	1	1	1
2	1	2	2	2	2
3	2	1	1	2	2
4	2	2	2	1	1
5	3	1	2	1	2
6	3	2	1	2	1
7	4	1	2	2	1
8	4	2	1	1	2

$L_8(4^1\times2^4)$有8行5列，第一列由数字“1”，“2”，“3”，“4”组成，其他四列由数字“1”，“2”组成。每列就各自的数字来说，出现的次数是相同的；任意两列横向组成的数字对出现也是均衡的。

一般来说，对于一个有m个因素，每个因素有n个水平的试验，如果要做全面搭配试验，应做n^m次。但若选择了正交表$L_p(n^m)$，则只需要有选择地做p次。由正交试验设计的数学理论可知：$p = m(n-1)+1$，也就是说正交试验设计使你的试验次数大大减少，这就是在运动训练和科研中应用正交试验设计的一个重要理由。

从上面介绍的正交表中，我们可看出正交表有如下性质：

（1）正交表中任意两行互换，其均衡性保持不变；

（2）正交表中任意两列互换，其均衡性不变；

（3）正交表中的任意两个数字互换，其均衡性保持不变。

上面三条说明就是正交表的所谓正交性。

第二节　正交试验设计

让我们通过例11-1来说明如何用正交表安排试验，步骤如下。

一、试验安排

1. 研究目的

例11-1要找出影响100米训练的最佳训练条件，试验目的就是通过试验确定训练时采用的平均步长、每周训练次数、蹲杠重量和最佳训练强度。

2. 挑因素

挑选试验中可能影响结果的因素。要求这些因素是可调节控制的，否则无法观察因素对结果的影响。有些暂时看不清对试验结果有作用的因素，也要把它列上，因为对正交试验来说，增加一个因素不会增加很多工作量；但少考虑一个因素，等以后再补救，就需要做很多试验了。例11-1中，因素只有4个。

3. 确定水平

水平的确定要结合试验目的和以往的经验，各因素的水平个数可以相等，也可以不相等。有时对试验结果起重要作用的因素，可多选几个水平。对各因素的水平数不等的试验，可以选用混合正交表。有时试验中某个因素的水平个数比其他因素的水平个数少，也可以将该因素的某个或某些水平（认为有必要）重复选用，以选用同一水平数的正交表。

本例中，每个因素有3个水平。

4. 选正交表

若试验中各因素的水平数均为 n，选表 $L_p(n^m)$，其中 m 应不少于试验要求的因素个数。对各因素水平数不等的试验，可选用相应的混合正交表。本例，有四个因素，每个因素有三个水平，选正交表 $L_9(3^4)$。

5. 表头设计

确定正交表后，将试验因素分别放在正交表表头的任意列上，并在相应列上标明因素的代号。由于在选正交表时，表中列数不小于因素个数，因此可能会出现没安排因素的空列。

例11-1有4个因素，每因素有三个水平，选表 $L_9(3^4)$，无空列，表头设计见表11-5。

表11-5 $L_9(3^4)$

水平 列号 / 试验号	A 1	B 2	C 3	D 4
1	1	1	1	1
2	1	2	2	2
3	1	3	3	3
4	2	1	2	3
5	2	2	3	1
6	2	3	1	2
7	3	1	3	2
8	3	2	1	3
9	3	3	2	1

6. 因素对号入座

把各因素相应的水平任意给一个水平号，将各因素的诸水平所表示的试验条件对号代入正交表中。例11-1的水平编号如表11-1所示，因素对号入座见表11-6所示。

表11-6 $L_9(3^4)$

水平 列号 / 试验号	A 1	B 2	C 3	D 4
1	1（1.80）	1（100）	1（3）	1（6×100）
2	1	2（110）	2（4）	2（4×200）
3	1	3（120）	3（5）	3（4×300）
4	2（1.90）	1	2	3
5	2	2	3	1
6	2	3	1	2
7	3（2.05）	1	3	2
8	3	2	1	3
9	3	3	2	1

从表11-6可看出，第一行就是第一种训练方案，训练方法是平均步长1.80米，蹲杠重量是100公斤，每周训练3次，每次训练强度是6×100米，记作 $A_1B_1C_1D_1$。等等，如此下去，第9号训练方案是 $A_3B_3C_2D_1$。

由此可见，因素和水平可以随意排，但一经排定，试验方案就完全确定了。

7. 训练实施

按照11-6安排训练，共抽取27个学生进行训练，每种训练方案随机分配3人进行训练，训练一学期后，进行一系列测试，得每组平均成绩作为试验结果列于表11-7（注意：抽取的27个学生的身体素质，身体条件等可能影响100米跑成绩的因素，应做到尽量相同，以利于比较结果）。

表11-7　$L_9(3^4)$

水平 / 列号 / 试验号	A 1	B 2	C 3	D 4	试验结果（秒）
1	1（1.80）	1（100）	1（3）	1（6×100）	11.8
2	1	2（110）	2（4）	2（4×200）	11.7
3	1	3（120）	3（5）	3（4×300）	11.6
4	2（1.90）	1	2	3	12.0
5	2	2	3	1	11.6
6	2	3	1	2	12.0
7	3（2.05）	1	3	2	11.6
8	3	2	1	3	11.9
9	3	3	2	1	11.8

二、直接看与算一算

正交试验设计的直接看与算一算就是通过对试验结果的直接观察，将各因素、水平对试验结果的影响，用图表示出来，通过极差计算，综合比较，以确定最优化试验方案的方法。

从表11-7中可看到例11-1的试验结果。从表11-7中可看到9种训练方案中，试验结果11.6秒是最好的，出现了3次，其训练条件中C因素（每周训练次数）取5次最佳，由于全面搭配试验有81种训练方案，现在只选择了9种，9种中能否找出全面搭配训练的最好方法呢？让我们进行下面的分析研究。

1. 极差计算

一般地，我们定义T_{ij}为表11-7中第j列和水平i对应的各次试验结果之和（$i=1,2,3$；$j=1,2,3,4$）。我们把计算结果列成表11-8，其中T为9次试验结果之和，$\sum_{i=1}^{3}T_{ij}=T$，$j=1,2,3,4$。

表11-8

	1（A）	2（B）	3（C）	4（D）	
T_{1j}	35.1	35.4	35.7	35.2	
T_{2j}	35.6	35.2	35.5	35.3	T=106
T_{3j}	35.3	35.4	34.8	35.5	
R_j	0.5	0.2	0.9	0.3	
$\overline{T}_{1j}$	11.7	11.8	11.9	11.73	
$\overline{T}_{2j}$	11.87	11.73	11.83	11.77	$\overline{T}=11.78$
$\overline{T}_{3j}$	11.77	11.8	11.6	11.83	

（注：此表一般与表11-7连在一起，成一张表）

例如，在代表因素A的第1列中，将与水平号“1”对应的第1，2，3号训练方案的结果相加，得$T_{11}=35.1$；同样，将第1列中与水平“2”对应的4，5，6号训练方案的结果相加，得$T_{21}=35.6$；同理，$T_{31}=35.3$，等等。

T_{11}的值是由因素A取水平1，即平均步长1.80米，因素B分别取3个水平（蹲杠100公斤，110公斤，120公斤）各1次的第1，2，3号训练方案的结果相加而成。如果不计试验误差，T_{11}基本上反映了A_1的3次影响，而基本上不取决于因素B取什么水平，因为因素B的3个水平均衡地各取了一次。同样道理，也可认为T_{11}也基本上不受因素C，D水平的影响，也就是说，由于正交表的均衡性，可以认为T_{11}基本上反映了A_1的影响。

同理，T_{21}大致反映了A_2的影响。

T_{31}大致反映了A_3的影响。……

T_{14}，T_{24}，T_{34}分别反映了D_1，D_2，D_3的影响。

把第j列的3个T_{ij}值中的极差记为R_j（R_j=最大值－最小值），记在表11-8中，由于本例研究的是100米训练结果，为比较方便，我们也可相应计算出$\overline{T}_{ij}=\dfrac{T_{ij}}{3}$。

由于R_j是第j列中3个T_{ij}值的极差，反映了j列上因素的不同水平对试验结果的影响，而其他因素水平的影响是均衡的，因此，可把R_j视为第j列的因素对试验结果影响水平大小的代表。R_j越大，所对应因素对试验结果影响也越大。

2. 极差分析

（1）因素指标的影响

根据极差大小顺序排出因素影响的主次顺序：

$$\text{主}\xrightarrow[C;\ A;\ D;\ B]{}\text{次}$$

注意：在排因素主次顺序时，R_j 值相差不大的两因素用“，”隔开，而 R_j 值相差较大的因素间用“；”隔开。

由此可知，相对而言对100米训练影响大的因素是每周训练次数，其次是平均步长；最后才是训练强度与蹲杠重量。

（2）选择较好的因素水平搭配

选择较好的因素水平搭配与试验目所要求的试验结果有关。若要求结果越大越好，则选取结果大的水平；反之亦然。本例中，希望时间越短越好，所以应在第1列中选最小的 $T_{11}=35.1$，即取水平 A_1，同样，可选 B_2、C_3、D_1。但在表11-7中所安排的训练方案中没有 $A_1B_2C_3D_1$。在实际工作中，逐渐调节训练方案朝着最佳训练方案靠拢。

（3）水平变化时试验结果变化趋势

以每个因素的3个水平值做横坐标，与3个水平值对应的 T_{ij} 做纵坐标画图，连成折线图如图11-1所示。

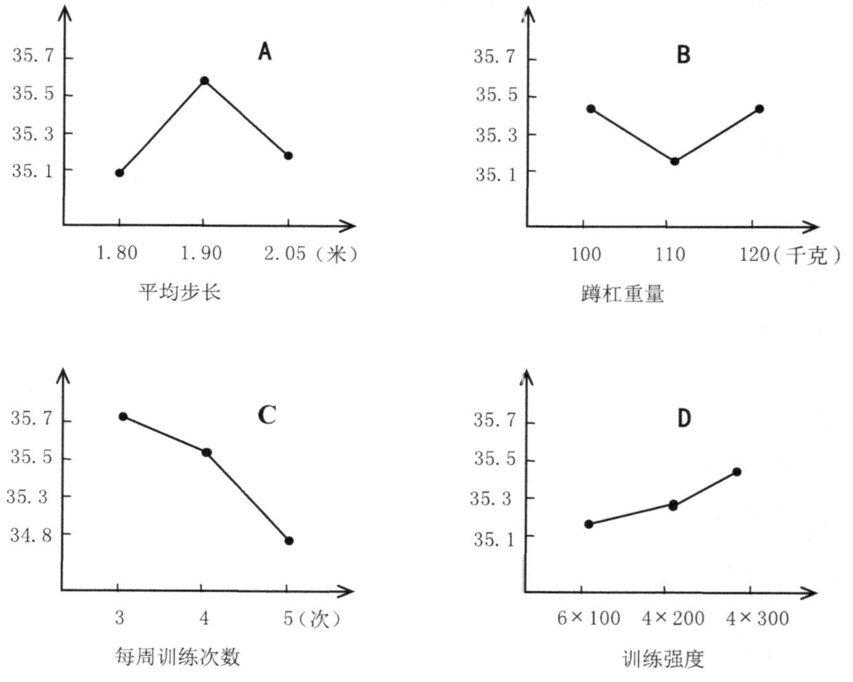

图11-1　因素水平变化趋势图

从图11-1可看出，因素A（平均步长）从1.80米增加到1.90米，T_{ij} 值增加，且幅度很大，从1.90米到2.05米 T_{ij} 值下降，幅度亦很大，从这里看出，平均步长是影响100米训练的重要因素之一，但步长并不是绝对因素，频率快的步长短些，同样可出好成绩，频率慢的步长相对长些，也可以达到同样效果。因素B（蹲杠重量）的水平变化时，T_{ij} 变化不大，这与我们前面分析B相对来说不是主要因素的结论吻合。因素C（每周训练次数）从3次到4

次，再到5次的过程，T_{ij}值逐渐降低，降幅很大，C是重要因素，训练次数5次最佳，考虑在实际训练中无妨增到6次，可能达到更佳效果。因素D（训练强度）由6×100到4×200，再到4×300，其中6×100效果最佳。图11-1直观地给出了因素水平变化时，训练效果指标的变化趋势。

三、方差分析

正交试验设计的极差分析简单易行，计算量少，也比较直观，但极差分析精度较差，且判断因素对试验结果的作用缺乏一个定量的标准。例如，如何判断因素的作用显著与否以及在因素主次排序中，如何使用符号"；"或"，"，等等。这些问题要用方差分析解决。

1. 计算公式

设有一试验，采用正交表$L_p(n^m)$，试验p次的结果为$y_1, y_2, \cdots, y_p$。

$$T=\sum_{i=1}^{p} y_i,\quad \overline{T}=\frac{1}{p}\sum_{i=1}^{p} y_i=T/p$$

令S_T为p次试验结果的总变差，

$$S_T=\sum_{i=1}^{p}(y_i-\overline{y})^2 \qquad (11\text{-}1)$$

$L_p(n^m)$中对应第j列的水平"i"的试验结果有r个，$r=p/n$。这r个试验结果之和即为极差计算中T_{ij}。这r个结果的均值为$\overline{T}_{ij}=T_{ij}/r$，$i=1, 2, \cdots, n$总的平均值为：

$$\frac{1}{n}\sum_{i=1}^{n} T_{ij}/r=\frac{\sum_{i=1}^{n} T_{ij}}{n\cdot r}=T/p=\overline{T}$$

在考察第j列上因素所起作用时，记第j列上的变差平方和为：

$$S_j=r\cdot\sum_{i=1}^{n}(\overline{T}_{ij}-\overline{T})^2 \qquad (11\text{-}2)$$

由于$\sum_{i=1}^{n} T_{ij}=T$，所以：

$$S_j=\frac{1}{r}\sum_{i=1}^{n} T_{ij}^2-\frac{T^2}{p}\quad (j=1, 2, \cdots, m) \qquad (11\text{-}3)$$

可以证明：

$$S_T=\sum_{j=1}^{m} S_j \qquad (11\text{-}4)$$

S_T的自由度为$p-1$，S_j的自由度为$n-1$，选取统计量：

$$F=\frac{S_j/(n-1)}{S_e/f_e} \qquad (11\text{-}5)$$

当因素作用不显著时，F服从$F(n-1, f_e)$分布。

S_e是误差平方和，f_e是S_e的自由度。怎样求S_e呢?

（1）当正交表的所有列未被排满时，即有空列时，所有空列的S_j之和就是误差的变差平方和S_e；这时S_e的自由度f_e应该是这些空列自由度之和。

（2）当正交表无空列时，常常取S_j中的最小值做误差的变差平方和S_e。

在实际应用中，先求出各列的$S_j/(n-1)$及S_e/f_e，若某个$S_j/(n-1)$比S_e/f_e还小时，则这第j列就可以当作误差列并入S_e中去，这样使误差的自由度增大，从而在F检验时更灵敏，将所有可以当作误差列的S_j全部并入S_e后得到新的误差变差平方和，记为S_e^{Δ}，相应的自由度为f_e^{Δ}，选用统计量：

$$F=\frac{S_j/(n-1)}{S_e^{\Delta}/f_e^{\Delta}}\sim F(n-1,f_e^{\Delta}) \quad (11\text{-}6)$$

F检验要求选取S_e，且希望f_e要大，因此在安排试验时，适当留些空列可以增加精度。

2. 方差分析表及举例

对例11-1做方差分析，其中$p=9$（试验次数），$n=3$（水平数），$m=4$（因素数），$r=3$（每个水平的试验结果有3个）。

$$T=\sum_{i=1}^{9}y_i=106\text{，}\quad S_j=\frac{1}{r}\sum_{i=1}^{n}T_{ij}^2-\frac{T^2}{p}$$

$$S_1=\frac{1}{3}\sum_{i=1}^{3}T_{i1}^2-\frac{T^2}{9}$$

$$=\frac{1}{3}(35.1^2+35.6^2+35.3^2)-\frac{106^2}{9}=0.042$$

$$S_2=\frac{1}{3}(35.4^2+35.2^2+35.4^2)-\frac{106^2}{9}=0.0089$$

$$S_3=\frac{1}{3}(35.7^2+35.5^2+34.8^2)-\frac{106^2}{9}=0.149$$

$$S_4=\frac{1}{3}(35.2^2+35.3^2+35.5^2)-\frac{106^2}{9}=0.016$$

$$S_T=S_1+S_2+S_3+S_4=0.2159$$

由于表11-7中无空列，因此取$S_e=\min(S_1,S_2,S_3,S_4)=S_2=0.0089$，$f_e=n-1=3-1=2$，方差分析结果见表11-9。

表11-9 例11-1方差分析表

方差来源	S_j	f_j	S_i/f_i	$F=\frac{S_j/f_j}{S_e/f_e}$	显著性
A	0.042	2	0.021	4.72	
B	0.0089	2	0.00445		
C	0.149	2	0.0745	16.74	*
D	0.016	2	0.008	1.80	
E	0.0089	2	0.00445		

取$\alpha=0.1$，$F_{0.1}(2,2)=9$，故因素C显著，其他因素不显著，与前面分析基本一致。

推荐阅读参考文献

1. 王式安. 数理统计（第五章）[M]. 北京：北京理工大学出版社，1995.
2. 北京体育大学编写组编. 体育统计方法（第十二章）[M]. 北京：北京体育大学出版社，1997.

思考与练习

1. 试述进行试验设计的步骤。
2. 正交表的特点是什么？
3. 设下列4个因素，每个因素有两个水平，对跳远成绩有影响。

因子	水平		
100m	A	A_1：11.7"	A_2：11.3"
立定跳远	B	B_1：3m	B_2：2.8m
立定三级跳	C	C_1：7.9m	C_2：8.9m
蹲杠	D	D_1：120kg	D_2：150kg

（1）选用哪张正交表安排试验较好？

（2）如何安排表头设计？如何安排试验？

（3）设采用$L_8(2^7)$进行设计，每种方案分别选取3人进行训练，分别得试验平均成绩如下（单位：米），试确定最佳训练计划。

y_1	y_2	y_3	y_4	y_5	y_6	y_7	y_8
7.10	7.20	6.90	7.05	7.30	7.60	7.30	7.20

参考文献

[1] 陈及治. 体育统计[M]. 北京：人民体育出版社，2002.
[2] 赵振伦. 社会经济统计学原理[M]. 大连：东北财经大学出版社，1997.
[3] 高惠璇. SAS系统与基础统计分析[M]. 北京：北京大学出版社，1995.
[4] 金勇进. 非抽样误差分析[M]. 北京：中国统计出版社，1996.
[5] 隗斌贤. 调查统计学[M]. 北京：中国统计出版社，1997.
[6] 袁卫. 统计学[M]. 北京：中国统计出版社，1996.
[7] 陈明达，实用体质学[M]. 北京：北京医科大学、中国协和医科大学联合出版社，1993.
[8] 王仁安. 医学实验设计与统计分析[M]. 北京：北京医科大学出版社，2000.
[9] 梁小筠，祝大平. 抽样调查方法和原理[M]. 上海：华东师范大学出版社，1993.
[10] 卫海英. SPSS 10.0 for Windows在经济管理中的应用[M]. 北京：中国统计出版社，2000.
[11] 王苏斌，郑海洵，邵谦谦. SPSS统计分析[M]. 北京：机械工业出版社，2003.
[12] 胡良平. 医学统计学基础与典型错误辨析[M]. 北京：军事医学科学出版社，2003.
[13] 张明立. 常用体育统计方法[M]. 北京：北京体育学院出版社，1990.
[14] 沙定国. 误差分析与测量不确定度评定[M]. 北京：中国计量出版社，2003.
[15] 祁国鹰，徐明，张明立. 实用体育统计[M]. 北京：北京体育学院出版社，1995.
[16] 冯士雍，施锡铨. 抽样调查——理论、方法与实践[M]. 上海：上海科学技术出版社，1996.
[17] 复旦大学. 概率论——数理统计分册[M]. 上海：高等教育出版社，1985.
[18] 王式安. 数理统计[M]. 北京：北京理工大学出版社，1995.
[19] 方积乾. 医学统计学与电脑实验[M]. 上海：上海科学技术出版社，2001.
[20] 吴喜之. 非参数统计[M]. 北京：中国统计出版社，1999.
[21] 郝成义，杜欢政. 统计分析与计算机应用[M]. 北京：中国统计出版社，1993.
[22] 胡良平. 现代统计学与SAS应用[M]. 北京：军事医学科学出版社，2000.
[23] 祁国鹰. 体育用多元分析[M]. 北京：北京体育大学出版社，1998.
[24] 杨振海. 拟合优度检验[M]. 合肥：安徽教育出版社，1994.
[25] T.P.海特曼斯波格. 基于秩的统计推断[M]. 杨永信，译. 长春：东北师范大学出版社，1995.
[26] 张彦. 社会统计学——原理与方法[M]. 南京：南京大学出版社，1998.
[27] 易丹辉. 统计预测——方法与应用[M]. 北京：中国统计出版社，2001.

[28] 何晓群. 多元统计分析[M]. 北京：中国人民大学出版社，2004.

[29] 薛薇. SPSS统计分析方法及应用[M]. 北京：电子工业出版社，2004.

[30] 王学仁，王松桂. 实用多元统计分析[M]. 上海：上海科学技术出版社，1990.

[31] 北京体育大学编写组编. 体育统计方法[M]. 北京：北京体育大学出版社，1997.

[32] 施丽影. 体育统计[M]. 武汉：湖北教育出版社，1985.

[33] 郭大钧. 大学数学手册[M]. 济南：山东科学技术出版社，1985.

[34] 钟秉枢. 成绩资本和地位获得[M]. 北京：北京体育大学出版社，1998.

附表1 标准正态分布表（1）

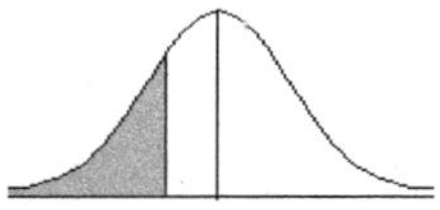

u	.00	-.01	-.02	-.03	-.04	-.05	-.06	-.07	-.08	-.09
−3.0	.0013									
−2.9	.0019	.0018	.0018	.0017	.0016	.0016	.0015	.0015	.0014	.0014
−2.8	.0026	.0025	.0024	.0023	.0023	.0022	.0021	.0021	.0020	.0019
−2.7	.0035	.0034	.0033	.0032	.0031	.0030	.0029	.0028	.0027	.0026
−2.6	.0047	.0045	.0044	.0043	.0041	.0040	.0039	.0038	.0037	.0036
−2.5	.0062	.0060	.0059	.0057	.0055	.0054	.0052	.0051	.0049	.0048
−2.4	.0082	.0080	.0078	.0075	.0073	.0071	.0069	.0068	.0066	.0064
−2.3	.0107	.0104	.0102	.0099	.0096	.0094	.0091	.0089	.0087	.0084
−2.2	.0139	.0136	.0132	.0129	.0125	.0122	.0119	.0116	.0113	.0110
−2.1	.0179	.0174	.0170	.0166	.0162	.0158	.0154	.0150	.0146	.0143
−2.0	.0228	.0222	.0217	.0212	.0207	.0202	.0197	.0192	.0188	.0183
−1.9	.0287	.0281	.0274	.0268	.0262	.0256	.0250	.0244	.0239	.0233
−1.8	.0359	.0351	.0344	.0336	.0329	.0322	.0314	.0307	.0301	.0294
−1.7	.0446	.0436	.0427	.0418	.0409	.0401	.0392	.0384	.0375	.0367
−1.6	.0548	.0537	.0526	.0516	.0505	.0495	.0485	.0475	.0465	.0455
−1.5	.0668	.0655	.0643	.0630	.0618	.0606	.0594	.0582	.0571	.0559
−1.4	.0808	.0793	.0778	.0764	.0749	.0735	.0721	.0708	.0694	.0681
−1.3	.0968	.0951	.0934	.0918	.0901	.0885	.0869	.0853	.0838	.0823
−1.2	.1151	.1131	.1112	.1093	.1075	.1056	.1038	.1020	.1003	.0985
−1.1	.1357	.1335	.1314	.1292	.1271	.1251	.1230	.1210	.1190	.1170
−1.0	.1587	.1562	.1539	.1515	.1492	.1469	.1446	.1423	.1401	.1379
−0.9	.1841	.1814	.1788	.1762	.1736	.1711	.1685	.1660	.1635	.1611
−0.8	.2119	.2090	.2061	.2033	.2005	.1977	.1949	.1922	.1894	.1867
−0.7	.2420	.2389	.2358	.2327	.2296	.2266	.2236	.2206	.2177	.2148
−0.6	.2743	.2709	.2676	.2643	.2611	.2578	.2546	.2514	.2483	.2451
−0.5	.3085	.3050	.3015	.2981	.2946	.2912	.2877	.2843	.2810	.2776
−0.4	.3446	.3409	.3372	.3336	.3300	.3264	.3228	.3192	.3156	.3121
−0.3	.3821	.3783	.3745	.3707	.3669	.3632	.3594	.3557	.3520	.3483
−0.2	.4207	.4168	.4129	.4090	.4052	.4013	.3974	.3936	.3897	.3859
−0.1	.4602	.4562	.4522	.4483	.4443	.4404	.4364	.4325	.4286	.4247
0.0	.5000	.4960	.4920	.4880	.4840	.4801	.4761	.4721	.4681	.4641

附表1　标准正态分布表（2）

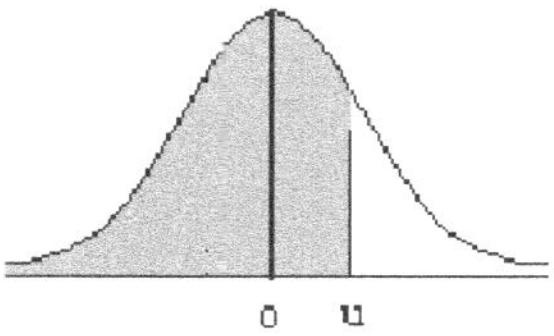

续前表

u	.00	.01	.02	.03	.04	.05	.06	.07	.0800	.0900
0.0	.5000	.5040	.5080	.5120	.5160	.5199	.5239	.5279	.5319	.5359
0.1	.5398	.5438	.5478	.5517	.5557	.5596	.5636	.5675	.5714	.5753
0.2	.5793	.5832	.5871	.5910	.5948	.5987	.6026	.6064	.6103	.6141
0.3	.6179	.6217	.6255	.6293	.6331	.6368	.6406	.6443	.6480	.6517
0.4	.6554	.6591	.6628	.6664	.6700	.6736	.6772	.6808	.6844	.6879
0.5	.6915	.6950	.6985	.7019	.7054	.7088	.7123	.7157	.7190	.7224
0.6	.7257	.7291	.7324	.7357	.7389	.7422	.7454	.7486	.7517	.7549
0.7	.7580	.7611	.7642	.7673	.7704	.7734	.7764	.7794	.7823	.7852
0.8	.7881	.7910	.7939	.7967	.7995	.8023	.8051	.8078	.8106	.8133
0.9	.8159	.8186	.8212	.8238	.8264	.8289	.8315	.8340	.8365	.8389
1.0	.8413	.8438	.8461	.8485	.8508	.8531	.8554	.8577	.8599	.8621
1.1	.8643	.8665	.8686	.8708	.8729	.8749	.8770	.8790	.8810	.8830
1.2	.8849	.8869	.8888	.8907	.8925	.8944	.8962	.8980	.8997	.9015
1.3	.9032	.9049	.9066	.9082	.9099	.9115	.9131	.9147	.9162	.9177
1.4	.9192	.9207	.9222	.9236	.9251	.9265	.9279	.9292	.9306	.9319
1.5	.9332	.9345	.9357	.9370	.9382	.9394	.9406	.9418	.9429	.9441
1.6	.9452	.9463	.9474	.9484	.9495	.9505	.9515	.9525	.9535	.9545
1.7	.9554	.9564	.9573	.9582	.9591	.9599	.9608	.9616	.9625	.9633
1.8	.9641	.9649	.9656	.9664	.9671	.9678	.9686	.9693	.9699	.9706
1.9	.9713	.9719	.9726	.9732	.9738	.9744	.9750	.9756	.9761	.9767
2.0	.9772	.9778	.9783	.9788	.9793	.9798	.9803	.9808	.9812	.9817
2.1	.9821	.9826	.9830	.9834	.9838	.9842	.9846	.9850	.9854	.9857
2.2	.9861	.9864	.9868	.9871	.9875	.9878	.9881	.9884	.9887	.9890
2.3	.9893	.9896	.9898	.9901	.9904	.9906	.9909	.9911	.9913	.9916
2.4	.9918	.9920	.9922	.9925	.9927	.9929	.9931	.9932	.9934	.9936
2.5	.9938	.9940	.9941	.9943	.9945	.9946	.9948	.9949	.9951	.9952
2.6	.9953	.9955	.9956	.9957	.9959	.9960	.9961	.9962	.9963	.9964
2.7	.9965	.9966	.9967	.9968	.9969	.9970	.9971	.9972	.9973	.9974
2.8	.9974	.9975	.9976	.9977	.9977	.9978	.9979	.9979	.9980	.9981
2.9	.9981	.9982	.9982	.9983	.9984	.9984	.9985	.9985	.9986	.9986
3.0	.9987									

附表2 t值表

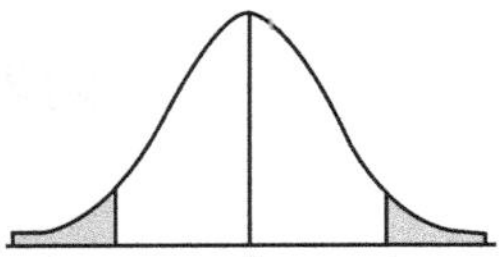

n'	$p(2)$：0.50 $p(1)$：0.25	0.20 0.10	0.10 0.05	0.05 0.025	0.02 0.01	0.01 0.005	0.005 0.0025	0.002 0.001	0.001 0.0005
1	1.000	3.078	6.314	12.706	31.821	63.656	127.321	318.289	636.578
2	0.816	1.886	2.920	4.303	6.965	9.925	14.089	22.328	31.600
3	0.765	1.638	2.353	3.182	4.541	5.841	7.453	10.214	12.924
4	0.741	1.533	2.132	2.776	3.747	4.604	5.598	7.173	8.610
5	0.727	1.476	2.015	2.571	3.365	4.032	4.773	5.894	6.869
6	0.718	1.440	1.943	2.447	3.143	3.707	4.317	5.208	5.959
7	0.711	1.415	1.895	2.365	2.998	3.499	4.029	4.785	5.408
8	0.706	1.397	1.860	2.306	2.896	3.355	3.833	4.501	5.041
9	0.703	1.383	1.833	2.262	2.821	3.250	3.690	4.297	4.781
10	0.700	1.372	1.812	2.228	2.764	3.169	3.581	4.144	4.587
11	0.697	1.363	1.796	2.201	2.718	3.106	3.497	4.025	4.437
12	0.695	1.356	1.782	2.179	2.681	3.055	3.428	3.930	4.318
13	0.694	1.350	1.771	2.160	2.650	3.012	3.372	3.852	4.221
14	0.692	1.345	1.761	2.145	2.624	2.977	3.326	3.787	4.140
15	0.691	1.341	1.753	2.131	2.602	2.947	3.286	3.733	4.073
16	0.690	1.337	1.746	2.120	2.583	2.921	3.252	3.686	4.015
17	0.689	1.333	1.740	2.110	2.567	2.898	3.222	3.646	3.965
18	0.688	1.330	1.734	2.101	2.552	2.878	3.197	3.610	3.922
19	0.688	1.328	1.729	2.093	2.539	2.861	3.174	3.579	3.883
20	0.687	1.325	1.725	2.086	2.528	2.845	3.153	3.552	3.850
21	0.686	1.323	1.721	2.080	2.518	2.831	3.135	3.527	3.819
22	0.686	1.321	1.717	2.074	2.508	2.819	3.119	3.505	3.792
23	0.685	1.319	1.714	2.069	2.500	2.807	3.104	3.485	3.768
24	0.685	1.318	1.711	2.064	2.492	2.797	3.091	3.467	3.745

续表

n'	$p(2)$：0.50 $p(1)$：0.25	0.20 0.10	0.10 0.05	0.05 0.025	0.02 0.01	0.01 0.005	0.005 0.0025	0.002 0.001	0.001 0.0005
25	0.684	1.316	1.708	2.060	2.485	2.787	3.078	3.450	3.725
26	0.684	1.315	1.706	2.056	2.479	2.779	3.067	3.435	3.707
27	0.684	1.314	1.703	2.052	2.473	2.771	3.05 7	3.421	3.689
28	0.683	1.313	1.701	2.048	2.467	2.763	3.047	3.408	3.674
29	0.683	1.311	1.699	2.045	2.462	2.756	3.038	3.396	3.660
30	0.683	1.310	1.697	2.042	2.457	2.750	3.030	3.385	3.646
31	0.682	1.309	1.696	2.040	2.453	2.744	3.022	3.375	3.633
32	0.682	1.309	1.694	2.037	2.449	2.738	3.015	3.365	3.622
33	0.682	1.308	1.692	2.035	2.445	2.733	3.008	3.356	3.611
34	0.682	1.307	1.691	2.032	2.441	2.728	3.002	3.348	3.601
35	0.682	1.306	1.690	2.030	2.438	2.724	2.996	3.340	3.591
36	0.681	1.306	1.688	2.028	2.434	2.719	2.990	3.333	3.582
37	0.681	1.305	1.687	2.026	2.431	2.715	2.985	3.326	3.574
38	0.681	1.304	1.686	2.024	2.429	2.712	2.980	3.319	3.566
39	0.681	1.304	1.685	2.023	2.426	2.708	2.976	3.313	3.558
40	0.681	1.303	1.684	2.021	2.423	2.704	2.971	3.307	3.551
50	0.679	1.299	1.676	2.009	2.403	2.678	2.937	3.261	3.496
60	0.679	1.296	1.671	2.000	2.390	2.660	2.915	3.232	3.460
70	0.678	1.294	1.667	1.994	2.381	2.648	2.899	3.211	3.435
80	0.678	1.292	1.664	1.990	2.374	2.639	2.887	3.195	3.416
90	0.677	1.291	1.662	1.987	2.368	2.632	2.878	3.183	3.402
100	0.677	1.290	1.660	1.984	2.364	2.626	2.871	3.174	3.390
200	0.676	1.286	1.653	1.972	2.345	2.601	2.838	3.131	3.340
500	0.675	1.283	1.648	1.965	2.334	2.586	2.820	3.107	3.310
1000	0.675	1.282	1.646	1.962	2.330	2.581	2.813	3.098	3.300
∞	0.6745	1.2816	1.6449	1.9600	2.3263	2.5758	2.8070	3.0902	3.2905

注：表头右上角图中的阴影部分表示概率p，$p(2)$是双侧的概率，$p(1)$是单侧的概率。n'是自由度。以后附表同此

附表3　F 值表（方差齐性检验用）

$p=0.05$（单侧）

n'_2	n'_1（较大均方的自由度）														
	2	3	4	5	6	7	8	9	10	12	15	20	30	60	2000
1	799	864	900	922	937	948	957	963	969	977	985	993	1001	1010	1018
2	39.0	39.2	39.2	39.3	39.3	39.4	39.4	39.4	39.4	39.4	39.4	39.4	39.5	39.5	39.5
3	16.0	15.4	15.1	14.9	14.7	14.6	14.5	14.5	14.4	14.3	14.3	14.2	14.1	14.0	13.9
4	10.65	9.98	9.60	9.36	9.20	9.07	8.98	8.90	8.84	8.75	8.66	8.56	8.46	8.36	8.26
5	8.43	7.76	7.39	7.15	6.98	6.85	6.76	6.68	6.62	6.52	6.43	6.33	6.23	6.12	6.02
6	7.26	6.60	6.23	5.99	5.82	5.70	5.60	5.52	5.46	5.37	5.27	5.17	5.07	4.96	4.85
7	6.54	5.89	5.52	5.29	5.12	4.99	4.90	4.82	4.76	4.67	4.57	4.47	4.36	4.25	4.15
8	6.06	5.42	5.05	4.82	4.65	4.53	4.43	4.36	4.30	4.20	4.10	4.00	3.89	3.78	3.67
9	5.71	5.08	4.72	4.48	4.32	4.20	4.10	4.03	3.96	3.87	3.77	3.67	3.56	3.45	3.34
10	5.46	4.83	4.47	4.24	4.07	3.95	3.85	3.78	3.72	3.62	3.52	3.42	3.31	3.20	3.08
11	5.26	4.63	4.28	4.04	3.88	3.76	3.66	3.59	3.53	3.43	3.33	3.23	3.12	3.00	2.89
12	5.10	4.47	4.12	3.89	3.73	3.61	3.51	3.44	3.37	3.28	3.18	3.07	2.96	2.85	2.73
13	4.97	4.35	4.00	3.77	3.60	3.48	3.39	3.31	3.25	3.15	3.05	2.95	2.84	2.72	2.60
14	4.86	4.24	3.89	3.66	3.50	3.38	3.29	3.21	3.15	3.05	2.95	2.84	2.73	2.61	2.49
15	4.77	4.15	3.80	3.58	3.41	3.29	3.20	3.12	3.06	2.96	2.86	2.76	2.64	2.52	2.40
16	4.69	4.08	3.73	3.50	3.34	3.22	3.12	3.05	2.99	2.89	2.79	2.68	2.57	2.45	2.32
17	4.62	4.01	3.66	3.44	3.28	3.16	3.06	2.98	2.92	2.82	2.72	2.62	2.50	2.38	2.25
18	4.56	3.95	3.61	3.38	3.22	3.10	3.01	2.93	2.87	2.77	2.67	2.56	2.44	2.32	2.19
19	4.51	3.90	3.56	3.33	3.17	3.05	2.96	2.88	2.82	2.72	2.62	2.51	2.39	2.27	2.14
20	4.46	3.86	3.51	3.29	3.13	3.01	2.91	2.84	2.77	2.68	2.57	2.46	2.35	2.22	2.09
21	4.42	3.82	3.48	3.25	3.09	2.97	2.87	2.80	2.73	2.64	2.53	2.42	2.31	2.18	2.05
22	4.38	3.78	3.44	3.22	3.05	2.93	2.84	2.76	2.70	2.60	2.50	2.39	2.27	2.14	2.01
23	4.35	3.75	3.41	3.18	3.02	2.90	2.81	2.73	2.67	2.57	2.47	2.36	2.24	2.11	1.97
24	4.32	3.72	3.38	3.15	2.99	2.87	2.78	2.70	2.64	2.54	2.44	2.33	2.21	2.08	1.94
25	4.29	3.69	3.35	3.13	2.97	2.85	2.75	2.68	2.61	2.51	2.41	2.30	2.18	2.05	1.91
26	4.27	3.67	3.33	3.10	2.94	2.82	2.73	2.65	2.59	2.49	2.39	2.28	2.16	2.03	1.88

续表

n_2'	n_1'（较大均方的自由度）													
	2	3	4	5	6	7	8	9	10	12	15	20	30	60	2000
27	4.24	3.65	3.31	3.08	2.92	2.80	2.71	2.63	2.57	2.47	2.36	2.25	2.13	2.00	1.86
28	4.22	3.63	3.29	3.06	2.90	2.78	2.69	2.61	2.55	2.45	2.34	2.23	2.11	1.98	1.83
29	4.20	3.61	3.27	3.04	2.88	2.76	2.67	2.59	2.53	2.43	2.32	2.21	2.09	1.96	1.81
30	4.18	3.59	3.25	3.03	2.87	2.75	2.65	2.57	2.51	2.41	2.31	2.20	2.07	1.94	1.79
31	4.16	3.57	3.23	3.01	2.85	2.73	2.64	2.56	2.50	2.40	2.29	2.18	2.06	1.92	1.77
32	4.15	3.56	3.22	3.00	2.84	2.71	2.62	2.54	2.48	2.38	2.28	2.16	2.04	1.91	1.75
33	4.13	3.54	3.20	2.98	2.82	2.70	2.61	2.53	2.47	2.37	2.26	2.15	2.03	1.89	1.74
34	4.12	3.53	3.19	2.97	2.81	2.69	2.59	2.52	2.45	2.35	2.25	2.13	2.01	1.88	1.72
35	4.11	3.52	3.18	2.96	2.80	2.68	2.58	2.50	2.44	2.34	2.23	2.12	2.00	1.86	1.71
36	4.09	3.50	3.17	2.94	2.78	2.66	2.57	2.49	2.43	2.33	2.22	2.11	1.99	1.85	1.69
37	4.08	3.49	3.16	2.93	2.77	2.65	2.56	2.48	2.42	2.32	2.21	2.10	1.97	1.84	1.68
38	4.07	3.48	3.15	2.92	2.76	2.64	2.55	2.47	2.41	2.31	2.20	2.09	1.96	1.82	1.67
39	4.06	3.47	3.14	2.91	2.75	2.63	2.54	2.46	2.40	2.30	2.19	2.08	1.95	1.81	1.65
40	4.05	3.46	3.13	2.90	2.74	2.62	2.53	2.45	2.39	2.29	2.18	2.07	1.94	1.80	1.64
42	4.03	3.45	3.11	2.89	2.73	2.61	2.51	2.43	2.37	2.27	2.16	2.05	1.92	1.78	1.62
44	4.02	3.43	3.09	2.87	2.71	2.59	2.50	2.42	2.36	2.26	2.15	2.03	1.91	1.77	1.60
46	4.00	3.42	3.08	2.86	2.70	2.58	2.48	2.41	2.34	2.24	2.13	2.02	1.89	1.75	1.58
48	3.99	3.40	3.07	2.84	2.69	2.56	2.47	2.39	2.33	2.23	2.12	2.01	1.88	1.73	1.57
50	3.97	3.39	3.05	2.83	2.67	2.55	2.46	2.38	2.32	2.22	2.11	1.99	1.87	1.72	1.55
60	3.93	3.34	3.01	2.79	2.63	2.51	2.41	2.33	2.27	2.17	2.06	1.94	1.82	1.67	1.49
80	3.86	3.28	2.95	2.73	2.57	2.45	2.35	2.28	2.21	2.11	2.00	1.88	1.75	1.60	1.41
120	3.80	3.23	2.89	2.67	2.52	2.39	2.30	2.22	2.16	2.05	1.94	1.82	1.69	1.53	1.32
240	3.75	3.17	2.84	2.62	2.46	2.34	2.25	2.17	2.10	2.00	1.89	1.77	1.63	1.46	1.22
2000	3.70	3.12	2.79	2.57	2.41	2.29	2.20	2.12	2.05	1.95	1.84	1.72	1.57	1.40	1.09

附表4　F值表（方差分析用）（1）

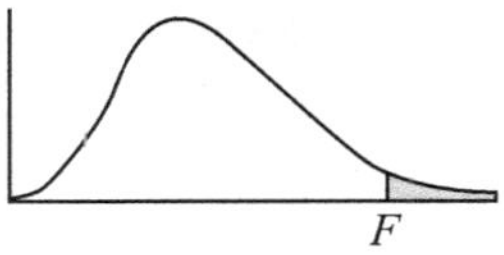

$p=0.05$

n_2'	n_1'（较大均方的自由度）															n_2'
	1	2	3	4	5	6	7	8	9	10	12	14	16	18	20	
1	161	200	216	225	230	234	237	239	241	242	244	245	246	247	248	1
2	18.5	19.0	19.2	19.3	19.3	19.3	19.4	19.4	19.4	19.4	19.4	19.4	19.4	19.4	19.5	2
3	10.1	9.55	9.28	9.12	9.01	8.94	8.89	8.85	8.81	8.79	8.74	8.71	8.69	8.67	8.66	3
4	7.71	6.94	6.59	6.39	6.26	6.16	6.09	6.04	6.00	5.96	5.91	5.87	5.84	5.82	5.80	4
5	6.61	5.79	5.41	5.19	5.05	4.95	4.88	4.82	4.77	4.74	4.68	4.64	4.60	4.58	4.56	5
6	5.99	5.14	4.76	4.53	4.39	4.28	4.21	4.15	4.10	4.06	4.00	3.96	3.92	3.90	3.87	6
7	5.59	4.74	4.35	4.12	3.97	3.87	3.79	3.73	3.68	3.64	3.57	3.53	3.49	3.47	3.44	7
8	5.32	4.46	4.07	3.84	3.69	3.58	3.50	3.44	3.39	3.35	3.28	3.24	3.20	3.17	3.15	8
9	5.12	4.26	3.86	3.63	3.48	3.37	3.29	3.23	3.18	3.14	3.07	3.03	2.99	2.96	2.94	9
10	4.96	4.10	3.71	3.48	3.33	3.22	3.14	3.07	3.02	2.98	2.91	2.86	2.83	2.80	2.77	10
11	4.84	3.98	3.59	3.36	3.20	3.09	3.01	2.95	2.90	2.85	2.79	2.74	2.70	2.67	2.65	11
12	4.75	3.89	3.49	3.26	3.11	3.00	2.91	2.85	2.80	2.75	2.69	2.64	2.60	2.57	2.54	12
13	4.67	3.81	3.41	3.18	3.03	2.92	2.83	2.77	2.71	2.67	2.60	2.55	2.51	2.48	2.46	13
14	4.60	3.74	3.34	3.11	2.96	2.85	2.76	2.70	2.65	2.60	2.53	2.48	2.44	2.41	2.39	14
15	4.54	3.68	3.29	3.06	2.90	2.79	2.71	2.64	2.59	2.54	2.48	2.42	2.38	2.35	2.33	15
16	4.49	3.63	3.24	3.01	2.85	2.74	2.66	2.59	2.54	2.49	2.42	2.37	2.33	2.30	2.28	16
17	4.45	3.59	3.20	2.96	2.81	2.70	2.61	2.55	2.49	2.45	2.38	2.33	2.29	2.26	2.23	17
18	4.41	3.55	3.16	2.93	2.77	2.66	2.58	2.51	2.46	2.41	2.34	2.29	2.25	2.22	2.19	18
19	4.38	3.52	3.13	2.90	2.74	2.63	2.54	2.48	2.42	2.38	2.31	2.26	2.21	2.18	2.16	19
20	4.35	3.49	3.10	2.87	2.71	2.60	2.51	2.45	2.39	2.35	2.28	2.22	2.18	2.15	2.12	20
21	4.32	3.47	3.07	2.84	2.68	2.57	2.49	2.42	2.37	2.32	2.25	2.20	2.16	2.12	2.10	21
22	4.30	3.44	3.05	2.82	2.66	2.55	2.46	2.40	2.34	2.30	2.23	2.17	2.13	2.10	2.07	22
23	4.28	3.42	3.03	2.80	2.64	2.53	2.44	2.37	2.32	2.27	2.20	2.15	2.11	2.08	2.05	23
24	4.26	3.40	3.01	2.78	2.62	2.51	2.42	2.36	2.30	2.25	2.18	2.13	2.09	2.05	2.03	24

续表

n'_2	n'_1（较大均方的自由度）															n'_2
	1	2	3	4	5	6	7	8	9	10	12	14	16	18	20	
25	4.24	3.39	2.99	2.76	2.60	2.49	2.40	2.34	2.28	2.24	2.16	2.11	2.07	2.04	2.01	25
26	4.23	3.37	2.98	2.74	2.59	2.47	2.39	2.32	2.27	2.22	2.15	2.09	2.05	2.02	1.99	26
27	4.21	3.35	2.96	2.73	2.57	2.46	2.37	2.31	2.25	2.20	2.13	2.08	2.04	2.00	1.97	27
28	4.20	3.34	2.95	2.71	2.56	2.45	2.36	2.29	2.24	2.19	2.12	2.06	2.02	1.99	1.96	28
29	4.18	3.33	2.93	2.70	2.55	2.43	2.35	2.28	2.22	2.18	2.10	2.05	2.01	1.97	1.94	29
30	4.17	3.32	2.92	2.69	2.53	2.42	2.33	2.27	2.21	2.16	2.09	2.04	1.99	1.96	1.93	30
32	4.15	3.29	2.90	2.67	2.51	2.40	2.31	2.24	2.19	2.14	2.07	2.01	1.97	1.94	1.91	32
34	4.13	3.28	2.88	2.65	2.49	2.38	2.29	2.23	2.17	2.12	2.05	1.99	1.95	1.92	1.89	34
36	4.11	3.26	2.87	2.63	2.48	2.36	2.28	2.21	2.15	2.11	2.03	1.98	1.93	1.90	1.87	36
38	4.10	3.24	2.85	2.62	2.46	2.35	2.26	2.19	2.14	2.09	2.02	1.96	1.92	1.88	1.85	38
40	4.08	3.23	2.84	2.61	2.45	2.34	2.25	2.18	2.12	2.08	2.00	1.95	1.90	1.87	1.84	40
42	4.07	3.22	2.83	2.59	2.44	2.32	2.24	2.17	2.11	2.06	1.99	1.94	1.89	1.86	1.83	42
44	4.06	3.21	2.82	2.58	2.43	2.31	2.23	2.16	2.10	2.05	1.98	1.92	1.88	1.84	1.81	44
46	4.05	3.20	2.81	2.57	2.42	2.30	2.22	2.15	2.09	2.04	1.97	1.91	1.87	1.83	1.80	46
48	4.04	3.19	2.80	2.57	2.41	2.29	2.21	2.14	2.08	2.03	1.96	1.90	1.86	1.82	1.79	48
50	4.03	3.18	2.79	2.56	2.40	2.29	2.20	2.13	2.07	2.03	1.95	1.89	1.85	1.81	1.78	50
60	4.00	3.15	2.76	2.53	2.37	2.25	2.17	2.10	2.04	1.99	1.92	1.86	1.82	1.78	1.75	60
80	3.96	3.11	2.72	2.49	2.33	2.21	2.13	2.06	2.00	1.95	1.88	1.82	1.77	1.73	1.70	80
100	3.94	3.09	2.70	2.46	2.31	2.19	2.10	2.03	1.97	1.93	1.85	1.79	1.75	1.71	1.68	100
125	3.92	3.07	2.68	2.44	2.29	2.17	2.08	2.01	1.96	1.91	1.83	1.77	1.73	1.69	1.66	125
150	3.90	3.06	2.66	2.43	2.27	2.16	2.07	2.00	1.94	1.89	1.82	1.76	1.71	1.67	1.64	150
200	3.89	3.04	2.65	2.42	2.26	2.14	2.06	1.98	1.93	1.88	1.80	1.74	1.69	1.66	1.62	200
300	3.87	3.03	2.63	2.40	2.24	2.13	2.04	1.97	1.91	1.86	1.78	1.72	1.68	1.64	1.61	300
500	3.86	3.01	2.62	2.39	2.23	2.12	2.03	1.96	1.90	1.85	1.77	1.71	1.66	1.62	1.59	500
1000	3.85	3.00	2.61	2.38	2.22	2.11	2.02	1.95	1.89	1.84	1.76	1.70	1.65	1.61	1.58	1000
∞	3.84	3.00	2.60	2.37	2.21	2.10	2.01	1.94	1.88	1.83	1.75	1.69	1.64	1.60	1.57	∞

附表4　F 值表（方差分析用）（2）

$p=0.05$

n_2'	n_1'（较大均方的自由度）22	24	26	28	30	35	40	45	50	60	80	100	200	500	∞	n_2'
1	249	249	249	250	250	251	251	251	252	252	253	253	254	254	254	1
2	19.5	19.5	19.5	19.5	19.5	19.5	19.5	19.5	19.5	19.5	19.5	19.5	19.5	19.5	19.45	2
3	8.65	8.64	8.63	8.62	8.62	8.60	8.59	8.59	8.58	8.57	8.56	8.55	8.54	8.53	8.66	3
4	5.79	5.77	5.76	5.75	5.75	5.73	5.72	5.71	5.70	5.69	5.67	5.66	5.65	5.64	5.80	4
5	4.54	4.53	4.52	4.50	4.50	4.48	4.46	4.45	4.44	4.43	4.41	4.41	4.39	4.37	4.56	5
6	3.86	3.84	3.83	3.82	3.81	3.79	3.77	3.76	3.75	3.74	3.72	3.71	3.69	3.68	3.87	6
7	3.43	3.41	3.40	3.39	3.38	3.36	3.34	3.33	3.32	3.30	3.29	3.27	3.25	3.24	3.44	7
8	3.13	3.12	3.10	3.09	3.08	3.06	3.04	3.03	3.02	3.01	2.99	2.97	2.95	2.94	3.15	8
9	2.92	2.90	2.89	2.87	2.86	2.84	2.83	2.81	2.80	2.79	2.77	2.76	2.73	2.72	2.94	9
10	2.75	2.74	2.72	2.71	2.70	2.68	2.66	2.65	2.64	2.62	2.60	2.59	2.56	2.55	2.77	10
11	2.63	2.61	2.59	2.58	2.57	2.55	2.53	2.52	2.51	2.49	2.47	2.46	2.43	2.42	2.65	11
12	2.52	2.51	2.49	2.48	2.47	2.44	2.43	2.41	2.40	2.38	2.36	2.35	2.32	2.31	2.54	12
13	2.44	2.42	2.41	2.39	2.38	2.36	2.34	2.33	2.31	2.30	2.27	2.26	2.23	2.22	2.46	13
14	2.37	2.35	2.33	2.32	2.31	2.28	2.27	2.25	2.24	2.22	2.20	2.19	2.16	2.14	2.39	14
15	2.31	2.29	2.27	2.26	2.25	2.22	2.20	2.19	2.18	2.16	2.14	2.12	2.10	2.08	2.33	15
16	2.25	2.24	2.22	2.21	2.19	2.17	2.15	2.14	2.12	2.11	2.08	2.07	2.04	2.02	2.28	16
17	2.21	2.19	2.17	2.16	2.15	2.12	2.10	2.09	2.08	2.06	2.03	2.02	1.99	1.97	2.23	17
18	2.17	2.15	2.13	2.12	2.11	2.08	2.06	2.05	2.04	2.02	1.99	1.98	1.95	1.93	2.19	18
19	2.13	2.11	2.10	2.08	2.07	2.05	2.03	2.01	2.00	1.98	1.96	1.94	1.91	1.89	2.16	19
20	2.10	2.08	2.07	2.05	2.04	2.01	1.99	1.98	1.97	1.95	1.92	1.91	1.88	1.86	2.12	20
21	2.07	2.05	2.04	2.02	2.01	1.98	1.96	1.95	1.94	1.92	1.89	1.88	1.84	1.83	2.10	21
22	2.05	2.03	2.01	2.00	1.98	1.96	1.94	1.92	1.91	1.89	1.86	1.85	1.82	1.80	2.07	22
23	2.02	2.01	1.99	1.97	1.96	1.93	1.91	1.90	1.88	1.86	1.84	1.82	1.79	1.77	2.05	23
24	2.00	1.98	1.97	1.95	1.94	1.91	1.89	1.88	1.86	1.84	1.82	1.80	1.77	1.75	2.03	24
25	1.98	1.96	1.95	1.93	1.92	1.89	1.87	1.86	1.84	1.82	1.80	1.78	1.75	1.73	2.01	25

续表

n_2'	n_1'（较大均方的自由度）															n_2'
	22	24	26	28	30	35	40	45	50	60	80	100	200	500	∞	
26	1.97	1.95	1.93	1.91	1.90	1.87	1.85	1.84	1.82	1.80	1.78	1.76	1.73	1.71	1.99	26
27	1.95	1.93	1.91	1.90	1.88	1.86	1.84	1.82	1.81	1.79	1.76	1.74	1.71	1.69	1.97	27
28	1.93	1.91	1.90	1.88	1.87	1.84	1.82	1.80	1.79	1.77	1.74	1.73	1.69	1.67	1.96	28
29	1.92	1.90	1.88	1.87	1.85	1.83	1.81	1.79	1.77	1.75	1.73	1.71	1.67	1.65	1.94	29
30	1.91	1.89	1.87	1.85	1.84	1.81	1.79	1.77	1.76	1.74	1.71	1.70	1.66	1.64	1.93	30
32	1.88	1.86	1.85	1.83	1.82	1.79	1.77	1.75	1.74	1.71	1.69	1.67	1.63	1.61	1.91	32
34	1.86	1.84	1.82	1.81	1.80	1.77	1.75	1.73	1.71	1.69	1.66	1.65	1.61	1.59	1.89	34
36	1.85	1.82	1.81	1.79	1.78	1.75	1.73	1.71	1.69	1.67	1.64	1.62	1.59	1.56	1.87	36
38	1.83	1.81	1.79	1.77	1.76	1.73	1.71	1.69	1.68	1.65	1.62	1.61	1.57	1.54	1.85	38
40	1.81	1.79	1.77	1.76	1.74	1.72	1.69	1.67	1.66	1.64	1.61	1.59	1.55	1.53	1.84	40
42	1.80	1.78	1.76	1.75	1.73	1.70	1.68	1.66	1.65	1.62	1.59	1.57	1.53	1.51	1.83	42
44	1.79	1.77	1.75	1.73	1.72	1.69	1.67	1.65	1.63	1.61	1.58	1.56	1.52	1.49	1.81	44
46	1.78	1.76	1.74	1.72	1.71	1.68	1.65	1.64	1.62	1.60	1.57	1.55	1.51	1.48	1.80	46
48	1.77	1.75	1.73	1.71	1.70	1.67	1.64	1.62	1.61	1.59	1.56	1.54	1.49	1.47	1.79	48
50	1.76	1.74	1.72	1.70	1.69	1.66	1.63	1.61	1.60	1.58	1.54	1.52	1.48	1.46	1.78	50
60	1.72	1.70	1.68	1.66	1.65	1.62	1.59	1.57	1.56	1.53	1.50	1.48	1.44	1.41	1.75	60
80	1.68	1.65	1.63	1.62	1.60	1.57	1.54	1.52	1.51	1.48	1.45	1.43	1.38	1.35	1.70	80
100	1.65	1.63	1.61	1.59	1.57	1.54	1.52	1.49	1.48	1.45	1.41	1.39	1.34	1.31	1.68	100
125	1.63	1.60	1.58	1.57	1.55	1.52	1.49	1.47	1.45	1.42	1.39	1.36	1.31	1.27	1.66	125
150	1.61	1.59	1.57	1.55	1.54	1.50	1.48	1.45	1.44	1.41	1.37	1.34	1.29	1.25	1.64	150
200	1.60	1.57	1.55	1.53	1.52	1.48	1.46	1.43	1.41	1.39	1.35	1.32	1.26	1.22	1.62	200
300	1.58	1.55	1.53	1.51	1.50	1.46	1.43	1.41	1.39	1.36	1.32	1.30	1.23	1.19	1.61	300
500	1.56	1.54	1.52	1.50	1.48	1.45	1.42	1.40	1.38	1.35	1.30	1.28	1.21	1.16	1.59	500
1000	1.55	1.53	1.51	1.49	1.47	1.43	1.41	1.38	1.36	1.33	1.29	1.26	1.19	1.13	1.58	1000
∞	1.54	1.52	1.50	1.48	1.46	1.42	1.39	1.37	1.35	1.32	1.27	1.24	1.17	1.11	1.00	

附表4 *F* 值表（方差分析用）（3）

p=0.01

n_2'	n_1'（较大均方的自由度）														n_2'
	1	2	3	4	5	6	7	8	9	10	12	14	16	18	20	
1	4052	4999	5404	5624	5764	5859	5928	5981	6022	6056	6107	6143	6170	6191	6209	1
2	98.50	99.00	99.16	99.25	99.30	99.33	99.36	99.38	99.39	99.40	99.42	99.43	99.44	99.44	99.45	2
3	34.12	30.82	29.46	28.71	28.24	27.91	27.67	27.49	27.34	27.23	27.05	26.92	26.83	26.75	26.69	3
4	21.20	18.00	16.69	15.98	15.52	15.21	14.98	14.80	14.66	14.55	14.37	14.25	14.15	14.08	14.02	4
5	16.26	13.27	12.06	11.39	10.97	10.67	10.46	10.29	10.16	10.05	9.89	9.77	9.68	9.61	9.55	5
6	13.75	10.92	9.78	9.15	8.75	8.47	8.26	8.10	7.98	7.87	7.72	7.60	7.52	7.45	7.40	6
7	12.25	9.55	8.45	7.85	7.46	7.19	6.99	6.84	6.72	6.62	6.47	6.36	6.28	6.21	6.16	7
8	11.26	8.65	7.59	7.01	6.63	6.37	6.18	6.03	5.91	5.81	5.67	5.56	5.48	5.41	5.36	8
9	10.56	8.02	6.99	6.42	6.06	5.80	5.61	5.47	5.35	5.26	5.11	5.01	4.92	4.86	4.81	9
10	10.04	7.56	6.55	5.99	5.64	5.39	5.20	5.06	4.94	4.85	4.71	4.60	4.52	4.46	4.41	10
11	9.65	7.21	6.22	5.67	5.32	5.07	4.89	4.74	4.63	4.54	4.40	4.29	4.21	4.15	4.10	11
12	9.33	6.93	5.95	5.41	5.06	4.82	4.64	4.50	4.39	4.30	4.16	4.05	3.97	3.91	3.86	12
13	9.07	6.70	5.74	5.21	4.86	4.62	4.44	4.30	4.19	4.10	3.96	3.86	3.78	3.72	3.66	13
14	8.86	6.51	5.56	5.04	4.69	4.46	4.28	4.14	4.03	3.94	3.80	3.70	3.62	3.56	3.51	14
15	8.68	6.36	5.42	4.89	4.56	4.32	4.14	4.00	3.89	3.80	3.67	3.56	3.49	3.42	3.37	15
16	8.53	6.23	5.29	4.77	4.44	4.20	4.03	3.89	3.78	3.69	3.55	3.45	3.37	3.31	3.26	16
17	8.40	6.11	5.19	4.67	4.34	4.10	3.93	3.79	3.68	3.59	3.46	3.35	3.27	3.21	3.16	17
18	8.29	6.01	5.09	4.58	4.25	4.01	3.84	3.71	3.60	3.51	3.37	3.27	3.19	3.13	3.08	18
19	8.18	5.93	5.01	4.50	4.17	3.94	3.77	3.63	3.52	3.43	3.30	3.19	3.12	3.05	3.00	19
20	8.10	5.85	4.94	4.43	4.10	3.87	3.70	3.56	3.46	3.37	3.23	3.13	3.05	2.99	2.94	20
21	8.02	5.78	4.87	4.37	4.04	3.81	3.64	3.51	3.40	3.31	3.17	3.07	2.99	2.93	2.88	21
22	7.95	5.72	4.82	4.31	3.99	3.76	3.59	3.45	3.35	3.26	3.12	3.02	2.94	2.88	2.83	22
23	7.88	5.66	4.76	4.26	3.94	3.71	3.54	3.41	3.30	3.21	3.07	2.97	2.89	2.83	2.78	23
24	7.82	5.61	4.72	4.22	3.90	3.67	3.50	3.36	3.26	3.17	3.03	2.93	2.85	2.79	2.74	24
25	7.77	5.57	4.68	4.18	3.85	3.63	3.46	3.32	3.22	3.13	2.99	2.89	2.81	2.75	2.70	25

续表

n'_2	n'_1（较大均方的自由度）														n'_2
	1	2	3	4	5	6	7	8	9	10	12	14	16	18	20	
26	7.72	5.53	4.64	4.14	3.82	3.59	3.42	3.29	3.18	3.09	2.96	2.86	2.78	2.72	2.66	26
27	7.68	5.49	4.60	4.11	3.78	3.56	3.39	3.26	3.15	3.06	2.93	2.82	2.75	2.68	2.63	27
28	7.64	5.45	4.57	4.07	3.75	3.53	3.36	3.23	3.12	3.03	2.90	2.79	2.72	2.65	2.60	28
29	7.60	5.42	4.54	4.04	3.73	3.50	3.33	3.20	3.09	3.00	2.87	2.77	2.69	2.63	2.57	29
30	7.56	5.39	4.51	4.02	3.70	3.47	3.30	3.17	3.07	2.98	2.84	2.74	2.66	2.60	2.55	30
32	7.50	5.34	4.46	3.97	3.65	3.43	3.26	3.13	3.02	2.93	2.80	2.70	2.62	2.55	2.50	32
34	7.44	5.29	4.42	3.93	3.61	3.39	3.22	3.09	2.98	2.89	2.76	2.66	2.58	2.51	2.46	34
36	7.40	5.25	4.38	3.89	3.57	3.35	3.18	3.05	2.95	2.86	2.72	2.62	2.54	2.48	2.43	36
38	7.35	5.21	4.34	3.86	3.54	3.32	3.15	3.02	2.92	2.83	2.69	2.59	2.51	2.45	2.40	38
40	7.31	5.18	4.31	3.83	3.51	3.29	3.12	2.99	2.89	2.80	2.66	2.56	2.48	2.42	2.37	40
42	7.28	5.15	4.29	3.80	3.49	3.27	3.10	2.97	2.86	2.78	2.64	2.54	2.46	2.40	2.34	42
44	7.25	5.12	4.26	3.78	3.47	3.24	3.08	2.95	2.84	2.75	2.62	2.52	2.44	2.37	2.32	44
46	7.22	5.10	4.24	3.76	3.44	3.22	3.06	2.93	2.82	2.73	2.60	2.50	2.42	2.35	2.30	46
48	7.19	5.08	4.22	3.74	3.43	3.20	3.04	2.91	2.80	2.71	2.58	2.48	2.40	2.33	2.28	48
50	7.17	5.06	4.20	3.72	3.41	3.19	3.02	2.89	2.78	2.70	2.56	2.46	2.38	2.32	2.27	50
60	7.08	4.98	4.13	3.65	3.34	3.12	2.95	2.82	2.72	2.63	2.50	2.39	2.31	2.25	2.20	60
80	6.96	4.88	4.04	3.56	3.26	3.04	2.87	2.74	2.64	2.55	2.42	2.31	2.23	2.17	2.12	80
100	6.90	4.82	3.98	3.51	3.21	2.99	2.82	2.69	2.59	2.50	2.37	2.27	2.19	2.12	2.07	100
125	6.84	4.78	3.94	3.47	3.17	2.95	2.79	2.66	2.55	2.47	2.33	2.23	2.15	2.08	2.03	125
150	6.81	4.75	3.91	3.45	3.14	2.92	2.76	2.63	2.53	2.44	2.31	2.20	2.12	2.06	2.00	150
200	6.76	4.71	3.88	3.41	3.11	2.89	2.73	2.60	2.50	2.41	2.27	2.17	2.09	2.03	1.97	200
300	6.72	4.68	3.85	3.38	3.08	2.86	2.70	2.57	2.47	2.38	2.24	2.14	2.06	1.99	1.94	300
500	6.69	4.65	3.82	3.36	3.05	2.84	2.68	2.55	2.44	2.36	2.22	2.12	2.04	1.97	1.92	500
1000	6.66	4.63	3.80	3.34	3.04	2.82	2.66	2.53	2.43	2.34	2.20	2.10	2.02	1.95	1.90	1000
∞	6.63	4.61	3.78	3.32	3.02	2.80	2.64	2.51	2.41	2.32	2.18	2.08	2.00	1.93	1.88	∞

附表4 *P* 值表（方差分析用）（4）

p=0.01

n_2'	n_1'（较大均方的自由度）															n_2'
	22	24	26	28	30	35	40	45	50	60	80	100	200	500	∞	
1	6223	6234	6245	6253	6260	6275	6286	6296	6302	6313	6326	6334	6350	6360	6366	1
2	99.5	99.5	99.5	99.5	99.5	99.5	99.5	99.5	99.5	99.5	99.5	99.5	99.5	99.5	99.5	2
3	26.64	26.60	26.56	26.53	26.50	26.45	26.41	26.38	26.35	26.32	26.27	26.24	26.18	26.15	26.1	3
4	13.97	13.93	13.89	13.86	13.84	13.79	13.75	13.71	13.69	13.65	13.61	13.58	13.52	13.49	13.5	4
5	9.51	9.47	9.43	9.40	9.38	9.33	9.29	9.26	9.24	9.20	9.16	9.13	9.08	9.04	9.02	5
6	7.35	7.31	7.28	7.25	7.23	7.18	7.14	7.11	7.09	7.06	7.01	6.99	6.93	6.90	6.88	6
7	6.11	6.07	6.04	6.02	5.99	5.94	5.91	5.88	5.86	5.82	5.78	5.75	5.70	5.67	5.65	7
8	5.32	5.28	5.25	5.22	5.20	5.15	5.12	5.09	5.07	5.03	4.99	4.96	4.91	4.88	4.86	8
9	4.77	4.73	4.70	4.67	4.65	4.60	4.57	4.54	4.52	4.48	4.44	4.41	4.36	4.33	4.31	9
10	4.36	4.33	4.30	4.27	4.25	4.20	4.17	4.14	4.12	4.08	4.04	4.01	3.96	3.93	3.91	10
11	4.06	4.02	3.99	3.96	3.94	3.89	3.86	3.83	3.81	3.78	3.73	3.71	3.66	3.62	3.60	11
12	3.82	3.78	3.75	3.72	3.70	3.65	3.62	3.59	3.57	3.54	3.49	3.47	3.41	3.38	3.36	12
13	3.62	3.59	3.56	3.53	3.51	3.46	3.43	3.40	3.38	3.34	3.30	3.27	3.22	3.19	3.17	13
14	3.46	3.43	3.40	3.37	3.35	3.30	3.27	3.24	3.22	3.18	3.14	3.11	3.06	3.03	3.00	14
15	3.33	3.29	3.26	3.24	3.21	3.17	3.13	3.10	3.08	3.05	3.00	2.98	2.92	2.89	2.87	15
16	3.22	3.18	3.15	3.12	3.10	3.05	3.02	2.99	2.97	2.93	2.89	2.86	2.81	2.78	2.75	16
17	3.12	3.08	3.05	3.03	3.00	2.96	2.92	2.89	2.87	2.83	2.79	2.76	2.71	2.68	2.65	17
18	3.03	3.00	2.97	2.94	2.92	2.87	2.84	2.81	2.78	2.75	2.70	2.68	2.62	2.59	2.57	18
19	2.96	2.92	2.89	2.87	2.84	2.80	2.76	2.73	2.71	2.67	2.63	2.60	2.55	2.51	2.49	19
20	2.90	2.86	2.83	2.80	2.78	2.73	2.69	2.67	2.64	2.61	2.56	2.54	2.48	2.44	2.42	20
21	2.84	2.80	2.77	2.74	2.72	2.67	2.64	2.61	2.58	2.55	2.50	2.48	2.42	2.38	2.36	21
22	2.78	2.75	2.72	2.69	2.67	2.62	2.58	2.55	2.53	2.50	2.45	2.42	2.36	2.33	2.31	22
23	2.74	2.70	2.67	2.64	2.62	2.57	2.54	2.51	2.48	2.45	2.40	2.37	2.32	2.28	2.26	23
24	2.70	2.66	2.63	2.60	2.58	2.53	2.49	2.46	2.44	2.40	2.36	2.33	2.27	2.24	2.21	24
25	2.66	2.62	2.59	2.56	2.54	2.49	2.45	2.42	2.40	2.36	2.32	2.29	2.23	2.19	2.17	25
26	2.62	2.58	2.55	2.53	2.50	2.45	2.42	2.39	2.36	2.33	2.28	2.25	2.19	2.16	2.13	26

续表

n_2'	n_1'（较大均方的自由度）22	24	26	28	30	35	40	45	50	60	80	100	200	500	∞	n_2'
27	2.59	2.55	2.52	2.49	2.47	2.42	2.38	2.35	2.33	2.29	2.25	2.22	2.16	2.12	2.10	27
28	2.56	2.52	2.49	2.46	2.44	2.39	2.35	2.32	2.30	2.26	2.22	2.19	2.13	2.09	2.06	28
29	2.53	2.49	2.46	2.44	2.41	2.36	2.33	2.30	2.27	2.23	2.19	2.16	2.10	2.06	2.03	29
30	2.51	2.47	2.44	2.41	2.39	2.34	2.30	2.27	2.25	2.21	2.16	2.13	2.07	2.03	2.01	30
32	2.46	2.42	2.39	2.36	2.34	2.29	2.25	2.22	2.20	2.16	2.11	2.08	2.02	1.98	1.96	32
34	2.42	2.38	2.35	2.32	2.30	2.25	2.21	2.18	2.16	2.12	2.07	2.04	1.98	1.94	1.91	34
36	2.38	2.35	2.32	2.29	2.26	2.21	2.18	2.14	2.12	2.08	2.03	2.00	1.94	1.90	1.87	36
38	2.35	2.32	2.28	2.26	2.23	2.18	2.14	2.11	2.09	2.05	2.00	1.97	1.90	1.86	1.84	38
40	2.33	2.29	2.26	2.23	2.20	2.15	2.11	2.08	2.06	2.02	1.97	1.94	1.87	1.83	1.80	40
42	2.30	2.26	2.23	2.20	2.18	2.13	2.09	2.06	2.03	1.99	1.94	1.91	1.85	1.80	1.78	42
44	2.28	2.24	2.21	2.18	2.15	2.10	2.07	2.03	2.01	1.97	1.92	1.89	1.82	1.78	1.75	44
46	2.26	2.22	2.19	2.16	2.13	2.08	2.04	2.01	1.99	1.95	1.90	1.86	1.80	1.76	1.73	46
48	2.24	2.20	2.17	2.14	2.12	2.06	2.02	1.99	1.97	1.93	1.88	1.84	1.78	1.73	1.70	48
50	2.22	2.18	2.15	2.12	2.10	2.05	2.01	1.97	1.95	1.91	1.86	1.82	1.76	1.71	1.68	50
60	2.15	2.12	2.08	2.05	2.03	1.98	1.94	1.90	1.88	1.84	1.78	1.75	1.68	1.63	1.60	60
80	2.07	2.03	2.00	1.97	1.94	1.89	1.85	1.82	1.79	1.75	1.69	1.65	1.58	1.53	1.49	80
100	2.02	1.98	1.95	1.92	1.89	1.84	1.80	1.76	1.74	1.69	1.63	1.60	1.52	1.47	1.43	100
125	1.98	1.94	1.91	1.88	1.85	1.80	1.76	1.72	1.69	1.65	1.59	1.55	1.47	1.41	1.37	125
150	1.96	1.92	1.88	1.85	1.83	1.77	1.73	1.69	1.66	1.62	1.56	1.52	1.43	1.38	1.33	150
200	1.93	1.89	1.85	1.82	1.79	1.74	1.69	1.66	1.63	1.58	1.52	1.48	1.39	1.33	1.28	200
300	1.89	1.85	1.82	1.79	1.76	1.70	1.66	1.62	1.59	1.55	1.48	1.44	1.35	1.28	1.22	300
500	1.87	1.83	1.79	1.76	1.74	1.68	1.63	1.60	1.57	1.52	1.45	1.41	1.31	1.23	1.16	500
1000	1.85	1.81	1.77	1.74	1.72	1.66	1.61	1.58	1.54	1.50	1.43	1.38	1.28	1.19	1.11	1000
∞	1.83	1.79	1.76	1.72	1.70	1.64	1.59	1.55	1.52	1.47	1.40	1.36	1.25	1.15	1.00	∞

附表5 *P*值表

上行：$p=0.05$ 下行：$p=0.01$

$n-k$	P 2	3	4	5	6	7	8	9	10
5	3.64	4.60	5.22	5.67	6.03	6.33	6.58	6.80	6.99
	5.70	6.98	7.80	8.42	8.91	9.32	9.67	9.97	10.24
6	3.46	4.34	4.90	5.30	5.63	5.90	6.12	6.32	6.49
	5.24	6.33	7.03	7.56	7.97	8.32	8.61	8.87	9.10
7	3.34	4.16	4.68	5.06	5.36	5.61	5.82	6.00	6.16
	4.95	5.92	6.54	7.01	7.37	7.68	7.94	8.17	8.37
8	3.26	4.04	4.53	4.89	5.17	5.40	5.60	5.77	5.92
	4.75	5.64	6.20	6.62	6.96	7.24	7.47	7.68	7.86
9	3.20	3.95	4.41	4.76	5.02	5.24	5.43	5.59	5.74
	4.60	5.43	5.96	6.35	6.66	6.91	7.13	7.33	7.49
10	3.15	3.88	4.33	4.65	4.91	5.12	5.30	5.46	5.60
	4.48	5.27	5.77	6.14	6.43	6.67	6.87	7.05	7.21
12	3.08	3.77	4.20	4.51	4.75	4.95	5.12	5.27	5.39
	4.32	5.05	5.50	5.84	6.10	6.32	6.51	6.67	6.81
14	3.03	3.70	4.11	4.41	4.64	4.83	4.99	5.13	5.25
	4.21	4.89	5.32	5.63	5.88	6.08	6.26	6.41	6.54
16	3.00	3.65	4.05	4.33	4.56	4.74	4.90	5.03	5.15
	4.13	4.79	5.19	5.49	5.72	5.92	6.08	6.22	6.35
18	2.97	3.61	4.00	4.28	4.49	4.67	4.82	4.96	5.07
	4.07	4.70	5.09	5.38	5.60	5.79	5.94	6.08	6.20
20	2.95	3.58	3.96	4.23	4.45	4.62	4.77	4.90	5.01
	4.02	4.64	5.02	5.29	5.51	5.69	5.84	5.97	6.09
30	2.89	3.49	3.85	4.10	4.30	4.46	4.60	4.72	4.82
	3.89	4.45	4.80	5.05	5.24	5.40	5.54	5.65	5.76
40	2.86	3.44	3.79	4.04	4.23	4.39	4.52	4.63	4.73
	3.82	4.37	4.70	4.93	5.11	5.26	5.39	5.50	5.60
60	2.83	3.40	3.74	3.98	4.16	4.31	4.44	4.55	4.65
	3.76	4.28	4.59	4.82	4.99	5.13	5.25	5.36	5.45
120	2.80	3.36	3.68	3.92	4.10	4.24	4.36	4.47	4.56
	3.70	4.20	4.50	4.71	4.87	5.01	5.12	5.21	5.30
∞	2.77	3.31	3.63	3.86	4.03	4.17	4.29	4.39	4.47
	3.64	4.12	4.40	4.60	4.76	4.88	4.99	5.08	5.16

附表6 χ^2 值表

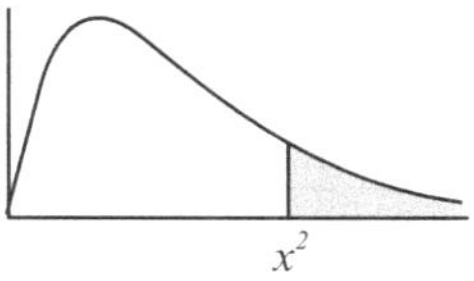

n'	P												
	0.995	0.990	0.975	0.950	0.900	0.750	0.500	0.250	0.100	0.050	0.025	0.010	0.005
1	…	…	…	…	0.02	0.10	0.45	1.32	2.71	3.84	5.02	6.63	7.88
2	0.01	0.02	0.05	0.10	0.21	0.58	1.39	2.77	4.61	5.99	7.38	9.21	10.60
3	0.07	0.11	0.22	0.35	0.58	1.21	2.37	4.11	6.25	7.81	9.35	11.34	12.84
4	0.21	0.30	0.48	0.71	1.06	1.92	3.36	5.39	7.78	9.49	11.14	13.28	14.86
5	0.41	0.55	0.83	1.15	1.61	2.67	4.35	6.63	9.24	11.07	12.83	15.09	16.75
6	0.68	0.87	1.24	1.64	2.20	3.45	5.35	7.84	10.64	12.59	14.45	16.81	18.55
7	0.99	1.24	1.69	2.17	2.83	4.25	6.35	9.04	12.02	14.07	16.01	18.48	20.28
8	1.34	1.65	2.18	2.73	3.49	5.07	7.34	10.22	13.36	15.51	17.53	20.09	21.95
9	1.73	2.09	2.70	3.33	4.17	5.90	8.34	11.39	14.68	16.92	19.02	21.67	23.59
10	2.16	2.56	3.25	3.94	4.87	6.74	9.34	12.55	15.99	18.31	20.48	23.21	25.19
11	2.60	3.05	3.82	4.57	5.58	7.58	10.34	13.70	17.28	19.68	21.92	24.73	26.76
12	3.07	3.57	4.40	5.23	6.30	8.44	11.34	14.85	18.55	21.03	23.34	26.22	28.30
13	3.57	4.11	5.01	5.89	7.04	9.30	12.34	15.98	19.81	22.36	24.74	27.69	29.82
14	4.07	4.66	5.63	6.57	7.79	10.17	13.34	17.12	21.06	23.68	26.12	29.14	31.32
15	4.60	5.23	6.26	7.26	8.55	11.04	14.34	18.25	22.31	25.00	27.49	30.58	32.80
16	5.14	5.81	6.91	7.96	9.31	11.91	15.34	19.37	23.54	26.30	28.85	32.00	34.27
17	5.70	6.41	7.56	8.67	10.09	12.79	16.34	20.49	24.77	27.59	30.19	33.41	35.72
18	6.26	7.01	8.23	9.39	10.86	13.68	17.34	21.60	25.99	28.87	31.53	34.81	37.16

续表

n'	P												
	0.995	0.990	0.975	0.950	0.900	0.750	0.500	0.250	0.100	0.050	0.025	0.010	0.005
19	6.84	7.63	8.91	10.12	11.65	14.56	18.34	22.72	27.20	30.14	32.85	36.19	38.58
20	7.43	8.26	9.59	10.85	12.44	15.45	19.34	23.83	28.41	31.41	34.17	37.57	40.00
21	8.03	8.90	10.28	11.59	13.24	16.34	20.34	24.93	29.62	32.67	35.48	38.93	41.40
22	8.64	9.54	10.98	12.34	14.04	17.24	21.34	26.04	30.81	33.92	36.78	40.29	42.80
23	9.26	10.20	11.69	13.09	14.85	18.14	22.34	27.14	32.01	35.17	38.08	41.64	44.18
24	9.89	10.86	12.40	13.85	15.66	19.04	23.34	28.24	33.20	36.42	39.36	42.98	45.56
25	10.52	11.52	13.12	14.61	16.47	19.94	24.34	29.34	34.38	37.65	40.65	44.31	46.93
26	11.16	12.20	13.84	15.38	17.29	20.84	25.34	30.43	35.56	38.89	41.92	45.64	48.29
27	11.81	12.88	14.57	16.15	18.11	21.75	26.34	31.53	36.74	40.11	43.19	46.96	49.65
28	12.46	13.56	15.31	16.93	18.94	22.66	27.34	32.62	37.92	41.34	44.46	48.28	50.99
29	13.12	14.26	16.05	17.71	19.77	23.57	28.34	33.71	39.09	42.56	45.72	49.59	52.34
30	13.79	14.95	16.79	18.49	20.60	24.48	29.34	34.80	40.26	43.77	46.98	50.89	53.67
40	20.71	22.16	24.43	26.51	29.05	33.66	39.34	45.62	51.81	55.76	59.34	63.69	66.77
50	27.99	29.71	32.36	34.76	37.69	42.94	49.33	56.33	63.17	67.50	71.42	76.15	79.49
60	35.53	37.48	40.48	43.19	46.46	52.29	59.33	66.98	74.40	79.08	83.30	88.38	91.95
70	43.28	45.44	48.76	51.74	55.33	61.70	69.33	77.58	85.53	90.53	95.02	100.43	104.21
80	51.17	53.54	57.15	60.39	64.28	71.14	79.33	88.13	96.58	101.88	106.63	112.33	116.32
90	59.20	61.75	65.65	69.13	73.29	80.62	89.33	98.65	107.57	113.15	118.14	124.12	128.30
100	67.33	70.06	74.22	77.93	82.36	90.13	99.33	109.14	118.50	124.34	129.56	135.81	140.17

附表7 符号检验法临界值表

样本含量	显著性水平α						样本含量	显著性水平α					
	0.05		0.02		0.01			0.05		0.02		0.01	
n	r_1	r_2	r_1	r_2	r_1	r_2	n	r_1	r_2	r_1	r_2	r_1	r_2
5	0	5	0	5	0	5	38	13	25	12	26	11	27
6	1	5	0	5	0	6	39	13	26	12	27	12	27
7	1	6	1	6	0	7	40	14	26	13	27	12	28
8	1	7	1	7	1	7	41	14	27	13	28	12	29
9	2	7	1	8	1	8	42	15	27	14	28	13	29
10	2	8	1	9	1	9	43	15	28	14	29	13	30
11	2	9	2	9	1	10	44	16	28	14	30	14	30
12	3	9	2	10	2	10	45	16	29	15	30	14	31
13	3	10	2	11	2	11	46	16	30	15	31	14	32
14	3	11	3	11	2	12	47	17	30	16	31	15	32
15	4	11	3	12	3	12	48	17	31	16	32	15	33
16	4	12	3	13	3	13	49	18	31	16	33	16	33
17	5	12	4	13	4	13	50	18	32	17	33	16	34
18	5	13	4	14	4	14	51	19	32	17	34	16	35
19	5	14	5	14	4	15	52	19	33	18	34	17	35
20	6	14	5	15	4	16	53	19	34	18	35	17	36
21	6	15	5	16	5	16	54	20	34	19	35	18	36
22	6	16	6	16	5	17	55	20	35	19	36	18	37
23	7	16	6	17	5	18	56	21	35	19	37	18	38
24	7	17	6	18	6	18	57	21	36	20	37	19	38
25	8	17	7	18	6	19	58	22	36	20	38	19	39
26	8	18	7	19	7	19	59	22	37	21	38	20	39
27	8	19	8	19	7	20	60	22	38	21	39	20	40
28	9	19	8	20	7	21	61	23	38	21	40	21	40
29	9	20	8	21	8	21	62	23	39	22	40	21	41
30	10	20	9	21	8	22	63	24	39	22	41	21	42
31	10	21	9	22	8	23	64	24	40	23	41	22	42
32	10	22	9	23	9	23	65	25	40	23	42	22	43
33	11	22	10	23	9	24	66	25	41	24	42	23	43
34	11	23	10	24	10	24	67	26	41	24	43	23	44
35	12	23	11	24	10	25	68	26	42	24	44	23	45
36	12	24	11	25	10	26	69	26	43	25	44	24	45
37	13	24	11	26	11	26	70	27	43	25	45	24	46

附表8 游程检验的下限临界值（把握程度95%）（1）

n_2	2	3	4	5	6	7	8	9	10	11	12	13	14	15	16	17	18	19	20
n_1																			
2											2	2	2	2	2	2	2	2	2
3					2	2	2	2	2	2	2	2	2	3	3	3	3	3	3
4				2	2	2	3	3	3	3	3	3	3	3	4	4	4	4	4
5			2	2	3	3	3	3	3	4	4	4	4	4	4	4	5	5	5
6		2	2	3	3	3	3	4	4	4	4	5	5	5	5	5	5	6	6
7		2	2	3	3	3	4	4	5	5	5	5	5	6	6	6	6	6	6
8		2	3	3	3	4	4	5	5	5	6	6	6	6	6	7	7	7	7
9		2	3	3	4	4	5	5	5	6	6	6	7	7	7	7	8	8	8
10		2	3	3	4	5	5	5	6	6	7	7	7	7	8	8	8	8	9
11		2	3	4	4	5	5	6	6	7	7	7	8	8	8	9	9	9	9
12	2	2	3	4	4	5	6	6	7	7	7	8	8	8	9	9	9	10	10
13	2	2	3	4	5	5	6	6	7	7	8	8	9	9	9	10	10	10	10
14	2	2	3	4	5	5	6	7	7	8	8	9	9	9	10	10	10	11	11
15	2	3	3	4	5	6	6	7	7	8	8	9	9	10	10	11	11	11	12
16	2	3	4	4	5	6	6	7	8	8	9	9	10	10	11	11	11	12	12
17	2	3	4	4	5	6	7	7	8	9	9	10	10	11	11	11	12	12	13
18	2	3	4	5	5	6	7	8	8	9	9	10	10	11	11	12	12	13	13
19	2	3	4	5	6	6	7	8	8	9	10	10	11	11	12	12	13	13	13
20	2	3	4	5	6	6	7	8	9	9	10	10	11	12	12	13	13	13	14

附表8 游程检验的上限临界值（把握程度95%）（2）

n_2	2	3	4	5	6	7	8	9	10	11	12	13	14	15	16	17	18	19	20
n_1																			
2																			
3																			
4				9	9														
5			9	10	10	11	11												
6			9	10	11	12	12	13	13	13	13								
7				11	12	13	13	14	14	14	14	15	15	15					
8				11	12	13	14	14	15	15	16	16	16	16	17	17	17	17	17
9					13	14	14	15	16	16	16	17	17	18	18	18	18	18	18
10					13	14	15	16	16	17	17	17	18	18	18	19	19	20	20
11					13	14	15	16	17	17	18	19	19	19	20	20	20	21	21
12					13	14	16	16	17	18	19	19	20	20	21	21	21	22	22
13						15	16	17	18	19	19	20	20	21	21	22	22	23	23
14						15	16	17	18	19	20	20	21	22	22	23	23	23	24
15						15	16	18	18	19	20	21	22	22	23	23	24	24	25
16							17	18	19	20	21	21	22	23	23	24	25	25	25
17							17	18	19	20	21	22	23	23	24	25	25	26	26
18							17	18	19	20	21	22	23	24	25	25	26	26	27
19							17	18	20	21	22	23	23	24	25	26	26	27	27
20							17	18	20	21	22	23	24	25	25	26	27	27	28

附表9　秩和检验表

α = 0.05								α = 0.025							
m	n	T_1	T_2	m	n	T_1	T_2	m	n	T_1	T_2	m	n	T_1	T_2
2	4	3	11	5	5	19	36	2	6	3	15	5	5	18	37
2	5	3	13	5	6	20	40	2	7	3	17	5	6	19	41
2	6	4	14	5	7	22	43	2	8	3	19	5	7	20	45
2	7	4	16	5	8	23	47	2	9	3	21	5	8	21	49
2	8	4	18	5	9	25	50	2	10	4	22	5	9	22	53
2	9	4	20	5	10	26	54	3	4	6	18	5	10	24	56
2	10	5	21	6	6	28	50	3	5	6	21	6	6	26	52
3	3	6	15	6	7	30	54	3	6	7	23	6	7	28	56
3	4	7	17	6	8	32	58	3	7	8	25	6	8	29	61
3	5	7	20	6	9	33	63	3	8	8	28	6	9	31	65
3	6	8	22	6	10	35	67	3	9	9	30	6	10	33	69
3	7	9	24	7	7	39	66	3	10	9	33	7	7	37	68
3	8	9	27	7	8	41	71	4	4	11	25	7	8	39	73
3	9	10	29	7	9	43	76	4	5	12	28	7	9	41	79
3	10	11	31	7	10	46	80	4	6	12	32	7	10	43	83
4	4	12	24	8	8	52	84	4	7	13	35	8	8	49	87
4	5	13	27	8	9	54	90	4	8	14	38	8	9	51	93
4	6	14	30	8	10	57	95	4	9	15	41	8	10	54	98
4	7	15	33	9	9	66	105	4	10	16	44	9	9	63	108
4	8	16	36	9	10	69	111					9	10	66	114
4	9	17	39	10	10	93	127					10	10	79	131
4	10	18	42												

附表10　成对资料的秩和检验临界值表

n	双侧		*n*	双侧	
	α=0.01	α=0.05		α=0.01	α=0.05
5	—	—	20	37	52
6	—	1	21	43	59
7	—	2	22	49	66
8	0	4	23	55	73
9	2	6	24	61	81
10	3	8	25	68	90
11	5	11	26	76	98
12	7	14	27	84	107
13	10	17	28	92	117
14	13	21	29	100	127
15	16	25	30	109	137
16	19	30	31	118	148
17	23	35	32	128	159
18	28	40	33	138	171
19	32	46	34	149	183

附表11　3组比较秩和检验界值表

N	n_1	n_2	n_3	P = 0.05	P = 0.01
7	3	2	2	4.71	—
	3	3	1	5.14	—
8	3	3	2	5.36	—
	4	2	2	5.33	—
	4	3	1	5.20	—
	5	2	1	5.00	—
9	3	3	3	5.60	7.20
	4	3	2	5.44	6.30
	4	4	1	4.97	6.67
	5	2	2	5.16	6.53
	5	3	1	4.96	—
10	4	3	3	5.72	6.75
	4	4	2	5.45	7.04
	5	3	2	5.25	6.82
	5	4	1	4.99	6.95
11	4	4	3	5.60	7.14
	5	3	3	5.65	7.08
	5	4	2	5.27	7.12
	5	5	1	5.13	7.31
12	4	4	4	5.69	7.65
	5	4	3	5.63	7.44
	5	5	2	5.34	7.27
	5	4	4	5.62	5.76
13	5	5	3	5.71	7.54
14	5	5	4	5.64	7.79
15	5	5	5	5.78	7.98

附表12　相关系数界值表（1）

n'	P（2）:	0.50	0.20	0.10	0.05	0.02	0.01	0.005	0.002	0.001
	P（1）:	0.25	0.10	0.05	0.025	0.01	0.005	0.0025	0.001	0.0005
1		0.707	0.951	0.988	0.997	1.000	1.000	1.000	1.000	1.000
2		0.500	0.800	0.900	0.950	0.980	0.990	0.995	0.998	0.999
3		0.404	0.687	0.805	0.878	0.934	0.959	0.974	0.986	0.991
4		0.347	0.608	0.729	0.811	0.882	0.917	0.942	0.963	0.974
5		0.309	0.551	0.669	0.755	0.833	0.875	0.906	0.935	0.951
6		0.281	0.507	0.621	0.707	0.789	0.834	0.870	0.905	0.925
7		0.260	0.472	0.582	0.666	0.750	0.798	0.836	0.875	0.898
8		0.242	0.443	0.549	0.632	0.715	0.765	0.805	0.847	0.872
9		0.228	0.419	0.521	0.602	0.685	0.735	0.776	0.820	0.847
10		0.216	0.398	0.479	0.576	0.658	0.708	0.750	0.795	0.823
11		0.206	0.380	0.476	0.553	0.634	0.684	0.726	0.772	0.801
12		0.197	0.365	0.457	0.532	0.612	0.661	0.703	0.750	0.780
13		0.189	0.351	0.441	0.514	0.592	0.641	0.683	0.730	0.760
14		0.182	0.338	0.426	0.497	0.574	0.623	0.664	0.711	0.742
15		0.176	0.327	0.412	0.482	0.558	0.606	0.647	0.694	0.725
16		0.170	0.317	0.400	0.468	0.542	0.590	0.631	0.678	0.708
17		0.165	0.308	0.389	0.456	0.529	0.575	0.616	0.662	0.693
18		0.160	0.299	0.378	0.444	0.515	0.561	0.602	0.648	0.679
19		0.156	0.291	0.369	0.433	0.503	0.549	0.589	0.635	0.665
20		0.152	0.284	0.360	0.423	0.492	0.537	0.576	0.622	0.652
21		0.148	0.277	0.352	0.413	0.482	0.526	0.565	0.610	0.640
22		0.145	0.271	0.344	0.404	0.472	0.515	0.554	0.599	0.629
23		0.141	0.265	0.337	0.396	0.462	0.505	0.543	0.588	0.618
24		0.138	0.260	0.330	0.388	0.453	0.496	0.534	0.578	0.607
25		0.136	0.255	0.323	0.381	0.445	0.487	0.524	0.568	0.597
26		0.133	0.250	0.317	0.374	0.437	0.479	0.515	0.559	0.588

续表

n'	P(2):	0.50	0.20	0.10	0.05	0.02	0.01	0.005	0.002	0.001
	P(1):	0.25	0.10	0.05	0.025	0.01	0.005	0.0025	0.001	0.0005
27		0.131	0.245	0.311	0.367	0.430	0.471	0.507	0.550	0.579
28		0.128	0.241	0.306	0.361	0.423	0.463	0.499	0.541	0.570
29		0.126	0.237	0.301	0.355	0.416	0.456	0.491	0.533	0.562
30		0.124	0.233	0.296	0.349	0.409	0.449	0.484	0.526	0.554
31		0.122	0.229	0.291	0.344	0.403	0.442	0.477	0.518	0.546
32		0.120	0.225	0.287	0.339	0.397	0.436	0.470	0.511	0.539
33		0.118	0.222	0.283	0.334	0.392	0.430	0.464	0.504	0.532
34		0.116	0.219	0.279	0.329	0.386	0.424	0.458	0.498	0.525
35		0.115	0.216	0.275	0.325	0.381	0.418	0.452	0.492	0.519
36		0.113	0.213	0.271	0.320	0.376	0.413	0.446	0.486	0.513
37		0.111	0.210	0.267	0.316	0.371	0.408	0.441	0.480	0.507
38		0.110	0.207	0.264	0.312	0.367	0.403	0.435	0.474	0.501
39		0.108	0.204	0.261	0.308	0.362	0.398	0.430	0.469	0.495
40		0.107	0.202	0.257	0.304	0.358	0.393	0.425	0.463	0.490
41		0.106	0.199	0.254	0.301	0.354	0.389	0.420	0.458	0.484
42		0.104	0.197	0.251	0.297	0.350	0.384	0.416	0.453	0.479
43		0.103	0.195	0.248	0.294	0.346	0.380	0.411	0.449	0.474
44		0.102	0.192	0.246	0.291	0.342	0.376	0.407	0.444	0.469
45		0.101	0.190	0.243	0.288	0.338	0.372	0.403	0.439	0.465
46		0.100	0.188	0.240	0.285	0.335	0.368	0.399	0.435	0.460
47		0.099	0.186	0.238	0.282	0.331	0.365	0.395	0.431	0.456
48		0.098	0.184	0.235	0.279	0.328	0.361	0.391	0.427	0.451
49		0.097	0.182	0.233	0.276	0.325	0.358	0.387	0.423	0.447
50		0.096	0.181	0.231	0.273	0.322	0.354	0.384	0.419	0.443

附表12　相关系数界值表（2）

n'	P(2)：	0.50	0.20	0.10	0.05	0.02	0.01	0.005	0.002	0.001
	P(1)：	0.25	0.10	0.05	0.025	0.01	0.005	0.0025	0.001	0.0005
52		0.094	0.177	0.226	0.268	0.316	0.348	0.377	0.411	0.435
54		0.092	0.174	0.222	0.263	0.310	0.341	0.370	0.404	0.428
56		0.090	0.171	0.218	0.259	0.305	0.336	0.364	0.398	0.421
58		0.089	0.168	0.214	0.254	0.300	0.330	0.358	0.391	0.414
60		0.087	0.165	0.211	0.250	0.295	0.325	0.352	0.385	0.408
62		0.086	0.162	0.207	0.246	0.290	0.320	0.347	0.379	0.402
64		0.084	0.160	0.204	0.242	0.286	0.315	0.342	0.374	0.396
66		0.083	0.157	0.201	0.239	0.282	0.310	0.337	0.368	0.390
68		0.082	0.155	0.198	0.235	0.278	0.306	0.332	0.363	0.385
70		0.081	0.153	0.195	0.232	0.274	0.302	0.327	0.358	0.380
72		0.080	0.151	0.193	0.229	0.270	0.298	0.323	0.354	0.375
74		0.079	0.149	0.190	0.226	0.266	0.294	0.319	0.349	0.370
76		0.078	0.147	0.188	0.223	0.263	0.290	0.315	0.345	0.365
78		0.077	0.145	0.185	0.220	0.260	0.286	0.311	0.340	0.361
80		0.076	0.143	0.183	0.217	0.257	0.283	0.307	0.336	0.357
82		0.075	0.141	0.181	0.215	0.253	0.280	0.304	0.333	0.328
84		0.074	0.140	0.179	0.212	0.251	0.276	0.300	0.329	0.349
86		0.073	0.138	0.177	0.210	0.248	0.273	0.297	0.325	0.345
88		0.072	0.136	0.174	0.207	0.245	0.270	0.293	0.321	0.341
90		0.071	0.135	0.173	0.205	0.242	0.267	0.290	0.318	0.338
92		0.070	0.133	0.171	0.203	0.240	0.264	0.287	0.315	0.334
94		0.070	0.132	0.169	0.201	0.237	0.262	0.284	0.312	0.331

附表12 相关系数界值表（3）

n' P(2)：	0.50	0.20	0.10	0.05	0.02	0.01	0.005	0.002	0.001
P(1)：	0.25	0.10	0.05	0.025	0.01	0.005	0.0025	0.001	0.0005
96	0.069	0.131	0.167	0.199	0.235	0.259	0.281	0.308	0.327
98	0.068	0.129	0.165	0.197	0.232	0.256	0.279	0.305	0.324
100	0.068	0.128	0.164	0.195	0.230	0.254	0.276	0.303	0.321
105	0.066	0.125	0.160	0.190	0.225	0.248	0.270	0.296	0.314
110	0.064	0.122	0.156	0.186	0.220	0.242	0.264	0.289	0.307
115	0.063	0.119	0.153	0.182	0.215	0.237	0.258	0.283	0.300
120	0.062	0.117	0.150	0.178	0.210	0.232	0.253	0.277	0.294
125	0.060	0.114	0.147	0.174	0.206	0.228	0.248	0.272	0.289
130	0.059	0.112	0.144	0.171	0.202	0.223	0.243	0.267	0.283
135	0.058	0.110	0.141	0.168	0.199	0.219	0.239	0.262	0.278
140	0.057	0.108	0.139	0.165	0.195	0.215	0.234	0.257	0.273
145	0.056	0.106	0.136	0.162	0.192	0.212	0.230	0.253	0.269
150	0.055	0.105	0.134	0.159	0.189	0.208	0.227	0.249	0.264
160	0.053	0.101	0.130	0.154	0.183	0.202	0.220	0.241	0.256
170	0.052	0.098	0.126	0.150	0.177	0.196	0.213	0.234	0.249
180	0.050	0.095	0.122	0.145	0.172	0.190	0.207	0.228	0.242
190	0.049	0.093	0.119	0.142	0.168	0.185	0.202	0.222	0.236
200	0.048	0.091	0.116	0.138	0.164	0.181	0.197	0.216	0.230

附表13　Spearman等级相关系数界值表

n	P(2):	0.5	0.2	0.1	0.05	0.02	0.01	0.005	0.002	0.001
	P(1):	0.25	0.1	0.05	0.025	0.01	0.005	0.0025	0.001	0.0005
4		0.600	1.000	1.000						
5		0.500	0.800	0.900	1.000	1.000				
6		0.371	0.657	0.829	0.886	0.943	1.000	1.000		
7		0.321	0.571	0.714	0.786	0.893	0.929	0.964	1.000	1.000
8		0.310	0.524	0.643	0.738	0.833	0.881	0.905	0.952	0.976
9		0.267	0.483	0.600	0.700	0.783	0.833	0.867	0.917	0.933
10		0.248	0.455	0.564	0.648	0.745	0.794	0.830	0.879	0.903
11		0.236	0.427	0.536	0.618	0.709	0.755	0.800	0.845	0.873
12		0.217	0.406	0.503	0.587	0.678	0.727	0.769	0.818	0.846
13		0.209	0.385	0.484	0.560	0.648	0.703	0.747	0.791	0.824
14		0.200	0.367	0.464	0.538	0.626	0.679	0.723	0.771	0.802
15		0.189	0.354	0.446	0.521	0.604	0.654	0.700	0.750	0.779
16		0.182	0.341	0.429	0.503	0.582	0.635	0.679	0.729	0.762
17		0.176	0.328	0.414	0.485	0.566	0.615	0.662	0.713	0.748
18		0.170	0.317	0.401	0.472	0.550	0.600	0.643	0.695	0.728
19		0.165	0.309	0.391	0.460	0.535	0.584	0.628	0.677	0.712
20		0.161	0.299	0.380	0.447	0.520	0.570	0.612	0.662	0.696
21		0.156	0.292	0.370	0.435	0.508	0.556	0.599	0.648	0.681
22		0.152	0.284	0.361	0.425	0.496	0.544	0.586	0.634	0.667
23		0.148	0.278	0.353	0.415	0.486	0.532	0.573	0.622	0.654
24		0.144	0.271	0.344	0.406	0.476	0.521	0.562	0.610	0.642
25		0.142	0.265	0.337	0.398	0.466	0.511	0.551	0.598	0.630
26		0.138	0.259	0.331	0.390	0.457	0.501	0.541	0.587	0.619
27		0.136	0.255	0.324	0.382	0.448	0.491	0.531	0.577	0.608
28		0.133	0.250	0.317	0.375	0.440	0.483	0.522	0.567	0.598
29		0.130	0.245	0.312	0.368	0.433	0.475	0.513	0.558	0.589

续表

n	P(2):	0.5	0.2	0.1	0.05	0.02	0.01	0.005	0.002	0.001
	P(1):	0.25	0.1	0.05	0.025	0.01	0.005	0.0025	0.001	0.0005
30		0.128	0.240	0.306	0.362	0.425	0.467	0.504	0.549	0.580
31		0.126	0.236	0.301	0.356	0.418	0.459	0.496	0.541	0.571
32		0.124	0.232	0.296	0.350	0.412	0.452	0.489	0.533	0.563
33		0.121	0.229	0.291	0.345	0.405	0.446	0.482	0.525	0.554
34		0.120	0.225	0.287	0.340	0.399	0.439	0.475	0.517	0.547
35		0.118	0.222	0.283	0.335	0.394	0.433	0.468	0.510	0.539
36		0.116	0.219	0.279	0.330	0.388	0.427	0.462	0.504	0.533
37		0.114	0.216	0.275	0.325	0.383	0.421	0.456	0.497	0.526
38		0.113	0.212	0.271	0.321	0.378	0.415	0.450	0.491	0.519
39		0.111	0.210	0.267	0.317	0.373	0.410	0.444	0.485	0.513
40		0.110	0.207	0.264	0.313	0.368	0.405	0.439	0.479	0.507
41		0.108	0.204	0.261	0.309	0.364	0.400	0.433	0.473	0.501
42		0.107	0.202	0.257	0.305	0.359	0.395	0.428	0.468	0.495
43		0.105	0.199	0.254	0.301	0.355	0.391	0.423	0.463	0.490
44		0.104	0.197	0.251	0.298	0.351	0.386	0.419	0.458	0.484
45		0.103	0.194	0.248	0.294	0.347	0.382	0.414	0.453	0.479
46		0.102	0.192	0.246	0.291	0.343	0.378	0.410	0.448	0.474
47		0.101	0.190	0.243	0.288	0.340	0.374	0.405	0.443	0.469
48		0.100	0.188	0.240	0.285	0.336	0.370	0.401	0.439	0.465
49		0.098	0.186	0.238	0.282	0.333	0.366	0.397	0.434	0.460
50		0.097	0.184	0.235	0.279	0.329	0.363	0.393	0.430	0.456

附表14 D-W检验表（p =0. 05）（1）

n	$k=1$		$k=2$		$k=3$		$k=4$		$k=5$	
	d_L	d_U	d_L	d_U	d_L	d_U	d_L	d_U	d_L	d_U
15	1.08	1.36	0.95	1.54	0.82	1.75	0.69	1.97	0.56	2.21
16	1.10	1.37	0.98	1.54	0.86	1.73	0.74	1.93	0.62	2.15
17	1.13	1.38	1.02	1.54	0.90	1.71	0.78	1.90	0.67	2.10
18	1.16	1.39	1.05	1.53	0.93	1.69	0.82	1.87	0.71	2.06
19	1.18	1.40	1.08	1.53	0.97	1.69	0.86	1.85	0.75	2.02
20	1.20	1.41	1.10	1.54	1.00	1.68	0.90	1.83	0.79	1.99
21	1.22	1.42	1.13	1.54	1.03	1.67	0.93	1.81	0.83	1.96
22	1.24	1.43	1.15	1.54	1.05	1.66	0.96	1.80	0.86	1.94
23	1.26	1.44	1.17	1.54	1.08	1.66	0.99	1.79	0.90	1.92
24	1.27	1.45	1.19	1.55	1.10	1.66	1.01	1.78	0.93	1.90
25	1.29	1.45	1.21	1.55	1.12	1.66	1.04	1.77	0.95	1.89
26	1.30	1.46	1.22	1.55	1.14	1.65	1.06	1.76	0.98	1.88
27	1.32	1.47	1.24	1.56	1.16	1.65	1.08	1.76	1.01	1.86
28	1.33	1.48	1.26	1.56	1.18	1.65	1.10	1.75	1.03	1.85
29	1.34	1.48	1.27	1.56	1.20	1.65	1.12	1.74	1.05	1.84
30	1.35	1.49	1.28	1.57	1.21	1.65	1.14	1.74	1.07	1.83
31	1.36	1.50	1.30	1.57	1.23	1.65	1.16	1.74	1.09	1.83
32	1.37	1.50	1.31	1.57	1.24	1.65	1.18	1.73	1.11	1.82
33	1.38	1.51	1.32	1.58	1.26	1.65	1.19	1.73	1.13	1.81
34	1.39	1.51	1.33	1.58	1.27	1.65	1.21	1.73	1.15	1.81
35	1.40	1.52	1.34	1.58	1.28	1.65	1.22	1.73	1.16	1.80
36	1.41	1.52	1.35	1.59	1.29	1.65	1.24	1.73	1.18	1.80
37	1.42	1.53	1.36	1.59	1.31	1.66	1.25	1.72	1.19	1.80
38	1.43	1.54	1.37	1.59	1.32	1.66	1.26	1.72	1.21	1.79
39	1.43	1.54	1.38	1.60	1.33	1.66	1.27	1.72	1.22	1.79
40	1.44	1.54	1.39	1.60	1.34	1.66	1.29	1.72	1.23	1.79
45	1.48	1.57	1.43	1.62	1.38	1.67	1.34	1.72	1.29	1.78
50	1.50	1.59	1.46	1.63	1.42	1.67	1.38	1.72	1.34	1.77
55	1.53	1.60	1.49	1.64	1.45	1.68	1.41	1.72	1.38	1.77
60	1.55	1.62	1.51	1.65	1.48	1.69	1.44	1.73	1.41	1.77
65	1.57	1.63	1.54	1.66	1.50	1.70	1.47	1.73	1.44	1.77
70	1.58	1.64	1.55	1.67	1.52	1.70	1.49	1.74	1.46	1.77
75	1.60	1.65	1.57	1.68	1.54	1.71	1.51	1.74	1.49	1.77
80	1.61	1.66	1.59	1.69	1.56	1.72	1.53	1.74	1.51	1.77
85	1.62	1.67	1.60	1.70	1.57	1.72	1.55	1.75	1.52	1.77
90	1.63	1.68	1.61	1.70	1.59	1.73	1.57	1.75	1.54	1.78
95	1.64	1.69	1.62	1.71	1.60	1.73	1.58	1.75	1.56	1.78
100	1.65	1.69	1.63	1.72	1.61	1.74	1.59	1.76	1.57	1.78

附表14 D-W检验表（p=0.05）（2）

n	$k=1$		$k=2$		$k=3$		$k=4$		$k=5$	
	d_L	d_U	d_L	d_U	d_L	d_U	d_L	d_U	d_L	d_U
15	0.81	1.07	0.70	1.25	0.59	1.46	0.49	1.70	0.39	1.96
16	0.84	1.00	0.74	1.25	0.63	1.44	0.53	1.66	0.44	1.90
17	0.87	1.10	0.77	1.25	0.67	1.43	0.57	1.63	0.48	1.85
18	0.90	1.12	0.80	1.26	0.71	1.42	0.61	1.60	0.52	1.80
19	0.93	1.13	0.83	1.26	0.74	1.41	0.65	1.58	0.56	1.77
20	0.95	1.15	0.86	1.27	0.77	1.41	0.68	1.57	0.60	1.74
21	0.97	1.16	0.89	1.27	0.80	1.41	0.72	1.55	0.62	1.71
22	1.00	1.17	0.91	1.28	0.83	1.40	0.75	1.54	0.66	1.69
23	1.02	1.19	0.94	1.29	0.86	1.40	0.77	1.53	0.70	1.67
24	1.04	1.20	0.96	1.30	0.88	1.41	0.80	1.53	0.72	1.66
25	1.05	1.21	0.98	1.30	0.90	1.41	0.83	1.52	0.75	1.65
26	1.07	1.22	1.00	1.31	0.93	1.41	0.85	1.52	0.78	1.64
27	1.09	1.23	1.02	1.32	0.85	1.41	0.88	1.51	0.81	1.63
28	1.10	1.24	1.04	1.32	0.97	1.41	0.90	1.51	0.83	1.62
29	1.12	1.25	1.05	1.33	0.99	1.42	0.92	1.51	0.85	1.61
30	1.13	1.26	1.07	1.34	1.01	1.42	0.94	1.51	0.88	1.61
31	1.15	1.27	1.08	1.34	1.02	1.42	0.96	1.51	0.90	1.60
32	1.16	1.28	1.10	1.35	1.04	1.43	0.98	1.51	0.92	1.60
33	1.17	1.29	1.11	1.36	1.05	1.43	1.00	1.51	0.94	1.59
34	1.18	1.30	1.13	1.36	1.07	1.43	1.01	1.51	0.95	1.59
35	1.19	1.31	1.14	1.37	1.08	1.44	1.03	1.51	0.97	1.59
36	1.21	1.32	1.15	1.38	1.10	1.44	1.04	1.51	0.99	1.59
37	1.22	1.32	1.16	1.38	1.11	1.45	1.06	1.51	1.00	1.59
38	1.23	1.33	1.18	1.39	1.12	1.45	1.07	1.52	1.02	1.58
39	1.24	1.34	1.19	1.39	1.14	1.45	1.09	1.52	1.03	1.58
40	1.25	1.34	1.20	1.40	1.15	1.46	1.10	1.52	1.05	1.58
45	1.29	1.38	1.24	1.42	1.20	1.48	1.16	1.53	1.11	1.58
50	1.32	1.40	1.28	1.45	1.24	1.49	1.20	1.54	1.16	1.59
55	1.36	1.43	1.32	1.47	1.28	1.51	1.25	1.55	1.21	1.59
60	1.38	1.45	1.35	1.48	1.32	1.52	1.28	1.56	1.25	1.60
65	1.41	1.47	1.38	1.50	1.35	1.53	1.31	1.57	1.28	1.61
70	1.43	1.49	1.40	1.52	1.37	1.55	1.34	1.58	1.31	1.62
75	1.45	1.50	1.42	1.53	1.39	1.56	1.37	1.59	1.34	1.61
80	1.47	1.52	1.44	1.54	1.42	1.57	1.39	1.60	1.36	1.62
85	1.48	1.53	1.46	1.55	1.43	1.58	1.41	1.60	1.39	1.63
90	1.50	1.54	1.47	1.56	1.45	1.59	1.43	1.61	1.41	1.64
95	1.51	1.55	1.49	1.57	1.47	1.60	1.45	1.62	1.42	1.64
100	1.52	1.56	1.50	1.58	1.48	1.60	1.46	1.63	1.44	1.65

附表15 kedndall检验临界值

n \ α	0.005		0.010		0.025		0.050		0.100	
	k	τ	k	τ	k	τ	k	τ	k	τ
4	8	1.000	8	1.000	8	1.000	6	1.000	6	1.000
5	12	1.000	10	1.000	10	1.000	8	.800	8	.800
6	15	1.000	13	.867	13	.867	11	.733	9	.600
7	19	.905	17	.810	15	.714	13	.619	11	.524
8	22	.786	20	.714	18	.643	16	.571	12	.429
9	26	.722	24	.667	20	.556	18	.500	14	.389
10	29	.644	27	.600	23	.511	21	.467	17	.378
11	33	.600	31	.564	27	.491	23	.418	19	.345
12	38	.576	36	.545	30	.455	26	.394	20	.303
13	44	.564	40	.513	34	.436	28	.359	24	.308
14	47	.516	43	.473	37	.407	33	.363	25	.275
15	53	.505	49	.467	41	.390	35	.333	29	.276
16	58	.483	52	.433	46	.383	38	.217	30	.250
17	64	.471	58	.426	50	.368	42	.309	34	.250
18	69	.451	63	.412	53	.346	45	.294	37	.242
19	75	.439	67	.392	57	.333	49	.287	39	.228
20	80	.421	72	.379	62	.326	52	.274	42	.221
21	86	.410	78	.371	66	.314	56	.267	44	.210
22	91	.394	83	.350	71	.307	61	.264	47	.203
23	99	.391	89	.352	75	.296	65	.257	51	.202
24	104	.377	94	.341	80	.290	68	.246	54	.196
25	110	.367	100	.333	86	.287	72	.240	58	.193
26	117	.360	107	.329	91	.280	77	.237	61	.138
27	125	.356	113	.322	95	.271	81	.231	63	.179
28	130	.344	118	.312	100	.265	86	.228	68	.180
29	138	.340	126	.310	106	.261	90	.222	70	.172
30	145	.333	131	.301	111	.255	95	.218	75	.172
31	151	.325	137	.295	117	.252	99	.213	77	.166
32	160	.323	144	.290	122	.246	104	.210	82	.165
33	166	.314	152	.288	128	.242	108	.205	86	.163
34	175	.312	157	.280	133	.237	113	.201	89	.159
35	181	.304	165	.277	139	.234	117	.197	93	.156
36	190	.302	172	.273	146	.232	122	.194	96	.152
37	198	.297	178	.267	152	.228	128	.192	100	.150
38	205	.292	185	.263	157	.223	133	.189	105	.149
39	213	.287	193	.260	163	.220	139	.188	109	.147
40	222	.285	200	.256	170	.218	144	.185	112	.144

附表16 常用正交表（共5个）

1. $L_4(2^3)$

试验号 \ 水平 / 列号	1	2	3
1	1	1	1
2	1	2	2
3	2	1	2
4	2	2	1

2. $L_8(2^7)$

试验号 \ 水平 / 列号	1	2	3	4	5	6	7
1	1	1	1	1	1	1	1
2	1	1	1	2	2	2	2
3	1	2	2	1	1	2	2
4	1	2	2	2	2	1	1
5	2	1	2	1	2	1	2
6	2	1	2	2	1	2	1
7	2	2	1	1	2	2	1
8	2	2	1	2	1	1	2

3. $L_{16}(2^{15})$

试验号 \ 水平 / 列号	1	2	3	4	5	6	7	8	9	10	11	12	13	14	15
1	1	1	1	1	1	1	1	1	1	1	1	1	1	1	1
2	1	1	1	1	1	1	1	2	2	2	2	2	2	2	2
3	1	1	1	2	2	2	2	1	1	1	1	2	2	2	2
4	1	1	1	2	2	2	2	2	2	2	2	1	1	1	1
5	1	2	2	1	1	2	2	1	1	2	2	1	1	2	2
6	1	2	2	1	1	2	2	2	2	1	1	2	2	1	1
7	1	2	2	2	2	1	1	1	1	2	2	2	2	1	1
8	1	2	2	2	2	1	1	2	2	1	1	1	1	2	2
9	2	1	2	1	2	1	2	1	2	2	2	1	2	1	2
10	2	1	2	1	2	1	2	2	1	1	1	2	1	2	1
11	2	1	2	2	1	2	1	1	2	2	2	2	1	2	1
12	2	1	2	2	1	2	1	2	1	1	1	1	2	1	2
13	2	2	1	1	2	2	1	1	2	2	1	1	2	2	1
14	2	2	1	1	2	2	1	2	1	1	2	2	1	1	2
15	2	2	1	2	1	1	2	1	2	2	1	2	1	1	2
16	2	2	1	2	1	1	2	2	1	1	2	1	2	2	1

4. $L_3(3^4)$

水平 列号 试验号	1	2	3	4
1	1	1	1	1
2	1	2	2	2
3	1	3	3	3
4	2	1	2	3
5	2	2	3	1
6	2	3	1	2
7	3	1	3	2
8	3	2	1	3
9	3	3	2	1

5. $L_{16}(4\times 2^{12})$

水平 列号 试验号	1	2	3	4	5	6	7	8	9	10	11	12	13
1	1	1	1	1	1	1	1	1	1	1	1	1	1
2	1	1	1	1	1	2	2	2	2	2	2	2	2
3	1	2	2	2	2	1	1	1	1	2	2	2	2
4	1	2	2	2	2	2	2	2	2	1	1	1	1
5	2	1	1	2	2	1	1	2	2	1	1	2	2
6	2	1	1	2	2	2	2	1	1	2	2	1	1
7	2	2	2	1	1	1	1	2	2	2	2	1	1
8	2	2	2	1	1	2	2	1	1	1	1	2	2
9	3	1	2	1	2	1	2	1	2	1	2	1	2
10	3	1	2	1	2	2	1	2	1	2	1	2	1
11	3	2	1	2	1	1	2	1	2	2	1	2	1
12	3	2	1	2	1	2	1	2	1	1	2	1	2
13	4	1	2	2	1	1	2	2	1	1	2	2	1
14	4	1	2	2	1	2	1	1	2	2	1	1	2
15	4	2	1	1	2	1	2	2	1	2	1	1	2
16	4	2	1	1	2	2	1	1	2	1	2	2	1